云南省社会科学院
中国（昆明）南亚东南亚研究院
资深专家丛书
编委会

云南省社会科学院资深专家丛书

杨福泉／著

WENHUA YU FAZHAN
DE SIKAO

文化与发展的思考

云南人民出版社

图书在版编目（CIP）数据

文化与发展的思考 / 杨福泉著. -- 昆明 : 云南人民出版社，2023.1

（云南省社会科学院资深专家丛书）

ISBN 978-7-222-21845-1

Ⅰ. ①文… Ⅱ. ①杨… Ⅲ. ①地方文化－文化事业－研究－云南 Ⅳ. ①G127.74

中国国家版本馆CIP数据核字(2023)第019341号

责任编辑：陈浩东

责任校对：陈朝华

封面设计：熊小熊

责任印制：李寒东

文化与发展的思考

WENHUA YU FAZHAN DE SIKAO

杨福泉　著

出版　云南人民出版社

发行　云南人民出版社

社址　昆明市环城西路609号

邮编　650034

网址　www.ynpph.com.cn

E-mail　ynrms@sina.com

开本　787mm×1092mm　1/16

印张　29.25

字数　450千

版次　2023年1月第1版第1次印刷

印刷　云南美嘉美印刷包装有限公司

书号　ISBN 978-7-222-21845-1

定价　68.00元

如有图书质量及相关问题请与我社联系：

审校部电话：0871-64164626

印制科电话：0871-64191534

目　录

contents

第一辑

中华文明与新时代的社会主义文化

坚守中华文化立场与各民族文化发展①

习近平总书记在党的十九大报告中指出：文化是一个国家、一个民族的灵魂。文化兴国运兴，文化强民族强。没有高度的文化自信，没有文化的繁荣兴盛，就没有中华民族的伟大复兴。要坚持中国特色社会主义文化发展道路，激发全民族文化创新创造活力，建设社会主义文化强国。

文化是一个民族的脊梁和灵魂，文化铸造着国家和民族的心灵和品格。一个民族有了文化自信，才能立于世界民族之林；人民有了信仰，国家才有力量，民族才有希望。而文化自信是促成这些目标的至关重要的因素。

弘扬和传承中华传统文化要去芜存菁

中华民族5000年的优秀传统文化，是由56个民族的优秀传统文化融汇而成的。任何一个民族的文化都会有精华和糟粕。以习近平同志为核心的党中央强调，要传承弘扬中华民族的优秀传统文化。目前，有不少网络文章在提及弘扬优秀传统文化时，有意无意去掉了“优秀”二字，理解为弘扬传统文化，这一点是需要我们特别注意的。

弘扬和传承中华优秀传统文化，是我国各族人民的历史使命和责任。每个民族都有积极向上、有利于人性人伦和社会良性发展的积极因素，我们要认真加以总结、发掘和弘扬，将其融入当代的社会主义文化中，形成促进中华民族文化繁荣发展的磅礴力量。以目前我国列入联合国教科文组织的“世界非物质文化遗产保护名录”项目看，属于少数民族文化的项目有10项之多，包括藏族的“藏戏”“热贡艺术”“格萨尔”，柯尔克孜族的“玛纳斯”，蒙古族的“长调”“呼麦”，侗族的“大歌”，朝鲜族的“农乐舞”，西北少数民族的“花儿”，维吾尔族的“木卡姆艺术”等。

① 原载《中国民族报》，2017年11月3日。

这些都证明了我国少数民族文化的创造力。

如何实现中华文化创造性的转化，是各民族需要深思、研究和实践的重要课题。每个民族都要认真梳理自己的文化遗产，去芜存菁，传承弘扬优秀传统文化，摒弃糟粕，使各民族优秀的传统文化有机地整合于社会主义先进文化中，使之在中国特色社会主义伟大实践中焕发出新的活力，发挥更大的作用。

坚持中华文化立场要互补共生

习近平总书记在党的十九大报告中提出，发展中国特色社会主义文化，就是以马克思主义为指导，坚守中华文化立场，立足当代中国现实，结合当今时代条件，发展面向现代化、面向世界、面向未来的，民族的科学的大众的社会主义文化，推动社会主义物质文明和精神文明协调发展。

笔者认为，中华民族的文化灿烂多元，形成了中华文化多样性的魅力，但56个民族的文化都应该坚守“中华文化立场”。就是说，一切文化的保护、传承和发展，都应该向有利于中华民族强盛壮大、和谐发展和形成有强大影响力的文化价值观的目标发展。费孝通先生曾提出“中华民族多元一体格局”的观点，在漫长的历史进程中，我国各族人民密切交往、相互依存、休戚与共，形成了你中有我、我中有你的中华民族多元一体格局，共同推动了国家的发展和社会进步。各民族要有共同认同的中华文化立场，通过民族之间的互补共生，融合熔铸为强大的中华文化。

要坚守中华文化立场，就必须传承中华文化的优秀基因，不忘根本。而博大的胸怀和包容是促成中华文化凝聚力的关键因素。各民族丰富多彩的文化使各民族有了互补互学、取长补短的条件。56个民族一方面要保护和传承自己的优秀传统文化；另一方面，应该虚心学习借鉴各兄弟民族的优秀文化，取其所长、补己之短，相互尊重、相互学习，有清醒的文化自觉，形成文化互补共生的发展态势。

各民族文化在传承和发展的过程中，都应该有一个高远的国家目标，既要致力于本民族文化的繁荣发展，又要有大局眼光，避免从本族本位出发走极端，要把本民族文化的发展定位在是否对中华民族文化有利的基点上，逐渐推进形成对中华民族的发展繁荣有利的价值观念。

从思想道德建设中汲取信仰的力量

人民有信仰，国家有力量，民族有希望。习近平总书记在党的十九大报告中提出，要加强思想道德建设，提高人民思想觉悟、道德水准、文明素养，提高全社会文明程度；广泛开展理想信念教育，引导人们树立正确的历史观、民族观、国家观、文化观；深入实施公民道德建设工程，推进社会公德、职业道德、家庭美德、个人品德建设，激励人们向上向善、孝老爱亲，忠于祖国、忠于人民；加强和改进思想政治工作，深化群众性精神文明创建活动；弘扬科学精神，普及科学知识，开展移风易俗、弘扬时代新风行动，抵制腐朽落后的文化侵蚀；推进诚信建设和志愿服务制度化，强化社会责任意识、规则意识、奉献意识。

这是党在新时代条件下对宣传思想文化工作提出的新要求。我们应该在各民族优秀的传统文化中，充分发掘和弘扬能实现上述目标的积极因素。通过认真梳理各民族优秀的传统文化，从中发掘丰富的哲学思想、人文精神、人伦道德、生态伦理等内涵，为中华民族的发展提供有益的思想资源。

我国56个民族在长期的历史发展过程中，形成了独特的文化优势和价值观：有的可能体现在万物有灵、人与自然和谐共生的生态伦理上；有的体现在男女平等、尊老爱幼、社会分工等家庭伦理方面；有的体现在如何处理家族、村寨等邻里关系方面；有的体现在讲诚信、知荣辱等社会伦理方面。在建构中华文化立场和价值观的过程中，我们要更多地汲取各民族的优秀文化养分，无论这个民族人口多少，都一视同仁、相互尊重、相互学习和借鉴。如费孝通先生所说的“各美其美”“美美与共”。

此外，我们不仅对中华文化要具有自知、自重和自豪的情感，也应有俯仰天地、面对世界、面对未来，善于吸收一切人类优秀文明成果的大胸怀和气度。在立足中华优秀传统文化、坚守中国立场的前提下，兼收并蓄、广采博纳，汲取世界上各个国家各个民族优秀的文化，形成中华文化根基稳固、生生不息、创新发展、充满活力的精神和品格。

略论多民族文化和谐与社会主义核心价值体系的关系①

党的十六届六中全会通过的《中共中央关于构建社会主义和谐社会若干重大问题的决定》（以下简称《决定》）明确指出："社会和谐是中国特色社会主义的本质属性，是国家富强、民族振兴、人民幸福的重要保证。"《决定》提出，建设和谐文化，是构建社会主义和谐社会的重要任务；社会主义核心价值体系是建设和谐文化的根本。

对于社会主义核心价值体系，《决定》这样阐述：马克思主义指导思想，中国特色社会主义共同理想，以爱国主义为核心的民族精神和以改革创新为核心的时代精神，社会主义荣辱观，构成社会主义核心价值体系的基本内容。这一概括内容丰富，意义深远，既突出了我们党和国家的指导思想，又强调了社会主义理想信念的重要作用；既继承吸收中华民族文化的优秀传统，又结合当今社会主义精神文明的本质特征，指明了社会主义和谐文化的发展方向。

社会主义核心价值体系是保证我们高扬马克思主义旗帜，弘扬爱国主义精神，建设和谐社会的观念系统，是社会主义制度的内在精神和灵魂，没有社会主义核心价值体系的引领和主导，和谐文化建设就会迷失方向、失去根本。而和谐文化是社会主义核心价值体系的具体体现，和谐文化最核心的内容，是崇尚和谐理念，体现和谐精神，大力倡导社会和谐的理想信念，坚持和实行互助互敬、同心同德、求同存异、团结合作、稳定有序的社会准则，以和谐理念贯穿于相关的文化形态和文化现象之中，促进民主法治、公平正义、诚信友爱、充满活力、安定有序、人与自然和谐相处的和谐社会的构建。

① 原载《云南日报》，2007 年 6 月 26 日。

构建社会主义和谐社会的共同理想，要靠文化的力量来支撑。历史的经验表明，在社会的变迁和发展中，一个国家和民族的理想信念、民族精神，要靠特定的文化来支撑和营造。为了促进社会主义和谐社会的建设和发展，我们所全力培育和建设的和谐文化，应该是一种有利于人与人之间、人与社会之间、人与自然之间以及我国各民族之间和谐相处的社会主义和谐文化。如果不能形成与和谐社会相适应的和谐文化，构建社会主义和谐社会的任务就不可能完成。

社会和谐的基础是什么呢？我国是一个有 56 个民族的泱泱大国，虽然 55 个少数民族的人口规模仅占全国总人口的 8.42%，但其聚居自治的地区却占国土面积的 64%，经济地理意义上的西部地区、全国陆路边疆地区基本上都属于少数民族聚居地区。这一基本国情决定了民族关系是我国最重要、最特殊的社会关系之一。和谐社会的基础就是 56 个民族的和谐共处，同心同德。没有 56 个民族的和谐，就不会有我国社会的和谐。因此，要通过推动 56 个民族文化的和谐来促进社会和谐，不断增强中华民族的凝聚力、向心力、亲和力，发扬由 56 个民族的文化和民心凝聚而成的中华民族爱国主义精神，实现弘扬主旋律与提倡多样化的有机统一。

中华民族的民族精神，是建立在各个民族优秀的文化传统基础上的，各个民族优秀的文化熔铸了中华民族既有个性又有共性的民族精神。因此，我国的和谐社会建设，应该是 56 个民族在中国共产党领导下，齐心协力建设中国特色社会主义，共同繁荣发展，实现中华民族伟大复兴，充分发挥各民族传统和当代文化中有利于构建和谐社会的因素，建设多元一体、既有个性又有共性的和谐社会。

以爱国主义为核心的民族精神和以改革创新为核心的时代精神，是我国 56 个民族的爱国主义传统和当代各民族的和谐团结、共建伟大祖国的时代精神的汇聚和整合。我国少数民族文化是中华文化不可分割的重要组成部分，博大精深、源远流长的中华文化是我国各民族文化的统一体。在漫长的历史长河中，在我国长期的反帝反封建斗争中，各民族共同缔造、捍卫了伟大的祖国，共同创造、发展了中华民族的灿烂文化。55 个少数民族的文化与汉文化相互交流，水乳交融，形成“你中有我，我中有你”的关系，共同推动了中华文化的形成和发展，保证了我国领土的完整和安宁。

因此，以爱国主义为核心的民族精神和以改革创新为核心的时代精神，就是包含了各个民族爱国传统和优秀文化因素的中华民族精神和当代各族人民在改革创新中焕发出来的锐意改革、建设祖国的时代精神。

社会主义荣辱观是社会主义核心价值体系的重要组成部分，集中体现了社会主义思想道德的基本要求，凝聚了56个民族优秀的传统道德精粹，充分体现了中华民族多元一体的伦理道德精神，而且在中国特色社会主义这一更高的社会形态和精神层面上做了具有时代精神的升华。我国各个民族传承千百年的很多优秀的伦理道德，充满和谐与奋发向上精神的人生观、价值观和人与自然观，可以整合在社会主义荣辱观中。社会主义荣辱观，应该是充分吸收了各民族优秀的伦理道德传统、融进了当代中国人民向往的真善美、焕发着健康向上的时代精神的一个道德伦理系统。

各民族的文化熔铸出伟大的中华民族精神和中国的灿烂文化。如今，全国56个民族都在为建设富强民主文明和谐的社会主义现代化国家，为实现中华民族伟大复兴而努力奋斗。为了这个伟大的目标，各民族丰富多彩的文化，应该在社会主义核心价值体系的范畴中，不断焕发出充满创造性、洋溢着时代精神的蓬勃活力。

从马克思主义民族观的角度看，“尊重差异、包容多样”的观念，是协调民族关系的基本准则。我国民族众多，意味着文化的多样化。文化多样性是人类社会互补互学的宝贵资源，是激活一个国家、一个民族的创造力和蓬勃生机的重要源泉。因此，保护、传承和发展少数民族的优秀文化，是构建和谐的社会主义民族关系、保证社会和谐的重要任务，是建设社会主义核心价值体系的重要内容。

2006年5月，胡锦涛同志在云南调研考察期间，提出了促进和谐文化建设和发展的观点。他说：必须从树立共同理想、打牢共同思想基础、弘扬民族精神、开展道德建设等方面工作，促进和谐文化建设和发展。这个具有远见卓识的观点，对于树立和贯彻以人为本、全面协调可持续发展的科学发展观，促进和谐社会建设，有着重大的现实意义。笔者认为，胡锦涛同志在我国民族众多、文化丰富多样的云南提出这个观点，更有一种独特的意义。

从文化的本质来看，文化构成一个国家或民族的核心内涵，体现国民的个性、素质与魅力，可以说，文化是一个国家和民族的精神旗帜和灵魂本体。就一个国家和一个民族而言，和谐的文化是社会和谐的思想灵魂和精神支撑，也是社会和谐所必需的凝聚力、向心力和感召力的精神源泉，对和谐社会的建设具有思想指引和精神支撑的作用。一个国家或一个民族、一个地区，如果没有和谐的文化，就不会有建设和谐社会的思想根基和精神动力，就不可能实现社会和谐。

社会主义核心价值体系属于社会意识的范畴，是社会主义的一种观念体系。这种观念体系是在特定的民族文化环境中发展起来的。在马克思主义看来，任何时代的社会意识，都和以前时代的社会意识有着千丝万缕的联系，它的产生和发展都要以前人所积累的思想材料为重要前提。我国 56 个民族优秀的传统文化和当代各民族在优秀传统文化基础上创新的文化，是社会主义核心价值体系建设中不可或缺的思想源泉，社会主义核心价值体系建设应该根植于由 56 个民族汇聚而成的优秀传统文化的沃土中，充分吸收 56 个民族传统文化的合理成分。

历史的经验证明，国家与国家、地区与地区、民族与民族之间的冲突，除了政治和社会的原因外，与文化的不和谐也密切相关。当今世界，因各种文化的冲突而导致民族之间、国家之间、地区之间发生剧烈冲突的情况很多。回顾历史，观察今天，人们看到很多因为将某种文化价值观强加到别人头上而导致的冲突。

新中国在多民族的文化和谐建设上，取得了举世瞩目的成绩，而地处西南边疆、有 26 个世居民族的云南，是在民族多样性、文化多样性基础上逐步达到高度的文化和谐，继而促进社会和谐的典型。

一个国家，只有在具备一个开明公正、公平民主、以人为本的政治制度下，各民族才可能共享公平的政治待遇和文化境遇，他们的文化也才可能被一视同仁地对待。只有在这样的前提下，才有可能达到各民族文化的和谐共存，相互宽容、理解，相互尊重，彼此吸纳各自文化的优秀部分，在一种互动的状态下形成生生不息的文化吸纳和创新的机制，从而促进社会的和睦与和谐，促进民众的精神、心灵和道德情操的升华。中华人民共和国的成立，给 56 个民族提供了这样的条件和机遇。

回顾历史，在中国数千年的封建社会中，云南等边疆少数民族地区往往被封建中央王朝和统治阶级视为“狂狷草昧”的“蛮夷之地”。在文化观念上，形成了一种根深蒂固的“夏尊夷卑”的成见，认为只有以中原汉族士大夫阶层为代表的“夏”的文化是文明和高级的，而那些“蛮夷”的文化是卑陋低下的。在这样的思想观念支配下，封建统治者便实施“以夏变夷”的强制性手段来统治少数民族，以所谓高级文明的“夏”的文化习俗和道德伦理观念来强制性地改造少数民族的文化。在这样的政治制度下，不可能形成一个互相尊重、“各美其美”、“美人之美”的和谐文化局面，只会增加不同文化之间的摩擦、冲突和仇视。在云南历史上，曾经发生过统治阶级强令推行的文化习俗与少数民族本土文化习俗之间的剧烈冲突，比如清朝统治者在实施改土归流中，强行取缔云南少数民族的各种优良文化习俗，如火葬和自由婚恋、男子入赘子女随母姓等体现男女平等的习俗等，曾导致了当时的主流文化与少数民族文化之间的剧烈冲突。在这样的政治环境和社会制度中，绝不可能实现多民族文化的和谐与社会和谐的局面。

新中国成立后，中国共产党实行各民族一律平等的国策，废除各种歧视少数民族文化的政治制度和成见，给少数民族文化的保存和发展提供了非常有利的条件。确立了民族平等、民族团结、民族区域自治、各民族共同繁荣的基本原则和基本政策，开辟了适合中国国情、具有中国特色的解决民族问题的正确道路。

一个社会的和谐，在本质上体现为一种和谐的文化精神。在我国，这种和谐的文化精神，是建立在 56 个民族的文化都达到高度的相互欣赏、相互学习、取长补短、扬弃糟粕、弘扬精华的前提下的。在今天的云南，这种多元文化和谐的例子随处可见，比如在获得“世界文化遗产”“世界自然遗产”《世界记忆名录》这 3 项世界级桂冠的丽江市，有 12 个世居少数民族。从宗教上看，有汉传佛教、藏传佛教、道教、基督教、伊斯兰教，还有纳西族的东巴教、白族的本主信仰、彝族的毕摩信仰、普米族的韩规信仰，以及傈僳族、苗族等民族的原始宗教等。这么多的宗教形态和信仰能和谐共存，这么多的民族能互助互爱地和睦相处，和谐的多民族文化使丽江成为驰名世界的“文化之乡”、旅游胜地。丽江，是云南的一面最有代表性的多民族多元文化和谐共存的镜子。

胡锦涛同志 2006 年在美国耶鲁大学的演讲中这样说："一个音符无法表达出优美的旋律，一种颜色难以描绘出多彩的画卷。世界是一座丰富多彩的艺术殿堂，各国人民创造的独特文化都是这座殿堂里的瑰宝。一个民族的文化，往往凝聚着这个民族对世界和生命的历史认知和现实感受，也往往积淀着这个民族最深层的精神追求和行为准则。人类历史发展的过程，就是各种文明不断交流、融合、创新的过程。人类历史上各种文明都以各自的独特方式为人类进步作出了贡献。""文明多样性是人类社会的客观现实，是当今世界的基本特征，也是人类进步的重要动力。"

胡锦涛同志的这个演讲与在云南关于促进和谐文化建设和发展的讲话是相互呼应的一种精神和理念，可以理解为是中国共产党人和中国人民在追求多元文化和谐的基础上达到人类的相互了解和相互尊重，致力于建设和谐世界的心声和宣言。

多民族的文化和谐是社会和谐的保证，多元文化的相互尊重与和谐共存，是建设和谐世界的保证。我们在建设社会主义核心价值体系时，应该进一步领会其丰富的内涵，充分理解我国多民族的和谐文化与社会主义核心价值体系之间的紧密联系。

云南民族文化造福民生和促进中华民族文化繁荣的示范意义

——让文化直接造福于民族地区各族人民，成为云南的一个突出特点[①]

新中国成立以来，云南25个世居少数民族的社会、经济和文化面貌都发生了巨大的变化。特别是改革开放以来，云南少数民族文化保护和发展的成就非常突出。中共云南省委、云南省政府先后决策将建设民族文化大省、民族文化强省作为云南国民经济和社会发展的重要战略目标之一，并取得了令国内外瞩目的成就。

云南走出了彰显中国多民族文化共同繁荣发展的示范之路

一个国家、一个地区的不同民族如何实现文化的相互尊重和共同繁荣，以文化促进社会和谐，这是世界性的难题。长期以来，国际上因为不同国家和民族包括思想观念、信仰、习俗、生活习惯等的差异而导致的冲突和纷争很多。云南各民族和谐共处共同发展，文化多样性共存和繁荣，为世界上各民族文化多样性如何实现相互尊重与和谐发展提供了可资借鉴的经验和做法。特别是改革开放以来，云南少数民族文化保护和发展的成就突出，有力地证明了我国以民族平等、民族团结、民族区域自治和各民族共同繁荣为基本内容的民族政策的成功，我国尊重民族文化的国策促成云南民族文化多样性的保护和发展，而云南的民族文化也为我国的国际形象增添了不少独特的光彩，云南的国际文化和学术交流日益活跃。从几十年来

① 原载《云南日报》，2014年10月15日。人民网、党建网、中国环球时讯、中央文化管理干部学院网站、文汇网、人民论坛、天津网、微阅读、长城网、贵阳网、茶马古道网等多家网站转载了此文。

参与各种国际文化交流活动的经验中，笔者感到，很多国外人士对中国的民族文化多样性和中国政府促进各民族文化的繁荣发展的政策、做法并不是很了解。云南的民族文化、学术的国际交流实例证明，通过这样的交流，把我们的民族文化和新中国扶持民族文化的政策和做法传播出去，是一个非常好的方式。通过中国学者走出去、外国朋友走进来的双向交流形式，很多外国朋友对中国丰富多彩的民族文化有了了解，对我国政府扶持少数民族文化发展的具体实在的政策也加深了认识。

云南积累了很多文化、经济与社会互动发展的示范案例

改革开放以来，云南民族文化在国内外的影响不断加深，云南丽江古城、“哈尼梯田”、“东巴古籍”等先后获得了世界文化遗产称号，提升了云南非物质文化遗产的国际知名度，云南民族文化资源的经济价值不断凸显。随着旅游业和文化产业的发展，丰富多彩的民族文化不仅成为云南的名片和品牌，而且逐步成为云南省经济支柱产业和新的经济增长点。云南文化产业不断转型升级、提速繁荣发展，而民族文化产业是其中的重要组成部分。

省委、省政府把建设民族文化强省作为经济社会发展三大战略之一，不断地把民族文化资源优势转变为经济优势，积极推动民族文化资源与旅游业相结合，文化形成旅游的灵魂而促进旅游，旅游的发展则反哺文化。多样化的文化产业成为带动农民致富、发展农村经济的切入点。云南通过各种方式，让文化直接造福于民族地区的各族人民，成为云南的一个突出特点。

云南积累了保护传承和发展民族文化的多样化做法和经验

云南从 1999 年就开始了“云南民族文化生态村”建设的实践，当时云南省社科院牵头承担省政府与美国大自然保护协会合作的“滇西北保护与发展行动计划”项目，在滇西北怒江、大理、丽江、迪庆四州市的 15 个县市进行为期 2 年的大规模调查研究，规划建设 60 个民族文化保护村（区）。后来，全省的民族文化与生态保护村建设逐渐取得长足发展，走出了一条民族文化、经济、社会和生态协调发展的路子。

云南在保护和传承少数民族文化遗产、培养少数民族传人方面也作出了探索，包括政府扶持、民营企业和民间人士的自发培训、家庭传承、“不离本土”的传承与集中培训传承方式的结合等多样化的扶持培训方式。丽江市还创造了被称为“2004中国经验”的束河古镇保护开发模式，它的“古村落保护和开发新区”分开实施的“双区制”模式，既有在传统古村落基础上的古镇拓展，建盖了不少小桥流水、青瓦白墙的纳西民居式建筑，又保留了村落的田园风光和村民传统的日常生活格局，受到国内外专家的赞赏和好评。云南还产生了《云南映象》《丽水金沙》《印象丽江·雪山篇》等长盛不衰并促进本地经济发展、造福民生的演艺业范例，并引发对少数民族民间艺术的传承、创新的关注和广泛的讨论、探索。

云南的不少实例展示了“民族团结进步、边疆繁荣稳定示范村（区）”建设与民族和谐、宗教文化和谐之间的密切关系，为民族文化强省建设中的传统文化保护和建设提供了生动案例。

几点建议

很多地方的乡村文化于文化变迁中趋于衰落的当下，进一步在云南加强“文化乐民”“文化富民”示范村镇建设，充分利用云南现有的良好基础，建设更多能留住各民族“美丽乡愁记忆”的乡村，使之成为中华民族重要的人文景观，也为我国多民族共存区域乡村文化保护发展提供了可资借鉴的经验。

争取国家多方面的支持，推进多民族和谐共存、多元文化和多种信仰和谐共存，促进社会和谐、经济发展、生态良好的云南乡镇建设。

加强在边境地区建设经济、社会、生态、文化和谐示范村的力度，促进边境地区人民的国家自豪感和国家认同意识，树立我国的边疆管理水平和大国的良好形象。

通过建设民族文化强省的实践，探索具有云南特色，符合云南省情、民情实际，有利于人地和谐、长远发展的国民幸福指数。发掘更多人无我有的云南民族多元的人伦道德、生态伦理、精神信仰等方面的独有因素，以此进一步丰富我国国民的幸福指数。

发展先进文化，建设文明云南[①]

云南省第八次党代会提出了建设富裕云南、文明云南、开放云南、和谐云南的战略目标，这个战略目标是紧密地结合云南的实际情况提出来的，富有创造性和创新特点。其中，“建设文明云南”目标的提出，结合云南实际，新颖而富有创意。党代会报告这样阐述建设文明云南的内涵：大力推进社会主义先进文化建设，打牢团结奋斗的共同思想基础。各族群众思想道德素质、科学文化素质和健康素质明显提高，文化繁荣发展，社会明礼诚信，城乡文明进步。我们认为，建设文明云南的具体内涵，可以从以下几个层面来理解。

何谓文明？《辞海》对文明的释义是：“1. 犹言文化。如：物质文明；精神文明。2. 指人类社会进步状态，与‘野蛮’相对。中国古代诗人李渔《闲情偶寄》：‘辟草昧而致文明。’”人类社会的发展，是一个不断克服落后、野蛮和愚昧而走向文明的过程。文明标志着人类社会不断地克服自身的各种愚昧落后、不和谐、非人性的因素，向更高层次的物质和精神世界的境界迈进。文明是人类社会不断地迈向和谐、富足与安宁的标志。文明是人类进步的产物，是人类社会发展进步的不懈追求和重要标志。世界和谐与和平的发展目标，就是不断地迈进一个个具有时代特征、和谐与人性化的文明境界。中国的发展正是向着更高境界的文明社会迈进，在博采世界众多文明精华的基础上，建设中国特色社会主义，为世界的文明进程提供经验和模式，走出一条当代文明建设的独特道路。

世界各民族都有自己辉煌的文明史，中华民族更是一个有着延续数千年文明史的泱泱大国。我们的各族祖先创造了辉煌的文明，但我们不应满足于曾经有过的辉煌，因为每一个时代的发展，都要有适应世界发展趋势和有利于人类社会持续发展的文明理念和内容。当今世界的文明，应该更

① 原载《云南日报》，2007年1月23日。

加以人为本、更加人性化，更加体现人与人的和谐、人与自然的和谐，更有利于人类社会向和平与安宁的文明境界迈进。

社会主义核心价值体系内涵中的一个要素就是文明，包括物质文明、政治文明和精神文明，这一点非常关键。如果没有一种高度的精神文明与和谐的文化作为根基和灵魂，一个国家或社会即使经济发展了、富裕了，也可能发生异化，成为物质生活富裕但缺乏正气高扬的民族精神和国民高尚品格与情操的国家或社会。云南省第八次党代会提出建设文明云南，表现出要使云南向着充分体现社会主义核心价值的目标迈进。建设文明云南的理念，具有鲜明的时代特色、与中华民族文明发展的整体理念相吻合，同时又具有自己的特点，既融汇了云南各民族的文明史，又展现了与时俱进的新文明观。

中国先进文化的前进方向，就是党的理论、路线、纲领、方针、政策和各项工作，必须努力体现发展面向现代化、面向世界、面向未来的和民族的科学的大众的社会主义文化的要求，不断提高全民族的思想道德素质和科学文化素质，为经济发展和社会进步提供精神动力和智力支持。社会主义先进文化的建设，是在中华民族积累数千年的文明遗产上，升华出融汇了马克思主义真理和中国特色社会主义特点的文化形态。人类的文明是千百年来人民群众创造而日积月累地形成的，中华民族的辉煌文明，凝聚了 56 个民族代代相传并不断创新的智慧和知识。因此，社会主义文明的建设，应该建立在广泛汲取各民族文明精华的基础上，广采博纳，形成具有鲜明时代特征的新文明，激发起中华民族新的凝聚力，为使中华民族永远立于不败之地而团结奋斗。云南是一个民族众多、文化多样性十分突出的边疆省份，建设文明云南，要善于继承云南各民族的精神文明和物质文明遗产，建设具有鲜明区域特点的社会主义文明，为中华民族的当代文明提供一种具有区域特点的内容和形式。现在，世界上越来越多的国家已经形成这样的共识：多元文化共存的文明形态会增进一个社会或国家的活力和创造性，能形成更为包容和谐的社会和文化环境；多种文化相互整合和互补，有利于克服单一文明可能存在的不足和弊病，有利于构建“各美其美，美人之美，美美与共”的和谐文化与和谐社会。

新中国成立后，我国实施的一项基本国策，是强调各民族一律平等，尊重各个民族的文化。这项基本国策得到各民族群众的大力拥护，激发了各个民族建设社会主义新中国的巨大热情。旧中国的封建统治者往往实行唯我独尊的大文化沙文主义，以单一文明取代多元文明，在文化上强制性地实行“夏尊夷卑”“以夏变夷”的政策，使云南这样多元文化十分发达的地区的少数民族文化遗产不断被排斥和压抑，受到摧残，各民族本来可以取长补短、各美其美的文化遗产没能得到重视和传承，许多少数民族精神和物质文化遗产濒临消亡。新中国实行的“各民族一律平等”的国策，彻底改变了用单一文化强制性地取代多元文化的状态，特别是改革开放以后，云南各民族的多元文化不断受到重视、保护以及开发利用，多民族文化日益焕发出活力与魅力，不仅在国内外形成“七彩云南，魅力云南”的美好形象，而且带动了云南的社会和经济发展。云南正在发展壮大的旅游和文化产业，充分显示多元文明能转化成充满生机的文化活力和经济活力。因此，保护好云南各个民族作为文明载体的文化资源，也就是从一个重要方面为建设文明云南保证了活水长流的源头。

进一步树立以践行“社会主义荣辱观”为主要内容的社会主义荣辱观，这是当代中国社会文明程度的重要标志，是现代文明的要求，是建设文明云南的基石。文明云南的建设应该包含这样的内容：树立起良好的社会道德风尚，使社会公德、职业道德、家庭美德教育和个人的道德修养深入人心，使整个社会的道义感、公民的正义感、良知和善良、乐善好施、济困扶危等形成风气，使整个社会的人际关系不断地向和谐的境界迈进，整个社会的文化品位和精神追求不断得到提升，健康文明的生活方式蔚然成风。还应不断推进政治文明，加快民主政治建设，加大社区基层群众的知情权、参与权和监督权，使党和政府的威信在民主政治建设中不断提高。

一个时代、一个地区的文明风气的形成，不可能一蹴而就，这种文明风气需要在广泛汲取古今中外的历史文明风尚的基础上逐渐形成。在云南这样有着多元民族文化的省份，要树立当代社会主义的荣辱理念和文明观念，应当充分借鉴云南各个民族代代相传的民间道德伦理观念的精华，比如很多民族传统相沿的尊老爱幼的民风，男女平等的民风民俗；尊崇自然、善待山水的生态伦理道德观；各种为构建社区和谐的乡规民约，各种有利于人与自然和谐相处的社区资源管理的机制等，我们都可以将其精华融入当代社会的伦理道德观中，使之充分发挥作用。可以从云南各民族的传统文化中梳理出积极的文明因素，促使各民族“取长补短，互通有无”。这样，建设文明云南就有了一个建立在多元文化上、具有突出的区域特点、民族特色的厚实根基。

建设文明云南，关键在于提高人的整体素质和精神境界，而教育无疑是其中一个十分重要的内容。打牢人才基础和智力基础，离不开教育。一个好的教育机制，应该激发民智，使民众掌握各种科学技术知识，提高谋生、生存和适应现代社会的能力。更重要的是，还应该起到陶冶性情、教化人心，提高人的道德水平和素质修养的作用。因此，建设文明云南，需要大力发展教育事业，培养各种能跻身于现代化建设的高级人才。需要加快发展科技、文化和卫生事业。应该结合云南的实际，抓好各民族的乡土知识的教育，使各民族的优秀文化、技艺得到传承和发扬光大，这也是文明云南的重要内容。云南的旅游经济、绿色经济、文化产业等的发展以及社区基层的脱贫致富、社区管理，都需要有大量掌握本土知识技能的社区人才，因此，应该把培养社区人才、进行多样化教育纳入教育内容中。

审视当代的云南文明，我们既要看到经济社会长足发展、多元文化异彩纷呈的可喜局面，同时也应该看到教育、科技事业发展相对滞后，人的整体素质有待提高，各民族优秀的自律自励、自我约束、明礼诚信的传统道德伦理面临种种挑战等问题。我们要围绕云南省第八次党代会提出的建设文明云南的战略目标，同心同德、众志成城地建设一个闪耀着和谐智慧之光的文明云南。

加强生态建设和环境保护，当好生态文明建设排头兵

——云南的经济发展、文化发展和社会发展，都将取决于是否能保持良好的生态环境①

一

习近平总书记在云南考察工作时，提出希望云南主动服务和融入国家发展战略，闯出一条跨越式发展的路子来，努力成为民族团结进步示范区、生态文明建设排头兵、面向南亚东南亚辐射中心，谱写好中国梦的云南篇章。就当好生态文明排头兵方面，习近平总书记强调，新农村建设一定要遵循乡村自身发展规律，留得住青山绿水，记得住乡愁。他指出，要把生态环境保护放在更加突出位置，像保护眼睛一样保护生态环境，像对待生命一样对待生态环境，在生态环境保护上一定要算大账、算长远账、算整体账、算综合账，不能因小失大、顾此失彼、寅吃卯粮、急功近利。

习近平总书记在云南就生态文明建设提出的一系列要求，不仅对云南来讲至关重要，对中国的发展也至关重要。留住青山绿水与留住乡愁是密切相关的，只有青山绿水，才能够让每一个人都更热爱家乡，热爱祖国，因此也有更浓郁的乡愁。一个青山绿水的家园，才有利民生，从而产生更强的民众凝聚力。

云南是我国面向南亚东南亚辐射中心，是国门之一，是国际上认知中国的重要渠道和区域，云南的优势不仅仅是我们常常说到的区位优势，而

① 原载《云南日报》，2015年2月6日。

是多方面的。以文化多样性和生物多样性而论，云南在我国具有独特的优势和魅力，在国际上也有很好的声誉。良好的生态环境和自然禀赋，已经成为云南最珍贵的品牌和资本，是云南未来发展的命脉。云南的经济发展、文化发展和社会发展，都将取决于是否能保持良好的生态环境。保护好了云南的青山绿水，也就为中国未来的发展提供了坚实的基础。

从当代的发展和长远的战略眼光来看，良好的生态环境，是谱写好中国梦的云南篇章至关重要的基础和必备条件。

二

回顾云南的发展历程，云南各届党委、政府在保护云南山水、保护生态环境方面做了很多实实在在的工作，比如举世闻名的“三江并流”世界自然遗产的保护。位于云南西北部的“三江并流”由怒江、澜沧江、金沙江及其流域内的山脉组成，涵盖范围达 170 万公顷，它包括位于丽江市、迪庆藏族自治州、怒江傈僳族自治州的 9 个自然保护区和 10 个风景名胜区，地处东亚、南亚和青藏高原三大地理区域的交会处。三江并流地区名列中国生物多样性保护 17 个“关键地区”的第一位，是世界级物种基因库，是中国三大生态物种中心之一。

省委、省政府以独具慧眼的战略眼光，从长江下游各省乃至澜沧江—湄公河流域国家的可持续发展着眼，致力于保护“三江并流”地区的生态环境、生物和文化多样性。经过多年不懈的努力，在 2003 年 7 月 2 日，联合国教科文组织第 27 届世界遗产大会一致决定，将“三江并流”自然景观列入联合国教科文组织的《世界遗产名录》。这是中国境内面积最大的世界遗产地，云南为我国和世界有效地保护了一块裨益当代、造福人类未来发展的宝地。

笔者参与过云南省政府和美国大自然保护协会合作、聚焦生物多样性和生态环境保护的“滇西北保护与发展行动计划”等国际项目，以及一些立足乡村社区的生态保护示范性项目，从中认识到在生态环境保护、低碳经济发展、民族文化保护传承与旅游融合发展等方面，云南可以作出更多会产生良好国际影响的示范工作。

云南在生态环境保护方面已经进行了很多有开拓性和创新性的工作。早在2000年，云南省就实施“滇西北大河流域保护与发展行动计划”，后来又提出“滇西北生物多样性保护宣言”。与此同时，作为林业部建设“国家公园”的试点省，云南省已经率先建成一批国家公园，有益民生和生态环境，获得国内外好评。目前正实施的“森林云南”行动，采用国家统一技术标准，对云南省自然保护区森林生态系统服务功能的价值进行科学评估。评估报告显示，云南纳入评估的自然保护区2010年提供的森林生态服务价值达2009.02亿元，相当于全省2010年地区生产总值的27.8%。这些都是云南在建设“美丽中国”、推进“绿色GDP”目标方面进行的开拓性工作。

早在2009年，云南就在全国率先提出“生态立省”的目标，这是云南赖以突出自己的优势和特色的一个根本基础。云南是全球为数不多的生态环境多样性、生物多样性和民族文化多样性“三多一体”的地区，而这种多样性又是十分脆弱的，云南省发生的不少因为生态问题而导致的灾难，就警示我们不可忽略生态环境的保护。有“七彩云南”美誉的云南省，更应该关注生态问题，保持良好的绿色云南美景。

2014年12月召开的云南省委经济工作会议，提出要加强生态建设和环境保护，争当生态文明建设排头兵。牢固树立“保护生态环境就是保护生产力、改善生态环境就是发展生产力”的政绩观，认真落实新环境保护法，严格按照主体功能区规划，推动构建更加科学合理的城镇格局、产业发展格局、生态安全格局。要深入推进“七彩云南保护行动”和“森林云南”建设。要大力推进节能减排，大力发展节能环保产业。省委、省政府进一步明确了生态建设和环境保护的任务。

三

云南作为我国西南生态安全屏障，保护意义重大，任务艰巨。比如滇西北“三江并流”地区是世界上生物多样性和文化多样性最为富集的地区之一，自从被联合国教科文组织列为“世界自然遗产”后，成为举世瞩目之地，其中澜沧江和怒江又是两条国际河流，在这个区域的一切开发和保护行动，都会引来世界特别是东南亚国家的密切关注。无论是从生物多样性的保护还是从文化多样性的保护来看，“三江并流”都是事关国家发展和国际影响的敏感区域，生态环境保护的任务十分艰巨。从全省范围看，生态环境保护任务也很繁重。云南目前的贫困问题还很突出，根据国务院扶贫开发领导小组办公室网站 2014 年公布的贫困县名单，全国 592 个国家级贫困县中，云南省有 73 个，约占全国总数的 1/8。到 2013 年底，云南的贫困人口达 661 万人，居全国第二位。生态环境保护需要投入大量物力人力，如“三江并流”这样的生态环境保护和国家资源重地，目前仅靠云南之力来保护确实非常艰难。我们要通过不断努力，争取使“三江并流”区域的保护如青海的“三江源”那样能列入国家层面宏观战略的计划中（三江源国家级生态保护综合试验区建设总投资 75.07 亿元，以国家投资为主），通过国家的财政转移支付等方式来对滇西北地区实施“生态补偿”政策，以鼓励本地民众和政府对国家的生态和资源的重要战略保护地进行卓有成效的保护。

把云南建成我国重要的生物多样性宝库和西南生态安全屏障是云南当前和未来发展的重要目标。云南省各民族在生产生活实践中积累了生态环境保护和地方资源可持续利用的丰富知识，形成了系统的生态理念、智慧和生态保护的伦理道德思想，是云南省生态文明的重要文化遗产，应对此进行全面整理和研究，将它们整合于当代的生态环境保护理念和科学知识体系中，使之成为云南生态文明建设的一个亮点。

此外，云南省资源开发等发展项目要加大各民族群众的参与性，使民生受益，促进和谐局面的长久。国际上关于当代发展的理念中特别强调发展项目实施地的民众参与性和获益。云南省各地未来实施各种发展项目时，要加强项目区各民族群众的参与度，积极与他们协商，调动他们的积极性，使项目的实施带给民众更多的好处，使当代云南的发展与民生幸福、和谐安宁共存。

人们常说“无工不富”，只有发展工业，才能加快云南的发展，这是实情。重工业的发展对云南经济的发展非常重要，但产业的布局上则应因地制宜。比如云南要建设成世界知名、国内一流的旅游强省，就必须有更多国内外著名的旅游胜地，如现在的丽江、香格里拉、腾冲、西双版纳等地，就已经是国内外著名的旅游胜地。在以旅游为支柱产业的地区，可以多发展一些污染小的高科技新型工业、轻工业和绿色产业，以及高原生态农业、生态农庄、创意产业等。重工业的发展应尽可能远离文化遗产核心区和旅游名胜核心区。云南工业的谋篇布局，应该考虑到生态保护核心区和旅游名胜区的发展目标和重点统筹，各有侧重，有所为有所不为。

水是地方发展的要素，云南的水资源与发展应形成良性的均衡关系。水资源的存量，也渐渐成为一个地区、城市、工程项目发展的重要考量因素。从这几年云南连续干旱的水资源情况看，水资源的存量与地方发展的均衡关系，也成为各地在制定发展规划乃至具体的项目实施中一个应该认真考量的重要因素，即要对发展规划和项目的水需求量进行认真的预研究，形成水资源与发展之间的良性均衡关系。具体到一个地区，要根据当地情况考虑发展规划。以西双版纳的发展为例，大量的橡胶种植无疑给本地的经济特别是民生带来了巨大的效益，但大家也知道橡胶树是民间所说的“抽水机”，它对地下水和生物多样性有很多副作用。所以，如何更科学合理地规划和控制橡胶的种植面积，有效地推广有利于水土保持和生物多样性发展的橡胶种植方式，应该是西双版纳未来抗旱保水、科学发展的重要谋划内容。再如旅游与水的承载力的关系，也应认真研究有多少水储量，可以承载多少游客和旅游设施的建设等问题。

生态环境保护的自觉性是衡量国民素质的一个重要指标，我们应加强生态环保教育，不仅要通过各种方式加强对成年人的环保教育，也要抓未成年人的环保教育，增强国民的生态保护自觉意识。建议把对公民的生态道德伦理教育、生态法治教育、省情教育和卓有特色的云南生态文明地方性知识教材的编写和教学等结合起来，把增强云南人的环保意识和生态道德伦理修养作为一个长期的教育工程来抓，并抓出云南的特色。

在把云南建设成面向南亚东南亚辐射中心，谱写好中国梦云南篇章的过程中，云南应加大与东南亚、南亚国家之间在生态环境保护和绿色经济、循环经济方面的合作与交流，并大力推进与东南亚、南亚国家之间在生物多样性保护、开发绿色产品和文化遗产保护、生态环境保护与文化保护传承互动、旅游与文化融合发展等方面的合作，吸引这一地区的各界人士和更多的游客前来云南。树立充满生态环境魅力、多元文化和谐共存发展魅力的“七彩云南”形象，让人们通过云南认识我国在造福人类、裨益民生方面的做法、经验和亮点。

物质文明与生态文明的同步发展是建设“美丽云南”的重要保证①

生态环境是人类赖以生存的重要依托和赖以发展的平台，过去，我们一度单纯地以GDP（国内生产总值）增长论英雄论政绩，而不去认真思考和计算这种GDP增长之下的生态成本。如今，导致生态环境恶化的单纯GDP的增长和人均收入的增长，已经不是现代文明国家所要追求的目标，越来越多的国家和民族，痛定思痛，正在重新寻求人与自然环境和谐相处的智慧和路径，走科学发展、可持续发展的道路。生态环境决定着未来的发展，而生态环境能否改善和好转，在很大程度上取决于人类行为。人类社会发展的历史证明，一个民族，物质上的贫困会阻碍其发展，但精神上的贫困则会制约它成为一个有强大生命力和凝聚力的民族，物质文明和精神文明都是促成生态文明的重要因素。

党的十八大报告指出：“面对资源约束趋紧、环境污染严重、生态系统退化的严峻形势，必须树立尊重自然、顺应自然、保护自然的生态文明理念，把生态文明建设放在突出地位，不断优化国土空间开发格局，全面促进资源节约，加大自然生态系统和环境保护力度，加强生态文明制度建设，努力建设美丽中国，实现中华民族永续发展。”这是“美丽中国”这一鼓舞人心的提法首次出现在全国党代会报告中。党的十八大报告还出现了“给自然留下更多修复空间，给农业留下更多良田，给子孙后代留下天蓝、地绿、水净的美好家园”这种富有感情色彩的叙述方式，体现了我国执政者对自然环境和祖国大地一种亲和而且负责任的态度。

可以说，党的十八大报告的重要精神之一，就是提出了将生态文明建设的理念、原则、目标等深刻融入和全面贯穿到我国经济、政治、文化、

① 原载《云南日报》，2012年12月23日。

社会建设各方面和全过程，更加深刻地阐述了生态文明与物质文明、精神文明、政治文明的关系。

云南省 2009 年就在全国率先提出“生态立省”的目标，中共云南省第八次党代会报告中就指出：“良好的生态环境是云南的特点和优势，也是最大的资源和资本。要牢固树立生态立省的意识，站在对子孙后代和长远发展负责的高度，把可持续发展战略落到实处，加快建设生态省，扎实推进资源节约型、环境友好型社会建设。”生态环境的保护和生态文化的弘扬，是把云南建成“美丽中国”最绚丽篇章的一个重要内容，是云南赖以突出自己的优势和特色的一个根本基础。

云南是全球为数不多的生态环境多样性、生物多样性和民族文化多样性“三多一体”的地区，而这种多样性又是十分脆弱的。从目前我国各地的发展情况看，生态环境的好坏，直接影响到本地能否可持续发展，也是事关社会和谐，衡量民生幸福指数的一个重要指标。面对当今不断发生的因生态问题而导致的灾祸，有“七彩云南”美誉的云南省，更应该全社会关注生态问题，保持良好的绿色云南美景，这样也才能出色地完成建设面向西南桥头堡和边疆繁荣稳定、民族团结进步示范区的宏伟目标。

在党的十八大提出全面建成小康社会的宏伟目标之后，我们除了关注小康社会要达到的各种经济指标之外，需要深思小康社会的文化、社会和生态文明的内涵，以及它应该具有的理想、理性和伦理道德的内涵，使我们致力于全面实现的小康社会，成为一个物质富有和精神富有兼备的社会，人与自然和谐相处的社会；一个人民既享受着物质文明的富裕生活，又尊重与呵护大自然，充满着真善美的社会公德和情操的社会。

在为建设物质文明、政治文明、精神文明、社会文明、生态文明的高度统一的现代化国家努力奋斗之际，我们既要呼唤中华民族优良的民族伦理道德精神、民族情操的回归和弘扬，又要扬弃中国数千年沿袭的传统文化中影响中华民族健康全面发展的那些精神糟粕；既要广泛吸收世界上各个民族、各个国家的优秀品格、民风和治国之道，学习他们在政治文明、生态文明方面的成功方略和经验，又要杜绝全球一体化过程中那种泥沙俱下、鱼龙混杂、对中华民族的发展带来不良影响的各种不健康的文化和风气。在此基础上熔铸出与时俱进、兼包并容而又具有卓然独立的品格和风采的中华民族现代文明。

在当今世界，生态文明是提升物质文明尤其是生产力发展能力的重要支撑，也是现代人类文明的重要内容。生态文明与物质文明、精神文明、政治文明、社会文明建设相互依存，高度统一。只有构建起高水平的社会主义生态文明，才能产生真正有高水平的社会主义物质文明、精神文明、政治文明和社会文明。

关于建设民族团结进步、边疆繁荣稳定示范区的几点建议

一、建设民族团结进步边疆繁荣稳定的示范区应理论先行、加强研究

《国务院关于支持云南省加快建设面向西南开放重要桥头堡的意见》中，明确提出将云南建设成为“我国民族团结进步边疆繁荣稳定的示范区”。这是一个重大的战略，是国家对云南未来发展的根本定位，示范区建设不可能一蹴而就，需要加强理论研究和实证研究。云南民族工作实践的成功，有力地证明了我们党的民族政策和民族区域自治制度的成功。但要把云南建设成“民族团结进步、边疆繁荣稳定的示范区”，还需要进行更加深入的理论研究和各种专题实证研究，以深度的研究成果来指导未来的各项具体工作。

二、示范区建设要致力于保持和加强云南省最为突出的优势特色

（一）加强民族文化的保护与发展

生态环境多样性、生物多样性、文化多样性是云南的突出特点。云南省多年来均衡这三者的关系，使三者互动而持续发展，积累了许多可贵的经验。1999 年在云南召开的云南民族文化、生态环境和经济协调发展高级国际研讨会通过的《昆明宣言》提出：云南可以建成全球经济、社会、文化和生态协调发展的示范区。因此，云南文化多样性和生物多样性的保护和发展、使文化和生态造福于民，是建立民族团结进步、边疆繁荣稳定示范区的重要内容。

应进一步推进云南民族文化在国内外的影响，促进云南民族文化的国际交流与合作，让其他国家看到云南多民族和谐共处、多元文化共同繁荣发展的事实，使云南成为展示丰富多彩的中华民族多元一体文化的国门、通道和窗口，并在文化交流中促成更多的经贸交流与合作。

应深入总结和大力推广云南民族文化与旅游互动融合、造福于民的“云南经验”。笔者曾多次向联合国教科文组织的会议、美国亚洲学会年会等重大国际会议以及外国来访人士介绍过云南的经验和做法，感觉云南的独特做法和经验非常吸引国外友人。就笔者个人所见，很多外国人士都是通过云南才了解到中国有这么丰富多彩的少数民族文化和独具特色的区域文化。

国际学术文化界人士的研究和宣传，对于提高云南省民族和谐、共同繁荣进步的独特经验和做法的国际知名度非常重要，建议认真总结 2009 年在昆明召开的国际人类学与民族学联合会第十六届世界大会的成功经验，进一步通过国际学术文化交流，不断提高云南民族和谐、共同繁荣的成功经验，以及民族文化、民族学人类学优势在世界上的知名度和影响力，争取在国外促成更多聚焦云南民族和谐主题的国际会议、展览、教学等。仅以纳西族的东巴文化为例，近年来已经在欧美国家举办了由对方出资的 5 次大型展览。

云南民族地区的非物质文化遗产的保护和传承面临严重的挑战，云南各民族的民间文化精英普遍存在青黄不接、后继无人的情况。作为云南省重要历史文化遗产和旅游资源的古村落文化的衰落状态也比较突出，而云南很多国际驰名的民族文化品牌都要依托村落，例如《云南映象》所依托的也是云南各民族的乡村文化，假如没有鲜活的农村民间艺术和乡土艺术家们，就不可能打造出这样一块文化品牌，杨丽萍这样的杰出艺术家也将回天乏术。

（二）加强民族地区的生态保护并使之造福民生

桥头堡建设的五大战略之一是把云南建成我国重要的生物多样性宝库和西南生态安全屏障。云南省各民族世世代代在云南休养生息和生产生活的实践中，积累了非常丰富的生态环境保护和地方资源可持续利用的知识，有系统的生态理念、智慧和生态保护的伦理道德思想，是云南省生态文明的重要文化遗产。可充分利用云南省多年来与美国大自然保护协会等国际著名环保组织的国际合作项目，形成滇西北生物多样性和文化多样性互动保护的云南经验，以及推动云南成为国家公园建设试点等方面所形成的国际声誉和影响，争取国家更有力度的支持。

滇西北“三江并流”地区是世界上生物多样性和文化多样性最为富集的地区之一，自从被联合国教科文组织列为“世界自然遗产”后，成为举世瞩目之地，其中澜沧江和怒江又是两条国际河流，在这个区域的一切开发和保护行动，都会引来世界特别是东南亚国家的密切关注。无论是生物多样性还是文化多样性的保护，“三江并流”地区的任务都十分艰巨，仅仅靠云南之力是很难的。建议通过努力，使“三江并流”区域的保护争取到如青海的“三江源”那样列入国家层面宏观战略的计划中（三江源国家级生态保护综合试验区建设总投资 75.07 亿元，以国家投资为主），通过国家的财政转移支付等方式来对滇西北地区实施“生态补偿”的政策，以鼓励本地民众和政府对国家生态和资源的重要战略保护地进行卓有成效的保护。

三、加强边境地区的研究和管理

云南边境地区共 8 州市 25 市县，面积约 9.25 万平方公里，占全省总面积的 23.47%。国境线约占我国陆地边境线的 1/5，又是 16 个跨境民族的主要聚居地，可以说是建设示范区的前沿。应掌握邻国边境地区和边民政策的新动向，为加强我国边民的国家认同意识未雨绸缪。

近年来，越南政府为了守土固边，对边疆少数民族地区实施了一系列特殊的扶持和优惠政策。比如建立了比较完善的教育和医疗服务体系等。云南省社科院曾上报过建议通过国家的扶持，进一步改善云南边境地区各民族的教育和医疗等，安定民心，加强边境地区各民族的国家认同意识。

四、云南省资源开发等发展项目要加大各民族群众的参与性，使民生得益，促进和谐局面的长久与稳定

国际上关于当代发展的理念中特别强调发展项目实施地的民众的参与性和获益性。云南省各地未来实施各种发展项目，要加强项目区各民族群

众的参与，积极与他们协商，调动他们的积极性，使项目的实施带给民众更多的好处，使当代的云南发展与民生幸福、和谐安宁共存。

发展少数民族文化是繁荣中华文化的重要前提①

2009年6月12日至13日，全国少数民族文化工作会议在北京举行，这是新中国成立以来召开的第一次全国少数民族文化工作会议。新中国成立后特别是改革开放以来，中国共产党实行各民族一律平等，共同团结奋斗、共同繁荣发展的国策，不断促进少数民族文化繁荣发展，文化的繁荣发展又促进了中国社会和经济的发展，提高了中国在国际社会的声誉。

中国政府“尊重差异、包容多样，推动各民族文化相互借鉴、加强交流、和谐发展”的国策，为中国树立了尊重少数民族文化、促进各民族文化互学互补的良好国际形象。

以云南为例，新中国成立后，云南25个世居少数民族的社会、经济和文化面貌都发生了巨大的变化。特别是改革开放以来，云南少数民族文化发展的成就非常突出。1999年，中共云南省委、云南省政府结合区域实际，制定实施了民族文化保护和发展的战略，将“建设民族文化大省”这一发展目标列入云南省国民经济和社会发展规划中。2007年，省委、省政府又提出了推进云南民族文化大省向民族文化强省迈进的新目标。云南省充分利用多民族文化资源优势，制定了各种有效的政策和措施，把云南的民族文化事业和文化产业做得红红火火，促进了民族地区经济和社会的发展，使广大人民群众得到了实惠。

在改革开放的30年里，云南省民族文化建设事业取得了巨大的成就。例如，丽江市的大研古城和东巴文化古籍被联合国列入《世界遗产名录》和《世界记忆名录》，极大地提高了云南历史文化遗产的国际知名度。目前，在云南省政府的大力扶持下，全省已抢救少数民族文献古籍2万余册（卷）、口碑古籍1万多种，并整理出版了600多册1万多种，包括在国内外有广泛影响的《纳西东巴古籍译注全集》100卷，获得国家图书奖；

① 原载《中国民族报》，2009年6月26日。

《中国贝叶经全集》100卷也在陆续出版中（编者注：现已全部出版）。云南还充分利用丰富的民族传统文化资源，创作了包括《云南映象》《印象·丽江》等在内的许多艺术精品。如今，不但有越来越多的民族文化艺术、民族民间艺人走向世界，传播中国民族文化，也有越来越多的外国朋友慕名来到云南，体验云南的民族文化风情。

近年来，笔者参加了许多聚焦于云南少数民族文化的国际学术活动和文化展览、艺术节等活动，也曾在国外大学开课讲授中国少数民族文化。在这些国际文化交流活动中，很多外国朋友惊讶于中国丰富多彩的民族文化，他们很钦佩中国政府扶持少数民族文化发展的国策。2003 年应美国华盛顿州惠特曼学院之邀，笔者在那里开设了“中国西南的少数民族及其现代性”和“中国纳西族的文化和艺术”等课程。去听课的有很多年轻学生，还有他们的家长，大家提出了很多问题。笔者感到，很多美国人对中国的多元文化并不是很了解，通过国际交流把我们的民族文化传播出去是个非常好的方式。

2006 年到 2007 年，一批云南少数民族乡土艺术家参加了在美国举行的“中国文化艺术节”和“澜沧江—湄公河流域国家民间文化艺术节”。他们不仅在著名的肯尼迪大剧院、华盛顿国家广场展示云南少数民族乡土艺术，还到美国各大城市及大学进行交流，展示中华民族绚丽多彩的民族文化。作为这些活动的前期策划者、参与者，目睹国外友人对中国多元文化和谐发展的现状有更为真切的认识，笔者感到非常自豪。

现在，到云南访问的各国代表团、大学生访问团越来越多，笔者常常以一个少数民族学者的身份，应邀给他们讲授云南民族文化。通过这种面对面的互动交流，外国各界人士不仅深入地了解了我国丰富多彩的民族文化，也感受到了党和政府扶持推动我国少数民族文化发展的力度。笔者从这种国际文化交流中，强烈地感觉到，我国政府这种“尊重差异、包容多样，推动各民族文化相互借鉴、加强交流、和谐发展”的国策，为我国树立了尊重少数民族文化、促进各民族文化互学互补的良好国际形象。

每个民族的文化都有自己的独创性，都蕴含着自己的生存智慧和人性化的因素，如果各个民族都能“尊重差异、包容多样”，那中国各民族的发展将呈现出一种优势互补、取长补短、共同繁荣的态势。

这次全国少数民族文化工作会议提出，繁荣发展少数民族文化事业，要坚持为人民服务、为社会主义服务的方向和百花齐放、百家争鸣的方针，尊重差异、包容多样，推动各民族文化相互借鉴、加强交流、和谐发展。坚持因地制宜、分类指导，不断完善扶持少数民族文化事业发展的政策措施。

会议再次强调了“尊重差异、包容多样，推动各民族文化相互借鉴、加强交流、和谐发展”的理念。从马克思主义民族观的角度看，“尊重差异、包容多样”的观念，是协调民族关系的基本准则，也是科学发展观在民族工作中的具体体现。我国民族众多、文化多样，而文化多样性是人类社会互补互学的宝贵资源，是一个国家、一个民族的创造力和蓬勃生机的重要源泉。因此，保护、传承和发展少数民族的优秀文化，也是构建和谐的社会主义民族关系、和谐社会的重要任务，是社会主义价值体系中的重要内容。

2006 年 5 月，胡锦涛同志在云南进行调研考察期间，提出了“促进和谐文化建设和发展”的观点。他说：“必须从树立共同理想、打牢共同思想基础、弘扬民族精神、开展道德建设等方面加强工作，促进和谐文化建设和发展。”这个观点对树立和贯彻以人为本、全面协调可持续发展的科学发展观，促进中国的和谐社会建设具有重大的现实意义。笔者认为，胡锦涛同志当时在我国民族众多、文化丰富多样的云南提出这个观点，更有一种独特的意义。

每个民族的文化都有自己的独创性和精华，都蕴含着自己的生存智慧和人性化的因素，比如中国很多少数民族都有与大自然和谐相处的生态智慧和文明，有利于该民族在特定环境中持续发展传统地方性知识和充满奇情异彩的民俗、民间艺术。如果各个民族都能“尊重差异、包容多样”，相互借鉴、相互尊重、相互学习、互相补充，那我国各民族的发展将呈现出一种优势互补、取长补短、共同繁荣的态势。

这次会议强调要“保持民族性，体现时代性”，笔者的理解是，民族性就是要突出每个民族的特点和个性，以人为本，科学地确定民族地区的发展思路和目标，充分发挥各地优势，走各具特色的发展之路。要有一种理性的文化自觉，不要盲目地趋同和赶时髦，要冷静地看待自己文化的利弊，学习其他文化的长处和优点，在正确认识的基础上，采取正确的方式方法来保护、发展自己的文化。另一方面，各民族也不能故步自封，而要不断创新。富有时代精神的创新，是使一个民族的文化充满生命力、活力和魅力的重要因素，每个时代都应该有在传统基础上的创新性发展。

保护好各民族的文化资源、培养好少数民族文化人才，是推动少数民族文化繁荣发展最根本的基础。

这次会议还要求，加强少数民族文化建设，要以建设社会主义核心价值体系为主线，以推动文化创新为动力，以改革体制、机制为保障，以满足各族群众日益增长的精神文化需求为出发点和落脚点。会议强调，要把繁荣发展少数民族文化纳入繁荣发展中华文化、提高国家文化软实力和国际竞争力的总体战略。这表明，中国共产党和中国政府对少数民族文化的保护和发展与中华民族整体发展之间关系的高度认知和重视和理性认识。

笔者认为，以爱国主义为核心的民族精神，是对中华民族优秀传统的继承和发扬，以改革创新为核心的时代精神，表征着当代中国的发展要求和发展方向。中国 56 个民族优秀的传统文化和当代各民族在优秀传统文化基础上创新的文化，是社会主义核心价值体系建构中不可或缺的思想源泉，社会主义核心价值体系正是植根于中华优秀传统文化的沃土中，充分吸收中国 56 个民族传统文化的合理成分，才形成和发展起来的。

此次会议的另一个特点是非常务实，提出了很多具体的举措。比如，会议提出当前和今后一个时期将重点抓好以下工作：一是以边疆、基层和农牧区为重点，加强公共文化基础设施和服务体系建设，提高公共文化产品和服务的供给能力和水平。二是加强对少数民族优秀文化遗产的挖掘和保护，实施少数民族重点文物保护工程。三是大力推进少数民族文化创作、传播方式和体制机制创新，加快建设文化产业基地和文化产业群，打造有竞争力的文化品牌。四是进一步拓展少数民族文化对外交流合作的广度和深度，实施少数民族和民族地区对外文化交流精品战略。会议同时强调，要进一步完善扶持公益性文化事业、发展文化产业、鼓励文化创新的政策措施，营造出精品、出效益、出人才的环境，为繁荣发展少数民族文化提供有力保障。

要做好上述工作，笔者认为保护好各民族的文化资源、培养好少数民族文化人才是最根本的基础。结合云南保护和发展少数民族文化的实际，笔者认为需要切实加强以下几个方面的工作。

培养少数民族文化人才是当务之急。目前，由于文化和社会的变迁以及经济全球化等带来的冲击，加之地方性知识教育薄弱，民间文化人才培养等机制不健全，民族传统文化后继乏人是个普遍现象。加强民族地区地方性知识教育，是民族传统文化后继有人、活水长流的重要保证。

要保证民族文化赖以生长发育的土壤和环境，让各族民众在代代相传的民俗文化活动中感受到独特的文化情致和魅力，感受到传统文化与他们的生活是密切不可分的。

加快探索保护民族地区文化遗产的经验。比如，云南丽江是中国唯一一个拥有3处世界文化遗产的地方，它在可持续发展过程中面临着许多挑战和难题，包括丽江古城居民在旅游发展中大量外迁，本土文化在不断衰落等。如何在这样重要的文化遗产地采取强有力的保护措施，探索出“中国经验”和“中国模式”，这是需要思索的问题。

把民族文化的保护和繁荣作为考核当地官员的一项指标，督促其潜心做好民族文化的保护和发展工作，为民族文化的保护和发展把好决策、审查关。

略谈云南建成民族文化强省的标志[①]

云南省致力于建设民族文化大省、民族文化强省已经多年，迄今已经取得了在国内外颇有影响的成就，成为中华文化一道卓有魅力的风景线。云南文化使世界充分领略到中华文化多元一体的魅力，看到了中国少数民族文化丰富多彩的个性和魅力；云南文化使世界看到党和政府尊重各民族文化多样性、扶持各民族文化共同繁荣发展的政策及其实施的良好效果。现在，我们需要对云南民族文化强省建设的标志进行探讨，以推进建设民族文化强省的工作，更加目标明确地把云南建成民族文化强省，为中华文明和中国文化增光添彩，为世界提供文化多样性保护发展的范例。

标志一：云南文化多样性的保护、繁荣发展为世界提供有说服力的范例

文化多样性如何保护，一个国家、一个地区的不同民族如何实现文化的相互尊重和共同繁荣，以文化促进社会的和谐，这是世界性的难题。长期以来，世界上因为各民族文化（包括思想观念、信仰、习俗、生活习惯等）的差异而导致的冲突和纷争很多。云南各民族的和谐共处与共同发展，文化多样性的共存和繁荣，为世界上各民族文化多样性如何实现相互尊重与和谐发展，提供了可资借鉴的经验和做法。云南的经验和做法在国内外产生了一定的影响，但要达到使云南成为对世界有说服力的范例和标杆，还需要做很多努力。因此，云南民族文化强省建设的重要标志之一，就是在文化多样性保护、多民族文化共同发展繁荣方面为世界树立良好形象，提供更加有说服力和可资借鉴的范例，使世界了解云南各民族的文化共同繁荣发展，各民族的文化事业和文化产业惠及民生、促进社会和谐安宁的情况。

---

① 原载《云南日报》，2012年5月25日。

标志二：不断彰显云南各民族文化的共同繁荣及其对社会和谐的促进作用，提供我国民族政策成功的范例

在发展的诸多层面，可以说国家经验是由地方经验构成的，由很多的个案、实例汇聚成国家经验，整体与个体经验之间的关系是一个相互依存的辩证关系，没有具体的地方经验，也就说不上国家经验。当前，我国面临民族、宗教方面的一些新问题和新挑战，而云南在民族和宗教问题、多民族和谐共处方面取得了丰硕成果和诸多经验，云南经验是重要的中国经验之一。

云南各民族实现文化的共同繁荣发展，文化促进各民族的和谐发展，有力地证明新中国成立后特别是改革开放以来，我国以民族平等、民族团结、民族区域自治和各民族共同繁荣为基本内容的民族政策的成功，我国尊重民族文化的国策促成云南民族文化多样性的保护和发展，而云南的民族文化也为我国的国际形象增添了不少独特的光彩。云南民族文化强省建设的重要标志之一，就是不断彰显和加强云南各民族文化的共同繁荣及其对民族团结、社会和谐的促进作用，从而提供更多有说服力的我国民族政策成功的范例。

标志三：文化提升民众的精神生活，提高民众的幸福指数

“文化是民族的血脉，是人民的精神家园，是国家发展的重要支撑。”文化能塑造民族精神，培育科学的民族信仰，促成一个民族和国家的凝聚力，而民族精神是一个民族兴旺发达的精神动力，是一个民族赖以生存发展的精神支撑。文化最重要的功能，是国民的心灵教育和精神熏陶。当今世界，以思想和精神文化感染力、制度吸引力、价值观感召力以及社会伦理道德的影响力等为代表的软实力，已经成为一个国家整体实力和国家形象的重要内容。

民族精神的提升、人的全面发展是社会主义强国的内核，而民族精神的提升是一个综合性的过程，它包括国民道德修养，文明素质的提高，包括国家的政治文明、生态文明的不断完善。

建设民族文化强省的重要标志之一，就是全省各族人民通过文化建设，精神境界不断提高，形成良好的社会风气和人际关系，各民族有益于社会和民生的道德伦理得以加强，民众的幸福感能充分体现高尚、高雅的精神追求与比较富裕的物质生活的统一，形成和平安宁的社会风气和淳厚朴实的民风。不久前，联合国大会通过了由不丹王国提出的一条非约束性决议，即将幸福这一概念纳入国家“发展指数”的考核中。将幸福纳入国家发展指数的想法源于不丹王国提出的“国民幸福指数”，这一概念用以衡量生活质量，在物质与精神之间寻找平衡。云南也可以探索通过建设民族文化强省的实践，提出具有云南特色、符合云南省情、民情实际的国民幸福指数。云南在人均生产总值和人均收入方面一时难以达到发达地区的水平，但无数事实证明，物质财富固然是提升人们幸福感的重要因素，却绝非唯一的或决定性的因素，云南人的幸福指数，可以含有人无我有、具有云南特色、云南精神的独有因素，以此推进我国国民幸福指数丰富性的构建。

标志四：文化在物质生活上造福于民，惠及民生

云南省委、省政府把建设民族文化强省作为经济社会发展三大战略之一，不断地把民族文化资源优势转变为经济优势，积极推动民族文化资源与旅游业相结合，文化形成旅游的灵魂而促进旅游，旅游的发展则反哺文化。各种形式的文化产业成为带动农民致富、发展农村经济的切入点，云南的文化产业在西部乃至全国有一定影响。云南文化通过各种方式，直接造福于民族地区各族人民，成为云南的一个突出特点。

近年来，云南各级政府围绕“文化乐民、文化育民、文化富民”，在乡村村民委员会或自然村一级开展“文化惠民示范村”创建活动，各地都有不少文化富民的生动例子；云南各族群众充分挖掘文化资源，将其转化为经济优势，各民族在歌舞音乐、民间手工艺、衣食住行、文化旅游等诸多领域里推进文化富民的各种产业，各民族文化直接造福于民，各地也有很多生动的例子。比如，鹤庆县新华村白族的银器铜器产品不仅在云南受到欢迎，还远销很多地区；大理、丽江、迪庆、西双版纳等地的乡村文化旅游、具有“一村一品”特色的文化村，正逐步发挥民族文化产业的功能，造福于民。在政府的引领推动下，社区民众独资运作、“公司＋农户”、

公司与社区合作、个体与集体合作等多样化方式推进文化产业发展的例子不断增多，正形成云南民族文化产业多样化的格局。加大云南民族文化转化为经济优势的力度，让文化更广泛有效地造福民众，这应该是民族文化强省的重要标志之一。

标志五：文化促进面向西南开放重要桥头堡建设

把云南建成面向西南开放重要桥头堡，要提升到国家战略的高度来认识。当今世界，以思想和精神文化感染力、制度吸引力、价值观感召力以及社会伦理道德的影响力等为代表的软实力，已经成为一个国家整体实力和国家形象的重要内容。因此，如何树立我国更好的国际形象、充分展示我国的软实力，是至关重要的工作。顾名思义，桥头堡即国家的门户，是国际上认知中国的重要渠道和区域，其特色和优势是不可缺少的重要内容。云南的优势不仅仅是我们常常说到的区位优势，而是多方面的。以文化多样性和生物多样性而论，云南在我国具有独特的优势和魅力，在国际上也有很好的声誉。

如何让云南独特的、很难替代的优势和形象不断在东南亚、南亚国家深入人心呢？除了一直在大力推动的经贸、交通、旅游等诸多方面的交流与合作之外，应加大与东南亚、南亚国家之间的文化交流、生态环境保护和绿色经济、循环经济方面的合作与交流，并大力推进云南与东南亚、南亚国家之间在文化遗产保护、生物多样性保护、开发绿色产品和生态旅游、文化旅游方面的合作，让云南精彩纷呈的民族文化产业走出国门。通过文化交流与合作，吸引这一地区的各界人士和更多的游客前来云南。云南这个中国面向西南开放的重要桥头堡，应当树立充满人文魅力、生态环境魅力、多元文化“各美其美、相互尊重、和谐共存”的形象，让人们通过云南认识我国在构建和谐社会、造福民生、造福人类方面的亮点和长足进步。

标志六：文化促进绿色云南建设和生物多样性保护

桥头堡建设的战略之一是把云南建成我国重要的生物多样性宝库和西南生态安全屏障，这与建设民族文化强省也有密切的关系。云南省各民族在生产生活的实践中，积累了非常丰富的生态环境保护和地方资源可持续利用的知识，有系统的生态理念、智慧和生态保护的伦理道德思想，是云南省生态文明的重要文化遗产。我们应深入领会省委提出的“建设绿色经济强省、民族文化强省、中国面向西南开放重要桥头堡”这些战略目标相互之间的内在联系，保持云南发展绿色经济和低碳经济、保持良好的生态环境和生物多样性方面的魅力和优势，充分挖掘和弘扬云南各民族的生态文明和生态智慧，以生态文化促进云南生物多样性的保护，促进绿色云南建设，使云南成为一个文化和生态良性互动、促进生物多样性保护的典范地区。

标志七：建成文化持续发展繁荣和充满创新精神与活力的示范区

各民族的文化能持续发展繁荣，长久地造福于民，民众也从文化的传承、发展和创新中不断提升自己的素质、品格和精神境界，是衡量云南是否是民族文化强省的一个重要标志。所以，我们应致力于推动文化事业的发展，加大培养各民族优秀的文化传承人，使云南各民族的优秀文化能薪火相传。

另外，文化是不能故步自封和停滞不前的，传承和创新应该是互动的，这就意味着云南在建设民族文化强省的过程中，要传承优秀的民族文化遗产，不使之成为“绝学”“绝活”。比如，云南应该要有能长久产生优秀文化传人的文化土壤，还要有在继承传统的基础上极富云南个性魅力的艺术创新之作，要不断培养出文化事业和文化产业各方面的优秀人才，使云南成为充满文化创新精神与活力的示范区。

“七彩云南”的文化和生态优势与桥头堡建设①

文化魅力和生态环境，是当代国家形象和软实力中举足轻重的构成部分，对我国的对外交流与合作至关重要。以文化多样性和生物多样性而论，云南在我国具有独特的优势和魅力，在国际上也有很好的声誉。

云南应树立发展绿色经济和低碳经济、保持良好的生态环境和生物多样性、民族文化多样性方面的魅力和优势，加大与东南亚、南亚国家之间的文化交流，大力推进与东南亚、南亚国家之间在文化遗产保护、生物多样性保护、开发绿色产品和生态旅游、文化旅游方面的合作。

把云南建成我国面向西南开放的重要桥头堡，是在新时期推进我国陆上开放、提升沿边开放水平的重大战略部署，突出了云南在国家对外开放战略中作为前沿和国门的作用，给云南省带来了新的发展机遇。

云南地处祖国西南角，与东南亚、南亚次大陆的17个国家接壤或毗邻。10年前，省委、省政府提出把云南建设成中国连接东南亚、南亚的国际大通道，充分认识到了云南在地理区位、历史文化交流、文化源流等诸多方面与东南亚、南亚各国之间的密切联系，是非常清醒明智、富有前瞻性的战略决策。这一决策，与今天把云南建设成中国面向西南开放的重要桥头堡的战略，有着内在的联系，只是今天把云南建设成中国面向西南开放的重要桥头堡的决策，所包含的内容更为重要和广阔。一方面，我国对外开放的程度已非10年前可比，已经更为全面和多元化，云南与东南亚、南亚国家在经济文化方面的交流，比较10年之前也已经有了长足的发展。另一方面，对于我国的对外开放和可持续发展，东南亚、南亚地区在诸多方面日益显示出重要意义。桥头堡建设这个战略较之于云南省原定的“建设中国连接东南亚、南亚国际大通道”的目标，从战略意义和内涵上都提出了更高的要求。云南可以把服务国家周边外交大局与建设国际大通道二者更好地结合起来，利用独特的区位优势和

① 原载《云南日报》，2010年7月30日。新华网2010年7月30日转载。

其他优势，为我国的对外开放起到了重要的作用。

桥头堡建设，应当提升到国家战略的高度来认识。当今世界，以思想和精神文化感染力、制度吸引力、价值观感召力以及社会伦理道德的影响力等为代表的软实力，已经成为一个国家整体实力和国家形象的重要内容。因此，如何树立我国更好的国际形象、充分展示我国的软实力，就是至关重要的工作，关系到我国在原有基础上促进与东南亚、南亚国家新的合作。文化魅力和生态环境，是当代国家形象和软实力中举足轻重的构成部分，对我国的对外交流与合作至关重要。因此，我们应该深入领会省委八届九次全委会工作报告中提出的“建设绿色经济强省、民族文化强省和中国面向西南开放的桥头堡”这几个战略目标相互之间的内在联系，树立云南发展绿色经济和低碳经济、保持良好的生态环境和生物多样性、民族文化多样性方面的魅力和优势，让云南独特的、我国其他省区所欠缺而很难替代的优势和云南的形象不断在东南亚、南亚国家深入人心。除了一直在大力推动的经贸、交通、旅游等诸多方面的交流与合作之外，应加大与东南亚、南亚国家之间的文化交流、生态环境保护和绿色经济、循环经济方面的合作与交流，并大力推进云南与东南亚、南亚国家之间在文化遗产保护、生物多样性保护、开发绿色产品和生态旅游、文化旅游方面的合作，吸引这一地区的各界人士和更多的游客前来云南。云南这个中国向西南开放的桥头堡，应当树立充满生态环境魅力，充满多元文化相互尊重、和谐共存魅力的“七彩云南”形象，让人们通过云南认识我国在造福人类的这两个方面的亮点和长足进步。云南独具特色和优势的诸如民族学、人类学等人文社会科学的对外交流，可以从中起到穿针引线和搭建桥梁的作用。有5000多名国内外学者参与的2009年昆明“国际人类学与民族学联合会第十六届大会”对提升我国特别是云南的国际形象所带来的积极意义，就是这方面典型的一例。

顾名思义，桥头堡即国家的门户，是国际上认知中国的重要渠道和区域，特色和优势是不可缺少的重要内容。云南的优势不仅仅是我们常常说到的区位优势，而是多方面的。以文化多样性和生物多样性而论，云南在我国具有独特的优势和魅力，在国际上也有很好的声誉。近年来，笔者曾参与一些我国与东南亚、南亚国家文化学术交流的重大国际活动，如2004

年在美国华盛顿和康涅狄格州等地召开的“中国云南：沿着澜沧江—湄公河的文化联系”国际学术会议，来自东南亚和欧美各国的很多学者、政府官员参加了这个会议；经过中国、美国和东南亚各国学者多年的筹备和努力，2007 年在美国华盛顿国家广场举办盛大的“澜沧江—湄公河民间文化艺术节”，根据我国文化部的安排，云南省代表中国参加这次盛会，以其丰富多彩的民族文化为我国争得荣誉。在这些重大活动和其他对外文化交流活动中，云南独具特色的民族文化以及生态文明等方面的魅力和优势，引起东南亚国家各界人士的莫大兴趣，云南的文化产品也很受欧美国家人士和泰国、越南、缅甸等国家民众的欢迎、喜爱，充分显示了通过文化交流促进云南的国际文化贸易的极大潜力。云南的这些突出优势，是树立我国当代国际形象的重要内容，也是国家综合实力特别是软实力的重要构成部分。2009 年笔者两次参加云南省政协组织的滇越铁路现状的重点调研项目，2010 年 3 月出席在昆明举行的有中国、法国和越南学者参与的“滇越铁路的保护和再利用”国际学术研讨会，看到越南官方、学术界对于保护滇越铁路并促成两国共同申报滇越铁路为世界文化遗产表现出了很高的热情。这种热情对于把滇越铁路打造成中国与越南文化交流的走廊和文化旅游的精品线路，将会起到很好的作用。

笔者也曾参与过云南省政府和美国大自然保护协会合作、聚焦生物多样性和生态环境保护的“滇西北保护与发展行动计划”等国际项目，参与过一些立足乡村社区的示范性项目，从中看到在民族文化、旅游和生态环境保护、低碳经济等方面可以开展多方合作的良好前景。作为学者，笔者每年还有机会给一些西方国家来云南的高端访问团、旅游团等讲解云南民族文化，发现最吸引他们的是云南的多民族文化能和谐共存的原因、促成众多民族和睦共处和保持良好生态环境的文化因素，等等。在与泰国、越南、印度等东南亚和南亚国家的学者进行学术交流的过程中，笔者看到他们对云南保护民族文化遗产、民族文化遗产造福于本地民众的经验表现出浓厚的兴趣。云南完全可以成为一个很有意义、很有效的窗口和基地，促进我国与东南亚、南亚国家分享物质文化、非物质文化遗产的保护、利用以及生态环境保护等经验和做法。这样，云南也将在桥头堡建设的进程中，充分发挥作为“文化桥头堡”“文化交流通道”的功能。

发挥云南文化优势　推进文化强国建设①

一

党的十七届六中全会通过的《中共中央关于深化文化体制改革推动社会主义文化大发展大繁荣若干重大问题的决定》（以下简称《决定》），首次提出建设社会主义文化强国的战略目标，明确提出要把文化发展建设纳入经济社会发展总体规划、纳入地方政府科学发展考核评价体系。这是对社会主义文化发展认识上的重要飞跃，反映了中国共产党意识到要实现中华民族伟大复兴，是离不开文化的强大力量的。当今世界，一个国家的实力和影响力，已不仅仅是看其经济繁荣与否，文化在综合国力竞争中的地位和作用更加凸显，经济实力强大的国家，必须有强大的文化实力，才能长久保持其影响力。文化与经济相互交融，经济发展与文化进步相辅相成。经济的文化含量日益提高，文化的经济功能越来越强，正如党的十七大报告指出的："文化越来越成为民族凝聚力和创造力的重要源泉，越来越成为综合国力竞争的重要因素。"而国民的文化修养、精神品格，也成为衡量一个国家软实力和国民文明程度的重要标准。

文化是民族的血脉，是人民的精神家园，是国家发展的重要支撑。新中国成立后，中国共产党提出了"百花齐放、百家争鸣"的方针和"古为今用、洋为中用、百花齐放、推陈出新"的开放原则。改革开放以后，我们党坚持解放思想、实事求是，大力推动社会主义文化繁荣发展，在改革开放之始就提出了在建设高度物质文明的同时，提高全民族的科学文化水平，发展高尚的丰富多彩的文化生活，建设高度的社会主义精神文明的文化发展道路。我们党领导全国人民逐渐走出一条具有新中国特色的社会主义文化道路。在云南，它突出地表现为对各民族的文化一视同仁地重视和采取各种有效措施加

① 原载《云南日报》，2011 年 11 月 14 日。

以保护和弘扬，形成了各民族文化共同繁荣发展的局面。改革开放以来，云南获得了一系列世界性的文化声誉，比如丽江先后获得了大研古城和东巴文化古籍这两项联合国颁发的世界文化遗产桂冠，提高了云南灿烂的历史文化遗产的国际知名度。在省政府的扶持下，迄今全省已抢救少数民族文献古籍2万余册（卷）、口碑古籍1万多种，其中已经整理出版600册1万多种。少数民族古籍抢救整理出版工作在全国领先，比如，在国内外有着广泛影响的《纳西东巴古籍译注全集》100卷，获得国家图书奖。云南省各民族文化在国内也连续获得很多荣誉。云南各民族文化在党和政府的扶持下繁荣发展，造福于民，文化建设成果为人民所共享。突出云南特色的文化产业也取得骄人的成就，形成了文化与旅游互动而促进相互繁荣的云南现象。在云南，文化已经成为改善民生、激励民族精神的重要因素。

此外，云南也推出了一批充分利用本土丰富多彩的民族传统文化资源进行创造的艺术杰作，比如杨丽萍主演的《云南映象》、张艺谋导演的《印象·丽江》等；充分挖掘云南本土民间艺术人才，创意新颖，在国内外产生了较大影响。云南有的文化产业已走出国门，产生了良好的影响。多年来，各民族的民间艺人也不断地走向世界，传播中国民族文化。越来越多的外国朋友慕名来到云南，体验云南文化，通过云南文化认识多元一体的中华民族文化，由此真切地感受到中国共产党大力扶持和弘扬少数民族文化取得的成果和新中国各民族共同繁荣发展的文化软实力。

二

《决定》明确指出："在我国五千多年文明发展历程中，各族人民紧密团结、自强不息，共同创造出源远流长、博大精深的中华文化，为中华民族发展壮大提供了强大精神力量，为人类文明进步作出了不可磨灭的重大贡献。"这里明确地提出了中华文化是由我国各民族共同创造的，今后中华文化的发展，也将是56个民族多元一体文化的发展。因此，建设社会主义文化强国，需要充分发挥全国各地的文化特点和优势，汇聚成多元一体的社会主义文化。在云南，如何为建设社会主义文化强国而努力呢？我们认为，既要有文化自信，也要有清醒的"文化自觉"，对云南文化的优势了然于心，认真总结云南在民族文化大省和文化强省建设过程中的经验。云南在多年的实践中积累了丰富的经验，有很多非常成功的、在国内外产生了深远影响的典型个案，要从理论上深入研究，在实践中不断探索。目前我国已有 20 多个省区市提出建设文化强省、文化强市的目标。因此，云南建设文化强省，区域优势、突出特色是最关键的一点。

《决定》指出，要“以改革创新为动力，发展面向现代化、面向世界、面向未来的，民族的科学的大众的社会主义文化，培养高度的文化自觉和文化自信，提高全民族文明素质，增强国家文化软实力”。我们要发展面向现代化、面向世界和未来的社会主义文化，我们的文化自觉也应包括对自己的不足有清醒的认识，了解目前云南民族文化强省建设中所面临的问题和挑战。要从细节入手，认真研究，比如加大培养各民族中各种类型的文化传人的力度，把它纳入建设宏大文化人才队伍、为建设民族文化强省提供有力人才支撑的战略中。加强保护和发展云南文化和旅游赖以持续发展的重要基础名村名镇的物质和非物质文化，长久保持如丽江、大理、香格里拉这样在国际上已经有相当知名度的文化名牌的魅力。

云南在文化产业发展方面取得了令人瞩目的成就，今后要更多思考如何在发展文化产业方面有新创意，构建有云南特色的现代文化产业体系，尤其在创意文化产业方面有新的突破，促进文化事业和文化产业共同发展。在传统文化多样性的基础上创作出更多如《云南映象》这样的当代云南文化品牌，让云南文化以更开放的姿态走出国门，为国争光。

《决定》指出，要“坚持以人为本，贴近实际、贴近生活、贴近群众，发挥人民在文化建设中的主体作用，坚持文化发展为了人民、文化发展依靠人民、文化发展成果由人民共享，促进人的全面发展，培育有理想、有道德、有文化、有纪律的社会主义公民”。云南在充分发挥文化资源优势，以文化促进旅游繁荣，以旅游反哺文化，两者互动互补，让民众共享文化的成果，让文化施惠于民等方面，已经取得了可喜的成绩，我们要进一步实施好“人民至上”的文化建设理念，让民众得到更多来自文化的实惠。不仅要关注那些旅游与文化有良好互动、有可观的经济效益的文化品牌，也要保护那些虽然一时没有经济效益，但对云南长久的文化建设至关重要的物质和非物质文化遗产。

当此建设社会主义文化强国之际，回顾胡锦涛同志 2006 年 5 月在云南考察期间所提出的“促进和谐文化建设和发展”的观点，非常重要。他说：“必须从树立共同理想、打牢共同思想基础、弘扬民族精神、开展道德建设等方面加强工作，促进和谐文化建设和发展。”这个具有远见卓识的观点，对树立和贯彻以人为本、全面协调可持续发展的科学发展观、促进中国的和谐社会建设，具有重大的现实意义。胡锦涛同志在我国民族众多、文化丰富多样的云南提出这个观点，更有一种独特的意义。胡锦涛同志所强调的和谐文化，也是我们今天所探讨的建设社会主义文化强国的重要内容。云南各民族文化和谐的很多实例，为建设社会主义文化强国提供了非常有意义的案例和视角。

每个民族的文化都有自己的独创性和精华，都蕴含着自己的生存智慧和人性化的因素，比如云南很多少数民族有各种切合具体生存环境、与大自然和谐相处的生态智慧和文明，各种有利于该民族在特定环境中持续发展的传统地方性知识，各种充满奇情异彩的民俗和民间艺术。

以爱国主义为核心的民族精神和以改革创新为核心的时代精神，是包含了各个民族爱国传统和优秀文化因素的中华民族精神和当代各民族人民在党的改革创新的旗帜下焕发出来的锐意改革、建设中国的时代精神。我国 56 个民族优秀的传统文化和当代各民族在优秀传统文化基础上创新的文化，是社会主义核心价值体系建构中不可或缺的思想源泉，社会主义核心价值体系正是植根于 56 个民族汇聚而成的优秀传统文化的沃土中，充分吸收了 56 个民族传统文化的合理成分，才形成和发展起来的。云南各民族多元一体的灿烂文化，典型地反映了“尊重差异、包容多样”的精神，也体现了各民族相互借鉴、相互尊重和相互学习的良好风尚。这些都为我国建设社会主义文化强国提供了很好的案例和经验。

三

《决定》指出，“文化在推动全民族文明素质提高中的作用亟待加强；一些领域道德失范、诚信缺失，一些社会成员人生观、价值观扭曲，用社会主义核心价值体系引领社会思潮更为紧迫”；“没有全民族精神力量的充分发挥，一个国家、一个民族不可能屹立于世界民族之林。物质贫乏不是社会主义，精神空虚也不是社会主义。没有社会主义文化繁荣发展，就没有社会主义现代化。”当前，一些不良的社会风气在经济发展的大潮中滋生，中华民族优秀的道德和伦理传统受到冲击，富于激情、正义和理想色彩的人生观在相当一部分国民的心中逐渐淡漠，没有自我约束地疯狂追逐名利，极端个人主义、享乐主义、功利主义的风气比较突出。因此，《决定》旗帜鲜明地指出：要“坚决反对拜金主义、享乐主义、极端个人主义，坚决纠正以权谋私、造假欺诈、见利忘义、损人利己的歪风邪气。把诚信建设摆在突出位置”。

云南各民族都有相沿千百年追求社会和谐、人与自然和谐、人与人和睦相处、自我制约的道德伦理和社会管理机制，云南人质朴淳厚、以诚待人的民风，各民族和睦相处的传统，历来为外界所称道。我们应深入挖掘云南各民族优良的精神文化财富，充分弘扬各民族优良的道德伦理，建设物质文明、政治文明、精神文明、社会文明和生态文明高度统一的社会。

最近，云南省各界在讨论云南人如何树立“高原情怀”和“大山精神”。“高原情怀”和“大山精神”，是云南各族人民人文自然环境融为一体的民风和品格的真实写照，也体现了一种宏大境界的追求。我们要弘扬这种精神，既自信自重，而又胸怀广阔，谦虚好学，登高望远，拓宽视野，博采众长，努力推进社会主义文化强国建设。

建设面向南亚东南亚辐射中心的思考①

习近平总书记在云南考察工作时提出，希望云南主动服务和融入国家发展战略，闯出一条跨越式发展的路子来，努力成为民族团结进步示范区、生态文明建设排头兵、面向南亚东南亚辐射中心，谱写好中国梦的云南篇章。中共云南省委九届十次全会作出《中共云南省委关于深入贯彻习近平总书记考察云南重要讲话精神闯出跨越式发展路子的决定》（以下简称《决定》），对深入贯彻落实习近平总书记考察云南重要讲话精神，闯出跨越式发展路子作出了部署。对于省委九届十次全会《决定》强调的在扩大开放上下功夫，努力建设面向南亚东南亚辐射中心，笔者有如下一些初步的想法。

树立当代云南的良好形象是成为辐射中心的基础和关键

无论是从推进商贸和文化交流的角度，还是从展示中国民众的素质、城乡的建设、各民族和谐相处共建家园等的角度，树立云南的良好形象是把云南建设成为面向南亚东南亚辐射中心的重要因素。如果我们能把云南更多的城乡建设成充满魅力与活力、经济发达、生态良好、文化繁荣的美丽家园，让周边国家的民众看到云南各民族团结和睦、相帮互扶、安居乐业、各民族文化繁荣发展等良好现状，自然就会产生非常有效的辐射作用。而且，这样的辐射作用十分重要。比如我们要致力于把昆明建设成湄公河次区域的国际重要城市，其文化、生态、经济、社会的综合实力和魅力就至关重要。所以，我们除了从经济和城市的规模方面要做大做强昆明，还要致力于苦心经营文化、生态、社会等多方面协调发展的“美丽昆明”。

云南要想成为面向南亚东南亚的辐射中心，使南亚东南亚国家的民众

① 原载《云南日报》，2015年4月8日。

对中国人特别是云南人有好感是很重要的内容。所以，我国国民的素质教育和良好的人格培养至关重要。身处国门的云南人应率先垂范，在周边国家民众中树立起良好的云南人形象。云南人素以耿直忠诚、刚正不阿而知名于世，这在史籍上多有记载。明清时期，云南有 139 人在朝廷担任高级官员，他们像云南高原上的大山一样立身处世，为国为民，敢言直谏，罢斥不法官员，彰显了云南籍谏官独有的精神气质和人格魅力，史家评价：“滇号山国，故所出人才，类多耿介朴忠，厕身谏垣，直声震天下。”

诚信真诚也是很多云南人的品格，很多云南各民族商人过去在“丝路”“茶马古道”上做生意，靠诚信真诚，赢得了很高的信誉。当下云南要建设面向南亚东南亚的辐射中心，最重要的首先是这种人格魅力、良好的民风的魅力。云南人在与邻国的交往中，应凭借并弘扬长期形成的诚信笃厚、真诚待人的品性，并融入更加开放包容、利国利民、裨益社会和自然环境、具有强烈时代感的元素，加强对邻国的影响和辐射。

文化交流是加深友谊的重要桥梁

文化是一个国家、一个民族个性特征和独特魅力的集中表现。文化充分地体现着一个国家和人民的精神品格和性格，以及独到的创造力。文化最容易深入人心，消融人们心中的误解和相互的不理解。中国与南亚东南亚各国的经济和文化交流历史悠久，许多同源同根、同源异流、文化上有重要的历史渊源关系的民族跨境而居，形成了历史、社会、民俗和文化方面十分密切的连接纽带。我国与南亚东南亚国家之间经济贸易的合作与发展，是离不开以文化的交流为先导的。如果没有建立在文化的相互了解、欣赏、学习和互补上，没有建立在以文化为重要支撑的精神层面上，单纯的经济贸易是不可能长久的。而云南以文化多样性著称于世，是中华民族多元文化的一扇窗口，云南多年来进行文化强省的建设，正可以在面向南亚东南亚的发展进程中展示自己的文化魅力。

20 世纪 90 年代以来，笔者参加过一些与东南亚国家的文化合作交流，比如参加在中国丽江和越南沙巴古镇举办的东南亚山地大会暨民间文化艺术节的具体筹划准备，以及通过非政府组织促进的东南亚国家和云南各族乡土“草根人才”之间如何用地方性知识为社区民众服务等一些文化交流活动。在美国首都华盛顿国家广场举办的“澜沧江—湄公河民间艺术节”，来自东南亚各国的数百名乡土艺术家参加了这次盛会，云南丰富多彩的民族文化给这次盛会的参与者和东南亚国家的乡土艺术家们留下了深刻的印象。笔者感到这样的国际文化交流对于促进相互了解、加深感情和友谊是非常重要的。

由中国和东南亚各国学术界推动的多届“东南亚大陆山地会议暨山地文化艺术节”（Mainland Montane South East Asia Conference，简称MMSEA）的做法，是将山地民族代表、当地群众、民间艺术家、学者、发展工作者、管理决策人汇聚到一起，通过各种文化活动、讨论、对话等，在保护山地人民的权益，发挥民族民间创造、创新的潜力，进行生物多样性和文化多样性的保护发展等方面达成共识，对促进东南亚国家山地民族文化的相互交流和展示发挥了重要的作用。以云南作为主办方之一、曾在丽江举办的东南亚山地大会和艺术节而论，有来自泰国、越南、老挝和中国云南的西双版纳、大理、丽江等地的上百名各民族民间艺术家参加艺术节，有学者、社会组织人员、政府官员和当地居民参加的学术研讨会也同时举行。由于有各种丰富多彩的民俗文化活动，有各国的民间歌舞艺人、手工艺人等现场展示和表演，与会者兴致勃勃，流连忘返，成为非常好的民俗文化旅游项目，既展示了云南丰富多彩的文化，也彰显了云南各民族的团结友好，受到地方政府和民众的热烈欢迎。另一方面，通过这样的方式，本地各民族民众和各国参与者都领略到各国的山地民间艺术，促成了后来东南亚国家一些跨境民族之间的文化交流。

笔者曾到越南、老挝和泰国参加过一些学术会议和应邀做学术报告，感到他们对生态旅游、文化遗产保护、云南的圣境文化（比如朝拜梅里雪山等）、旅游与民族文化的互动发展等专题和个案很感兴趣，可以在这些方面有更多的合作交流，也可以从中更多地学习邻国的成功经验。比如，泰国通过国家多方面的支持，推进“一村一品”的草根文化品牌，从而促进社区经济文化方面的发展。又如，印度具有远见卓识地保护有100多年历史的大吉岭喜马拉雅铁路和蒸汽机牵引的“玩具火车”，使之在1999年获得“世界文化遗产”殊荣，极大地促进了当地的旅游和文化的发展。

笔者曾多次参与云南省政协牵头推进的关于滇越铁路的保护和再利用的调研，参加过我国有关人士，包括法国大使、越南驻昆总领事以及越南铁道部等相关部门官员、专家等参与的研讨会，三国与会代表都十分关注这条百年铁路的保护和再利用以及共同申报世界文化遗产的问题。类似具有国际意义的文化遗产保护大事，做好了，不仅有益国家和民生，也有助于展示我国对待历史遗产的胸怀、气度和睿智，给周边国家留下良好的形象。

开阔视野促进交流合作

我们应认真梳理迄今云南省与南亚东南亚国家交流中的成绩和不足，乃至存在的问题和障碍。要进行更多深入周边国家基层社区和民众的调研，摸清对方的社情民意，避免因预调研不足而导致矛盾冲突和一系列问题，包括认真进行境外投资项目的预研究，都有待于我们做更多深入细致的调查研究，全面总结，认真分析迄今我国对外投资项目的得失成败和教训。除了政府层面的交流和沟通，也要认真地与邻国的智库智囊、社会组织和社区民众进行广泛的交流，以了解实情和民意，促成明智的决策。

要把云南建设成面向南亚东南亚的辐射中心，笔者认为，我们不仅要加强与南亚东南亚国家的政府、商家、智库组织、非政府组织的交往和联系，也要了解欧美国家对南亚东南亚国家的战略策划、兴趣所在、研究状况以及他们与南亚东南亚交往的各种方式方法和路径，做到知彼知己。欧美智库和学术界对南亚东南亚国家的研究重点和动态等，应该尽量掌握。不应局限于与南亚东南亚国家的政府智囊、智库、学术界的交流，我们的视野应该更宽阔。此外，还要推动在邻国举办相应的智库论坛，多样化地促进智库交流与合作。

民族文化：从异彩纷呈到享誉世界[①]

弹指一挥间，中国西部大开发已经10年了。对云南这块红土地来说，10年岁月，如诗如歌。特别是云南的民族文化，在这10年中迸发出五彩斑斓的美丽和辉煌，为中华民族的灿烂文明增添了充满诗情画意的丰富内涵，令世界刮目相看。有着26个世居民族的云南省，成为全国乃至世界在民族多样性、文化多样性基础上，逐步达到高度文化和谐，继而促进社会和谐的典范。

1999年，早在西部大开发战略实施之初，“建设民族文化大省”就被云南省委、省政府作为三大战略目标之一，列入国民经济和社会发展计划中。

2000年5月，云南省第九届人民代表大会常务委员会第十六次会议审议通过并颁布了《云南省民族民间传统文化保护条例》，首次把云南省民族民间传统文化保护工作纳入了法治轨道，这是全国范围内在民族民间传统文化保护领域的第一个地方性法规。

2003年至2005年底，云南省在全国率先启动了民族民间文化保护普查工作，通过普查，初步建立了非物质文化遗产的四级保护名录共8589项。

2007年，云南省委、省政府又提出了推进云南民族文化大省向民族文化强省迈进的新目标。

10年来，云南省充分利用丰富多彩的多民族文化资源优势，制定了各种有效的政策和措施，将云南的文化事业和文化产业工作开展得红红火火，促进了民族地区的社会经济发展，使各民族群众得到了实惠。

10年来，云南民族文化在国内外的影响不断加深，比如，云南省丽江市先后获得了大研古城和东巴文化古籍两项联合国颁发的世界文化遗产桂冠，加大了云南省历史文化遗产的国际知名度。

① 原载《西部时报》，2010年126期。

10年来，云南省各级党委、政府以及社会各界非常重视对民族文化遗产的保护和传承工作。有一大批民族民间文学作品、民间音乐、民族歌舞、民间工艺进入国家级非物质文化遗产名录。在云南省政府的大力扶持下，迄今全省已抢救少数民族文献古籍2万余册（卷）、口碑古籍1万多种，其中已经整理出版600册1万多种。少数民族古籍抢救整理出版工作在全国领先。其中在国内外有广泛影响的《纳西东巴古籍译注全集》100卷，获得了“国家图书奖荣誉奖”；《中国贝叶经全集》100卷也在陆续出版中（编者注：现已全部出版）。

10 年来，云南省还致力于民族文化生态保护村（区）的建设。2003—2005 年，经过普查以及申报审核，有 27 个少数民族聚居村寨整体列入省级保护名录。在滇西北地区还规划了 60 个民族文化保护村（区）的建设，这项工作对云南省民族传统文化的多样性起到了积极的保护作用。

10 年来，云南民族文化资源的经济价值不断凸显。随着旅游业和文化产业的发展，民族文化不仅成为云南的名片、形象和品牌，而且正逐步成为云南省经济支柱产业和新的经济增长点。

10 年来，云南省加快文化体制改革，以“政府引导、企业投资、市场运作”为指导，出台了一系列扶持优惠政策，使云南的文化产业不断发展壮大，而民族文化是其中的主力。2009 年，云南文化产业总产值达到 300 亿元，占全省生产总值的 5% 以上，已基本成为云南经济社会发展新的支柱产业。

云南省民族文化演艺业蓬勃发展，以《云南映象》《丽水金沙》《云南的响声》等为龙头，带动了全省演艺业的发展，涌现出《勐巴拉娜西》《蝴蝶之梦》《印象·丽江》等一批个性卓然、极富云南民族特色的文化精品。西部大开发 10 年来，云南已有 500 多个艺术团体、2 万余演员，到世界 30 多个国家及地区演出 1500 余场，有力地将云南民族文化艺术推向了世界。

10 年间，云南民族民间工艺产业也有长足发展。目前，以生产云南民族民间工艺品为主的文化企业发展到 7000 多家，年销售额达 80 亿元。

10 年来，云南异彩纷呈的民族文化，促成了一批如今已经在国际学术界产生影响的各国中青年学者群；在国外举办的以云南民族文化研究为主题的学术会议、云南民族文化的各种展览也不断增多。一些国家的大学专门开设了讲授云南民族文化的课程。鉴于云南民族学、人类学研究的国际性影响，2009 年 7 月 27 日—31 日，国际人类学与民族学联合会第十六届大会在中国云南省昆明市举办。这些文化和学术的广泛交流，对在世界上提高多元一体的中华民族文化的形象、由 56 个民族构成的中华文明的形象以及让各国人民了解中国共产党的民族政策和当代中华民族和谐相处、共同繁荣、共同发展的局面，都起着非常重要的作用。

可以说，改革开放 30 年，尤其是西部大开发 10 年来，云南的民族文化发展走出了一条具有独创性的辉煌之路。回顾过去，展望未来，云南也面临着在当代剧烈的社会文化变迁中如何有效保护各民族物质和非物质文化遗产，在如何常葆“七彩云南”的民族文化魅力，如何保护、发展和创新云南丰富多彩的民族文化等诸多问题上，任重而道远。

云南民族文化走向国际舞台[①]

2004年春天，一个以云南文化为主题的国际学术讨论会，在美国的康涅狄格州隆重举行。这一重要的学术活动揭开了拟于2007年在位于美国国会大厦和华盛顿纪念碑之间著名的美国国家广场上举办“澜沧江—湄公河流域民俗文化艺术节”的序幕。

从2004年2月28日到5月1日，“中国云南：沿着澜沧江—湄公河的文化联系”国际学术会议在美国康涅狄格学院召开。这次国际学术会议，具体的主办机构是美国康涅狄格学院、美国史密森学会，协办机构有越南文化信息部国家文化遗产司、老挝信息文化部文化研究所、柬埔寨皇家艺术大学、泰国诗琳通公主人类学研究中心、云南省社会科学院、云南国际文化交流中心等。

除了来自云南和东南亚诸国的代表外，也有来自美国的数十个研究云南文化的著名学者参加了这次会议，还有来自瑞典等国的云南文化研究专家，他们都在云南做过长期的实地调查，发表过不少有影响的论著。一些著名的国际基金会组织也派代表参加了会议，洛克菲勒基金会和亚洲文化委员会资助了这次会议。

这次会议的主题是多方位地展示西方学者的云南文化研究成果，美国加州大学洛杉矶分校民族音乐学系李海伦副教授多年研究云南洞经音乐，曾在英国牛津大学出版过有影响的研究纳西族洞经音乐的专著。她在会上宣读了关于云南洞经音乐和民俗音乐的论文；惠特曼学院人类学系主任孟彻里副教授曾长期在云南从事纳西族东巴文化的研究，他在会上做了关于云南西北部宗教和视觉艺术的报告；瑞典国家东亚文物博物馆馆长马思中博士对云南的佤族做过深入的调查研究，他从与东南亚国家比较的角度，论述了澜沧江—湄公河诸国文化与云南的密切关系；图拉那大学人类学系

① 原载《云南日报》，2004年5月12日。

助理教授杜杉杉对拉祜族的社会性别角色等做过深入研究，她在会上做了研究云南拉祜族的殉情与情歌之间关系的报告；迪克森学院人类学系玛格利特教授曾对云南小凉山的彝族文化做过深入调研，她在会上做了关于云南马帮在与东南亚高地各民族之间贸易关系的学术报告；美国费城大学民俗学专业李靖博士做了关于西双版纳民族现代性和跨境宗教文化现状的学术报告；笔者作为云南的代表，做了《云南澜沧江—湄公河流域民族文化多样性及其现状》的学术报告。

会议期间，还放映了云南省影视人类学工作者郝跃进、郭净等人拍摄的《最后的马帮》《卡瓦格博神山的朝圣者》等优秀影片，受到与会者的热烈欢迎。此外，来自东南亚各国的学者还放映了描述各国文化艺术的纪录片。

这次在康涅狄格州举行的以云南为主题的国际学术会议，是美国学者与澜沧江—湄公河次区域多国合作的“澜沧江—湄公河区域文化之连接”的系列文化学术活动的首场活动，也是正在酝酿中的2007年“澜沧江—湄公河流域文化艺术节”的序曲。

如今，国际上越来越多的人认识到澜沧江—湄公河流域是一个东亚和东南亚文明的摇篮和文化交流的通道，无论从地理环境、生物多样性、语言、文化、民族等诸多方面看，都是全球多样性最为富集和突出的区域之一。这一区域的各个国家之间在经济、文化等诸多方面开展了卓有成效的交流与合作；而在全球一体化的影响之下，该区域的社会变迁也日益加剧，各民族的社区文化传统也面临着严峻的考验和挑战。因此，集美国10多个最有影响的国家博物馆于一身的史密森学会拟与中国云南、泰国、越南、柬埔寨、缅甸等合作，2007年在美国国家广场上举办“澜沧江—湄公河流域文化艺术节”，其宗旨在于将这一区域的文化多样性比较全面地展示给美国和世界各国的人们，推动该区域自然资源和各民族文化多样性的保护和持续发展，促进各国、各民族文化在当代的交流和创新。云南作为中国的代表，在这次重要的文化活动中，充分展示丰富多彩的云南多元文化。这次活动的主要推动者、美国康涅狄格学院的舞蹈教育家王晓兰教授（著名的美籍华人作家聂华苓之女）、美国史密森学会民俗艺术中心副主任理查德、肯尼迪博士等人就这一文化盛事已多次来到云南，与云南省有关部门进行了初步探讨。

史密森学会每年都要与世界各国合作，在美国国家广场举办民俗文化艺术节，2002 年举办的第 36 届民俗文化艺术节的主题是“丝绸之路”，与这条著名的文化交流之路相关的诸多国家都参与了这次文化艺术节，我国的敦煌艺术、佛教艺术，以及诸多民俗文化在艺术节期间得以充分展示。在艺术节期间，来自美国和世界各国的 150 万人参与了艺术节。2003 年举办的艺术节是“马里民俗文化艺术节”，马里副总统莅临艺术节开幕式。中国云南与泰国、越南、柬埔寨、老挝、缅甸等国文化同台展现于这样一个国际大舞台上，进行与如今正在进行的云南与澜沧江—湄公河次区域和东盟国家的经济文化方面的交流合作是十分合拍的，无疑将会是云南文化再次全面走向世界大舞台的一个契机。

此次学术会议期间，来自泰国、柬埔寨、老挝、越南、中国云南的各方代表和史密森学会的官员与学者一起，就今后进一步加强合作、筹备 2007 年的“澜沧江—湄公河流域民俗文化艺术节”，作了初步的讨论，商定在中国云南、泰国等地举行一系列为 2007 年艺术节做铺垫的活动。

丝路的当代延续

——略述云南当代与东南亚南亚国家人文社科界的一些交流与合作①

中国与东南亚南亚国家的经济和文化交流历史悠久。例如，中国与东南亚南亚各国的正式文化交流已有2000多年的历史，汉代从广东沿海出发的海上丝绸之路和西南通向南亚和东南亚国家的南方丝绸之路，推进了中国和东南亚、南亚各国在经济和文化方面的联系。明代中国航海家郑和七下西洋，极大地促进了中国和东盟各国之间的文化交流和贸易往来。

除了商贸的交易，从20世纪90年代以来的围绕澜沧江—湄公河流域（现在通常称为“大湄公河次区域”The Greater Mekong Sub-region，简称GMS）的各种文化与学术交流，已经成为南方丝绸之路在当今的一种延续方式。

文化是一个国家、一个民族个性特征和独特魅力的集中表现。文化充分地体现着一个国家和人民的精神品格和性格，以及独到的创造力。文化最容易深入人心，消融人们心中的误解和相互的不理解。中国与南亚东南亚各国的经济和文化交流历史悠久，许多同源同根、同源异流、文化上有重要的历史渊源关系的民族跨境而居，形成了历史、社会、民俗和文化方面十分密切的连接纽带。我国与南亚东南亚国家之间经济贸易的合作与发展，是离不开以文化的交流为先导的。如果没有建立在文化的相互了解、欣赏、学习和互补上，没有建立在以文化为重要支撑的精神层面上，单纯的经济贸易是不可能长久的。而云南以文化多样性著称于世，是中华民族多元文化的一扇窗口，云南多年来进行文化强省的建设，正可以在面向南

① 此文是提交中山大学“海上丝路：人文交流与贸易往来”国际学术会议的论文。

亚东南亚的发展进程中展示自己的文化魅力。

20 世纪 90 年代以来，笔者参加过一些与东南亚国家各种层面的文化合作交流，感到这样的国际文化交流对于促进相互的了解、理解，加深感情和促进友谊，促进双方多方面的友好交往和商贸的交流等，都是非常重要的。

一

早在 1994 年，由中国对外关系史学会、云南省社会科学院、广东省社会科学院、中国社会科学院边疆史地研究中心、云南大学西南边疆少数民族民研究中心主办、云南省社会科学院在昆明承办召开了“西南、西北、海上丝绸之路比较研究学术讨论会”，来自中国各地及美国、葡萄牙等国的众多专家出席了会议。出版了《三条丝绸之路比较研究学术讨论会论文集》，云南省社科院学者拍摄了《南方丝绸之路》的纪录片，出版了《南方丝绸之路文化论》等一系列研究南方丝绸之路的历史、民族关系、宗教以及当代文化变迁的论著。

由中国和东南亚各国学术界推动的多届“东南亚大陆山地会议暨山地文化艺术节”的做法，是将山地民族代表、当地群众、民间艺术家、学者、保护发展工作者、管理决策人汇聚到一起，通过各种文化活动、讨论、对话等，在保护山地人民的权益，发挥民族民间创造、创新的潜力，进行生物多样性和文化多样性的保护发展等方面达成共识，对促进东南亚国家山地民族文化的相互交流和展示起了重要的作用。2002 年 8 月，中国科学院植物研究所、云南省社会科学院、云南省生物多样性和传统知识研究会在丽江主办了第三届东南亚大陆国际山地大会，云南省生物资源开发创新办公室、丽江地委和行署协办了这次大会。第三届东南亚大陆国际会议的主题是“乡土知识、可持续生计和资源管理方法的创新”(Indigenous Knowledge, Governanceand Livelihoods)。会议分为迪庆田野研讨会、丽江山地文化节、国际山地会议和地区网络会议 4 个部分。

从 2004 年开始，美国在国际文化交流方面扮演重要角色的史密森学会和澜沧江—湄公河流域国家中国、越南、泰国、老挝和柬埔寨等国政府和学者合作，筹划2007年在美国首都华盛顿国家广场举行“2007：澜沧江—湄公河流域国家民俗文化艺术节”（笔者作为中方学者参与了为期3年的各种筹划工作）。在此后分别在泰国、越南、老挝、中国举行的策划活动中，对各国的民俗文化有了比较全面和深刻的认识。2004年2月28日到3月1日，“中国云南：沿着澜沧江—湄公河的文化联系”国际学术会议在美国康涅狄格学院召开。这次国际学术会议由美国史密森学会、美国康涅狄格学院、越南文化旅游部国家文化遗产司、老挝信息文化部文化研究所、柬埔寨皇家艺术大学、泰国诗琳通公主人类学研究中心、云南省社会科学院、云南国际文化交流中心等各国机构一起联合召开。这一重要的学术活动揭开了定于2007年在美国华盛顿国家广场举办“澜沧江—湄公河流域民俗文化艺术节”的序幕。

2007年举办的这届艺术节的主题是：湄公河——连接的文化（Mekong River：Connecting Cultures），强调了沿着这条河流各个国家、各个民族文化之间的相互联系、相互影响的关系。澜沧江—湄公河流域的5个国家各自派出了以乡土民间艺术家为主的代表团参加了这个盛大的艺术节，云南代表中国派出了40多个云南各民族最优秀的民间艺术家参加了这次盛会，在为期2周的艺术节中，各国艺术家们相互观摩和欣赏丰富多彩的民间艺术，数百万来自美国各地和西方各国的游客欣赏到了澜沧江—湄公河次区域国家绚丽多彩的民间文化。而且由于学者们按照达成的共识，设计了参与性很强的民俗文化艺术节目，很多中小学生在参与过程中，以解答与澜沧江—湄公河流域国家相关知识的方式获奖，这种方式对于以美国公众为主体的游客了解澜沧江—湄公河流域国家的民间文化起到了非常有效的作用，成为吸引他们以后到该流域国家旅游的契机。同时，澜沧江—湄公河流域国家的这种文化交流与合作也有利于加强该区域国家旅游方面的合作。

笔者全程参加了2002年在丽江举办的“第三届东南亚大陆山地会议暨山地文化艺术节”的策划和运作，以及2004年在越南沙巴举办的“东南亚大陆山地会议暨山地文化艺术节”的前期筹办工作。就丽江举办的那次山地大会和艺术节而言，分别有来自泰国、越南、老挝和中国云南西双版纳、大理剑川、丽江（包括现在的丽江市玉龙县和古城区）、华坪县（属丽江市）等地 10 多个少数民族中的上百名民间艺术家参加了艺术节；有学者、政府官员和当地居民参加的学术研讨会也同时举行。由于有各种丰富多彩的民俗文化活动，有各国的民间歌舞艺人、手工艺人等的现场展示和表演，又有乡村民众自己拍摄的反映他们生活的“照片之声”（Photo Voice）等，参观者兴致勃勃，艺术节成为非常好的民俗文化旅游项目，也受到了地方政府和民众的热烈欢迎。另一方面，通过这样的方式，本地各民族群众和各国参与者都领略到了各国的山地民间艺术，促成了日后东南亚国家一些跨境民族之间的文化交流。笔者认识的泰国清迈一个傈僳族社会组织的负责人，就多次到丽江傈僳族聚居区参观，还购买了当地傈僳族民间艺人的歌舞音乐光盘、磁带等，带回泰国清迈的傈僳族乡村。他告诉笔者，这些音乐作品由于在语言和民俗方面的突出特点，引起了泰国傈僳族大众的共鸣，很受欢迎。这样的活动无疑对提高旅游地的知名度和吸引更多的人来旅游起到了重要的作用。

2008 年 1 月，云南省社会科学院和云南省红河州委、州政府合作，在楚雄召开了红河流域民族文化与生态文明国际会议。红河是发源于云南省境内并跨越中国和越南的国际性河流，本次国际会议对红河流域多姿多彩的民族文化和多样性的生态文明进行多方面和深层次的交流研究，吸引了越南国家文化艺术研究院等高端科研机构的学者与会。会议对红河流域文化多样性和生态文明进行深度探讨，对传承发展红河流域的民族文化，保护利用红河流域的生态资源，建设文化创新型、资源节约型和环境友好型社会，促进红河流域经济社会文化的全面发展，具有重要的历史价值和现实意义。这次会议还促成了后来的一些合作项目。

2012 年，笔者到越南文化旅游部文化艺术研究院进行学术访问，以丽江等地的个案为实例，做了一个关于云南如何保护文化遗产并使之造福于民的学术报告。越南学者很感兴趣，索要了全部讲稿和多媒体课件。他们认为双方多开展这种有深度的学术交流，有利于中国和东南亚国家之间就旅游的发展和文化遗产保护方面相互学习和借鉴，促进双方文化保护和旅游的发展。笔者在参与策划 2007 年美国华盛顿国家广场举办的“澜沧江—湄公河流域国家民间文化艺术节”期间，也曾与泰国文化部人类学中心交换过关于东南亚国家的乡村博物馆与乡村建设和乡村旅游之间的关系的看法。笔者曾到泰国乡村调研，看到了乡村博物馆对促进乡村的物质和海外非物质文化保护以及旅游所起的重要作用。云南在建设生态文化村方面也有一些很好的案例，东盟国家、南亚国家在乡村旅游和文化遗产保护方面也有不少成功的案例，但这些方面的交流和总结迄今不是很多，今后可以加大这方面的调研和交流，以促进乡村旅游的发展，促进中国和东南亚南亚国家少数民族之间地方性知识的交流和分享，也促进中国和东南亚南亚国家之间的民俗文化旅游活动。

笔者曾应邀在 2006 年美国亚洲研究学会（Association of Asian Studies）年会上和联合国教科文组织 2007 年 12 月在越南顺化组织的“非物质文化遗产的保护和可持续发展的文化旅游：机遇和挑战”会议上，都做过关于云南乡村社区旅游为主题的学术报告。后来在老挝、泰国、马来西亚等国也介绍过云南的做法和经验，感到各国的经验都很值得相互学习和借鉴。

笔者曾先后多次到越南、老挝和泰国参加学术会议和应邀做学术报告，感到他们对生态旅游、文化遗产保护、云南的圣境文化（比如朝拜梅里雪山等）、旅游与民族文化的互动发展等专题和个案很感兴趣，可以在这些方面有更多的合作交流，也可以从中更多地学习邻国的成功经验。比如，泰国通过国家多方面的支持，推进“一村一品”的草根文化品牌，从而促进社区经济文化方面发展的做法和经验。又如，印度具有远见卓识地保护有 100 多年历史的大吉岭喜马拉雅铁路和蒸汽机牵引的“玩具火车”，使之在 1999 年获得“世界文化遗产”殊荣，极大地促进了当地的旅游和文化的发展。笔者曾多次参与云南省政协牵头推进的滇越铁路的保护和再利用的调研；参加过我国有关人士，两任法国大使、越南驻昆总领事以及越南铁道部等相关部门官员、专家等参与的研讨会，三国与会代表都十分关注这条百年铁路的保护和再利用以及共同申报世界文化遗产的问题。类似具有国际意义的文化遗产保护大事，做好了，不仅有益国家和民生，无疑也有助于展示我国对待历史遗产的积极态度和睿智，给周边国家留下良好的印象。

近年来，云南学术界与东南亚南亚国家的各种学术交流不断增多，2014 年 3 月 6 日，“多学科视角下的亚洲的东南亚研究”国际学术会议在云南昆明召开。会议由云南省社会科学院东南亚研究所、新加坡南洋理工大学人文与社会科学学院、日本东南亚研究所共同主办。经济学家、生态学家、人类学家等从多学科的角度，聚焦东南亚进行了一些专题的研究，也是很有意义的一种学术探索。

2009 年 4 月 10 日，由云南大学西南边疆少数民族研究中心与泰国清迈大学社会科学与可持续发展区域研究中心（RCSD）共同筹办的“中国西南及东南亚大陆的边疆、生计和区域化发展国际学术研讨会”在云南大学伍马瑶人类学博物馆隆重召开，泰国清迈大学、云南省社科院以及云南大学民族研究院等高校和科研机构的 40 多位专家学者参加了大会。笔者作为该校客座教授，应邀在第一天上午做主题报告《从近年来湄公河次区域的文化交流看如何促进聚焦文化联系、变迁与合作等》，笔者的发言主旨是通过所见所闻和参与的近年来东南亚国家在多元文化的交流、地方性知识的交流分享等，提出应该推动湄公河流域国家之间、民族之间更多的文化交流，而不仅仅是把眼光盯在经济商贸的交流上，文化交流可以促进相互的理解、分享、欣赏和学习，从而促进经济、政治等方面的交流。

三

节庆、博览会与学术、文化产业活动相结合也是云南与南亚东南亚国家进行经济贸易和文化交流成绩斐然的经验之一。比如 2014 年在瑞丽举行的一年一度的景颇族传统节日目瑙纵歌上，同期举办了“国际景颇研究学术大会”，吸引了来自东南亚各国的景颇（卡钦）学者和各界人士，起到了节庆狂欢、经贸交流与文化学术交流互动互补的作用。

从 2011 年开始，中共云南省委宣传部和西双版纳州委、州政府联合举办“澜沧江·湄公河流域国家文化艺术节”。每年定一个主题，比如 2014 年艺术节的主题是“睦邻友好、共创繁荣”，通过中、老、缅、泰、柬、越艺术家的文化艺术交流，增进各国之间的友谊，让云南的发展更好地惠及周边，同时也使云南裨益于周边国家的发展。2014 年艺术节活动内容主要有“开幕晚会：相约 2014”、民族森林音乐会、“闭幕晚会：心灵的家园——西双版纳农村农场文艺调演”。艺术节期间，还举办了澜沧江—湄公河流域国家艺术商品展销和美食展。

为适应形势发展需要，进一步加强中国与南亚国家的互利合作，2012年10月，中国国务院批准将南亚国家商品展升格为中国—南亚博览会，从2013年起每年在中国昆明举办一届。这个博览会，也成为“丝路当代延续”的一个重要新途径。2013年首届中国—南亚博览会以“促进中国—南亚全面合作与发展”为宗旨，以“相互开放、务实合作、互利共赢、和谐发展”为主题，举办南亚商品展览展示活动、南亚国家投资促进会、南亚商品采购大会、中国—南亚商务论坛、中国—南亚智库论坛、中国—南亚友好组织论坛、中国—南亚经贸高官会、中国·东南亚·南亚电视艺术周、东盟华商会暨亚太华商论坛、GMS经济走廊活动周、中国侨商投资贸易促进会、中国—东盟行业合作昆明会议等系列活动。

2014年举办的第二届中国—南亚博览会以“促进中国—南亚全面合作与发展”为宗旨，以推动“孟中印缅经济走廊”建设为主线，以“扩大服务贸易，促进投资合作，加快互联互通，共建经济走廊”为主题，力争打造集商品贸易、服务贸易、投资合作、旅游合作和文化交流等为一体的高水平综合性展会，成为中国与南亚国家互利合作的重要桥梁，以及中国和南亚国家扩大与其他国家和地区经贸交流的重要平台。

第三届中国南亚博览会暨第二十三届中国昆明进出口商品交易会于2015年6月12日至16日在昆明举行。印度担任第三届南博会主题国和第十届中国—南亚商务论坛轮值主席。本届南博会暨昆交会以促进“中国—南亚东南亚全面合作与发展”为宗旨，以“亲诚惠容、合作共赢”为主题，在做好展览展示、开展经贸洽谈及合作签约的同时，还举办了第三届中国—南亚智库论坛、第十届中国—南亚商务论坛、第七届GMS经济走廊论坛、第十三届东盟华商会等一系列重要活动。

中国—南亚博览会的创新点之一，是每一届南博会都要举办“中国—南亚智库论坛”。2013年举行的第一届智库论坛的主题是“合作交流、共同发展”，论坛就区域经济合作、互联互通和人文交流，特别是智库机构在国际合作中的作用等问题开展深入研讨。2014年举办的第二届“中国—南亚智库论坛”以“互联互通—构建新南方丝绸之路”为主题，围绕“丝绸之路与周边国家”和“新丝绸之路与经济走廊”等问题开展了深入的探讨。

2015 年举办的第三届“中国—南亚智库论坛”以“构建利益共同体——携手共建‘一带一路’”为主题，会议围绕共建国家和地区的发展需求与利益共赢、“一带一路”面临的机遇和挑战、“一带一路”建设的制度安排三大议题展开深入的研讨。

而每一届南博会的智库论坛都有一些创新和独到的收获，第一届中国—南亚智库论坛经过各国代表的充分讨论，达成了“昆明共识”。第三届论坛通过了“关于中国—南亚智库网络平台倡议”。第三届中国—南亚智库论坛结束翌日，云南省社科院、中国（昆明）南亚东南亚研究院就接着召开了“孟中印缅民间交流与合作国际研讨会”，有来自印度、巴基斯坦、孟加拉国、缅甸、马尔代夫学者以及云南省内外政府部门、高校、科研机构、企业等的代表参会，认真讨论了如何促进南亚国家和孟中印缅国家民间之间的多元化交流。我在这个会上发表了如下几个观点。

1. 除了类似主要以专家学者和政府相关部门等为参与主体的大型智库论坛之外，以后要多推动各种形式的民间学术和文化的多元交流。

2. 要推进各种社会阶层、社会组织等对话的平台。笔者举了自己参与过的一些国际特别是云南和东南亚国家民间推进交流的例子，比如在中国云南、泰国、越南等地举办过的各种论坛，参与者有官员、学者、国际组织、公司、当地居民代表等，大家进行对话；还有各国民间艺人、草医、工艺师、教师等之间的各种交流。

3. 民间的交流有利于推进基于草根、基层相互的了解，搭建心灵沟通的桥梁，促进民间的各种交流，是官方为主的各种交流的重要补充，应该大力促进。

2015 中国·南亚东南亚艺术周举办期间，还举办了中国·南亚东南亚作家昆明论坛，来自孟加拉国、柬埔寨、印度、老挝、缅甸、尼泊尔、泰国、越南 8 国的文学家和艺术家代表，中国作协及云南省内外的文学家和艺术家 200 余人围绕中国和南亚东南亚文学的交流展开探讨。南博会期间，恰逢“文化遗产日”来临，云南省文化厅开始在 6 月 13 日起在昆明市官渡古镇举办“2015 年云南省‘中国文化遗产日’活动”。本次活动将有上千件非物质文化遗产点亮南博会。这次活动的主题是“保护成果全民共享”，活动期间节目精彩纷呈，亮点较多。其中重头节目是“中华技艺，百县百艺”昆明官渡第五届全国非遗联展，全国100个县的100项国家级、省级非物质文化遗产手工技艺项目将在官渡古镇集体亮相，由传承人现场展示制作技艺。观众可以近距离欣赏到唐三彩烧制、景德镇手工制瓷、乌铜走银等100个非遗项目。这期间还举办了“第二届昆明滇剧艺术周”，其中有滇剧名家名段表演、折子戏、青少年滇剧汇报演出等系列活动，充分展示云南滇剧的民族乡土特色。昆明碑林石刻展集中展出碑刻72块、拓片126份。民俗文化与合虚七彩剪纸展展出昆明合虚民族民间文化传习馆剪纸优秀作品120件，并现场展示七彩剪纸制作技艺。“百人围棋赛”在官渡古镇云子棋院摆开棋局。此外还有中医专家义诊和文物鉴定专家为市民提供免费咨询服务等内容。

从这些丰富多彩的文化活动中，可见中国—南亚博览会的内容一年比一年精彩纷呈，当下的丝路文化交流在各国官方的大力推动下，已经呈现出异彩纷呈的开局。

古老的南方丝绸之路上，古渡老桥，马蹄印深，历史沧桑，时事变迁，往日这古道上的热闹已经沉寂，看不到人背马驮的热闹和繁荣，但这条丝路在当代还延续着，它的生命力还依然健旺，这没有表现在过去那样的车水马龙人去人来，而换了一种方式，表现在各个国家之间各方面的交流，不仅仅是现代交通工具运载的各种商品货物的交易，也反映在如上所述的各种文化、学术和艺术的交流。笔者这里所叙说的，不过是所参与过的一些活动和个案，类似的学术文化交流活动在云南是比较多的。以后如何让这延续的丝路继续以别样方式发展繁荣下去，我们需要认真盘点历史和迄今所做的一切，仔细谋划以后的丝路发展。这里我也提出几条建议供参考。

1. 我们应认真梳理迄今云南与南亚东南亚国家交流中的成绩和不足，乃至存在的问题和障碍。要进行更多深入周边国家基层社区和民众的细致调研，摸清对方的社情民意，避免因预调查预研究不足而导致矛盾冲突和一系列问题，包括认真进行境外投资项目的预研究等，都有待于我们做更多深入细致的调查研究，全面总结，认真分析迄今我国对外投资项目的得失成败和教训。除了政府层面的交流和沟通，也要认真地与邻国的智库智囊、社会组织和社区民众进行广泛的交流，以了解实情和民意，促成明智的决策。

2. 笔者认为，要把云南建设成面向南亚东南亚的辐射中心，我们不仅要加强与南亚东南亚国家的政府、商家、智库组织、非政府组织的交往和联系，也要了解欧美国家对南亚东南亚国家的战略策划、兴趣所在、研究状况以及他们与南亚东南亚交往的各种方式方法和路径，做到知己知彼。欧美智库和学术界对南亚东南亚国家的研究重点和动态等，应该尽量掌握。不应局限于与南亚东南亚国家的政府智囊、智库、学术界的交流，我们的视野应该更宽阔。此外，还要推动在邻国举办相应的智库论坛，多样化地促进智库交流与合作。

3. 在研究南方丝绸之路的历史及其经验的同时，推进各国之间多元多样化的文化学术交流与合作，包括政府、学术教育机构、民间组织等。在不少领域可以联合合作伙伴，进行合作调研。

4. 在文化遗产保护、文化与旅游的互动、文化促进脱贫、文化与生态保护等诸多方面进行多元的交流与合作研究。

5. 通过南方丝绸之路，各国之间加强“姐妹城市”或“姐妹乡镇”的建立，推进基于具体城乡的相互合作与学习。

反思与整合：构建当代多民族构成的中华民族道德文明①

不应以儒家伦理道德观来指代中华民族的整体传统道德观

中华民族是多元一体的民族，中华文明千百年的发展是靠各个民族的自我规范、自我制约和自律机制才形成的。在历史的长河中，中国56个民族优秀的传统道德观念汇聚成了中华民族的道德文明、自我调节与和谐的机制。中华民族发展繁荣的历程表明，各民族都应该相互学习，相互汲取传统的优良道德观和社会制约、管理的机制，这样才会使中华民族的文明和民族精神焕发生机、发展繁荣。

在中国，有一种相沿甚久、普遍习惯了的说法，一说到中华民族的传统道德观念就首先提孔子、孟子为代表的儒家道德观，并常常有意无意地以此作为中华民族传统道德的代表来谈论，有一些当代“国学家”②迄今不遗余力地大力提倡在中小学中读孔孟经典，将它作为传承中华民族传统道德伦理观念的主要内容。我觉得这里存在着对中华民族传统道德片面的理解。

无疑，儒家的道德伦理观中有着非常丰富的道德伦理思想体系和融合在大众生活民俗中的美德，比如“仁义爱人”的伦理观，“己所不欲，勿施于人”“小人喻于利”“君子喻于义”的道德观，“天地之性，人为贵”的人文追求，“四海之内皆兄弟”的大同理想，“民贵君轻”的政治信念，“无为无不为”的朴素辩证思想，“与天地万物相往来”的自然观，以及培养“智、仁、勇”兼备的人格等，都值得我们认真梳理，充分发挥它的积极作用。

---

① 原载《云南社会科学》，2006年第4期。

② 关于“国学”与“中国学”、中国的整体学术之间的关系，笔者有一些不同的观点，可参看拙文《国学不应再拘泥于陈年旧说》，《中国民族报》，2006年2月17日；“中国学术论坛”网，2006年2月20日。

众所周知，自从汉武帝实行“独尊儒术，罢黜百家”的文化专制政策之后，儒家思想从原来“百家”学术思想派别中脱颖而出，在封建王朝的支持下成为学坛霸主，并主宰中国封建王朝官方意识形态数千年。到了宋代，程朱理学又对儒家道德伦理做了种种片面的曲解和改造，朱熹甚至把儒家学说归结为一点：“圣贤千言万语，只是教人明天理，灭人欲。”（《朱子语类》卷十二）后来历代中国封建王朝的统治者又利用儒家学说为自己的利益服务，不断强化儒家文化中的“三纲五常”思想。

应该看到，建立在儒家理论基础上的传统道德观念，只能说是中华民族传统伦理道德观的一个重要构成部分，中华民族的传统道德观还包括起源于春秋战国时期“百家争鸣”所产生的道家、墨家、法家等众多学派的道德伦理思想，还有产生于汉族民间社会的道德伦理观，更不用说还有55个少数民族千百年相沿传承下来的传统道德伦理观。虽然自从汉武帝的独尊儒术特别是宋代程朱理学强化儒家思想以来，中国社会深受儒家伦理道德观的影响，但这样的伦理道德观念只能说是信奉儒家思想的士大夫阶层的“精英伦理道德”思想的影响，我们应该对其他学派和民间思想的中国汉族社会的伦理道德观进行认真的梳理和研究，从中发现中国不同的历史时代伦理道德观的差异和变迁，发现中国社会中不同的阶层、不同的社会群体所奉行的伦理道德观的不同，比如说统治集团阶层、士大夫阶层、平民阶层、工商阶层、游侠阶层等诸多不同的社会群体所尊奉的道德伦理观的差异，以及对这些不同阶层的文化所受到的多样化伦理道德观的影响进行客观的研究。

中华民族的道德伦理观是多元的，纵观中国历史，当一个居于统治地位的民族能够以宽阔的胸怀吸纳和学习其他民族的文化，这个民族就会生机勃勃，充满活力，不断得到发展。据有关专家考证，汉族形成于两汉时期，在两汉以前，汉族还未成为中华民族的主体之前，中华文化是经过各民族长期的文化交流、融汇以及分流之后，逐渐形成的。汉族文化与中国少数民族的文化的交流与融汇，在2000多年的历史长河中从未中断，而其中最突出的是魏晋南北朝、南宋、元这几个时期。在魏晋南北朝时期，北方少数民族纷纷建国立朝，史上有“五胡十六国”之称，具有代表性的有前汉、后赵、前秦、北魏、北周等。当时的少数民族文化对汉族的影响是广泛的。

这一时期也是中国佛教发展的重要时期，佛教在很大程度上是通过少数民族而广泛传入汉族社会的。汉唐以后，汉族和南方各少数民族的文化交流与融汇日渐广泛和多样化。在那个时期，汉族社会广泛吸收了很多少数民族的文化艺术乃至生活习俗、道德伦理等，因此，汉唐特别是唐朝时期的汉族社会在很多方面都显示出一种蓬勃向上、海纳百川的新气象，在各个方面都没有后世逐渐滋生的那么多窒息人的个性、天性和创造性的封建道德伦理观念的束缚。可以说，“汉唐气象”的形成，是与当时的执政阶层那种胸怀宽阔的气度和充分吸纳其他民族文化的态度密切相关的。在汉族的意识形态领域中，融汇了不少肇源于中国少数民族的观念和思想。

中国文化发展的历史事实表明：一些民族某一方面的优秀传统观念，可以弥补另外一个民族观念中由于历史的原因形成的缺陷和不和谐、不以人为本的弊病。当一个民族居于统治地位时，如果能适当吸收其他民族非常人性化的伦理道德观和传统文化的优秀部分，那么，这个民族就会更加强大，各种政治的、经济的和文化的机制就会更加完善。历史上，不少聚居或杂居在中国西南少数民族地区的汉族，由于不同的伦理道德环境氛围，他们所受到的诸如缠足、极端的婚恋禁锢、包办习俗和重男轻女等的封建道德伦理观念陋习的折磨就要少得多。

应反思中国传统道德伦理观中的“夏尊夷卑”“以夏变夷”之观念

笔者认为，要达到在平等的基础上梳理中国各个民族的优秀传统道德观念，准确客观地认识中华民族传统道德的多元性，我们首先需要反思中国长期的封建社会中那种按照主体民族或统治民族、主流文化和“精英道德伦理观”来衡量他族传统道德伦理观的弊病。应该对中华民族道德伦理发展的历史轨迹和变迁进行深入的研究。

由 56 个民族构成的中华民族的传统道德观是多元的，假如没有后来实行文化专制主义的封建社会那种强权政治和基于“夷夏之别”“以夏变夷”的大文化沙文主义，假如中国的传统伦理道德观能够不断整合各个民族的优秀部分，那就不至于出现后来那种极端的“三纲五常”“三从四德”

等封建伦理道德观，特别是那种极端的“男尊女卑”伦理道德观对妇女非人性的压制和迫害。

自从宋明理学产生之后，中国封建王朝的统治者常常用被社会统治阶层、精英阶层变异了的儒家伦理道德观来衡量少数民族的习俗，形成了一种“夏尊夷卑”的成见和观念，普遍认为只有以中原汉族为代表的“夏”的文化是文明和高级的，而那些“四夷”的风俗是卑陋低下的。在这样的思想观念支配下，封建统治者便实施“以夏变夷”强制性手段来统治少数民族，以所谓“夏”的文化习俗和道德伦理观念来强制性地改造少数民族的习俗。下面我举一些实例来说明这一个问题。

孔孟之学经历数千年的流变，至清代已经形成一套高度严整缜密的封建伦理体系，推行以“三纲五常”为基础的封建礼教思想的全面灌输教育。而且，清朝统治者还强制推行思想专制政策，各种书籍凡有“离经叛道”“颠倒是非”之言的必须加以禁毁，“不得使只字流传，以贻人心风俗之害”。著名学者张岱年先生曾指出：“清朝政府推行文化专制政策的结果，大大斫折了中华民族的元气，损害了中华民族的主动创造精神。中国国民性格中原来有的许多优点，因为封建专制的压抑，而逐渐萎缩下去。”①

1723年，清朝政府在云南省丽江府实施改土归流政策。实施伊始，清政府以儒家文化的伦理道德观衡量当地少数民族的社会生活，强制性地在民族地区实行移风易俗的政策。改土归流后，派到丽江的流官按照清政权的“以夏变夷”政策，全面实行强制性的风俗改革，完全不像元明时期那样在少数民族地区还实施“顺俗施政”“顺俗施化”的政策。

流官们以儒家和清代精英阶层的文化价值观看待其他民族的民俗风情。凡不符合儒家礼乐章程、纲常名教者，一概视为“鄙陋”和“狉獉草昧”。当时对当地的纳西等各少数民族极力灌输封建礼教，进行以儒家文化为标准的移风易俗之举在清代丽江志书中有相当多的记载。汉官张允随在乾隆《丽江府志》中写道：“丽江僻处极远，历代以来，亦止羁縻勿绝。且向隶土司，狉獉草昧之风未改，……今幸得以夏变夷。”“边陲荒陋之地，忽化而文明……而其布化也，则必由方面守土之名臣，悉心经理，教训，正俗，而后百世千年之雅化，蔚然闻先焉。”诸如此类的议论在清代的地

① 张岱年、姜广辉：《中国文化传统对话》，中国广播电视出版社1990年版，第139页。

方志书中俯拾皆是。

在办学上进行上述封建礼教教育的同时，清廷流官们在丽江进行以儒家道德伦理为基准的风俗改革，婚丧嫁娶乃至服饰都按内地汉俗强制变革。

纳西族自古实行火葬。改土归流后，清廷流官以内地汉族的文化观念看待这种异民族风俗，把火葬视为野蛮、不开化的习俗；认为纳西族火葬之俗不但不给死者死后生活的用品、殉葬品，而且将自己的父母焚尸毁骨，是不讲仁义和伦常的行为，因此多次严令禁止。乾隆《丽江府志略》中说："禁止焚弃骨骸，教以祭葬。"乾隆年间的《滇南闻见录》中记曰："……再三出示劝谕，禁火葬，禁刀巴（东巴），并给官山，听民葬埋。"

清咸丰二年（1852 年），流官在丽江立《用夏变夷碑》，碑文曰："为勒石严禁永远遵守事，照得人子事亲，生养死葬，古礼照然，惟闻滇南夷俗，凡遇父母溘游，卜为天、水、火葬。似此甘作不孝，案属有亏伦理。惟查丽江一邑，原无天水俗葬，然用火焚尸，愚夫亦所不免，若不严行禁止，伊无胡底？所以一切天、水、火葬，一并视禁在案，兹据各里乡约等，恳勒石严禁火葬，前来除品批示外，合行勒石严禁，为此示，仰各里民人等知悉，嗣后如遇父母物故，务须择地安埋，即有兄弟子孙男女奴役身死，亦须用棺殓瘗，毋得用火焚尸，亦毋得听信狂言，致效天水葬。倘敢狃于成见，许该乡保人等立时禀府究治，以凭尽法惩处，决不宽贷，各宜凛遵，毋违，须至勒石者。"

这种从一种文化观念出发去看待另一种文化，强迫其他民族接受某种文化价值观的做法是改土归流的一项重要措施。如藏族的天葬也被视为大逆不道而强令制止。乾隆五十八年（1793 年），清朝政府制定了严禁天葬的政令，命令丧家有田庄的，在本庄田内择地安葬，无庄田的贫民，可在新设的义冢公地掩埋，如果仍旧天葬，将死者子孙凌迟处死。普通藏族人遇有人死，或用棺木装死殓，或用衣、席卷裹，一概报官埋葬。还将此作为永定规定勒石立碑。①

改土归流后，清廷流官以礼教观念去衡量少数民族的风俗，进行强制性的改革，是普遍行使于西南广大少数民族地区的措施。如雍正年间，广西巡抚李绂严禁男女对歌择亲和新娘不落夫家。他用"羞耻之心""妇道"

① 《卫藏通志》，496—498 页。

衡量壮瑶婚俗，目的是“以维风化”。[①]赵翼在广西镇安府对苗、彝不落夫家习俗也曾干预，下令凡婚者不许异寝。[②]由此可见清廷流官以礼教排斥异己的做法。

明清改土归流后，由于流官怀着“男尊女卑”的儒家封建道德观来施政，西南少数民族妇女社会地位的下降是普遍性的。如在贵州，改土归流后，“随着儒家文化在少数民族中的影响日益扩大、深入，少数民族妇女的地位逐渐发生了悲剧性的变化。明清以后，少数民族妇女的地位明显下降，妇女一般不能担任社会公职，她们在家庭中多处于从属地位。在各少数民族中，只有男子有继承家庭财产的权利，女子没有财产继承权。只是在儒家文化影响不到或很少影响的偏僻山区，还保留有女子继承家产的一些权利。与妇女地位衰落相联系，随着儒家文化在少数民族中影响的深入，妇女的婚姻自主逐渐演变为完全由家庭、父母包办。在受儒家文化冲击之前，贵州少数民族普遍实行自主婚……清代，包办婚已相当普遍”[③]。

光绪十三年（1887 年），黄金衔任丽江知府，作《治丽箴言》，制定了许多压制妇女的条律，如严令妇女参与到寺庙烧香等民俗活动，其中曰：“治丽箴言第四条，载妇女烧香。劝为父夫者，宜约束妻女，勿嬉游寺庙也，违者，照例笞其夫男四十。”“丽俗，每逢二月土主会，三月朝山会，七月文峰寺喇嘛会，士女咸艳服浓装，烧香礼佛。道路连翩，山林集恣，喧哗笑语，男女混而无别，识者讥之。易曰：慢藏诲盗，冶容诲淫。谚曰：美女出头，丈夫皆愁……为父为兄者，毋以习见不怪，约束严焉，颓风庶可移也。案律载官及军民之家，纵令妻女于寺观神庙烧香者，笞四十，罪坐夫男。无夫男者，罪坐本妇。”他甚至禁止妇女参与元宵节观灯，《治丽箴言》中曰：“附禁两条：一禁妇女观灯，以免是非而肃闺阃也。查丽俗每年元旦后至元宵止，民间办花灯庆岁，太平景象，原为盛事，惟是妇女之无耻者，每结对成群，随往观玩。男女溷集，深夜弗归。遂因此多生是非……礼：妇女夜行，须以烛，无烛则止。今郊井之中，竟深夜游行，殊玷闺训。亟宜严禁。嗣后凡遇灯节，妇女只许在自家门内观望，

---

① 《穆堂别稿》卷四八，转引自冯尔康、常建华：《清人社会生活》，天津人民出版社 1990 年版。

② 《檐曝日记》，第 52 页，同上引书。

③ 韦启光：《儒家文化对贵州少数民族文化的影响》，《贵州社会科学》，1996 年第 3 期。

不许随灯游玩，以至男女溷集无别，违者究治其父夫不贷。”①

纳西族古有“从父名母姓”的习俗，子女可从母姓。但自改土归流后，清廷满汉官员从极端的父系中心和男权社会的文化观念出发，严禁纳西族、白族中男子上门入赘和夫从妻姓的习俗，认为“夫从妻姓，耻哉，鄙哉！”“女不嫁人，奇哉怪哉！”“嫁子招婿，斯事更奇，自绝其嗣，竟不自知。”“父生母育，乃有此生；从母之姓，已乖彝伦。从妻之姓，抑何不仁。”认为子女从母姓是“绝嗣”“不孝”，“尊妻灭祖，兽心面人。”②《治丽箴言》中有所谓“夫从妻姓箴”，其中曰：“郡属鹤（庆）剑（川）二州，暨丽邑九河吴烈等里，有陋俗焉：无子以婿为子，及虽有子，反赘于人，而留女招婿以为子。婿遂灭本姓，从妻姓，或将妻姓加于本姓之上。靦然安之，弗知其悖也。夫为子孙者，姓受于亲，今以妻故，遂灭之，而谓他人父。是弃亲也。甚矣。其不孝也。闻之鬼不歆非类。以婿为子，非我族类矣，是自绝其嗣也，绝嗣亦不孝也。既为吾子，而与吾女配焉，是兄妹而夫妇也。斯俗也，无一是也。盍亟革之。律载乞养异姓子以乱宗族者。杖六十。若以子与异姓人为嗣者罪同。”③

仅仅从以上所举的这些言论和举措中，可以看到清廷官员是如何以极端的重男轻女和父系中心观念在少数民族地区强制性地实施“以夏变夷”的政策，一切不符合儒家伦理道德的习俗皆被视为“陋俗”。类似这样以特定时代统治阶级的道德伦理观为基准进行“以夏变夷”的做法，在中国的封建王朝历史中是不胜枚举的。

笔者认为，只有深刻认识漫长的中国封建社会特别是清代那种极端束缚人性、压抑个性的封建伦常道德观对中国国民（包括汉族和少数民族）身心的伤害和荼毒，我们才能深刻理解“五四”时以鲁迅先生为代表的众多中国知识精英为什么会提出“打倒孔家店”、推翻“吃人的旧礼教”等许多痛心疾首的口号。也只有这样，我们也才能深刻理解推翻中国封建制度的辛亥革命和中国共产党推翻旧中国“三座大山”对中国各民族人民所具有的伟大的历史意义。

---

① 〔清〕黄金衔撰：《治丽箴言》，光绪十九年（昆明）长春坊明文堂刊印本。
② 〔清〕黄金衔撰：《治丽箴言》，光绪十九年（昆明）长春坊明文堂刊印本。
③ 〔清〕黄金衔撰：《治丽箴言》，光绪十九年（昆明）长春坊明文堂刊印本。

整合各民族的优秀道德观，构建多元的当代中华民族道德文明

中华民族是多元一体的民族，中华文明是由 56 个民族构成的辉煌博大的文明；中华民族精神也是融合了 56 个民族优秀的精神伦理道德的一种精神。因此，我们谈论中华民族的道德文明，就必须有这样宽阔宏大的眼光，而不是囿限在儒家的圈子里来谈中华民族的伦理道德遗产和构建当代中华民族的道德文明。

中国各个民族都有卓有个性特点的道德文明，比如说生态道德伦理观，在中国很多少数民族中就非常突出。很多少数民族生活在自然资源有限，人的生产生活要依赖自然环境的区域，因此，探索如何与天地山川和谐相处、如何善待自然，以求得到大自然更多的恩惠，是很多少数民族宇宙论和信仰思想的重要内容。比如纳西人通过东巴教的宗教圣典和仪式，阐明了这样一个简单而深刻的哲学思想和生态伦理观念：人与大自然之间的关系犹如兄弟相依互存，人与自然只有保持这种兄弟似的均衡关系，人类才能得益于自然。如果破坏这种相互依存的和谐关系，对大自然巧取豪夺，那无异于伤了兄弟之情，会招致自然的报复。这是纳西先民在漫长的生产生活实践中得出的宝贵经验和深刻的认识。在这种理智的认知基础上，纳西族民间产生了一整套保护自然生态的习惯法，以此规范制约着人们对待自然界的行为。东巴经中常见的禁律有：不得在水源之地杀牲宰兽，以免让污血秽水污染水源；不得随意丢弃死禽死畜于野外；不得随意挖土采石；不得在生活用水区洗涤污物；不得在水源旁大小便；不得滥搞毁林开荒；立夏是自然界植物动物生长发育的关键时期，因此，立夏过后相当长一段时期内禁止砍树和狩猎。

藏族有神林、神树、神山和神湖崇拜，在这样的宗教信仰基础上形成了他们的生态伦理道德观，他们所崇拜的山林湖泊禁忌砍伐和污染。因此，藏族聚居区的神山、神林和神湖周围的生态环境都保护得比较好。纳西族和藏族还有在每年特定时期（如立夏时期）封山禁伐、禁猎的习俗，藏族传统的禁忌杀生习俗也有利于保护野生动物。傈僳族认为自然物如山、石、树、水等，皆有生命、有灵魂，因此要善待之，人在自己的生产生活中不能过分索取这些自然物。

傣族认为人是自然的产物，森林是父亲，大地是母亲，天地间谷子至高无上。认为人与自然一定要有和谐共处的关系，他们对自然、人和农业有这样的排列顺序：林、水、田、粮、人，“有了森林才会有水，有了水才会有田地，有了田地才会有粮食，有了粮食才会有人的生命”。基于以上认识，傣族人认为人类应该保护森林、水源和动物。[①]

说到生态伦理观，基于特定的宗教信仰的自我制约传统道德伦理观也是很多少数民族重要的内在文化机制之一，值得把它的优良部分纳入中华民族的传统道德观中来。宗教是中国传统文化的重要组成部分；宗教道德是中华民族传统文化精神资源的重要一环。我国的少数民族一般都有自己传统的宗教信仰。我们在上面说到了藏族的神山信仰与保护习俗、纳西族基于大自然神信仰的生态保护习俗等，这些都是至今仍然在起着重要作用的自我约束、自我规范的民族文化机制。

哈尼族主要通过原始宗教的寨神崇拜进行管理。哈尼族村寨一般都建在背靠原始森林，面向平缓山坡的半山上，村落以下直至山脚河谷，都是层层梯田。背靠的原始森林被认为是寨神“昂玛”的栖息地，是凡人不能进入的圣地，林中的一草一木，都被认为具有神性而不能攀折，违者定将受到惩罚。这种信仰有效地保存了哈尼族地区的高山水源林，使其得以常年保持“山有多高，水有多高”的灌溉用水，维系了梯田的命脉。

再说到与家庭、婚姻和男女两性相关的道德伦理，在众多少数民族中有很多非常符合人性的道德观念，可以说是一种非常宽松的以人为本的观念。它与封建社会时代汉族的封建纲常伦理婚俗相比，就显得很人性化。汉族社会经历漫长的封建社会形态，逐渐形成了一整套制度化了的以包办为主要特点的封建婚姻制度，男女青年的婚姻决定于“父母之命，媒妁之言”，“父母之命不可违”。“嫁鸡随鸡，嫁狗随狗”，“嫁出去的女，泼去的水”，是女性须恪守的信条。过去，汉族社会的封建统治者说夫妇为人伦之始，夫妻名分一定，就终身不能改变。为了正名分的大事，妇女要保持贞节，“从一而终”，一般不能再嫁，即使家贫无以为生，也要遵行“饿死事小，失节事大”的伦理。倘若第二次结婚，就会低人一等，受到各种打击和侮辱。

---

① 郭家骥：《云南少数民族生态文化考察写真（傣族）》，《云南日报》，2001年10月11日。

与此相反，很多少数民族青少年在未成家之前，都有着比较自由的社会交往活动，父母不加干涉，社会也认为恋爱是不违背礼俗的事情。与汉族过去在封建道德伦理观支配下的“男女授受不亲”、待字闺中的女子不能与陌生男子接触和交往等观念全然不同。寡妇再嫁、夫妻离异再行婚嫁等，在很多少数民族中是很正常的事，完全没有过去的汉文化那种“饿死事小，失节事大”等极端观念。在云南等地，不少与少数民族混居的汉族，在婚恋习俗等方面受惠于当地少数民族的道德伦理观的不少，比如妇女不缠脚，婚恋不必完全听命于家长，男女可以自由谈恋爱等。比如丽江古城是一个在明清两朝容纳了很多汉族移民的城镇，汉族移民进入其中后，入乡随俗，因此就没有遭受缠脚等汉文化陋习的折磨。

又如傣族的尊老爱幼、男女平等道德观念非常突出。这些民族传统除了得益于社区传承的道德教育、社会舆论监督外，也与法律的支持分不开。古代和近代法律通过对订婚、离婚和离弃的规定，保证了家庭婚姻道德观的实行。如近代法律规定“订婚后不按期结婚逾期可另找对象”。如果订婚时女方接受聘礼，后又不愿结婚，跑到心爱的人家去住，法律规定只罚女方 2 元了事。傣族的法律还体现了社会尊重婚姻当事人双方的意愿，不强迫任何一方结婚的道德观，充分保护妇女的婚姻自主权，如规定“如女方不喜欢，强求订婚，女人又离家，家长把聘礼退回后，不罚”，如果是“男女双方同意，但父母不同意，后来女人也变更，罚女方 7 元”。法律还规定“夫妻生活在一起，吃的穿的都由男的负责，如彼此闹意见或离婚，女的不应赔款”。离婚若是男的不要女的，规定男方给女方 12 元补偿，另罚 1 元半给头人；如果是女方对男方不好，并不要男方，规定女方给男方 15 元。因西双版纳傣族社会的结婚居住方式是以从妻居为主，法律还规定“如果男方对女方的父母不好，被女方的父母赶走，男的可带走他原来从本家带来的东西”。[①]

又如在待人接物的道德方面，拉祜族人尊敬老人和长辈，老人住的位置要在表示尊位的房子中柱旁火塘边；吃饭、吃茶、吃烟都要先递给老人。逢年过节，要给老人拜年。社会交往中，小辈应主动给老人让位；不在老人面前说不礼貌的话和有不礼貌的行为。拉祜人热情好客，礼仪待人。家

① 罗阳：《西双版纳傣族传统道德的维持机制》，《云南社会科学》，1999 年第 1 期。

中来了客人，无论相识与否，都热情接待。主人把最好的东西给客人吃，拿最好的东西给客人用。

纳人（摩梭）母系大家庭对家中老人的尊敬和礼遇习俗更是闻名遐迩。因此，有的学者在长期研究纳人的社会后，提出这样的观点，纳人的母系制文化，在一定程度上能妥善处理当今社会的一些难题，比如提到这样的难题：1. 老人不受尊重、被遗弃，现代人面对衰老和孤独的焦虑；2. 两性在社会地位、感情空间方面的权利不均；3. 现代人在性魅力上的沉重压力和在亲密关系里的占有与矛盾；4. 性骚扰、强奸等性犯罪以及偷窃拐骗、打家劫舍、杀人放火等犯罪行为；5. 现代社会人际疏离、自我偏执、心灵空虚；6. 婆媳、妯娌、亲子、兄弟姐妹之间的家庭纠纷与矛盾。①

笔者对纳人社会也做过一些调研，感觉到纳人的母系制文化在增强家庭和社会群体的凝聚力、制约个人占有欲的恶性膨胀，促进两性的平等互敬，推进社会的安定和谐、社区内人际关系的和睦友好，以及减少性和婚姻方面的纠纷等方面，确实有非常独到的效果。

如果说到团结互助的社会道德，中国少数民族中有不少值得借鉴的优良道德习俗。比如彝族家支由众多的个体家庭所构成，但作为一个以父系血缘为纽带，并以一定地缘关系为联结的共同体，彼此之间有密切的联系和浓厚的亲情。无论在生产和生活方面，家支内部都自发地共同协作、团结互助，保证了本家支的延续和发展。从生产劳动方面看，在广大彝民中，种田有“俄撒”和“俄字”形式的互助惯例。“俄撒”意为请求帮助，即缺乏劳动力的农户请求有劳力者给予帮助，不付报酬，至多提供伙食；“俄字”意即抵偿或换工，即换工互助。放牧则有“把尤”的托养制度。即矮山区有牛羊的住户在五月间把牛羊赶上高山，交与高山户代为牧养，九月间赶回矮山；反之，高山区的牛羊群在九月赶下矮山，其主户也可托给矮山户代为牧养。上山狩猎，凡集体出猎所得的猎物，不分老幼，一律按人均分配，甚至路遇行人，见者有份。表现在日常生活中，一家有事，全家支相帮；一家修建房屋，全家支义务帮工；一家娶亲嫁女，全家支人都去恭贺；一家死了人，全家支人都自动到丧家帮忙料理死者的后事，抚养家

① 周华山：《无父无夫的国度？》，香港同志研究社 2001 年版，第 70 页。

支内遗孤。这些都体现了家支内部的协作精神和互助原则。因此，彝族十分强调团结互助。①

在云南不少地方，相邻而居的民族结成了一种常年互助、相互依存的关系，亲如一家人。比如，居住在红河沿岸的哀牢山区呈立体分布的傣族和哈尼族，在长期的农业生产活动中结成了相互依存的“牛马亲家”，这种“牛马姻缘”一般以居住在河谷热带地区的傣族为一方，居住在山区的哈尼族为另一方，双方为适应立体气候所带来的农事节令的差异并有利于牲畜的繁殖，经相互协商而结成。这种关系一旦确定下来后，山坝不同民族的两家人便如亲戚一样地频繁交往。初春，河坝地区气候温和宜人，青草嫩绿，正是傣族人撒秧栽插之季，于是耕牛驮马下山由傣族人喂养并使用。4、5 月间，傣族农闲，而山区哈尼族正是犁田栽秧的时候，耕牛驮马上山归哈尼族喂养和使用。6、7 月份，哈尼人稻秧栽完，河坝傣族又要栽插晚稻了，耕牛驮马又下山归傣家使用和管理。晚稻栽完，河坝炎热，而山区气候暖和，草木青青，耕牛驮马上山来避暑养肥。10月以后，山区气候转冷，草木干枯，而河坝仍然气候温和，耕牛驮马又下山来由傣族管理饲养过冬。母畜生产的牛崽和马驹属双方共有财产，出卖或宰杀皆相互平分。②

再如，纳西族与藏族之间有源远流长的经济和文化交流，两个民族在很多方面保持着水乳交融的亲密关系。在 20 世纪 50 年代以前，有的纳西族村子还专门请相邻社区的藏族人担任管山员，丽江古城近郊的束河村就有这样的习俗。这基于以下考虑，一是外来人亲属关系单纯，在管山中不会受到当地居民那样复杂的亲属关系的制约；二是纳西人历来认为藏族人性情耿直、豪爽，能忠心耿耿地保护集体利益。束河村是在滇川藏地区卓有盛名的“皮匠之乡”，他们生产的藏靴、藏钱包、藏腰带、皮口袋、皮条索在藏族聚居区深受欢迎，束河的纳西人与藏族民众在商贸方面的交往源远流长，不少束河人与藏族人通婚，一些藏民先后到束河落户。20 世纪 50 年代以前，仁里村、文明村、松云村都曾请藏族人当管山员。③

白族的民间谚语说：“一根麦秆编不成一顶草帽。”“有花才有蜜，

① 王路平：《试论彝族传统的道德价值观》，《云南教育学院学报》，1995 年第 4 期。

② 郭家骥主编：《云南的民族团结与边疆稳定》，民族出版社 1998 年版，第 128 页。

③ 杨福泉：《纳西族的社区资源保护》，《思想战线》，2000 年第 3 期。

有国才有家。”“不怕巨浪再高，只怕划桨不齐。”“一根藤容易断，十根藤比铁坚。”白族村寨中谁家盖新房，其他人便会主动前往帮助，有力出力，有米拿米，有的家庭或村寨中发生火灾，远近的村民闻讯后，都会主动拿出自家的粮食、衣物、木材等前去帮助受灾的村民；谁家有喜事或丧事，都被看成是大家的事，家人、亲友、村人几乎有钱出钱，有粮出粮，有米献米，有力出力，使当事人能顺利地把事情办妥。在春耕生产和秋收秋种中，更是体现了白族传统的互助原则。每当春耕生产大忙时，全村人均会互相帮忙，有的是几个家庭结合在一起，有的是整个村落分成几个互助协作组，送肥下田，送完一家再送一家；栽插也如此，栽完一丘再栽一丘，直到全部栽完为止。尤其对那些体弱多病或家庭中主要劳动力亡故的困难家庭，村落里的人们便会相互邀约一起去帮助其适时播种、栽插、收割，对村寨中的孤寡老人，白族传统家庭道德要求对其负有赡养、关心、照顾的责任。①

拉祜族在长期的游猎、迁徙生活中，形成相互依存、团结互助、利益均衡的道德原则。一家盖房，全寨帮助且不计报酬。寨内人杀猪，均分各户。外出狩猎，如遇野兽伤人，要勇于相助；打到猎物，无论大小，参加者人人有份，连猎狗也不例外。同寨人外出，如途中遇疾病、伤残、死亡者，要设法招呼到家；对酒醉者要热心搀扶，不能弃而不管。

总之，中国作为一个由 56 个民族构成的一个泱泱大国，其道德伦理方面的精神文化资源非常多元和丰富多彩，这为提供一种取长补短的社会制约机制创造了相当有利的条件。在历史的长河中，各个民族的道德伦理观都在发展着、变迁着，有变异，有传承。比如儒家思想在没有被历代封建统治者不断为其政治统治目的所利用而发生异化之前，有很多非常合理的因素，后来才逐渐畸变出许多有违人性、有悖常理的糟粕，而留存于少数民族中的很多以人为本的道德伦理就可以取代类似孔孟之道中的非人性因素在当代社会的遗留，使我们的社会在道德伦理观方面产生出更为健全的优胜劣汰的机制。同样，如果某一个少数民族在当代社会中还留存着一些对本民族发展不利的道德伦理的束缚，就大可借鉴其他民族的道德伦理优秀因素，逐渐取代其糟粕。只有形成这样一个“各美其美，美人之美，

① 孙雅丽、杨国才：《试论白族传统家庭及其道德观》，《云南学术探索》，1998 年第 5 期。

美美与共”的机制，中国的社会才会在一种各民族互动互励、互补互学的机制上不断发展。本文谈到的过去那种在道德伦理观念上的“唯我为大”的观念和存在于各民族中的封闭保守、不思改变的习俗，都是与构建当代中国的和谐社会的目标相抵触的。只有进行整体意义上的中华民族优秀道德整合，才会使中华民族的文明和民族精神不断焕发出勃勃的生机。

当代中华文化精神及其教育应予整合和互补

——关于中华民族文化的定义和认同的思考①

与世界上主要的古老文明相比，中华民族文明没有中断的重要原因，就是中华各民族文化的互补和相互交融。中华民族的认同和国家认同的一个重要内容，就是中华民族文化的认同。对中华民族文化的正确认知和定义，有利于民族团结、边境稳定，有利于我国各民族对定义准确的中华民族文化和中华民族精神的认同。

对中华民族文化的准确定义和认知，是促使中华民族文化认同的前提。

笔者认为，不应把中华民族文化的认同等同于对传统的汉文化的认同。在当代中国，谈到中华传统文化的重新认知和学习以及传统文化的教育，一般都多谈到国学，重读“四书五经”在很多学校里已经成为一种时髦的浪潮，有的学者不遗余力地鼓吹：应该让包括“四书五经”在内的传统经典，尽早回到中国中小学课堂。希望政府尽早启动这项影响中国前途和命运的改革工程，尽早颁布法律，肯定传统文化经典在基础教育中的地位。这种做法无疑是把中国传统文化的复兴和教育，简单地等同于重新把“四书五经”搬到课堂和对“国学”的弘扬光大。

笔者并非完全反对在学校里读“四书五经”。读可以，但要精选地读，要自觉地剔除其中的糟粕。事实上，中华民族文化的经典不仅仅有“四书五经”，很多少数民族在生态伦理道德、婚姻伦理道德、敬老爱幼、两性平等方面，都有非常丰富的内容，有的在人性化方面远远超过儒家的经典。但很多学者似乎习惯了传统思维方式和观念，翻来覆去就是在说那个实际上不过是“汉学典籍”的“国学”，好像中华民族的传统文化就只有这个“四书五经”。其实，鲁迅、胡适等一批中国新文化运动的先驱，早已经看到

① 原载《中国民族报》，2010年11月26日。

了以“四书五经”等为载体的中国汉学典籍中的大量糟粕，所以才振臂呼唤引进“德先生”和“赛先生”。新文化运动博采众长，吸收了西方的科学和民主精神，才创新而形成了绵延至今的中国新文化。如果依旧拘泥于儒家典籍的故纸堆中，不知今天的中国文化会是一个什么格局。至少我们可以从以“四书五经”为主要教育内容的旧中国封建专制下的教育和社会体制等情形推断，其结果是不乐观的。今天这些享受着新文化运动丰硕果实的我们，不应忘记鲁迅先生等一代哲人那些深沉理性的警示和呼喊。

将“国学”等同于中华民族传统文化不利于中国文化认同

“国学”一词实际上是在中国封建王朝的语境影响下产生的一个特殊学术词语，是受中国封建社会“夏夷”之说的影响而形成的。旧中国的封建统治者和士大夫们是不把研究中国汉族的民间社会、平民文化视为“本国固有的学术文化”的，更没有把丰富多彩的少数民族文化视为中国文化的一部分。而20世纪初叶提出“国学”概念的中国汉学家们，则是受到这种传统观念的影响，将以研究儒学经典为核心的汉学典籍的一门学问冠之以“国学”。从邓实对国学的定义便可见当时的汉学家对“中国之学”的片面理解，他说：“国学者何？一国所有之学也。”他显然把经史子集等汉文典籍视为“一国所有之学”。

传统国学观念导致的另一个不良后果，就是如今对青少年的“国学”教育也局限在“读经”上，一说中国传统文化教育就是读“四书五经”等典籍，以为这就是中国传统文化的精华或代表。“国学”一词颇能蛊惑人心，“读经”成了对中国年轻一代进行中华优秀传统文化教育的代名词。

国学提法导致的另一个不良后果，就是在国际上很容易混淆“中国学”与“汉学”之间的区别。笔者常到国外进行学术交流，经常碰到不同学科的学者问的同一个问题：你们的“国学”究竟是指中国学还是汉学，或者是古典汉学？可见“国学”一词是语焉不详的。

也许“国学”家们认为这是外国人不懂中国文化历史的幼稚问题。但中国在进步，一些不准确的学术定义难道不应在新时代的学人手中得以更正吗？非常容易从字面上就误会这是指“中国学”的一个陈年词语，我们难道不应有所拾遗补阙，不应有所更新吗？

在当代中国，“国学”热一浪高过一浪，但今天所说的“国学”，其实是囿于汉学典籍的范围内，而且将其等同于中国传统文化和中华民族文化，将儒家典籍等同于整个中华民族的传统文化典籍，其实这些汉学典籍仅仅是中华民族典籍的一部分而已。我们今天是否应该反思，中华民族是由56个民族构成的国家，每个民族都有非常丰富的文化遗产，我们今天呼唤和弘扬的中华民族文化，应该是集中了56个民族的精神和文化精华的文化，而不应该仅仅就是我们今天津津乐道名曰“国学”而实则是“汉学典籍”的这部分古典文化。如果我们到今天还将中国传统文化仅仅局限在过去眼界狭窄的旧时代学者所说的“国学”，将其视为“一国之学”，那对由56个民族构成的中华民族多元一体的文化和中华民族精神的认同是非常不利的。

除了汉学典籍，中国还有其他55个民族的典籍，它们都是当今“中华之学”的组成部分，它们都蕴含有很多“四书五经”所缺少的智慧和知识以及人文精神。今天应该是重新审视“国学”、审视如何建构当代中华文化的时候了。不要让国内外的年轻一代以为中华民族的“国学”就只是我们今天在国内的高等学校和国外的孔子学院里讲授的孔孟典籍和“四书五经”。

笔者多年致力于在国外讲授中国少数民族文化，对此有深切的体会。中华文化的伟大和吸引力，其实是以这种丰富多彩的多元文化为根基的，过去我们对汉族之外的少数民族文化介绍、宣传和传播得少，很多外国朋友都说，中国改革开放以后，他们才逐渐知道中国的文化原来是这样多样化、多色彩的。

我们在大中小学传授中华民族传统文化，应该走一条新路，一条创新的路子，中华文化的教育应该包括各民族的文化精粹教育。即不要局限在只从汉学的典籍诸如“四书五经”里挑好文章，应该从56个民族的文字或口传的经典中，精选一些有益于学生身心健康、人格培养的内容。这样，广采博纳必将起到各民族文化互补的作用，同时也有利于中华民族的文化认同。

过去，中国封建专制社会统治者往往用“以夏变夷”的强制性手段

“移风易俗”。固然，被革除的有陋习，但也有很多优良的人性化的少数民族习俗。典型的诸如改土归流后中央王朝对纳西等一些藏缅语族民族火葬习俗的严厉禁止；基于儒家父系宗族伦理观而对男子上门入赘等传统习俗的禁止，以及对各民族妇女基于三纲五常伦理的种种限制和压迫。

中国各民族典籍中包含着丰富的文化智慧

丰富深刻的生态伦理道德观。仅纳西族东巴古籍中反映人与自然关系的典籍就有数百部之多，纳西人通过东巴教的宗教圣典和仪式，阐明了这样一个简单而深刻的哲学思想和生态伦理观念，即人与大自然之间的关系犹如兄弟相依互存，人与自然只有保持这种兄弟似的均衡关系，人类才能得益于自然。如果破坏这种相互依存的和谐关系，对大自然巧取豪夺，那无异于伤了兄弟之情，必然会招致大自然的报复和惩罚。傣族人认为人是自然的产物，森林是父亲，大地是母亲，天地间谷子至高无上。认为人与自然一定要有和谐共处的关系，他们对自然、人和农业有这样的排列顺序：林、水、田、粮、人，“有了森林才会有水，有了水才会有田地，有了田地才会有粮食，有了粮食才会有人的生命”。基于以上认识，傣族人认为人类应该保护森林、水源和动物。哈尼族的古籍中有非常多的人如何充分保持山林、水和稻田的平衡的智慧，目前我国正在申报世界文化遗产的元阳梯田（注：2013年6月，元阳梯田申遗成功，被列入《世界文化遗产名录》），就是这种传统智慧孕育出来的结晶。

家庭、婚姻和男女两性相关的道德伦理。在很多民族文化中都有丰富的非常符合人性的道德观念，可以说是一种非常宽松的“以人为本”的观念，而汉族社会经历漫长的封建社会形态，逐渐形成了一整套制度化了的以包办为主要特点的封建婚姻制度。

相关的例子比比皆是，但在目前讨论中华民族经典文化和中华民族精神时，我们为什么就很少思考如何从各个民族的传统智慧、丰富多样的典籍中汲取营养呢？为什么我们老是囿于传统的一些汉学典籍来谈论和界定“中国传统文化”，何不也关注一下汉族的民间文化呢？……

应博采中华各民族与世界各国之众长

在大中小学传授中华民族传统文化，应该走一条创新之路，从各个民族的传统智慧、丰富多样的典籍中汲取营养，重新创造和熔铸出当代新的中华民族文明和中华民族精神。这也有利于中华民族的文化认同，通过各民族文化在我国学校教育平台上的相互学习和补充，构建起互补和互学的中华民族文化精神新格局。

此外，在挖掘和弘扬我们56个民族的优秀文化遗产和精神的同时，还应该学习世界各国的优秀文化。中华民族文化和中华民族精神应该有一种世界眼光，以一种博大的胸怀来博采众长、融入自我。当年“五四”的先贤们吸收了来自国外的“德先生”“赛先生”，形成了具有蓬勃生命力的新文化，它们已经成为中华民族文化的有机组成部分。对中华民族来讲，自尊自信但又冷静虚心、实事求是的眼光是非常重要的。

我们应该看到，西方发达国家也在不断地发展变化，努力克服资本主义制度的种种弊端，甚至从社会主义制度中汲取了不少合理和人性化的因素。因此，我们向发达国家学习，应该有一种动态的眼光和相应的思路、方法，而不是抱着过去相沿下来的陈旧观念来看待今天的西方世界。这样，我们才能具备一种理性的世界眼光，不断建构蓬勃向上、活水长流的中华民族文化和精神，最终达到如费孝通先生所说的“各美其美，美人之美，美美与共，天下大同”的境界。

“国学”不应再拘泥于陈年旧说①

关于“国学”，目前争论颇多，笔者也谈谈自己的观点。

何谓“国学”？1989年版的《辞海》这样说：“国学：①犹言国故，指本国固有的学术文化。②西周设于王城和诸侯国都的学校。”英文里对应的“国学”一词一般翻译为“sinology”，实际上多指的是汉学。

“国学”一词实际上是在中国封建王朝的语境影响下产生的一个特殊学术词语。它是受中国封建社会“夏夷”之说的影响而形成的。中国封建王朝统治者和那些时代的士大夫们是不把研究中国汉族的民间社会、平民文化视为“本国固有的学术文化”的，更没有把丰富多彩的中国少数民族文化视为中国文化的一部分。而20世纪初叶提出“国学”概念的中国汉学家们则是受到这种传统观念的影响，将以研究儒学经典为核心的“汉学典籍”的一门狭窄学问冠之以“国学”，邓实对国学的定义便可见当时的汉学家对“中国之学”的片面理解，他说：“国学者何？一国所有之学也。”②他显然把经史子集等汉文典籍视为“一国所有之学”。

在中国学术史上，因为这种观念的影响，对中国丰富多彩的社会、平民文化和民间文化的研究非常薄弱，如二十四史基本上就是在讲封建王朝继替的历史。

也因此，现在国内写过一些研究经史子集文章的学者就常常被冠之以“国学大师”的称号，这样就使国外不是从事汉学的学者误以为这些“国学大师”就是中国学术界认定的研究中国学术或研究中国的权威学者。

由于这种谬见相沿至今，很多近现代深入研究历来被“国学”排斥在外的中国平民社会、民间文化的学者，如费孝通、钟敬文等一批优秀的中

---

① 原载《中国民族报》2006年2月17日，《中华文化研究通讯》第77期等转载。

② 邓实：《国学讲习记》，《国粹学报》1906年第19期。

国学者，自然就不能算在国学家的队伍里。最近认为季羡林先生也不是国学家的观点，是把研究印度与研究中国作为划分是否“国学家”的分野。如果把“国学”视为研究中国之学，那么“国学”就只是指那些研究经史子集等传统汉学典籍的学问吗？如果说过去的学者受历史的局限而把这些研究自诩为“国学”情有可原，但在今天，传统“国学”的内涵在现代社会还能标榜是“中国之学”吗？如果不能，当代的中国学者是否应该考虑对这种非常不准确的学术术语定义进行一些改进。

这种传统国学观念导致的另一个不良后果，就是如今对青少年的“国学”教育也局限在“读经”上，一说中国传统文化教育就是读“四书五经”等典籍，以为这就是中国传统文化的精华或代表，“读经”成了对中国年轻一代进行中华优秀传统文化教育的代名词。

“国学”的提法导致的另一个不良后果，就是在国际上很容易混淆“中国学”与“汉学”之间的区别，我常有机会到国外进行学术交流，经常碰到外国不同学科的学者问的一个问题是：你们的“国学”究竟是指的中国学还是汉学，或者是古典汉学？“国学”一词语焉不详。也许“国学家们”认为这是老外不懂中国文化历史的幼稚问题，但中国是在进步的，一些不准确的学术定义难道不应在新时代的学人手中加以更正吗？非常容易从字面上就误会“国学”是指“中国学”的一个陈年词语，我们难道不应有所补遗拾阙，不应有所更新吗？难道还要让国外学术界认为今天的中国学者还是摆不脱一种以“大汉族主义”的观念来审视和定义中国的学问和学科吗？

我认为，如果所谓“国学”远远没有包容研究中国的内容，那就没有资格至今仍然称之为“国学”。国学从对应的英文词汇来说，应该是研究中国的整体、研究中华民族，即“The Chinese Nation”的学问；应该是集中国各个民族所创造的精神文化遗产于一体的“中华民族之学”，这样才配称为“国学”。我认为，在我们现代学者的手上，应该正误，正历史之误、正旧学者之误，而不是墨守成规，一成不变地将它用来代表“研究中国的学问”。像中国人民大学这样在国际上被视为中国大学代表的名牌学校，成立“国学院”的初衷如果不是致力于研究“中国学”，而仅仅是以研究传统的所谓“国学”为己任，那名之曰“汉学院”或者

“古典汉学研究院”等更为确切，这样也能显示一点当代中国教育界、学术界的求真求实、锐意改革的精神。也能使中国众多应该是“中国学”的重要内容而历来被排斥在“国学”之外的学科和民族能看到当代中国学术界的进步。

再论中国少数民族文化的危机

——以云南省为例[①]

能否充分发挥地域特色和优势，是我国各地社会、经济、文化在未来能否繁荣和可持续发展的关键因素之一。云南丰富多彩的多民族文化在国内外久享盛誉，是云南的一大区域资源优势，我国的改革开放使这一人文资源优势得以充分发挥，促成了当前国际学术界、教育文化界等研究、欣赏和学习云南民族文化的热潮，并成为云南旅游业得以繁荣的关键因素。云南能否充分利用在中国乃至世界都独具特色的民族文化资源优势，是在21世纪能否走出自己独具地域特色的现代化发展道路的关键。但现在我们不能不冷峻而急迫地思考的是：云南省目前正面临着民族文化这一资源优势能否可持续地发展并进一步走向繁荣的危机，因为当前广为国内外瞩目的云南民族传统文化正在当代工业社会和城市时尚的冲击下日趋衰落。因此，建设民族文化大省的设想是力挽这一颓势的重大举措。审时度势、因地制宜地制定云南的发展规划，从根本上保证云南的社会、经济、文化能在21世纪可持续地发展，将云南建设成民族文化大省是一个极明智而具有重要战略意义的思路。

一

建设民族文化大省应分为几个层次，笔者认为当前最为迫切的大事是应倾全力挽救正濒临危境的少数民族传统文化（包括与丰富多彩的民俗活动融为一体的民间宗教、文学艺术、传统衣食住行习俗、优秀的民族道德

---

① 原载《西南边疆民族研究》(4)，云南大学出版社2006年版。此文是“民族文化与全球化”学术讨论会论文。

观、生态观、语言文字等无形和有形的文化），并加以传承和保护，这应该是将云南建成民族文化大省方略中的当务之急。

改革开放后，云南各少数民族在经济上有了长足发展，生活得到了很大的改善，但如果从文化的发展上看，在现代工业社会文化潮流的冲击下，各民族的传统文化正大量流失，不少民族的服饰、语言、传统民居、歌唱艺术、民族舞蹈、礼仪习俗等民族文化遗产有可能在 20 至 30 年或在更长一些的时期内大部分或全部消失。

最典型的例子之一是基诺族。基诺族是1979年经国务院确认的一个单一少数民族，亦是新中国成立迄今最后识别的一个少数民族。改革开放以来，在社会经济发展上有了长足的发展，而其传统文化却日益衰落。杜玉亭教授根据多年对基诺族的跟踪调查，曾在1990年作出预测：适应热带山区的基诺族传统竹楼有可能在10年内被汉族式砖木结构平房和钢筋水泥结构楼房所取代；颇具特色的基诺族民族服装可能在20年内消失。由于传统的上新房、过年、成年礼等一系列仪式已从1959年起革除，历史、文化的传承中断，通晓民族传统历史、习俗的长老多已故去，尚存的歌手已十分有限，而青年人对此又并不热心，如不采取有效措施抢救，世代口耳相传的基诺族传统历史文化有可能在30年内消失。由于学校只教现代流行歌舞，影视传播的也是现代流行的歌舞，而且擅长基诺族传统歌舞者已寥寥可数，如不采取积极有效的措施加以挽救，与生命过程相伴随的基诺族歌舞有可能在30年内消失。由于学校只使用汉语课本，且小学生到家长多习惯用汉语，影视节目也是汉语，所以青少年多习惯于讲汉语而不讲基诺语，如不采取有效措施扭转，既是民族特征之一又是无文字民族传统文化载体的基诺语言也有可能在50年内消失。

时隔 6 年，基诺族长老们根据近几年的发展趋势，对传统文化丧失时间的预测如下：鉴于中青年已不穿或压根儿不再有传统民族服装，甚至有些老年人也跟随时尚穿上西装，所以民族传统服饰有可能在 10 年左右消失；民族口碑文史及其风俗传承机制，有可能在 20 年内消失；民族传统歌舞有可能在 20 年内消失；作为民族传统文化载体且是民族特征之一的语言，有可能在 30 年内消失。基诺族长老的预测与杜玉亭教授 6 年前的预测相比，多数传统文化内容的消失时间都大为提前，由此可见民族传统文化消失的速度在现代趋同浪潮中正在加剧。①

当前中国各民族传统文化的衰落消亡是普遍性的，笔者考察过云南不少民族地区，并多年在纳西族地区做田野调查，感触良多。

纳西族东巴文化举世闻名，是现代和当代国际纳西学热和纳西族地区旅游大潮汹涌的一个最重要因素。但是，目前这一推动了纳西族的国际知名度和当代社会经济发展的文明瑰宝正在民间绝迹，所剩无几的东巴多至耄耋之年，且无人传承。英国《独立报》在多年前曾刊登过《正处于消失危险中的最后的东巴》（“Last of the Dongbas in danger of fading away”）一文，文中惊呼纳西东巴文化即将在这个星球上消失，此非危言耸听，而是确凿的事实，这个英国记者来丽江采访时，丽江原来尚有“最后的三个东巴大师”，已经全部去世。当 2003 年 8 月东巴文化典籍被联合国教科文组织列入《世界记忆名录》的消息传来时，20 多年来呕心沥血参与翻译出这上千卷皇皇经典的 10 多位东巴大师，早已烛灭泪干，撒手人寰。如果世界上收藏有大量东巴经典的国家来与我们商谈合作，请我们的东巴大师们去释读和翻译那些流散异域的数万卷纳西东巴象形文经典，我不知道，如今我们到哪儿去寻找这样的大师？而只有花数十年工夫把千百卷用这种“语段文字”写成的象形文经典默记于心的东巴大师们，才能完成这一艰巨的文化工程。如今，东巴大师何在！

如照目前各地所剩无几的老东巴无传人的情况发展下去，10 多年之后，将不复有东巴文化活动存活民间，被视为丽江旅游一个支柱性人文资源的东巴文化将只存在于博物馆、研究所而成为死去的文化，东巴文化将只是一门钻故纸堆的学科。目前丽江洞经音乐的传承办得有声有色，学员众多，听众如云。从纳西人有广采博纳外来文化之长的恢宏气度这一点来说，这是好事；但可叹的是对外来文化的传承与自己传统文化的传承相比反差太大。不少民族地区正在上演着这种“中原所失之礼得于野，而‘野’之礼乐则丧于野”的文化悲剧。

其次，纳西族民间丰富多彩的民俗活动正日趋衰落，传统文化的重要载体民歌谣谚舞蹈衰微没落，民间歌手寂寥冷落，年轻的民间歌手更是凤

① 参看杜玉亭主编：《传统与发展》，中国社会科学出版社 1990 年版；杜玉亭：《从基诺族例看世纪之交的中国民族学》，《民族学》，1997 年第 2 期。

毛麟角。年轻一代痴迷于影视流行歌曲歌舞，过去遍布城乡的歌手一唱三叹，听众如醉如痴，很多人能出口成章（民歌），年轻人以即兴编歌斗歌谈情说爱的盛况已成如烟往事。电视文化对过去民间故事、礼俗谣谚的家庭传承的冲击犹如风卷残云。此外，传统民居、服饰、节庆等正在咄咄逼人的“现代趋同”浪潮冲击下消失和隐退。

在丽江城区、坝区等经济较为发达的地方，教小孩从小就学说汉语已成风气，用母语能妙语连珠地向后代传授传统文化知识和智慧的祖父母一辈，现在只能与仅会讲汉语的孙辈结结巴巴地对话的窘况已司空见惯；即使在尚操母语的青年人中，大量丰富的传统文化词汇正在消失。① 这种年轻一代忽略母语，甚至不屑于说母语的现象在云南经济较发达地区的很多少数民族中普遍存在。

丽江古城在 1997 年经联合国评审入选“世界文化遗产名录”，首开中国历史文化名城获此殊荣的纪录。入选的原因，除了古城水系等特点突出的建筑风格外，最关键的是因为它是一个有千年文明史，至今仍然活着的少数民族的古城。很多中外人士认为，丽江古城的魅力主要在于它是一个活生生的“民族之城”，有那么多纳西民众每天休养生息其中，满目可见淳厚的民风民俗。目前国外申报世界文化遗产的不少古城固然多王公贵族的琼楼玉宇、华屋丽室，但是民众传统文化多已丧失殆尽或面目全非，成为历史博物馆式的死城。融多元文化于一体的民族特色是古城的魅力和生命力之所在，而如今丽江古城虽然尚有不少保留唐宋流风余韵的建筑群、留有中原之古音的洞经音乐等多元文化的宝藏，但就本土民族传统文化和不少融佛、道、儒等文化因素于一体的民俗风情而言，正处于因文化变迁而日益脆弱、消失的危境，纳西语言、传统艺术、服饰、节庆、信仰等，这些最能体现民族特征的无形和有形的文化正在古城急剧衰落，如不力挽危机，数年后，有可能出现本土文化和其他多元文化因无人传承而消失的结局。

民族服饰是民族传统文化的重要构成部分，是体现民族文化个性魅力的外化特征，目前，这一习俗也普遍面临危机。在不少民族地区，少数民族青少年不屑于穿本民族服装的现象十分突出。如在麻栗坡、河口等地传

① 杨福泉：《盛名之下的忧思》，《丽江报》，1997 年 2 月 26 日。

统习俗保留较多的蓝靛瑶中，现在青年男子已很少在日常生活中穿本民族服装，甚至出现了一些妇女在日常生活中也不穿民族服装的现象，这意味着当地瑶族的服饰正向着逐渐消亡的趋势发展。① 笔者在 1994 年曾到保留传统习俗较多的西盟佤族自治县岳宋乡，见到不少佤族妇女已改穿现代汉装。在澜沧、景洪、景东、景谷、思茅、孟连、河口等少数民族聚居地，笔者亦看到城区和靠近城区的民众服饰正不断向当代城市服饰时尚趋同的倾向。

这些都说明经济的发展并不是衡量一个民族发展和繁荣的唯一标准，如果忽视文化的发展，单纯经济上的增长不一定能促成一个民族真正意义上的发展和繁荣；也无从谈起建设融汇有各个民族独具特色的文化，各民族社会、经济和文化共同的繁荣发展。因此，我们讲发展，除了以经济发展和收入指标衡量各民族的发展状态外，不能忘了该民族的文化发展状况。假如汉民族在某一天其经济技术水平已发展到与西方发达国家一样的水平，但自己民族的传统文化已经全面衰落而全盘西化的话，这样的发展是喜是悲，不言而喻。很多在西方发达国家的华人极力地在保护和维持本民族的文化特征，也可见现代化并不意味着文化非要趋同。

我在 1992 年曾经访问过加拿大的十几个印第安人部落，2003 年在美国讲学期间又走访了一些印第安社区。印第安人如今都住着和白人民居相差不多的洋房，大多数年轻人身着洋装，说着英语，很多人都有汽车。如果仅仅从物质生活上衡量，他们无疑已经发展到了相当发达的现代化社会阶段。但如果你与部落民众深入交往，就会发现有一种苍凉而刻骨铭心的痛苦在折磨着这个民族的心灵，这是一种深入神髓、地老天荒般的精神痛苦。这痛苦又是与一个民族的发展繁荣背离的。如今，加拿大境内很多印第安人部落中 50 岁以下的人，已不会讲自己的母语。20 世纪 70 年代以前的数百年间，白人社会以他们的发展观和文明观强制性地改造印第安人的社会，对他们实行同化政策，很多印第安孩子从小就被强行安置在寄宿学校，剥夺了讲母语的权利，变成只会讲英语的印第安人，传统的民族文化知识仅仅保留在少数白发苍苍的耄耋长老口中。几乎我所接触到的每个部落的酋长，一谈到目前印第安人的文化现状，无不愀然心痛。民族文化的

① 黄贵权：《云南瑶族语言和文化变迁》，转引自郭大烈主编：《云南民族传统文化变迁研究》，云南大学出版社 1997 年版。

全面丧失给印第安人带来了永难磨灭的心灵创伤，在白人文化氛围中长大的不少年轻人丧失了精神家园，对自己民族的前景悲观失望；长期固守保留地的封闭生活，又使他们中的很多人难以适应时代的种种变迁，于是，酗酒等一系列社会问题便接踵而来。愈来愈多的印第安人痛切地感到，仅仅过上白人式的“现代化”生活，并不意味着自己民族的振兴和幸福，本民族传统文化、语言的全面丧失，将给当代和后世的部落民众留下永恒的精神痛苦。从这一角度看，物质生活上有了较大发展的北美印第安人并没有获得民族的发展繁荣，相反是逐渐走向被白人同化的道路。①

二

一个民族的传统文化是该民族有别于其他民族的最本质的特征，它凝聚着一个民族在其历史的自我生存发展中不断形成的智慧、理性和创造力，以及自我约束力。在适应本民族特殊的自然环境和社会环境方面具有独特的价值和功能，具有独创性。传统文化中的这种心智之光曾经引导出人和自然的和谐、人与社会的协调的明智之路。把云南建设成民族文化大省，有利于充分发挥各民族传统文化中追求人与自然和谐的生态观和自然观的各种积极因素，促进人与自然的和谐，使云南有一个有益于可持续发展的生态和社会环境。

在云南很多少数民族的传统文化中，人们常常是把人与天地日月星辰、山川草木、鸟兽虫鱼等视为一个大家庭，人们对自然是怀有敬畏和感恩的崇拜之情的，很少有“人定胜天”那种盲目的自然界霸主思想。在这种传统思想的影响下，不少民族中有人类应该善待自然才能生存和发展的观念，并在此基础上产生出一系列传统的生态道德伦理观和习惯法，构成本民族社会卓有成效的自我约束机制，规范着人们对自然界和社会的行为。

如傣族、基诺族、哈尼族、傈僳族、壮族、侗族等族都有神林、神树崇拜，藏族有神山、神林和神湖崇拜，这些山林湖泊禁忌砍伐和污染，因此周围的生态环境都保护得比较好。纳西族、藏族还有在每年特定时期封山禁猎禁伐的习俗，对保护当地生态环境大有裨益。藏族人传统的禁忌杀生习俗也有利于保护野生动物。纳西族有与本民族宗教东巴教密切相关的

① 杨福泉：《苦斗不息的酋长们》，《光明日报》，1997年6月11日。

把自然和人类视为一对兄弟的哲学观念体系，认为人与大自然之间的关系犹如兄弟相依互存，人与自然只有保持这种兄弟似的均衡关系，人类才能得益于自然。如果破坏这种相互依存的和谐关系，对大自然巧取豪夺，那无异于伤了兄弟之情，会招致自然的报复。这是纳西先民在漫长的生产生活实践中得出的宝贵经验。在这种理智的认知基础上，纳西族民间产生了一整套保护自然生态的习惯法，以此制约着人们对待自然界的行为。长期以来，这种基于纳西先民人与自然观的观念规范着人们开发利用自然资源的生产活动，逐渐形成了一些大大有益于自然生态环境和人们生活的社会规则、禁律。东巴经中常见的禁律有：不得在水源之地杀牲宰兽，以免让污血秽水污染水源；不得随意丢弃死禽死畜于野外；不得随意挖土采石；不得在生活用水区洗涤污物；不得在水源旁大小便；不得滥搞毁林开荒。立夏是自然界植物动物生长发育的关键时期，因此，立夏过后相当长一段时期内禁止砍树和狩猎。纳西族的这种传统习惯法已升华为一种道德观念。过去，在纳西人的观念中，保持水源河流清洁、爱护山林是每个人都必须履行的社会公德。纳西族的主要聚居区丽江不仅各乡各村都有保护山林水源的乡规民约，而且，各村寨定期推选德高望重的老人组成长老会，督促乡规民约的实施。少年儿童自小就由上辈人谆谆告诫，不得做任何污染破坏自然环境的事。丽江古城居民在20世纪五六十年代都直接在河里挑水饮用，因为很少有人会往河里扔弃污秽物品。黑龙潭游鱼如梭，有不少甚至游到古城的河沟里，但也没人抓捕。如果有谁触犯保护水源山林的乡规民约，不管其来头多大，都要受罚。笔者就曾调查到几则有关村寨豪绅因触犯乡规民约而受到村民处罚的事例。由此可见传统文化积极的社会功用。

正是由于有了这种相沿千百年的民族传统生态道德观，丽江才赢得那一片青山绿水，那家家流水、户户花圃的自然谐和美景。直至20世纪50年代早期，丽江还保持了全部土地面积中有73%的林地和12.8%的草山草坡，森林覆盖率达53.7%。

如今对传统信仰、传统生态道德观的漠视破坏了很多民族这种明智的自我约束机制，导致了急功近利意识的恶性膨胀和严重破坏自然生态的行为，导致了很多民族地区生态环境和社会环境的恶化。如丽江不少村寨在20世纪80年代曾掀起一次次乱砍滥伐风，森林资源损失惨重，对村寨的可持续发展带来了不可估量的负面影响。重塑各民族传统的生态道德观，有赖于弘扬各民族传统文化中那充满智慧和理性而如今正在全面没落的人与自然观，以及在此基础上产生的自我约束意识。

不顾各民族长期积累而形成的传统智慧和特色，盲目照搬某种文化模式也将导致恶劣的后果。比如，云南一些热带地区的民族本来有干栏式民居，现在则盲目模仿城市钢筋水泥房屋建筑，传统干栏式建筑原来是根据当地湿热的生态特点而设计，能保持通风和房子干燥，有利于防止风湿等疾病的发生，而现在时兴的新房直接与地面接触，必将给当地人的健康带来不良影响。又如在民族地区风景区依照城市模式建盖豪华的楼台亭阁，而不是在当地民族建筑的风格形式上加以改造，往往导致影响旅游景点魅力的“煞风景”结果。

我国各少数民族的传统文化在人类文化史和当代国际社会中有举足轻重的地位和影响。比如纳西族的东巴象形文字因尚有东巴能识读而被国际上誉为“世界上唯一活着的象形文字”，用这种象形文字写成的数万卷东巴经成为像敦煌画卷、古籍一样的人文宝藏而倍受国际学术界瞩目；保留了很多多元文化遗风的丽江也一时成为很多人心目中的“文化圣土”。在少数民族传统文化宝藏中，类似的例子是很多的。我国少数民族的这种传统文化瑰宝极大地丰富了中华民族文化神奇瑰丽的内蕴，增强了中华民族文化在人类文化史和当代国际上的地位。如果中华民族的文化只是一种单一的文化，那是不会有这样的地位的。

在当今世界面临精神生活贫乏、环境污染、人欲横流等种种困境之时，包括汉族在内的各民族传统文化中一些朴实而澄明的智慧和理性之光，不是能给现代人以很多启迪，解决一些当今人类的困惑和难题吗？因此，避免各民族文化在当今工业社会中盲目而畸形的趋同之风，是各民族都面临的世纪性大问题。

三

由于具体的历史发展、地理位置和自然条件的制约，云南经济、社会的发展较为滞后，因此，促进云南的社会发展和经济起飞，是全省各族人民在新旧世纪交替时面临的重大使命。

民族传统文化的繁荣程度与云南省的现代化建设密切相关。我国的现代化进程是根据各地的生存环境、文化特点的优势来制定各自的发展战略的。近年来汹涌于我国少数民族地区的旅游大潮大都集中在民族传统文化保留得比较完整的地区，笔者参与过几个在云南民族地区实施的国际合作研究项目，在丽江等地用问卷等方式对很多国内外游客进行的调查结果表明：有美丽的自然景观优势但无民族传统风情文化魅力的地区对游客的吸引力，特别是对国外游客的吸引力是不大的。很多国内外友人称到丽江的旅游是文化旅游，也可见地方文化资源在旅游发展中的重要性。

目前我国不少民族地区制定了充分利用民族文化优势来发展各种形式的旅游以促进经济发展的战略，拥有 25 个少数民族的云南省即是典型之一。根据改革开放以来云南主要基于民族人文资源而蓬勃兴旺的旅游发展态势，云南省委和省政府制定了将云南建成民族文化大省和旅游大省的战略决策，这是一项旨在以丰富的民族文化资源来促进民族地区的脱贫和经济文化的发展，促使云南形成可持续发展良好态势的举措。但在当代文化变迁的潮流冲击下，云南这块红土地上很多民族的传统文化正在不断衰落，向当代千篇一律的城市文化模式趋同的态势越发突出，很多民族的传统建筑、服饰、语言、民俗、信仰、民间文学艺术等最能体现民族文化特征的人文景观正不断消失。如今我们在无数民族村和影视的汪洋中所领略到的云南民族风情有不少实际上是已不存在或正在消亡的传统文化的复制，是一种在当代商品经济潮流中应运而生的变异形态，不是原生的形态，华丽有余而真实不足。如果现在不采取有力的措施保护住当前民间尚存的民族传统文化的“残山剩水”，建设民族文化大省就无从谈起，失却了民族人文景观魅力的云南，要成为真正的旅游大省就会比较困难了。据笔者所知，现在国内外来云南旅游和研究的人士有不少是抱着“此时不来，盛况难再”的心情而来的。

旅游能产生很大的经济效益，能转化成少数民族地区现代化进程的一个巨大的推动力，旅游对很多目前贫困问题还相当严重的少数民族地区来说是一个重要的脱贫和发展的途径，是一个举足轻重的产业，但旅游只有形成可持续发展的产业，才会形成真正推动民族地区现代化发展的强大动力。旅游的可持续发展就有赖于自然和人文景观资源的保护和再生能力。如果任现在民族传统文化不断流失和趋同的状况发展下去而不采取有效措施加以保护，民族地区的旅游热潮是不可能持久的，那无异于是听任一种与我国现代化事业息息相关的资源白白地丧失。①

从上述论述中可以看出，现代化与传统文化之间不仅不是水火不相容，而且传统文化中的很多优良成分对于促进社会主义现代化的全面发展，建设社会主义的精神文明大有裨益。固然，各民族的传统文化中都难免有一些应该淘汰的消极因素，但如果各民族传统文化中的精粹部分得以大力弘扬，其糟粕毕竟是会逐渐被清除出去的。新中国成立多年来，各民族传统文化中的一些糟粕不是已经在社会改革和变迁中逐渐销声匿迹了吗？关键的问题是要留住在各民族传统文化中占主流的精粹。

中华民族的文明是一个多元的统一体。中国各民族的多元文明之间的优势互补始终贯穿着中华民族的发展史，这种优势互补是促进中华文明进步和繁荣的关键因素。在中华民族的发展史上，如果只有单一而非多元的文明，它是不可能形成洋洋大观而又丰富多彩的中华民族文化的。就社会主义社会中各民族的文化发展前景而言，应有一个如民族学家费孝通先生所说的结局，即“中华民族将是一个百花争艳的大园圃”②。只有这样，中华民族多元一体的文化才会在人类文化的百花园中具有举世瞩目而永恒的地位。

在漫长的封建社会中，中国少数民族文化为抱着大民族中心主义的统治阶级所蔑视，常常遭到毁灭性的打击。周恩来在《关于我国民族政策的几个问题》中曾指出：“历史证明过去许多兄弟民族不是走向繁荣，而是走向衰亡。为什么？就是因为过去的反动统治者采取歧视兄弟民族，以至削弱和消灭兄弟民族的政策。”③“在我国历史上事实存在着大汉族主义，汉族处于优势，得到了发展，少数民族处于劣势，不易得到发展，而且常受欺压。”④“以至兄弟民族被挤到边远寒苦地区，生活就更困难，经济、

① 参看杨福泉：《生态旅游与云南的旅游资源保护》，《云南社会科学》，1995年第1期。《中国人民大学报刊复印资料·旅游经济卷》1995年第2期转载，中国科学院《中国国土资源文摘》1995年9卷4期摘载。

② 费孝通：《中华民族的多元一体格局》，《北京大学学报》，1989年第4期。

③ 《周恩来选集》下册，人民出版社1980年版，第261页。

④ 同上，第251页。

文化也就更不容易发展。”[1]因此，少数民族文化与汉文化相比较而言，有它历史上形成的脆弱和易变性。在以汉文化为知识传承、文化传播、学校教育、求职、人际交流等社会生活主要媒介的中国当代社会，少数民族的传统文化客观上就容易走向衰退。因此，如果要达到各民族经济、社会和文化的共同繁荣，达到建设民族文化大省的目的，就需要有特别的保护和鼓励的措施。

少数民族年轻的一代对传统文化的漠视和对当代良莠混杂的城市文化的盲从是由于长期以来忽略本土文化、民族文化的教育而形成的。现在各个民族需要重新激发本民族对自己优秀的传统文化的自豪感和认同意识，重塑一个弘扬和振兴民族优秀文化的氛围。除了依靠少数民族自身的努力来争取实现这一点外，从各级政府得到各方面的鼓励和支持至关重要。比如在少数民族地区的中小学教育中，除了国家统一的教学大纲外，重视适当使用少数民族的乡土教材，开设双语教学课，促进学生对本族本土文化的了解和自豪感；增加本土文化教育内容后，在考试和升学上对该课程的学习结果予以关注，采取适当的优惠和鼓励措施；通过资助，采取集中办原汁原味的民族传统文化传习班，个人传授（如纳西族东巴的传承），与生态旅游和民俗文化旅游相结合而就地在一些原生态的民族村寨（非当前那种人为而重在商业利润的民族文化村）保护和传习各种本族的传统文化内容等多种途径，培养年轻一代少数民族传统文化的传承者……在这方面可以有很多因地制宜的具体做法，本文主旨在于提出云南省在现代化进程中如何保护各民族传统文化资源，对具体运作方式不做过细讨论。

四

目前国外学界有一种较流行的观点：即使一个民族文化的外化形式（如衣食住行、宗教礼俗等）已经消失或融合于其他民族文化中，但该民族内在的文化机制、心理素质等民族特征是不会轻易消失的。有的学者对一些表面上已完全被主体民族同化的原住民和“非主流”民族进行深入的研究分析，得出关于这些民族个性、特质等传统因子还普遍存在于现代的

① 《当代中国民族工作大事记：1949—1988》，民族出版社1989年版，第102页。

结论。国外学者的这些理论和研究结果从学术研究角度讲是事实，无可非议。但它对我们的一些学者却有一些误导性，有的学者据此认为民族传统文化的衰亡不值得大惊小怪和忧虑，因为在任何时候，该民族文化的特质都会存在于该民族的肌体中。

这种用放大镜搜寻式地“发现表层下藏于深层的民族文化特征”，如果仅仅作为一种去发现现代趋同潮流下民族传统文化的表现形式的学术探研，则是一种无可非议的学术探索，是很有意义的。但如果据此认为不必忧患当今的各民族传统文化的衰落，因为它将以其他方式残存于现代社会肌体中，那对于建设多元一体的中华文化和云南省建设民族文化大省的设想是十分不利的。我们知道，西方学者进行那样的深层分析和得出上述结论是有一个前提和具体的历史背景的，在 20 世纪 70 至 80 年代之前的漫长岁月，由于西方殖民者和统治民族实行大民族文化沙文主义和民族同化政策，很多国家原住民的传统文化濒临灭绝，甚至数百种语言都丧失殆尽。就东方国家而言，如中国清朝改土归流中强制性实施的“以夏变夷”政策，日本政府在 20 世纪 80 年代之前对国内少数民族阿衣奴人的歧视和强迫同化，都导致了该国少数民族文化的急剧衰落。20 世纪 70 年代之后，欧美不少发达国家对过去这种强权政治支配的民族政策进行反思，大力提倡文化的多元主义。很多学者对由于统治民族文化沙文主义所导致的原住民文化衰落乃至灭绝的悲剧进行了痛心疾首的反思和揭露。西方一些学者是在一片“原住民（或某一‘非主流’民族）传统文化已经消亡”的悲呼声中作出上述研究并得出结论的。这固然是事实，但亦是一个带有悲剧性的事实。从放大镜下发现的原住民文化的残迹并不能掩盖殖民地国家和欧美一些国家“非主流文化”在所谓“主流文化”和强权政治的挤压下衰亡的惨痛历史。

当中国还有可能成为绚丽的多元文化并存的文化大国，云南还有希望成为一个举世瞩目的民族文化大省之时，我们应该做的事就是去极力地促成它，而不是等到必须拿着放大镜去在单一文化模式中寻觅民族文化残留物而得出一个“民族文化尚存”的“科学结论”的那一天。

还有一种观点认为，现在很多地方的少数民族民众不喜欢他们的传统服饰、住宅、歌舞形式等，而喜欢穿当前在城市流行的西式或汉式衣服，喜欢住城市型的钢筋水泥房，喜欢流行的影视剧、流行歌曲等。我们应该尊重他们的意愿，有的甚至把它理解为一种时代的进步，一种走向所谓“文明”的标志。这种观点看似有理，其实有很大的片面性。

当代的文化趋同，主体民族对少数民族的同化和融合等，如果是发生在经济比较发达、不是靠自然和人文资源优势而发展的省份，可能其负面影响还不大，但对云南这样一个今后的发展在很大程度上有赖于具有区域特色的自然和人文资源优势的省份来说，保护正在趋向衰落的民族文化资源，是一个不容忽视的战略性任务。

桥头堡建设与云南特色的社会事业[①]

一

把云南建成我国向西南开放的重要桥头堡，是中央的重大战略，既为云南省社会事业发展带来难得的机遇，也对云南省的社会事业发展提出了新的、更高的要求。建设桥头堡的过程本身就是我国向西南开放的过程，是以开发促进云南社会事业发展的过程。桥头堡建设为云南社会事业的对外开放创造了良好的条件，为云南的人文交流提供了展示自己的平台，为怎样把云南的文化、卫生、教育等社会事业在新世纪做得更好开辟了广阔的空间。云南的社会事业能不能抓住这一重大的历史机遇，实现跨越式发展，关系着云南现代化建设的全局，关系着全省4500多万群众的福祉，关系着民族团结和边疆安宁。我们必须树立强烈的责任意识和危机意识，顺势而谋，乘势而上，并根据云南的省情实事求是地做，作出具有云南特色的社会事业。

“社会事业”最早源于西方国家的“social work”一词，在我国译为“社会事业”。有的学者把社会事业分为三大类：一类是具有社会救济性质的，如社会救助、社会优抚、社会慈善、社会保险（失业、养老、医疗等）；一类是具有社会福利性质的，如义务教育、卫生保健、福利住房、社会保障等；一类是具有社会发展性质的，如科技、教育、文化、体育、环保旅游、促进就业等。[②]具体而言，社会事业是指国家为了社会公益目的，由国家机关或其他组织举办的从事教育、科技、文化、卫生等活动的社会服务，其主要内容包括教育事业、医疗卫生、劳动就业、社会保障、科技事业、文化事业、体育事业、社区建设、旅游事业、环保、人口与计划生育等方面。

---

① 原载《学术探索》，2010年6期。

② 言心哲：《现代社会事业》，商务印书馆1944年版，第7—8页。

从当今社会学界和政府公共领域里通用的说法看，社会事业就是为维系社会公正、确保社会团结和谐、维系社会安全、促进社会可持续发展进而促进人的全面发展所提供的各种公益性的支持与服务活动的总和，是一个国家、区域或民族的软实力的重要体现。社会事业有助于提高国民的思想道德素养、精神境界和科学文化素质，为经济建设和生活发展提供强大的精神动力和智力支持。

在当今世界，除了传统意义上的各种硬实力，一个国家、地区或民族的文化思想感染力、制度的优越性和吸引力以及价值观、伦理道德观的感召力，也日益成为一个国家的软实力和整体形象的重要组成部分。特别是在国家的经济和科技实力有了显著增长的背景下，软实力的增长对一个国家、地区和民族今后的生存、竞争和发展具有决定性的意义，软实力已经成为国家和地区综合力量的重要组成部分。而社会事业，则是体现这种实力的具体内容。

新中国成立以来特别是 1978 年中国共产党的十一届三中全会后，云南省对社会事业的发展是十分重视的，公共服务体系的建设得到长足的发展。省委、省政府对云南少数民族地区按照分类指导的原则，完成了民族地区民主改革和社会主义改造，为多民族的云南社会事业的发展奠定了基础，云南很多民族因此实现了跨越式的发展；省委、省政府多年来实行以教育为本、科技兴滇的战略，使云南的教育和科技整体水平不断提高，特别是自从省委、省政府实施云南民族大省和强省建设的战略以来，云南的民族文化事业和文化产业在全国形成了突出的优势和特点，民族文化与旅游形成了良性互动的态势，促进了云南的经济发展和社会和谐，为民生带来了很多实惠。各个民族的大批人才也成长起来，形成云南社会主义建设中的生力军。

改革开放以来，省委、省政府一直把加快社会事业的发展作为扩大内需、增加投资的重要内容，在发展教育、推进医药卫生事业的改革发展，发展文化体育事业，促进就业，保障困难群众生活，提高社会保障水平等诸多方面，作了很大的努力，实施了很多具体的措施，取得了明显的成绩。

但由于云南受自然环境条件、资源、社会发育程度以及区域之间、民族之间的差距等各种因素的制约，社会事业基础薄弱，特别是边疆少数民族地区社会事业发展滞后，文化建设总体的投入和教育等方面资金的投入力度还比较有限，各民族之间和各个地区之间存在较大的差距，医疗卫生资源在城乡的配置也不尽合理，基础设施差。

如何想方设法满足云南省各族群众不断增长的物质文明、精神文明、政治文明和生态文明的需要，更加注重发展社会事业，这是推进面向西南桥头堡建设需要奠定的社会基础。推进社会事业发展，是完善政府社会管理和公共服务职能、统筹经济社会和文化协调发展的重要任务。

笔者认为，云南的社会事业要起到推进桥头堡建设的作用，要结合云南的实际，走一条既在各项行业的指标上能和全国有可比性的社会事业发展之路，又符合云南实际情况有本省特色的社会事业发展之路。一方面，将云南属于社会事业范围的教育、医疗卫生、劳动就业、社会保障、科技、文化、体育、社区发展、环保、人口与计划生育等方面的工作做好。云南与国内很多省份特别是沿海发达地区相比，在社会事业的投入和基础条件方面，还有很大的差距，要在短时期内赶上经济发达省区是不易的，但在目前国家实施云南建设面向西南的桥头堡的进程中，云南要积极努力争取获得国家在各个方面给予大力援助和支持，推进和改善云南的社会事业，比如从生态环境保护方面讲，争取国家将云南列为生态文明建设综合实验区，将诸如“三江并流”这样对国家发展战略、生态安全和国际影响至关重要的世界自然遗产地纳入国家统筹安排，完善生态补偿机制，以减轻云南省特别是迪庆藏族自治州、怒江傈僳族自治州、玉龙纳西族自治县等贫困地区因为承担保护世界自然遗产地的重任，要遵守世界遗产保护公约和具体条款的制约而带来的种种负担。同时，将目前国家批准在云南率先进行的国家公园体制试点的工作做好，为我国发展国家公园探索出一些成功的经验。

另一方面，我们更应在现有条件下，努力挖掘云南省的各种潜力，发展具有突出的云南特色又符合云南实际的社会事业。云南在文化、教育、科技、各民族保护环境和促进社会和谐的地方性知识、互助而共同发展的社区经验、旅游和文化的互动等方面，是具有突出特色的。

2006 年 5 月，胡锦涛同志在云南进行调研考察期间，提出了“促进和谐文化建设和发展”的观点。他说：“必须从树立共同理想、打牢共同思想基础、弘扬民族精神、开展道德建设等方面加强工作，促进和谐文化建设和发展。”这个有远见卓识的观点，对树立和贯彻以人为本、全面协调可持续发展的科学发展观、促进中国的和谐社会建设具有重大的现实意义。笔者认为，胡锦涛同志在民族文化丰富多样的云南提出这个观点，更有一种独特的意义，对云南的社会事业建设，也具有重要的启示意义。

文化，是指一个群体或社会所共同具有的价值观和意义体系，是其理想、价值观、生活习惯、行为方式等的总和，还包括这些价值观和意义在物质形态上的具体化。文化是创建全体人民各尽所能、充满创造活力，全体人民各得其所、利益关系得到全面协调的、稳定有序的和谐社会的精神基础。可以说，文化在社会事业中具有精神引领的作用。

从文化的本质来看，文化构成一个国家或民族的核心内涵，体现国民的个性与魅力，可以说，文化是一个国家和民族的精神旗帜和灵魂本体。就一个国家和一个民族而言，和谐的文化，是社会和谐的思想灵魂和精神支撑，也是社会和谐所必需的凝聚力、向心力和感召力的精神源泉。和谐的文化对和谐社会的建设具有思想指引和精神支持的作用。一个国家或一个民族、一个地区如果没有和谐的文化，就不会有建设和谐社会的思想根基和精神动力，就不可能达到社会和谐的实现。一个社会的和谐，在本质上是体现为一种和谐的文化精神。在我国，这种和谐的文化精神，应建立在 56 个民族的文化都达到高度的相互欣赏、相互学习，取长补短、扬弃糟粕、弘扬精华这样的前提下。只有形成这样一个如费孝通先生所说的“各美其美，美人之美，美美与共”的文化和谐环境，中国的社会才会在一种各民族互动互励、互补互学的机制上不断向理想的和谐社会境界迈进。

在今天的云南，这种多元文化和谐的例子随处可见，云南是中国非常有代表性的多民族多元文化和谐共存的一面镜子。而这样的文化和谐局面，在云南这块红土地上可以随处看到，云南，给中国提供了许多非常生动而有说服力的文化和谐促进社会和谐的实例。

因此，保持云南多元文化和谐共存，以和谐文化促进社会的和谐，保持云南特色，是云南今后发展社会事业，推动建设面向西南桥头堡的重要内容。

二

在云南的社会事业中，旅游与民族文化的互动发展，在全国也具有突出的优势，形成一种别有特点的“云南模式”。到云南旅游的海外旅游者连续10年达到100多万人次，2009年达到284万人次，居全国第9位，西部第一位；旅游外汇收入2009年达11.72亿美元，居全国第10位，西部第1位。2009年接待国内旅游者达1.2亿人次，居全国第15位，西部第2位，国内旅游收入730.7亿元，居全国第17位，西部第3位。[①]从这些数据中，可以看出云南旅游发展的良好态势。常常说旅游是富民的无烟工业，蓬勃发展的旅游业给云南不少地方的民众带来了实惠和福利，比如2007年，旅游业吸纳的丽江全市就业人数超过了10万人，除了城市居民外，农村的民众也从旅游业中直接间接得到了很多实惠。而云南各民族丰富多彩的文化，是吸引游客的主要资源。在云南，文化旅游和生态旅游的特色十分突出，文化促进旅游，旅游的繁荣在很大的程度上促进了各民族的文化资源保护意识和传承文化的热情，其经济效益也对文化传承和保护起到了积极的作用。因此，保持云南民族文化和旅游互动的特色，发展可持续的、对文化的保护、传承、创新有利的旅游方式，是发展云南社会事业的重要内容。

少数民族地区如何充分利用和保护民族文化资源来推动旅游在社区的发展，使旅游造福民众等，这在欧美发达国家普遍被关注，笔者就应邀参加2006年美国亚洲学会年会上举办的关于云南旅游和社会的专题分会，2004年应邀参加了在意大利特来托大学卫匡国汉学研究中心主持召开的“旅游与云南和西方的少数民族”学术讨论会，会上谈论的主题就是云南的旅游和民族地区社区发展之间的关系。云南旅游和文化互动发展的经验在东南亚南亚国家也受到广泛的关注。笔者曾多次参与过东南亚国家学术界联合举办的探讨文化旅游、生态旅游等的学术研讨会，云南在这些方面的做法和经验，是这些国家非常关注的。而云南的这些个性特点和区域性的经验，对于建设面向我国西南周边国家的桥头堡的战略是非常重要的。

中共云南省委八届八次全委会提出了桥头堡的四大战略定位，即“通

① 数据引自《2010云南领导干部手册》，云南人民出版社2010年版，第60页。

道、平台、基地、窗口”。建设一条通道，即中国西南面向东南亚南亚的贸易大通道；搭建一个平台，即把云南构建成我国同东南亚南亚国家经济、文化合作交流的平台；建设一个基地，即面向东南亚南亚的出口商品加工基地和承接国际国内产业转移的基地；办好一个窗口，即使云南成为我国向东南亚、南亚展示友好合作诚意、展示改革开放成果、展示中华文化，促进相互了解和友谊的窗口。

我们应大力推进云南与东南亚、南亚国家之间在文化遗产保护、生物多样性保护、开发绿色产品和生态旅游、文化旅游方面的合作，吸引这一地区的各界人士和更多的游客前来云南。云南这个中国对西南开放的桥头堡，应为我国树立一个充满生态环境魅力、多元文化相互尊重和谐共存的“七彩云南”形象，让人们通过云南认识我国在上述造福人类的两个方面的亮点和长足的进步。而云南独具特色优势的诸如民族学、人类学等人文社会科学的对外交流，则可以从中起到穿针引线和搭建桥梁的作用。有5000多名国内外学者参与的2009年昆明“国际人类学与民族学联合会第十六届大会”对提升我国特别是云南的国际形象所带来的积极意义，也是这方面的典型例子。

在桥头堡建设中，要重视怎样在现有的民族文化大省的各种有利条件的基础上，大力推动民族文化强省的建设，将七彩云南丰富多彩的多元文化、和谐社会展示给西南周边各个国家，让他们充分领略中华民族社会和文化的丰富多彩，领略“各美其美，美美与共”的多元化的中华文明。笔者多次在泰国、越南和欧美进行学术访问时，或在我国召开的一些国际会议上，常常碰到有来自东南亚、南亚国家的学者询问关于云南少数民族文化教育和双语教育的一些情况。云南在这方面做了大量工作，积累了丰富的经验，我们应把这方面的工作做好并加强它的国际影响力，使之对东南亚南亚国家起到一种很好的示范作用，这也会使周边国家看到我国各种有利于保存、继承和弘扬少数民族优秀文化的政策措施，使云南这个桥头堡起到在多方面树立国家正面形象的作用。

作为云南社会事业重要组成部分而且地方特色突出的少数民族文化，目前在演艺业以及民族学、人类学的研究等方面已经产生了较大的国际影响，但如《云南印象》这样能够直接在国外产生经济效益的对外文化演出活动还比较少，还有待于进一步将云南各民族的民间手工艺、服饰、丰富多彩的文学艺术作品、各民族的地方性知识等，以多样化的方式（比如以演艺、影视、翻成外语的书籍、卡通和其他各种电子媒介为载体）传播到世界各地，逐渐把云南文化产业做强做大。

三

云南的社会事业有其突出的区域特点和制约因素，在发展社会事业、促进云南省面向西南桥头堡建设的过程中，我们应坚持从多民族地区的实际出发，在社会事业上实行分类指导，深刻理解多民族、多山区和边境线长的区域社会事业的特殊性，遵循其特色和发展规律，根据云南省的条件制定特殊政策，采取特殊措施，因地因族因事制宜，促进云南各民族的共同繁荣。

比如说到社会保障，要树立适合现实省情的社会保障理念，制定既与省情相吻合又充分保障民生利益的社会保障制度。除了加大政府和社会的投入之外，还不应忽略发挥云南省各民族的民间力量，比如在云南省各民族的传统文化中，诸如尊老敬幼、济困扶危、社区和家庭的养老保障习俗、民间互助合作等诸多方面有非常多样的社会机制，它与国家力量的社会保障机制是相辅相成、密切相关的，我们应该充分发挥和弘扬各民族的这些传统美德和做法，充分调动社会的各种力量，实现传统社会保障与现代社会保障的优势互补。在政府出台各种措施的同时，我们也要广泛地发挥好社会力量的作用，做好社会保险和社会救助的工作。

在教育、科技、医疗和环保等方面，我们一方面要推进国家教育制度下全民的教育水平，促进科技的全面发展，并推进和培育云南自然科学优长学科的发展，比如植物学、生物多样性研究、生命科学等，培养高端人才，促进云南科学教育的发展，通过现代先进的环保科技手段改善我们的生态环境。结合云南省今后将会扩大与东南亚南亚国家全面交流与合作的前景，应进一步提升云南医疗卫生服务能力水平以期更好地造福民众，并能在一些医疗技术和各种条件方面一定程度地影响邻国。

另一方面，云南也应该因地制宜，发掘和推进各民族的地方性知识，将各民族积累千百年而形成的文化和生态智慧、和大自然和谐相处的生存智慧以及各种充满魅力的生产生活技艺技能，融汇到我们的教育、科技和医疗卫生制度和建设中去，发掘和整理云南各民族地区关于农业、植物、动物、医疗、水文、生态保护等方面的民间科技知识，大力发掘民族民间科技知识资源。培养各种民间文化精英和科技人才。比如加大云南省中医药和各民族丰富的民间药物、医疗技术的研究开发，加强云南省与东南亚南亚地区中医药和民族药医疗文化和技术的交流。

说到桥头堡，顾名思义，就是一个中华人民共和国的国门，中国云南与越南、老挝、缅甸等东南亚国家接壤，这些国家常常通过云南来看中国的国情民情和社会事业，而我们的边民也会将这些国家的各项社会事业来对比我们国家的福利和民生的保障体系等。云南省从改革开放以来，在医疗卫生方面取得了很大的成绩，但也一定程度存在“看病难、看病贵”的问题。比如云南省社会科学院在 2009 年进行的一项云南省政府交办的关于云南省新型农村合作医疗机制的调研项目中，发现了邻国对边民就医采取的优惠政策。比如越南政府自从早年借鉴我国农村的“赤脚医生”的做法和经验后，在越南的边境地区建立了比较完善的医疗卫生服务体系，对其边民实施看病就医优惠政策，如小病免费就医；大病可以通过合作医疗报账（有合作医疗制度），大病住院个人承担 20%，国家承担 80%。每个乡卫生站的医务人员属财政供养在编人员等。① 笔者认为借鉴邻国做得好的一些社会事业制度和措施，也应纳入桥头堡建设的视野中。

另一方面，云南面对东南亚南亚国家的学校教育，也是突出云南特色的社会事业构成部分，云南一些高校在培养东南亚南亚国家的小语种人才和研究人才等方面，有明显的优势。云南省已有 7 所高校分别设置了泰国语、缅甸语、越南语、老挝语、柬埔寨语 5 个语种、14 个专业点，共招收学生近 3000 人。而云南的一些地方院校，由于有学费低、学校所在地的环境和风光优美、人文荟萃等有利因素，也吸引了东南亚南亚国家以及欧美的学生来留学，比如大理学院是全国招收南亚留学生最多的高等院校，到 2007 年就已接收了 306 个来自印度、孟加拉国、巴基斯坦和尼泊尔等

① 杨福泉、杨士杰主编：《云南省少小边穷地区新型农村合作医疗机制研究》，中国书籍出版社 2009 年版，第 160—161 页。

南亚国家的留学生。[①] 红河学院这几年也加强了突出面向越南的教学特色，已经吸收了800多个越南留学生。丽江师专则以其位居“三个世界遗产地”的优势等吸引国外留学生，到2010年，学校已经有美、英、日、韩、澳等13国留学生66人。[②]

据2006年10月的统计，在云南求学的来自越南、老挝、缅甸、泰国、柬埔寨、印度等东南亚、南亚周边国家的留学生已逾3000人，占云南省留学生总数的近70%。[③] 而到2009年，来滇留学生已逾万人，其中60%来自东南亚、南亚国家，也有部分来自韩国、日本、欧美等地。为吸引周边国家留学生来滇学习，云南省政府于2004年设立了“云南省政府招收周边国家留学生奖学金”，这一奖学金每年资助留学生名额由原来的70名扩大到目前的160名。2010年7月22日，《云南省中长期教育改革和发展规划纲要》（以下简称《纲要》）在云南省教育厅进行听证。《纲要》明确提出，云南要建设面向东南亚、南亚及世界各地的国际留学生教育基地。[④] 与越南接壤的云南一些边境地区，也开始接纳很多来学习中文的越南小学生。[⑤] 随着近年来云南对外交流的进一步加强，不仅来滇的留学生越来越多，而且沿边境州（市）、县（区）边民的跨境教育，也形成了云南教育国际化的特色之一。近年来，随着沿边开放扩大，边境地区不少老挝、缅甸的中小学生到云南上学。跨境到云南学习的人数呈增加趋势。

云南省的一些地方院校也与东南亚国家积极开展了多种形式的合作办学，如玉溪师院与泰国清莱皇家大学、程逸皇家大学及西北大学进行专业合作，签订了“2+2”和“1+3”学习模式的协议。清莱皇家大学在玉溪师院建立了泰语学习中心与教育办事处，派出泰语骨干教师，力争把玉溪师院泰语专业建成云南省的小语种人才培养基地。玉溪师院在泰国清迈蒙福学校建立了中国汉语言文化中心，在清莱皇家大学建立了民族文化与大湄公河次区域发展研究中心；在泰国有11个学生实习基地；玉溪师院联合

---

① 《云南大理学院打造面向南亚的国际教育平台》，新华网云南频道，2007年6月28日。

② 《丽江师范高等专科学校2010年招生简章》。

③ 《云南致力加强面向东南亚南亚开放》，新华网云南频道，2007年1月27日。

④ 《云南将建国际留学生教育基地面向东南亚南亚》，中国新闻网，2010年7月23日。

⑤ 《云南河口：越南小留学生掀起“中文热”》，云南教育网，2009年3月30日。

大理学院、红河学院在东南亚国家组建汉语培训中心；在柬埔寨金边大学、老挝琅勃拉邦大学设立了相关的教育机构。①

四

发展结合云南实际的社会事业，其中至关重要的要素就是社会的稳定与和谐发展，而要做到这一点，在云南就必须高度重视以下几个问题。一是民族与宗教的问题。云南许多民族都有传统的宗教信仰，而且所信仰的宗教种类众多，有的民族的宗教信仰程度较深。特殊的地理环境和人文背景，使云南边境民族地区成为反分裂、反渗透斗争的前沿。因此，妥善地处理好云南各个民族的宗教信仰问题，是保障云南长治久安的关键因素之一。加强云南省边境地区跨境民族各个方面的工作，改善边民的生活水平，促进边地社会的和谐发展、加强各民族干部群众的国家认同意识，加强以国家利益至上的边民教育，都对我国的边境安全、边疆安宁至关重要。

此外，毒品和艾滋病问题也是云南在今后桥头堡建设中要解决的要害问题。从1991年以来，云南帮助境外开展罂粟替代种植农作物和经济作物，2005年至2008年，云南省共有198户替代企业，累计投资13.34亿元人民币，开展替代项目231个，累计新增替代种植面积达219.2万亩，主要种植有橡胶、甘蔗、水稻、玉米、木薯和热带水果等41个品种。②今后，要进一步加强“禁毒防艾”工作，将它纳入加强云南社会事业的发展、促进桥头堡建设的工作中。

生态环境的保护和云南生态文化的弘扬，也是云南社会事业的一个重要内容，是云南赖以突出自己的优势和特色的一个根本性基础。云南是全球为数不多的生态环境多样性、生物多样性和民族文化多样性“三多一体”而又十分脆弱的省份之一。从目前中国各地的发展情况看，生态环境的好坏，直接影响到本地能否可持续发展，也是事关社会和谐，衡量民生幸福指数的一个重要指标。目睹当今不断发生的因生态问题而导致的频繁灾祸，有“七彩云南”美誉的云南省，更应该全社会关注生态问题，保持良好的绿色云南美景，这样才能出色地搞好面向桥头堡建设。

---

① 《玉溪师院：文化传承课程培养民族文化产业人才》，人民网云南频道，2009年5月13日。

② 《李极明副厅长出席境外替代发展活动并讲话》，新华财经网，2007年7月16日。

云南各民族在千百年来适应生态环境多样性和开发利用生物多样性以求得生存与发展的过程中，自然形成了多样性的民族文化和保护生态环境的优良传统，维持了云南数千年人与自然的和谐相处与持续发展。云南在退耕还林、湖泊治理、恢复森林植被等方面取得了突出的成绩，但云南省各地因各种开发、人口增加等导致的生态压力，在滇池等九大湖泊的治理、应对频繁的干旱、洪涝、地震、泥石流和滑坡等自然灾害、农业和农村面源污染的治理等诸多方面，还任重道远。中共云南省第八次代表大会报告指出，良好的生态环境是云南的特点和优势，也是最大的资源和资本。要牢固树立生态立省的意识，从对子孙后代和长远发展负责的高度，把可持续发展战略落到实处，加快建设生态省，扎实推进资源节约型、环境友好型社会建设。报告继续坚持“突出重点抓生态”的思路，坚持在发展中落实保护、在保护中促进发展，积极走生态建设产业化、产业发展生态化的路子，实现经济效益、社会效益、生态效益相统一的方针，我们应该把这一点贯穿于促进云南社会事业发展的工作中。

彩云之南的民族团结进步示范区建设之路①

云南有“七彩云南”“彩云之南”等诗情画意的称谓，云南举世罕见的地理、气候、生物和文化的多样性构成了精彩纷呈的自然和人文奇观，古往今来吸引着无数的人来探奇寻胜，领略云南的诗情画意和敦厚淳朴的各民族风情。

生态环境多样性、生物多样性和民族文化多样性是云南的三大省情特点。这三大多样性经过长期的互动磨合，逐渐形成了“三多一体”相互依存、良性互动、高度融合的格局，成为云南实践科学发展观，建设生态文明，实现可持续发展的优势资源和宝贵财富。云南作为一个多民族聚居的边疆省份，民族工作历来特色鲜明、成就斐然，成为中国各民族团结和睦共同发展的典范省区。多民族聚居的边疆省份云南，是中国多民族国家的一个缩影，也是构建中国“多元一体”和谐民族关系的典型。

一、云南民族形成的历史回顾

云南位于中国西南边陲，是人类最早的发源地之一，也是中国少数民族种类和民族自治地方最多、宗教类型最齐全、民族文化资源最丰富的省份，各民族丰富多彩的民族历史文化，构成了云南天然的、独有的特色省情，使之成为人类学、民族学研究的一块宝地，也成为一片典型的多民族多元文化和谐相处的乐土。

云南是中华民族的发祥地之一，远在 170 万年前的元谋人以及后来的昭通人、昆明人、丽江人、西畴人、蒙自人、蒲缥人等旧石器时代古人类智人，成为云南最早的原始人群。距今 3100 年前的剑川海门口遗址，标

① 此文是杨福泉主编的《新定位大团结——云南建设民族团结进步示范区纪实》导言，云南人民出版社 2017 年版。

志着云南青铜器时代的开始。春秋战国时期的万家坝古墓群里，出现了世界上最早的铜鼓。早在2000多年前就已经有的“蜀（四川）身毒（印度）道”，在战国至秦汉时期就已经开始了云南的对外交流，这条商贸古道起于川西平原，通过大理、永昌（保山）、腾冲到缅甸再到印度远达中亚地区，有“南方丝绸之路”的美誉。这条古道与滇川康藏横断山脉各民族南北迁徙的走廊密切相关。

云南今天的26个世居民族是经过几千年来的迁徙、分化和融合而逐渐形成的，同源异流、异源合流，是云南如今的各个民族形成的主要形式。早期居住在云南境内的三大族群是羌、濮、越三大部落集团或族群。到唐宋时期，氐羌系统的各个族群逐渐形成了藏缅语族的各个民族，包括今天的彝族、白族、纳西族、哈尼族、傈僳族、景颇族、怒族、阿昌族、普米族、基诺族、藏族、独龙族等族；百越系统的各族群，逐步形成了如今的壮侗语系各个民族，包括如今的壮族、傣族、布依族、水族等。百濮系统的各族群逐渐形成了如今的南亚语系各族，包括如今的佤族、布朗族、德昂族等民族。

此外，早在春秋战国时，就有“楚人”“蜀人”到云南，汉晋以后特别是在明代和清代，又有大批汉族来到云南。元代，蒙古族、回族等族大批入居云南，清代则有很多满族进入云南。而有些民族，则是在唐至元明清时期因为避难、战乱、逃荒等诸多原因，先后从川、黔、粤、桂、湘等省区迁徙来云南，如苗族、瑶族、布依族、水族等。经元、明、清三代的社会变化和融合，云南各民族分布的大体格局已经形成。

由于云南位于中国的西南部，处在南亚热带季风区、东亚亚热带季风区和西藏高原区三大自然区域之间，与之相对应的是中国内地文化、藏文化和南亚—东南亚文化这3个文化区域。云南形成了不同的族群分别与不同的自然环境和文化接触、融合的走廊，构成了多种文明、多元文化互动的格局，形成了云南独具个性的文化多样性共存的文明景象。

新中国成立后，1956年至1964年，在毛泽东主席的直接提议下，在中国历史上第一次有组织有计划地进行了全国少数民族社会历史和语言的调查。

从1950年到1952年，中央人民政府先后派出有学者专家参与的民族访问团和视察组，深入到西北、西南、中南、东北和内蒙古等地检查民族工作、调查各少数民族的生产生活状况、社会制度和风俗习惯。1956年春，在全国人民代表大会常务委员会的主持下，大规模的全国民族调查开始进行，组织了内蒙古、新疆、西藏、云南、贵州、四川、广东、广西8个调查组，1958年16个调查组，一大批民族学家、社会学家、历史学家和经济学家参加了这次大调查。参与调查的人数之多、调查的范围和内容之广泛、获得的成果之丰硕、产生的影响之深远，为世界仅有。

这次民族大调查，最后形成了“民族问题五种丛书”，即《中国少数民族》《中国少数民族简史丛书》《中国少数民族语言简志丛书》《中国少数民族自治地方概况丛书》《中国少数民族社会历史调查资料丛刊》，皇皇巨著，彪炳于世，成为中国民族志的瑰宝。

中华人民共和国成立初期，中国少数民族的族称情况十分复杂。在1953年进行的第一次全国人口普查中，各地自报的民族名称多达400余种。其中最多的是云南省，有260多种。这次民族大调查，为新中国国家民族政策的制定、民族自治区域的划分、民族识别、少数民族地区的发展等，奠定了基础。中国56个民族的确立，就是以这次民族识别为基础的。1979年，基诺族被确认为单一的少数民族，至此，自中华人民共和国成立以来，陆续识别并确认的少数民族共55个。这次全国范围内的民族大调查，也为中国民族学、人类学的发展奠定了雄厚的基础，可以说是中国民族工作和具有中国特色的民族研究历程中一个伟大的里程碑。

云南省有26个世居少数民族，各民族交叉杂居、分布很广，其分布特征是聚居与杂居相交织，全省128个县（市、区）没有一个县是汉族单独居住，也没有一个县仅仅有一个民族居住；各地大多数村寨是单一民族聚居，但有些地方也有两个或多个民族杂居的村寨。

二、历史上形成的云南民族关系的几个特点

云南各民族经过漫长的历史发展过程，民族关系格局逐步形成了以下几个基本特点：一是形成了在全国各省区中民族成分最多、26个世居多民族杂居共处的多民族格局。二是形成了大杂居、小聚居、各民族交错杂居

的民族分布格局。三是形成了同源异流、异源合流而又源流交错，各民族不断分化融合因而你中有我、我中有你而又各具个性的源远流长的血缘和亲缘关系。四是形成了以汉族为主体又与众多少数民族长期共存的民族人口结构和基层社会结构。五是形成了云南各民族与祖国内地由浅入深、由松散到紧密的不可分割的历史联系。六是形成了云南山坝之间、边疆与内地之间以及各民族之间优势互补、相互依存的经济文化联系和坝区民族统治山区民族和大民族统治弱小民族的政治关系。七是在上述特点的基础上，形成了云南各民族占主导地位的相互吸收、相互依存、友好合作、共同发展与不占主导地位的相互矛盾、相互排斥、隔阂冲突以至武力争斗长期共存、交替出现的民族关系格局。八是上述七大特点归结为一个最根本的特点，就是经过漫长的历史发展，云南各民族逐渐成为中华民族多元一体格局中不可分割的一部分。这一根本特点在近代各民族共同抵御外侮的斗争中得到进一步升华，最终形成了云南各民族的中华民族意识。因此，从这个意义上可以说，一部云南民族关系史，实际上就是一部云南各民族逐渐成为中华民族多元一体格局一部分的发展史。

三、新中国成立后民族工作的简略回顾

新中国成立初期，大体来讲是从 1949 年 12 月至 1957 年上半年，中国共产党和人民政府带领各族人民，致力于建立人民政权，稳定社会秩序，成立各级民族工作机构，开展民族工作，疏通民族关系，促进民族团结；并采取有利于少数民族的特殊政策措施，区别内地和边疆，顺利完成民族地区的民主改革；通过开展互助合作运动，引导各族农民走上社会主义的发展道路。而从 1957 年下半年到 1966 年的上半年，可以说是云南民族工作曲折发展前进的 10 年，在这 10 年中，一方面，中国共产党领导全国各族人民开始转入全面的大规模的社会主义建设，取得很大成绩，积累了建设的重要经验，但在指导方针上也有过严重失误，因此遭受较大的挫折，云南民族地区同样如此。1957 年 10 月至 1958 年底，开展了反右派、反地方民族主义和民族上层整风，曾使一批民族干部和在民族地区工作的汉族干部受到不同程度的伤害。此外，受全国“大跃进”的影响，使 1957 年

前入社农户还不到10%的边疆地区，在1958年10月实行了人民公社化，加上当时的高征购和浮夸风，给民族地区的发展也带来了种种损失。1961年云南省贯彻中央“调整、巩固、充实、提高”方针，1962年贯彻落实中央民族工作会议精神，对边疆人民公社进行整顿，只挂牌子，按合作社政策办事，将合作社的规模缩小，入社农户由1961年的93.5%降为1963年的50.8%，同时纠正工作中的其他错误，落实党的民族政策。从1960年冬至1966年“文化大革命”前，民族边疆地区社会逐步走向稳定，生产逐年发展，人民生活水平逐步提高，增强了各个民族的团结。

除了少数几张拍摄于20世纪80年代的照片，这本画册的上卷所收的大多数图片，就有上述这样的一个历史背景，所以，这些图片都会有这个历史时期的印记。如今，这些图片所反映的各个民族的诸多民俗，发生了较大的变迁，有的已经是“远去的背影”。

1978年12月，中国共产党召开十一届三中全会，认真清算了“文化大革命”中及其以前的“左”倾错误，作出了把全党全国的工作重点转移到社会主义现代化建设上来的战略决策，中国从此开始了意义深远的历史转折。云南省委、省政府坚决执行党的方针政策，采取了一系列调整民族关系、加强民族团结和边疆稳定的政策措施，认真贯彻落实党的民族政策，彻底清除民族问题上“左”的错误思想观念，积极探索化解民族矛盾的新路子，保护和发展民族文化，致力于建设民族文化强省，不断完善民族政策与法律法规体系，扶持人口较少民族加快发展等，逐渐开拓了各民族平等、团结、互助、和谐的新局面，使云南的民族关系进入了历史上最好的时期，云南民族文化也促进了云南社会的和谐、经济的发展。

四、习近平主席关心的云南民族团结进步示范区建设

2011年9月9日，习近平对云南民族工作作出了“为把云南建设成我国民族团结进步、边疆繁荣稳定的示范区不懈奋斗”的批示。2011年5月，国务院出台了《关于支持云南省加快建设面向西南开放重要桥头堡的意见》，其中明确提出了“把云南建设成为我国民族团结进步、边疆繁荣稳定的示范区”，这个重大的战略决策，是对具有中国特色云南特点民族

工作路子的深入探索，是加快云南经济、社会、生态、文化协调发展的强大动力，是构建和谐云南、全面提升云南在国内外形象的重要载体，也是云南各族人民的共同愿景和福祉所在。结合示范区建设的实践，全面、系统总结民族工作和边疆繁荣稳定的“云南经验”，探索其成功的内涵和机理，对正确处理我国民族问题、做好民族工作，将具有重要的理论意义和全国性的实践价值。

2015 年 1 月，习近平总书记在云南考察时强调指出：“云南民族关系亲密融洽，云南民族工作成绩突出，这是云南最可宝贵的财富。”习近平总书记再次明确要求云南主动服务和融入国家发展战略，闯出一条跨越式发展的路子来，努力成为我国民族团结进步示范区、生态文明建设排头兵、面向南亚东南亚辐射中心，谱写好中国梦的云南篇章。这是以习近平同志为核心的党中央，着眼新的时代背景和全国发展大局，为云南发展确立的新坐标、明确的新定位、赋予的新使命，也充分体现了习近平总书记对云南各族人民的深切关怀，对云南民族工作的肯定、鼓励和殷切希望。

习近平总书记指出，中华民族一家亲、同心共筑中国梦是全体中华儿女的共同心愿，也是全国各族人民的共同目标。这一重大论断，赋予了民族工作新的时代内涵和重大历史使命，是习近平总书记关于民族工作重要思想的核心理念，也是党中央治国理政新理念新思想新战略在民族工作领域的具体体现。云南各民族在历史的发展进程中形成了“各美其美，美人之美，美美与共”的团结和睦风气，新中国成立后中国共产党的民族政策和具体的举措促成云南各族人民共同繁荣发展的可喜局面。习近平总书记对云南的关怀和多次重要指示又进一步促成了如今民族团结进步示范区建设的良好结果，形成了各民族一家亲、同心实现中国梦的强大正能量。

云南是我国一个多民族的边疆省份，少数民族人口有 1564 万人，占全省总人口的 33.4%；有 8 个自治州、29 个自治县，民族自治地方共 78 个县市，面积占全省总面积的 70.2%；有 56 个民族成分、25 个世居少数民族、15 个特有民族、8 个人口较少民族。是全国世居少数民族最多、特有民族最多、民族区域自治地方最多、实行民族区域自治的民族最多的省份。把云南建设成为我国民族团结进步示范区，是总书记交给云南的一项重大政治任务，是党中央、国务院站在全国民族团结进步事业发展大局的高度作出的一项重大战略部署，凝聚了云南4700万各族人民共同的期盼。

云南作为一个多民族、多宗教、多元文化并存的边疆省份，与越南、老挝、缅甸接壤，邻近泰国，既是我国与东南亚、南亚诸国合作的一个十分重要的战略支点和平台，也一直处于反分裂、反渗透、反破坏斗争的前沿。尽管面临着错综复杂的环境和条件，云南在党中央和省委、省政府的领导下，各民族团结齐心，保持了与国家的高度认同，始终保持着民族团结进步、经济社会繁荣发展的局面。

这些年来，云南省委、省政府认真贯彻落实习近平总书记的重要指示精神，贯彻落实国务院的战略部署，以示范区建设为统领，坚持政治上平等互信、经济上扶持互助、文化上包容互荣、社会建设上共建互享，采取有力有效的举措全面推进全省民族团结进步事业创新发展。坚持“各民族都是一家人，一家人都要过上好日子”的信念，把民族团结进步示范区建设列为全省重要工作。省委全委会通过了建设示范区的决议，制定下发了《关于建设民族团结进步边疆繁荣稳定示范区的意见》，明确了示范区建设的思路、目标和任务，提出了建设目标，即要作出十大示范，实现三大跨越，2015年取得明显成效，2020年全面建成示范区。这“十大示范”是：在民族经济发展、民生改善保障、民族文化繁荣、民族教育振兴、生态文明建设、民族干部培养、民族法制建设、民族理论研究、民族工作创新、民族关系和谐十个方面作出示范。“三大跨越”是：少数民族和民族地区发展实现新跨越；民族团结进步事业实现新跨越；边疆繁荣开放实现新跨越。

云南省成立了由省委、省政府主要领导挂帅的工作领导机构，建立健全了示范区建设目标任务考核奖惩机制，不断加大工作推进力度。通过抓点带面、示范引领的方式，按照“重点突破、以点带面、示范引导、全面推进”的思路，启动实施了“十县百乡千村万户示范点创建工程”三年行动计划，建设了一批卓有特色的民族特色示范村镇，全省民族团结进步示范区建设取得了阶段性成效。云南省民族建设团结进步示范区建设主要抓了以下几个重点：不断完善理论指导与建设思路，不断强化民生保障，重点抓好示范带动，致力巩固民族团结，坚持抓好干部队伍建设与基层党建工作。

一个国家、一个地区的不同民族如何实现相互尊重和共同繁荣，共同促进社会的和谐，这是世界性的难题。长期以来，国际上因为不同国家和民族包括思想观念、信仰、习俗、生活习惯等的差异而导致的冲突和纷争很多。云南各民族和谐共处共同发展，文化多样性共存和繁荣，为世界上各民族如何实现相互尊重与和谐发展，提供了可资借鉴的经验和做法。特别是改革开放以来，云南少数民族文化保护和发展的成就突出，文化与经济相互促进，很有说服力地证明了我国以民族平等、民族团结、民族区域自治和各民族共同繁荣为基本内容的民族政策的成功，我国尊重民族文化的国策促成云南民族文化多样性的保护和发展，而云南的民族团结和睦互补共生，也为我国的国际形象增添了不少独特的光彩，云南的国际文化和学术交流日益活跃。从几十年来参与各种国际文化交流活动的经验中，笔者感到，很多国外人士对中国的民族文化多样性和中国政府促进各民族文化的繁荣发展、给予各民族的各种优惠扶持政策、做法并不是很了解。通过这样的交流，把我们的民族文化和新中国扶持民族发展的政策和做法传播出去，是一个非常好的方式。通过中国学者走出去、外国朋友走进来的双向交流形式，很多外国朋友对中国丰富多彩的民族文化有了了解，对我国政府扶持少数民族文化发展的具体实在的国策也加深了认识。云南建设民族团结进步示范区，也对国外人士了解我国的民族政策和具体的做法起到了很好的作用。

改革开放以来，云南民族文化在国内外的影响不断加深，云南丽江古城、哈尼梯田、东巴古籍等入选“世界文化遗产名录”，“三江并流”入选“世界自然遗产名录”，提升了云南非物质文化遗产的国际知名度。云南民族文化资源的经济价值不断凸显，随着旅游业和文化产业的发展，丰富多彩的民族文化不仅成为云南的名片和品牌，而且逐步成为云南省经济支柱产业和新的经济增长点。云南文化产业不断繁荣发展，文化产业不断转型升级、提速发展，而民族文化产业是其中重要的组成部分。民族团结进步示范区的建设，进一步促进了云南各民族的经济、社会、生态和文化的和谐发展。

云南省委、省政府把建设民族文化强省作为经济社会发展三大战略之一，不断地把民族文化资源优势转变为经济优势，积极推动民族文化资源与旅游业相结合，文化形成旅游的灵魂而促进旅游，旅游的发展则反哺文化。多样化的生态产业、文化产业等成为带动农民致富、发展农村经济的切入点。云南通过各种方式，让良好的生态环境和文化直接造福于民族地区各族人民，成为云南的一个突出特点。

云南在长期的民族工作实践中积累了保护、传承和发展民族文化的多样化做法和经验。

云南从 1999 年就开始了“云南民族文化生态村”建设的实践，当时云南省社科院牵头承担省政府与美国大自然保护协会合作的“滇西北保护与发展行动计划”项目，在滇西北怒江、大理、丽江、迪庆四州市的 15 个县市进行为期两年的大规模调查研究，规划建设 60 个民族文化保护村（区）。后来，全省的民族文化与生态保护村建设不断有了长足发展，走出了一条民族文化、经济、社会和生态协调发展的路子。

云南在保护和传承少数民族文化遗产、培养少数民族传人方面也作出探索，包括政府扶持、民营企业、民间人士的自发培训、家庭传承、“不离本土”的传承与集中培训传承方式的结合等多样化的扶持培训方式。丽江市还创造了被称为“2004 中国经验”的束河古镇保护开发模式，它的“古村落保护和开发新区”分开实施的“双区制”模式，既有在传统古村落基础上的古镇拓展，建盖了不少小桥流水、青瓦白墙的纳西民居式建筑，又保留了村落的田园风光和村民传统的日常生活格局，受到国内外专家的赞赏和好评。云南还产生了《云南映象》《丽水金沙》《印象丽江·雪山篇》等长盛不衰并促进本地经济发展、造福民生的演艺业范例，并引发对少数民族民间艺术的传承、创新的关注和广泛的讨论、探索。

云南的不少实例展示了“民族团结进步、边疆繁荣稳定示范村（区）”建设与民族和谐、宗教文化和谐之间的密切关系。比如巍山彝族回族自治县的民族团结进步示范村永建镇东莲花村。该村在尊重和保留历史文化的做法上，为民族文化强省建设中的民族文化保护和建设提供了非常生动的案例，他们的经验值得各地村镇借鉴。

习近平主席 2015 年 1 月的云南之行，进一步明确要求云南主动服务和融入国家发展战略，闯出一条跨越式发展的路子来，努力成为我国民族团结进步示范区、生态文明建设排头兵、面向南亚东南亚辐射中心，谱写好中国梦的云南篇章。这些要求和嘱托更有力地促进了云南民族团结进步示范区建设的步伐。

2015 年，有 1300 亿元省级资金投入到了少数民族和民族地区，比上年增加 250 亿元，2015 年启动了 71 个整乡、496 个村整村推进项目建设；2015 年上半年，云南省民族地区实现生产总值 2164 亿元，同比增长 9.1%。各族群众对党和政府最直观的感受来自身边的党员、干部，来自常打交道的基层组织和基层政权，所以云南省努力把加强基层组织和政权建设同民族工作统筹起来，提出了“不重视民族工作，不研究民族问题，就不是一个合格的领导干部”、在实现现代化中“决不让一个兄弟民族掉队，决不让一个民族地区落伍”等战略思想，着力加强少数民族干部人才队伍建设，持续从省级机关和州市、县区选拔一批熟悉民族宗教工作的优秀干部交流任职、挂职，使在云南工作的各族干部都能熟悉和做好民族宗教工作。

2017 年 9 月 6 日，《人民日报》登载了云南省委书记的文章《闯出一条跨越式发展的路子来》，从 5 个方面谈了 5 年来云南的工作，其中第二方面谈了云南民族工作，文中说：“牢记创建民族团结进步示范区的嘱托，坚持以人民为中心的发展思想，推动各族人民和睦相处、和衷共济、和谐发展。云南是全国民族工作任务最重的省份之一。我们牢记习近平总书记创建民族团结进步示范区的嘱托，坚持‘在云南，不谋民族工作就不足以谋全局’的指导思想和‘各民族都是一家人，一家人都要过上好日子’的信念，把民族地区发展和民族团结进步融入全省发展大局，基础设施、产业发展、基本公共服务等方面的政策、资金和项目更多地向民族地区、边境地区和贫困地区倾斜，建设小康同步、公共服务同质、法治保障同权、民族团结同心、社会和谐同创，奏响民族团结、民族进步合乐。省级财政支出 70% 以上用于民生保障，启动实施农村危房改造和农村民居地震安全工程，解决和改善了约 1164.8 万群众住房困难问题，启动实施现代职业教育和县级公立医院及妇女儿童医院扶贫工程，城乡居民基本养老保险制度全面覆盖，鲁甸、景谷地震灾后恢复重建取得决定性成效。把脱贫攻坚作为发展头等大事和第一民生工程，坚持全面攻坚与突出深度贫困地区相结合，‘党政领导负主责’，‘五级书记抓扶贫、党政同责促攻坚’，深入实施精准扶贫精准脱贫各项工作，农村贫困人口从 2012 年底的 804 万人减少到2016年底的363万人。”省委书记的这段话高度概括了云南省5年来在创建民族团结进步示范区方面所做的工作。

关于云南省建设民族团结进步示范区，政府相关部门和云南理论界做了很多认真的总结和研究。比如由时任中共云南省委常委、省委宣传部部长赵金同志牵头组织、由中国社会科学院和云南省社会科学院联合调研撰写的《民族团结云南经验——民族团结进步边疆繁荣稳定示范区建设调研报告》（笔者任副主编）一书，就被国家民委作为中央党校专用教材，提供给中央党校民族干部班学员进行学习研讨。宁夏、西藏等少数民族省区领导干部也将此书总结的10个方面的经验作为处理当地民族和宗教问题、做好民族工作的指导性方法。

但迄今还比较缺乏从具体的民族地区和个案来细看示范区建设做法成就的调研报告，而从具体的案例和地区看示范区建设的成果是非常有必要的。这本书试图阐幽发微，即着眼于从云南省具体的民族地区、具体的民族和案例来看这项功在中华民族的繁荣发展、造福于民的工作，想通过一些具体的调研案例，初步地让读者能更具体地感受和了解云南建设民族团结进步示范区的过程、做法以及成绩。

这本书从云南“十县百乡千村万户示范点创建工程”三年行动计划的实施中，选取了云南省民族团结示范州、示范县、示范乡镇和示范村的一些实例，来透视云南省民族团结进步示范区建设的问题。我们选择了被列为民族团结示范州、示范县、示范镇、示范村的不同案例，范围包括迪庆藏族自治州、西双版纳傣族自治州、丽江市玉龙纳西族自治县、楚雄彝族自治州武定县、大理白族自治州洱源县、怒江傈僳族自治州贡山县丙中洛镇、宁蒗彝族自治县的拉伯乡、普洱市孟连傣族拉祜族佤族自治县、红河哈尼族彝族自治州元阳县、文山壮族苗族自治州文山市和砚山县、玉溪市新平彝族傣族自治县嘎洒镇，基本上涵盖了全省主要少数民族聚居的州市县。我们根据具体情况，选择了州、县、乡镇、村等不同的案例，写作上采取了以客观描写为主、行文又尽量比较生动活泼的报告文学形式。

在民族团结进步示范区建设的过程中，云南各地在全省统一的政策和规划原则的指导下，也在探索一条结合自己区域的地情民情因地制宜发展的路子，因此，在建设的过程中就探索出了很多不同的经验与做法。比如迪庆州根据当地藏传佛教信众多、寺庙多、僧尼多等情况，采取各种有效举措赢得了社会的和谐平安，僧俗之间的和睦共处，各民族的和睦相处。大理州洱源县郑家村的7个民族各展所长，相互扶助，形成“七个民族一家亲”、其乐融融的社区氛围；丽江市玉龙县各民族团结齐心建设保护生态发展生态产业，形成了生态和文化相融合的旅游发展态势，在学校和社区的文化传承方面都做得有声有色，而且还通过与邻县各民族的友好协作，推进了跨区域的良性发展。红河州元阳县的哈尼族和彝族把传统民俗中的“牛亲家”互助协作精神运用到梯田的用水和耕种等管理上，形成了当代与时俱进、有利于持续发展的梯田管理机制；普洱市孟连县傣族的“宾弄赛嗨”（意为“没有血缘但像亲戚一样的朋友”）民俗在今天建设民族团结示范县中的再丰富和发展，也是非常好的传统民俗与时俱进地发展的生动例子。而在玉溪市新平县嘎沙镇的民俗中，我们则从汤锅会、花街节与秧箩饭以及土陶制作习俗中，看到了貌似平平常常的民俗，也可以成为促进民族之间深度交流的因素；怒江州贡山县丙中洛镇、文山州的文山市和砚山县的民族团结进步示范区建设中，各民族之间的和睦友好互助的例子也非常生动。

本书用报告文学实录和民族学田野调查相结合的写法，列举了很多具体生动的实例，展现了云南省在民族团结进步示范区建设中的做法和经验。笔者觉得，除了从宏观和理论层面对云南建设民族团结进步示范区建设进行分析和总结之外，更需要对云南在这项工作中的案例进行更为深入的调查研究，通过对更多案例的分析和透视，来看云南在民族团结进步示范建设中的具体方式方法和经验，以利于把这个事关云南多民族和谐发展前景和给国家提供示范性的工作做得更好。

本书的内容覆盖了9个州市县，由于时间紧、任务重，这本书主要是通过全省一些比较典型的示范点来看云南全省在民族团结进步示范区建设方面的一些具体做法和经验，笔者认为，通过看书中的诸多案例，大体可以达到这一本书的宗旨了。

大美云南，山清水秀，民族和睦，社会和谐，愿有更多的民族团结示范点和更多的民族团结模范人物出现，给中华民族大团结增光添彩，提供可资借鉴的范例，实现中华民族一家亲、同心共筑中国梦的宏伟目标。

关于民族地区社会管理创新的思考①

在我国，“社会管理”作为一个相对独立的概念初步形成于20世纪80年代初期，通常在两种意义上使用这个概念。狭义的观点认为，社会管理作为政府的一项职能，与政治管理、经济管理相对，指的是政府对社会公共事务中排除政治统治事务和经济管理事务的那部分事务的管理与治理，它所涉及的范围包括社会政策所作用的领域。而广义的观点认为，社会管理主要是指政府和社会组织对社会生活、社会结构、社会制度、社会事业和社会观念等各个环节进行组织、协调、服务、监督和控制的过程。②

中国共产党第十七届五中全会提出了“善治”这一理念，这引起了全社会的广泛关注和积极反响。善治是还权于民的以人为本、科学发展的治理模式。善治不但有良好的道德作根基，有强有力的法治作保障，而且能实现政府管理和公众积极参与的良性互动，是一种能调动全社会力量的治理模式，建立良好的公民积极参与的社会管理机制是促进善治的重要途径和方式。

2011年2月19日，胡锦涛同志在中央党校举行的省部级主要领导干部社会管理及其创新专题研讨班开班式上强调指出，我们加强和创新社会治理，根本目的是维护社会秩序，促进社会和谐，保障人民安居乐业，为党和国家事业发展营造良好社会环境。社会管理的基本任务包括协调社会关系、规范社会行为、解决社会问题、化解社会矛盾、促进社会公正、应对社会风险、保持社会稳定等方面，做好社会管理工作，促进社会和谐，是全面建设小康社会、坚持和发展中国特色社会主义的基本条件。2011年5月30日，胡锦涛同志主持政治局会议研究加强和创新社会管理问题，郑

---

① 原载《云南社会科学》，2012年第6期。

② 郑杭生：《走向更讲治理的社会：社会建设与社会管理》，中国人民大学出版社2006年版，第255页。

重提出：随着实际情况的变化，社会管理理念思路、体制机制、法律政策、方法手段等方面还存在很多不适应的地方，解决社会管理领域存在的问题既十分紧迫又需要长期努力，要以解决影响社会和谐稳定的突出问题为突破口。

一、结合云南实际进行社会管理的创新

社会管理在不同的区域要结合实际，因地制宜地实施和创新，在云南，特别需要与“山区、民族、边境、贫困”这一基本的省情密切结合来思考这一问题。

云南当前的战略目标是“两强一堡”，即建设绿色经济强省、民族文化大省，建设我国面向西南开放的桥头堡。国务院《关于支持云南省加快建设面向西南开放重要桥头堡的意见》中，明确提出将云南建设成为“我国民族团结进步、边疆繁荣稳定的示范区”，这是一个重大的战略，是国家对云南未来发展的根本定位。在云南进行社会管理创新，就必须紧紧围绕这一战略来思考和谋划。

中国共产党云南省第九次代表大会报告第三部分“统筹兼顾、重点突破，加快推动经济社会发展实现新跨越”关于要做的第十项工作“保稳定，建和谐，营造发展良好环境”中专门讲了社会管理工作，而且讲得很实很细，其中说：“保持社会和谐稳定，是加快发展的基础和前提，大力加强和创新社会管理，实施社会和谐行动，把云南建成安全优美舒适的福地。”要“创新社会管理机制，进一步健全党委领导、政府负责、社会协同、公众参与的社会管理格局。以流动人口服务管理、特殊人群帮教管理、非公有制经济组织和社会组织服务管理、网络信息建设管理为重点，改进方式方法，完善政策法规，努力提升社会治理效能和服务质量。以推进和谐社区建设为载体，加强村规民约、社区公约等社会规范建设，加快完善社区治理结构，健全社区管理和服务体系，把社区建成社会和谐稳定的基础、人民安居乐业的港湾”。报告还提到，要“把社会管理创新的重心下移到基层，推动目标任务、手段措施、机制保障向源头化解、前端管理和事前防范转移”“推进和谐社区建设为载体，加强村规民约、社区公约等社会

规范建设”。

社会管理是随着生产力、生产关系的变化而不断变化和创新的，随着经济、文化、民族和宗教等方面的变化和对外交流的增多，云南民族地区的社会管理面临一系列新问题、新挑战，因此，在云南进行社会管理的创新，要坚持多方参与、共同治理，既要充分发挥政府在社会管理中的主导作用，同时要充分发挥多元主体在社会管理中的协同、自治、自律、互律作用，具体来说，既要充分发挥好村委会和共青团、工会、妇联等人民群众团体的社会管理和公共服务的作用，也要充分挖掘各民族关于社会管理的传统智慧资源，调动各民族的各种传统社会组织的作用，比如长老会、家族组织等。这里笔者举一个丽江纳西族村寨进行社区资源和生态环境社会管理的例子，来说明云南各民族有很多基于社区、基于草根的传统的社会管理方法。

过去，纳西族乡村除了有属于政府行政建制和相关的组织和人员外，还有自己多样化的社区管理组织，如20世纪50年代前，丽江县白沙乡玉湖村传统的村民长老组织叫“老民会”，“老民”是对入选者的称呼，选为“老民”的一般都是在村中深孚众望的老人，每三年召开村民大会公开选举一次，选举时间是在农历六月火把节期间，一般选出七八人至十几人。不称职者在下届就会落选。“老民会”负责制定全村的村规民约、调解民事纠纷、监督选出或由“老民会”指定管山员和看苗员看管好集体山林和田地，如有乱砍滥伐、破坏庄稼等违犯村规民约者，由“老民会”依村规民约进行惩罚。

村民起房盖屋甚至结婚时做床需木料，首先要向“老民会”提出申请，经“老民会”批准后，由村里的管山员监督砍伐，绝对不许多砍。夏季是自然界动植物生长发育的关键时期，因此，这一期间要封山，禁止砍树、狩猎和拉松毛。封山期结束后，允许村民拉松毛，但每户只能出一至两个人，防止劳力多的人家多来人拉松毛，使劳力少的农户吃亏。“老民”们亲自坐在山路上监督，严格执法，秉公管理，很多“老民”对亲友也不留情面。这些公众选出的“老民”都是义务地为村里服务，不收取任何报酬。

纳西族村寨一般都设有专门的“管山员”，这是社区组织在保护生态资源方面的重要举措。管山员对保护好社区山林资源具有举足轻重的作用，因此，各村在选举和任命管山员时十分慎重。村民多推举能秉公办事、性情耿直、铁面无私的人担任管山员。20 世纪 50 年代以前，白沙乡龙泉行政村（即今天的束河镇）有的村子还专门请外来的藏族人担任管山员，这除了因为历史上藏族与该村有长期的贸易合作之外，还因为外来人亲属关系单纯，在管山过程中不会受到当地村民那样复杂的亲属关系的制约。本地的看苗员、管山员对自己分内的工作也相当负责，每天都兢兢业业地看苗、管水、巡山，一发现违犯村规民约的就当场处罚或上报“老民会”，由“老民会”视情节轻重处罚，即使是村长、保甲长等的亲属也一视同仁，因此村中正气很盛，保持了良好的生态环境。当管山员是个极易得罪人的差事，当地人因此有一句俗语说：管山员家中的火熄了，也难讨到火种。这生动地道出了当管山员的不易。但当地同时又有一种说法：“署”（纳西人信仰的自然神）和山神始终与管山员站在一起，管山员背后有山上的神灵保佑，这又道出了管山员在社区生活中的重要性和在人们心中的重要地位。①

此外，各民族的民间精英阶层的作用也很重要，比如有威望的宗教长老、活佛、高僧大德、本地老干部、教师乃至本地的望族世家等，都应充分调动他们的积极性，发挥他们在本地社会管理工作中的作用，并通过多种方式和途径，激励村民参与社会事务的积极性，扩宽群众参与公共事务的诉求表达渠道。强化社区自治和服务功能，健全新型社区管理和服务体制。通过多方参与、群策群力来促进和谐社会的建设，促进把云南建设成为民族团结进步、边境繁荣稳定示范区的工作。

当前，随着社会的变迁，社区管理的社会组织和力量也在发生变迁。因此，我们在弘扬传统社会组织的优良管理作用和方式的同时，也要与时俱进地进行社会管理的创新，完善以社区、家庭为服务内容的各种新型社会组织的建设和管理。比如最近笔者在云南怒江州的调研中了解到，由于大批男青壮年和青年妇女外出打工，现在怒江州乡村的群众文化活动以及其他很多公益活动，35 岁以上的妇女是骨干，因此，充分利用和发挥好中年妇女和社区的妇女组织在当今农村各个方面的作用非常重要。

① 杨福泉：《丽江纳西族的社区资源管理传统》，《思想战线》，2000 年第 3 期。

二、把改善民生作为社会管理的聚焦点

解决民生问题，关心民众疾苦，改善民众生活，这是当前各民族群众对党和政府最大的期待，也是当前党和政府工作的重点，社会管理创新要紧紧围绕这些问题来进行。要清醒地看到，云南是边疆民族地区，贫困人口多，而且贫困人口大都集中在少数民族地区。各民族地区的发展水平也有较大差异，地区之间的收入差距较大，这些都是容易造成民族地区民众社会心理失衡的因素。当下某些乡村社会变迁也可能成为社会不稳定的隐患，比如，云南省农村的大批青年妇女进城打工，继而在外地谈婚论嫁者增多，导致很多乡村男女比例失衡，很多留守家乡的男青年找配偶难。此外，随着青壮年大批进城打工，云南农村很多家庭出现空巢化，留守老人、留守妇女、留守儿童数量庞大，也带来诸多新的社会问题。这些矛盾和问题都迫切需要我们纳入社会管理的整体框架中进行思考，通过各种方式帮助解决，因为这是保持乡村社会稳定的重要基础。

云南省边境地区的社会管理也面临新情况，例如，笔者在文山调研时了解到，近年来，越南政府为了守土固边，对边疆少数民族地区实施了一系列特殊的扶持和优惠政策，比如建立了比较完善的教育和医疗服务体系。越南边民的教育和医疗福利待遇等很多方面比云南省边民高，导致云南省部分边民心理失衡，甚至影响到他们的国家认同意识。① 因此，云南省要针对这些情况，把关注边民生活质量、做好边民的思想工作纳入社会管理机制中，要通过各种方式，争取获得国家对边境建设和边民更多的支持，进一步改善云南边境地区各民族的教育和医疗等条件，安定民心，加强边境地区各民族的国家认同和爱国意识。此外，云南省边境地区各民族也有丰富的与邻国民众友好相处的经验，要充分挖掘这些睦邻安邻的民间智慧和传统，使之在今天发挥更大作用。

如何在云南根据特殊省情加强和创新社会管理，是改变社会管理薄弱状况的迫切要求。要坚持以人为本、为人民服务这一党的优良传统。加强和创新社会管理始终要把最广大人民的根本利益作为出发点和落脚点，寓管理于服务之中，实现依法管理、科学管理、人性化管理，使人民群众在

① 杨福泉、杨士杰：《云南省少小边穷地区新型农村合作医疗机制研究》，中国书籍出版社2009年版。

社会生活中切实感受到他们的权益得到国家的重视和强有力的保障，进而增强各民族对国家的认同感。

维持社会秩序是社会管理的重要内容，云南各民族都有基于本民族传统社会伦理道德观念的社会管理机制，可以深入挖掘云南各民族传统文化中维持社会和谐、家庭和睦、生态保护、资源合理使用等诸方面的道德伦理精华和具体的管理机制，把它有机地融入建设社会主义核心价值体系中，使之成为加强社会公德、职业道德、家庭美德、个人品德建设和增强社会诚信的重要因素。我们需要认真分析研究各民族的传统文化，汲取精华，扬弃糟粕，让优秀的传统文化成为促进社会和谐的重要动力。

在管理方式上，要从过去的重管制控制、轻协商协调向更加重视协商协调转变。改变过去主要靠行政手段通过管、控、压、罚实施社会管理的方式，更多地学会运用群众路线、贴近民生的方式、民主的方式、服务的方式，通过平等的对话、沟通、协商、协调等办法，并对协商方式等进行创新，借此来解决社会问题，化解社会矛盾。

中华人民共和国成立后，中国共产党在云南进行民主改革时非常成功地运用了这些深入各民族群众、进行广泛协商的方式，同广大群众交朋友，通过深入基层、深入群众、同吃同住同劳动、为各民族扎扎实实办实事好事，与各族群众建立了深厚的友谊和感情，当时很多共产党干部既善于充分调动群众的积极性，又善于团结各民族上层人士开展工作，深孚众望，人民拥戴，获得了举世瞩目的成功，成为中华人民共和国成立后民族地区工作的历史佳话。1951 年元旦，滇西南 26 种民族的土司、头人、代表和普洱专区党政军主要领导人，立下了被誉为“新中国民族团结第一碑”和“新中国民族工作第一碑”的“民族团结誓词碑”，这是当时党和政府通过多方协商、多方参与而达到民族团结的范例。我们应该总结这些成功的经验，弘扬共产党人做群众工作的优良作风，把这些优良传统的精神体现在当下的社会管理创新中。

三、云南在社会管理方面的一些做法和经验

随着当代社会的变迁，云南各地在社会管理方面也积累了一些结合本

地实际、有利于本地民生与社会和谐的社会管理创新的做法和经验，应认真总结。比如云南藏族聚居区多年来之所以能保持稳定繁荣、各民族和睦共处的局面，主要是因为云南省委、省政府和迪庆州委、州政府在社会管理工作方面有一系列创新，赢得了民心。比如在2010年7月1日颁布施行了《云南省迪庆藏族自治州民族团结进步条例》，对加强民族干部队伍建设、发展民族教育事业、发展城乡社会保障事业等分别作出规定，并扎扎实实贯彻落实，将每年的9月确定为迪庆州民族团结进步月，将9月12日确定为民族团结进步日。开展了“千名干部进村入户（寺）促进民族团结进步”活动，组织“第六届康巴艺术节暨首届迪庆州民族团结节”，为维护云南藏族聚居区的和谐发展奠定了坚实的基础。迪庆州党委、政府为保持本地的稳定，也实行了不少卓有成效、以人为本的措施，受到各民族的欢迎和拥护。

楚雄州在社会管理创新中积极发挥村规民约在规范村民行为、化解民间纠纷中的积极作用，开展民主法治示范村、民族团结示范村等基层民主政治建设，推进法治县（市）创建。他们注意开展普法宣传教育，引导公民理性表达诉求，依法维护自身权益，防范和减少极端事件的发生。楚雄州还以节庆文化为依托，办好中国彝族文化展演会、云南省民族民间文化博览会、中国彝族国际火把节，把马石铺村建设成为民族团结进步标杆村，把紫溪山风情彝寨打造成彝族文化生态园，打响了彝人古镇品牌，以特色文化吸引人、鼓舞人，实现社会管理创新的多元发展①。丽江在妥善管理流动人口、促进旅游繁荣等方面也有一些卓有成效的做法。如丽江市古城区针对古城道路狭窄、游客多等特点，制定出台《丽江市古城区电动车管理办法》，对电动车实行登记上牌制度，规定最高时速不能超过15公里，成为云南全省第一个制定电动车管理办法的市。大理市为保护传统白族民居风格，通过了《大理市苍洱田园风光保护及白族民居建筑风格整治实施方案》《大理市苍洱田园风光保护及白族民居建筑保护办法（试行）》等规范性文件，为社会管理提供了有力的依据。此外，在社会管理创新中结合实际，突出文化特色，也是云南省少数民族地区的一个亮点。云南省上

① 国家行政学院第10期青干班赴云南调研组：《加强社会管理创新维护边疆少数民族地区稳定与发展——云南楚雄、大理、丽江三地社会管理创新调研》，《行政管理改革》，2011年第5期。

述社会管理的创新也促进了云南优秀民族文化的保护和文化、旅游的繁荣发展。

有些地方在当前最棘手、最难解决的水库建设移民搬迁、解决失地农民生活保障方面有很成功并获得民众支持的经验。有的地方在提高乡村教师待遇、使他们安心教学等方面也有非常成功的做法。云南省在禁毒和戒毒等方面的社会管理创新上也有很好的路子。2006 年 5 月，国家禁毒委员会和公安部提出了建设集强制脱毒、身心康复、融入社会功能于一体的戒毒康复场所的新思路。4 年来，云南各地加快推进戒毒康复场所建设，在帮助戒毒人员安置生活就业、康复巩固、回归社会等方面，取得了初步成效。云南省开远市实施的“雨露社区：打造戒毒康复和谐家园”的具体做法在社会管理方面取得了可喜的进展，其基本经验包括：转变理念，从单一管理到以人为本；激活康复人员的潜能，使他们成为技术能手；创新机制，从单维度的生存到社会化发展。云南省公安机关以开远市“安全岛计划”和“雨露社区管理模式”为范例，在建设戒毒康复场所、深化戒毒康复工作等方面进行了卓有成效的探索。[①]德宏州重点抓好流动人口的“融入工程”，深入开展流动人口“四融入”创建活动，加强流动人口信息化管理和居住证制度实施，着力解决流动人口就业安置、医疗卫生、子女入学、劳资纠纷等方面的问题，切实维护和保障外来人员权益，推动流动人口全面融入全州政治、经济、文化和社会建设发展事业，进一步增强流动人口的认同感和归属感，为第二故乡建设作出应有贡献。[②]

云南省的上述经验和做法，对社会管理创新有很多启迪，值得认真总结，在此基础上有更大的进展，使社会管理创新成为促进建设民族团结进步、边疆繁荣稳定示范区的强大动力。

四、网络问政与社会管理

随着互联网的日益发达和深入社会生活的方方面面，社会管理和网络问政就产生了密切的关系。网络问政是我国公共管理实践中产生的创新形式。它指通过网络这种新的技术形式，进行党政机关和民间的平等对话，

① 王文硕：《云南开远雨露社区：打造戒毒康复和谐家园》，人民网，2010 年 9 月 10 日。

② 云南德宏傣族景颇族自治州突出民族边境特点抓“八大工程”强力推进重点地区整治。

在网络中显现公民民主需求的政治手段和行为。政府通过互联网做宣传、做决策，了解民情、汇聚民智，从而实现科学决策、民主决策，真正做到全心全意为人民服务。

比如，随着网络社交成为一种流行的生活方式，以微博为代表的社交平台正在成为新时期的信息资讯中心和社情民意集散地。越来越多的政府部门和官员实践微博，让政务微博成了一种不可逆转的趋势和潮流。有数据显示，目前在新浪微博和腾讯微博上，通过认证的各级政务机构及官员的微博均已超过 1.8 万，且遍布 34 个省级行政区域。显然，政务微博的时代已经起步，微博问政的多层构架已经搭建起来。

人民网舆情监测室依据网络调查客观数据发布的“2009 地方政府网络舆情应对能力”排行榜中，云南的年度总排名名列全国第一位。2011 年 12 月在北京举行的政务微博年度高峰论坛上，人民网舆情监测室首次发布《政务微博年度报告》，对云南的网络舆论总体引导能力继续给予好评。据不完全统计，云南省政府新闻办的“微博云南”目前已有粉丝约 200 万，16 个州市中有 12 个州市的外宣办开通了官方微博；129 个县（市、区）委宣传部中有 2/3 已开通了本部门的机构微博。①

“昆明警方”微博在众多警务微博中迅速脱颖而出。截至 2012 年 2 月 2 日，粉丝突破 67 万，达到 67 万多人，排名云南省新浪政务官方微博第二名。昆明公安机关是国内较早开通警务微博的公安机关之一。2010 年，“昆明警方”新浪官方微博正式开始运行。开通以来，围绕警务信息公开、警民互动和舆论引导工作等，共发布相关信息 2954 条。网友认为，“昆明警方”新浪微博通过与民互动、权威发布，联合、协调全市各级公安机关政务微博和机构，及时解决处理网民合理诉求、报警、提供案件信息和线索等，而且语气温馨，贴近百姓，极大提升了“昆明警方”微博的影响力。

文山边防支队时尚元素创新社会管理的经验入围中央政法委与《半月谈》联合开展的“中国社会建设创新奖”，成为目前全国军队系统唯一入围者。该支队成立“家庭暴力 QQ 投诉站”，调解成功率近九成；成立“边境 QQ 警务帮扶中心”，帮教率达到 100%；成立“边境 QQ110 接处警中心”、24 小时巡逻 QQ 群、“飞信”、微博等一系列时尚的通信元素，

---

① 李翔昌：《云南政务微博探新路》，云南网，2012 年 3 月 7 日。

已成为云南文山边防支队边境一线民警创新社会管理、优质服务群众的新纽带。

云南省楚雄、丽江等地还充分利用互联网，在虚拟社会管理方面进行了积极探索，倾听民声，聚焦民意，创办市长信箱，建立政民互动网上通道，突出公众参与，广泛听取群众意见，及时解决群众反映的问题，设立网上信访，等等。

事实证明，在互联网和全民微博时代，只有通过政务微博接通民间舆论场，积极通过网络贴近民众，倾听民声，积极和网民对话，就能在网络问政中巩固与百姓之间的联系，这也应该是社会管理创新的一个重要内容。

从云南的实例谈铸牢中华民族共同体意识①

一、团结融合

习近平总书记在2019年9月27日全国民族团结进步表彰大会上指出："各民族之所以团结融合，多元之所以聚为一体，源自各民族文化上的兼收并蓄、经济上的相互依存、情感上的相互亲近，源自中华民族追求团结统一的内生动力。""各族人民亲如一家，是中华民族伟大复兴必定要实现的根本保证。实现中华民族伟大复兴的中国梦，就要以铸牢中华民族共同体意识为主线，把民族团结进步事业作为基础性事业抓紧抓好。"

早在2011年9月9日，习近平对云南民族工作作出了"为把云南建设成我国民族团结进步、边疆繁荣稳定的示范区不懈奋斗"的批示。2015年1月，习近平总书记在云南考察时强调指出："云南民族关系亲密融洽，云南民族工作成绩突出，这是云南最可宝贵的财富。"再次明确要求云南主动服务和融入国家发展战略，闯出一条跨越式发展的路子来，努力成为我国民族团结进步示范区、生态文明建设排头兵、面向南亚东南亚辐射中心，谱写好中国梦的云南篇章。这是以习近平同志为核心的党中央，着眼新的时代背景和全国发展大局，为云南发展确立的新坐标、明确的新定位、赋予的新使命，也充分体现了习近平总书记对云南各族人民的深切关怀，对云南民族工作的肯定、鼓励和殷切希望。

新中国成立70年来，云南全力守护民族团结生命线，省委、省政府秉持"在云南，不谋民族工作就不足以谋全局"的指导思想，扎扎实实地抓民族工作，使云南成为各民族共同团结进步、共同繁荣发展的示范地区。

---

① 原载《今日民族》，2021年第3期。

在民族大调查基础上识别而成的中国56个民族中，云南省4000人以上的世居民族有26个，各民族交叉杂居、分布很广，其分布特征是聚居与杂居相交织，全省129个县（市、区）没有一个县是汉族单独居住，也没有一个县仅仅有一个民族居住；各地大多数村寨是单一民族聚居，但有些地方也有两个或多个民族杂居的村寨。

云南26个世居民族经过漫长的历史发展过程，民族关系格局逐步形成了以下几个基本特点：一是形成了在全国各省区中民族成分最多，26个世居民族杂居共处的多民族格局。二是形成了大杂居、小聚居、各民族交错杂居的民族分布格局。三是形成了同源异流、异源合流而又源流交错，各民族不断分化融合因而你中有我、我中有你而又各具个性的源远流长的血缘和亲缘关系。四是形成了以汉族为主体又与众多少数民族长期共存的民族人口结构和基层社会结构。五是形成了云南各民族与祖国内地由浅入深、由松散到紧密的不可分割的历史联系。六是形成了云南山坝之间、边疆与内地之间以及各民族之间优势互补、相互依存的经济文化联系，以及和坝区民族曾统治山区民族的政治关系。七是在上述特点的基础上，形成了云南各民族间以相互依存、相互吸收、友好合作、共同发展占主导地位的民族关系格局。八是上述七大特点归结为一个最根本的特点，就是经过漫长的历史发展，云南各民族逐渐成为中华民族多元一体格局中不可分割的一部分。这一根本特点在近代各民族共同抵御外侮的斗争中得到进一步升华，最终形成了云南各民族的中华民族意识。因此，从这个意义上可以说，一部云南民族关系史，实际上就是一部云南各民族逐渐成为中华民族多元一体格局一部分的发展史。

各民族共同开拓和守护了云南的红土地，共同建设和呵护了彩云之南这个各民族的生存空间。并在齐心协力保护和建设这个共同家园的过程中，不断增强了对伟大祖国的认同，增加了各民族同甘苦共患难，中华民族一家亲的共同体意识。

二、互相尊重

云南的不少实例展示了各民族团结和谐，互相尊重，在长期的互补共生过程中形成了和睦相处、习俗文化不同但大家都是一家人的共同体意识。云南，给中国提供了许多非常生动而有说服力的各民族和谐相处、患难与共呵护和建设家园的实例。

比如，截至2021年，立于1951年的普洱民族团结誓词碑已经有70年的历史了，这个碑是我国老一代共产党人寻求民族团结的一个创新典范，对今天的中华民族共同体意识的增强和民族团结进步示范区的建设，都有重要的启示意义。

1951年1月1日，为纪念普洱专区第一届兄弟民族代表会议的举行，让子孙后代永远铭记民族团结会议的精神，普洱专区第一届少数民族代表大会按照滇西南少数民族传统举行了有神圣意义的盟誓。全区26个民族的代表与地方党政军领导人按佤族的仪式剽牛喝咒水，宣誓立碑，碑文如下：“我们廿六种民族的代表，代表全普洱区各族同胞，慎重地于此举行了剽牛，喝了咒水，从此我们一心一德，团结到底，在中国共产党的领导下，誓为建设平等自由幸福的大家庭而奋斗！此誓。”誓词下面是参与“誓盟”的48位各族代表用当时使用的多种文字刻下的各自签名。这就是云南著名的“民族团结誓词碑”，堪称新中国中华民族团结第一碑。这是在中华民族多元一体的政治格局下，西南边疆各族人民拥护新中国政权的具体行动，是西南边疆各民族团结齐心建设新中国的象征，是中国共产党民族政策探索和实践中的伟大创举，为新中国的民族政策发展提供了宝贵的经验。

在云南，这种多民族多元文化和谐共处的例子随处可见，比如在获得“世界文化遗产”“世界自然遗产”“世界记忆遗产”这三项世界级称号的丽江市，有12个世居少数民族。从宗教上看，有汉传佛教、藏传佛教（其中还分格鲁派、噶举派、萨迦派等）、道教、基督教、伊斯兰教，还有纳西族的东巴教、白族的本主信仰、彝族的毕摩信仰、普米族的韩规信仰，以及傈僳族、苗族等民族的原始宗教等，而这么多的宗教却能和谐共存、这么多的民族能和睦相处，和谐的多民族文化使丽江成为世界驰名的“文化之乡”、旅游胜地。丽江，是云南很有代表性的多民族多元文化和谐共存的镜子。而这样的文化和谐局面，在云南这块红土地上到处都可以看到。

丽江古城及近郊在20世纪50年代之前有138个姓，20世纪50年代后新增的姓有89个。如张、王、李、赵、杨、孙、钱、江、蒋、桑、姚、吕、曹、曾、黄、易、赖、苏、姚、阙、邱、宣、吴、杜、傅等常见和不常见的姓氏，在丽江古城都可以找到，而这些“外来户”早已能流利地讲纳西语、娶纳西女、嫁纳西汉、穿纳西服，成为地地道道的纳西人。

丽江古城居民中，除了汉族移民之外，还有一部分在“茶马古道”滇藏贸易过程中落籍丽江古城的藏族和白族人，也有不少回族人。他们成为能说本族语和纳西语的古城居民，很多则完全被纳西人同化而填写族称为纳西族。

丽江古城最终成为中国一个少有的将汉族传统文化和少数民族文化水乳交融为一体的古城，相当多的古城居民身上涌流着纳西族、汉族两族的血液。自明代以来，一批又一批定居古城的汉族移民陆续接受了纳西人的语言、服饰以及生活习俗而最终成为纳西人，但同时，他们带来的种种汉文化也融进了纳西古城的灵魂和肌体中。多民族多元文化的和谐共存、互补，使这座边地古城不断焕发出勃勃的生机与活力。

在云南不少地方，相邻而居的民族结成了一种常年互助、相互依存的“一家人”。

正是由于云南各民族铸牢中华民族共同体意识，团结和谐，把民族团结进步事业作为促进云南发展的基础事业来抓，齐心协力建设美丽云南，也促进了多元一体的云南文化的发展繁荣。改革开放以来，云南民族文化在国内外的影响不断扩大，丽江古城、哈尼梯田、东巴古籍等先后获得了世界文化遗产称号，作为多民族聚居区的“三江并流”被评为世界自然遗产，提升了云南非物质文化遗产的国际知名度。云南民族文化资源的经济价值也不断凸显，随着旅游业和文化产业的发展，丰富多彩的民族文化不仅成为云南的名片和品牌，而且逐步成为我省经济支柱产业和新的经济增长点。云南文化产业不断繁荣发展、转型升级、创新提速，而民族文化产业是其中的重要组成部分。民族团结进步示范区的建设，进一步促进了云南各民族的经济、社会、生态和文化的和谐发展。

云南为世界上各民族文化多样性如何实现相互尊重与和谐发展，提供了可资借鉴的经验和做法。特别是改革开放以来，云南少数民族文化保护和发展的成就突出，有力地证明了我国以民族平等、民族团结、民族区域自治和各民族共同繁荣为基本内容的民族政策的成功，我国尊重民族文化的国策促成云南民族文化多样性的保护和发展，而云南的民族文化也为我国的国际形象增添了不少独特的光彩，云南的国际文化和学术交流日益活跃。从几十年来参与的各种国际文化交流活动中，笔者感到，很多国外人士对中国的民族文化多样性和中国政府促进各民族文化繁荣发展的政策、做法并不是很了解。云南的民族文化、学术的国际交流实例证明，通过这样的交流，把我们的民族文化和新中国扶持民族文化的政策和做法传播出去，是一个非常好的方式。通过中国学者走出去、外国朋友走进来的双向交流形式，很多外国朋友对中国丰富多彩的民族文化有了了解，对我国政府扶持少数民族文化发展的具体实在的国策也加深了认识。

三、铸牢中华民族共同体意识

当下，积累了丰富的民族团结进步经验的云南民族工作面临新的历史使命。云南在全国发展大局中的地位和作用也发生了重大变化，已经由国家改革开放的边缘地区变为面向南亚东南亚的辐射中心，成为国家对外开放的国门和前沿。在新的形势下，需要深刻理解和把握铸牢中华民族共同体意识在党和国家事业全局中的重要地位和对民族工作的划时代意义，把铸牢中华民族共同体意识这条主线贯穿于当下云南民族团结进步示范区建设的各个领域和全过程，在铸牢中华民族共同体意识上也作出新的示范。这就需要我们认真研究变化中的新的省情，推出适应新形势新情况的思路和举措。

比如，云南省各地每年都有新的人口流动和各民族社区人口互嵌居住等结构的变迁，需要重新结合实际推进新的各民族文化互补共生的格局。比如丽江，当下的人口结构已经发生了很大的变化，增加了大量从全国各地来丽江定居或长期居住的“新丽江人”，丽江古城的居民结构也发生了重大的变化。有些城郊的乡村，过去民族人口结构比较单一，现在由于人口的流动和各民族相互通婚的增多，村里的民族人口结构发生了很大的变化。大理等旅游地也有明显的社区各民族人口的变迁，这样，各地的民族文化社会都在发生较大的变迁。如何在变迁中推进新的民族团结融合与互补共生，是云南民族工作面临的重要课题。云南的民族工作在继承中创新，在创新中发展，促成云南各民族铸牢中华民族共同体意识的认知和行动的自觉，立足云南新的实际，进一步促进各民族在新形势下经济社会发展中的相互依存、相互学习，文化上进一步互补互学，学人所长，补己之短，形成兼容并蓄，既有个性卓然的文化特色和禀赋，又有相互包容裨益各族的共性；培育与时俱进的中华民族精神，为建设中华民族共同体贡献云南新的经验和做法，为推动中华民族走向包容性更强、凝聚力更大的命运共同体作出云南独有的新贡献。

第二辑

民族优秀文化的保护传承和创新发展

关于少数民族物质与非物质文化保护与传承的几个观点

一、活着的民俗活动是民族民间文化传承的根本

笔者这几年一直关注和研究云南少数民族物质和非物质文化遗产保护的问题，而且也身体力行地牵头实施操作了几个实践的项目，如东巴文化传人和“白沙细乐”乐手的培养，在乡村小学进行本土文化知识的实践，和老师、学生、家长一起进行参与式的乡土教材编撰，进行少数民族妇女传统手工业的培训等项目。因此，笔者有一些切身的体会，在此就简略谈谈以下几个观点。

民族文化，既是一个民族精神世界的写照，又是这个民族所创造的物质文化和精神文化的结晶。在中国尤其是在民族地区，民族民间文化已经成为一种促进社会和谐、经济发展、提高人民生活水平的重要动力，所以，在社会文化变迁相当剧烈、全球经济一体化潮流席卷世界的今天，保护和传承当下中国各民族优秀的民间文化，已经成为一个迫在眉睫的重要任务。中国文化遗产日的主题是“保护文化遗产，守护精神家园”，即是对本国文化遗产性质的一种认知。

从多年的调研中，笔者深切感到，要保护和传承好各民族优秀的传统文化，最关键的一条，是首先要保证这些文化艺术有好的赖以生长发育的土壤和环境，即“文化生境”。要保护好民俗这块土壤，必须让民众从民俗活动中感受到生活的愉悦、快乐和乡情亲情，让他们在世代相传的民俗文化活动中感受到独特的文化情致和魅力，感受到传统文化与他们的生活密不可分。如果有了这一点，各种乡土艺术、民间文化等，都会融入民众

的日常生活中，成为他们日常生活的一部分。

比如，云南省玉龙纳西族自治县塔城乡的署明村是个著名的东巴文化之乡，距丽江古城180多公里。该村和周围的一些村子至今仍保留着非常传统的民族文化习俗。如东巴教的“还树债”仪式，该仪式在纳西语中叫“子趣软”，意思是“偿还树木的债”。当某人或某家庭有了什么病灾，经东巴占卜，认定是因为违规乱砍了树木或污染了水源的时候，便请东巴在砍了树的地方或水泉边举行这个仪式，用供品向“署”告罪，向其偿还所欠之债。在祭祀过程中，孩子会好奇地问大人这个仪式的种种含义，大人一一作答，这实际上也促进了传统的生态伦理道德和生态信仰的教育。

又比如，云南省德钦县位于著名的梅里雪山卡瓦格博峰脚下，有非常丰富的自然和人文资源。相对而言，这里较少受到外来文化的强力冲击，藏族传统文化得到了很好的继承。根据2007年4月笔者在德钦的田野调查，民间还普遍保持着传统的种种民俗，乡村里各种自发的民间歌舞活动非常活跃，弦子舞、锅庄舞等闻名遐迩，广为群众喜闻乐见。民间艺人层出不穷，如今在香格里拉普遍开展的“藏族家访”旅游活动中的青年民间艺人，绝大多数来自德钦县。

上述这些优良文化生境的形成，与各种因素密切相关。除了传统文化的作用外，其中最重要的一个因素是来自各级政府层面的鼓励和支持。一种民俗活动会随着社会的、文化的变迁而产生变异，会随着国家权威机构的态度而发生重大的变化，因此，来自政府层面的推动和支持，会有力地促成传统民俗活动的恢复、发展和繁荣。有了民俗活动这块土壤后，文化传人就有了显身手的天地，民间歌舞艺术就有了发展传承的条件，反过来，这块土壤自然也就有了富足的养料，能滋养出优秀的民间文化传人，滋养出传承民间文化的精英。

二、社区民众的文化自觉至关重要

已故著名学者费孝通曾提出文化自觉的问题，依笔者的理解，其中一个重要的内涵，应该是指拥有和传承着一种文化的民族、社区或者个人，一定要对自己的文化有一种自觉的意识，能冷静地看待自己文化的利弊，并采取正确的方式方法来保护它、发展它。

20 世纪 80 年代以来，在城市大规模现代化的改造中，很多珍贵的历史文化遗产毁灭在我们自己的手里。除了片面追求经济指标等因素，关键的一点，就是因为我们缺乏文化自觉，说得严重点儿就是对祖国文化的无知。我们应该认清这样一个基本事实：民众的文化品位、认识水平、时尚潮流是需要加以正确地引导的。如果一味迎合所谓民众的意愿，有时会导致真正有魅力和价值的多元文化的灾难。10 多年来丽江古城的保护实践就是一个比较典型的例子。由于曾经受当时城市建筑时尚潮流的影响，很多居民都想拆掉传统的土木建筑的民居改建钢筋水泥房，认为这才是进步的、现代化的。还有人认为古城的石板路很落后，发生了火灾连消防车都开不进来，于是就动议拆掉石板路，改建水泥路，使消防车能够畅通无阻地进入。如果不是城建部门的行政干预、古城保护法规发挥作用和有关如何看待文化传统的宣传和引导，丽江古城早已面目全非。

三、民间文化的保护需要多元化进行

民间文化艺术的传承，也要走多样化的道路。一是政府扶持。2005 年 3 月，在政府扶持下，云南省大理市成立了苍洱艺术团，其宗旨就是培训民间艺人。所请老师的工资由文化馆来发，受培训的学生不收学费。学生毕业后，发给艺人证书。云南省剑川县文体局也采取类似的方式，他们从县财政中拿出 4 万元，把剑川青年歌手李宝妹和姜宗德聘为职工，每月发 1100 元的工资，请他们专门培训乡村民间歌手，每年办 3 期。县文化馆制定了一些考核指标，如果两个艺人成功培养出一个乡土艺术人才，就奖励 300 元到 500 元。

二是民间人士的自发培训。大理市的民间艺人张亚辉从 1986 年就开始办培训班，至今已经培养了将近 3000 人，主要传授白族大本曲、唢呐、三弦等技艺。现在，张亚辉的学生几乎都能凭借自己学到的才艺找到一份工作。有些私营企业家也对民间艺术特别感兴趣，把民间文化艺术作为自己的经营内容，专门培养或聘请民间艺人，有力地推动了民族传统文化的传承。在政府不可能解决所有民间艺人现实生活需要的情况下，借助企业的力量来进行文化传承的方式，应该大力支持。但必须采取一些必要的措施和机制，避免把这些活动蜕变成过分突出的商业性行为，影响到民间艺术真实性的延续和传承。

三是家庭传承。这种传承方式也是比较普遍的一种，比如纳西族的祭司东巴、彝族祭司毕摩、哈尼族的贝玛等，都是实行父传子的传承方式。

四是“不离本土”的传承与强化培训传承方式的结合。如果把文化传承人的培养与社区民众的日常生活割裂开来，进行封闭式的培养，那是很难成功的。笔者认为，“进行不离本土的培养”这个提法是对的，但前提是他们的本土应该具有能够培养他们的条件，即文化资源、文化环境；同时他们必须有相应的条件能安心学习自己的传统艺术。如果把封闭式的强化学习训练与在乡村进行的日常状态的民间艺术活动有机地结合起来实施，那无疑是非常有用的。

在民间文化的保护工作中，制定地方性法规和条例是非常必要的。云南省迄今已经由云南省人大常委会颁布了一些旨在保护民族民间文化的地方性法规，比如2000年5月26日颁布的《云南省民族民间传统文化保护条例》、2005年12月2日颁布的《云南省纳西族东巴文化保护条例》等，这些法规条例在法律的层面为保护云南民族民间文化起了很大的作用。

四、有待完善的几个问题

一是要尽快制定出操作性强的实施细则，有了细则和措施，才有可能在基层一一落实。

二是云南有8个自治州和29个自治县，18个少数民族实行了区域自治政策，各地都可以制定一些保护和传承本地民族传统文化的条例，来保障民族优秀文化的传承发展。这对民族文化的保护传承会起到非常好的作用。

此外，任何民族文化都需要有不断的创新，即在传统文化基础上进行当代再创造、创新，这样，一个民族的文化才会永远焕发出蓬勃的生机与活力。

扶持民间文化精英，刻不容缓①

说到西部的诗意与神奇，谈起西部的文化魅力，各民族的民间文化精英们是最吸引世人目光的一道人文风景，一个最具潜力和魅力的资源宝库，也是发展和繁荣西部文化产业的重要根基。

请看一代代东巴大师们支撑的东巴文化是怎样跨出国门走向世界，并且吸引来一批批的外国硕士和博士来彩云之南解读这神奇的东方文明；一群白发长髯的纳西民间乐师是怎样应邀云游天下，在国际舞台上“目送飞鸿，手挥五弦”，把中华文明的那一缕缕边地清音雅韵，带给世界各国的朋友们；白族工匠的石雕、木雕、铜器绝活佳品是怎样在天南海北、塞外高原闪烁着智慧和技艺之光；各民族的民间歌者舞者、各民族的服装师、刺绣高手、编织能手、丹青妙手和各种行当的工艺大师们，是怎样用他们充满灵气的创造性和灵巧的双手，把云南民间文化的美丽和神奇，云南大地高天的诗情画意，一一展现在成千上万慕名来滇的旅人面前。

每一种文化，都是一个民族世代积累的智慧结晶，而任何一个民族的传统知识体系、传统文化的传承、弘扬，皆离不开具体的传人来进行薪火相传。它既离不开大众，更离不开一个民间文化精英阶层。本文指的民间文化精英，是指各民族那些经过专门的训练，掌握了特殊技能和传统知识的民间知识精英阶层，他们是传统文化的杰出代表。从一个民族的价值论而言，他们与基于现代学校教育而形成的民族知识分子相比，有着同样重要的意义。

在当今社会，我们固然需要大批现代学校教育中培养出来的大学生、硕士、博士，但不要忘了，我们同样也需要一批批的民间文化精英来传承和弘扬我们的民间精神传统和文化瑰宝，长葆我们这块红土地上那泥土、

① 原载《中国民族报》，2003年9月23日。

田园、森林和人情的本真魅力。对以多样化的文化资源作为促进经济和社会发展重要动力的云南而言，这一点显得更为重要。

在当今中国，各地都非常重视主流文化和现代科技文化的系统教育，这毋庸置疑，但少数民族传统知识的教育则相当薄弱。我国学校的单一文化教育制度和模式导致了各民族多元文化和本土知识体系传承的困难乃至中断。再加上主流文化和全球一体化浪潮的不断冲击，逐渐造成很多少数民族年轻人对自己的民族历史、文学艺术、文字、宗教信仰、地理生态、植物动物知识等所知道的越来越少，有的甚至连本民族的语言也逐渐忘记。这就导致了民族个性和特色的不断丧失，同时也动摇了产生民间文化精英的根基和土壤。

由于很多少数民族的优秀传统文化濒临危境，民间文化精英日益减少，加速了各民族丧失自己文化个性和突出特色的趋势。仅以云南而论，我们常常可以听到这样的声音，某个民族“最后的歌手”“最后的舞者”“最后的祭司”“最后的铜匠、银匠”“最后的皮匠”“最后的造纸者”“最后的草医传人”等。

这并非危言耸听，而是确凿的事实，如丽江原来尚有“最后的三个东巴大师”，到今年已经全部去世。当 2003 年 8 月东巴文化典籍被联合国教科文组织列入《世界记忆名录》的好消息传来时，20 多年来呕心沥血参与翻译出这上千卷皇皇经典的 10 多位东巴大师，早已烛灭泪干，撒手人寰。如果世界上收藏有大量东巴经典的国家来与我们商谈合作，请我们的东巴大师去释读和翻译那些流散异域的数万卷纳西东巴象形文经典，我不知道，如今我们到哪儿去寻找这样的大师？而只有花数十年工夫把千百卷用这种“语段文字”写成的象形文经典默记于心的东巴大师，才能完成这一艰巨的文化工程。如今，东巴大师何在！

优秀的民族传统文化是发展和繁荣西部文化事业和文化产业的根基，以云南省为例，无文字民族甚多，其传统文化主要靠民间艺人传承。据云南省的民族工作部门的统计，云南无文字民族的优秀民间艺人现仅有 500 多人，再过 10 余年，他们当中的绝大多数将过世，如果不抓紧时间组织人力物力把这些无文字民族的口碑文化抢救记录下来，云南的一笔笔宝贵的文化遗产将永远离我们而去。

再以我国的基诺族为例来看，基诺族是1979年经国务院确认的单一少数民族，亦是新中国成立迄今最后识别的一个少数民族。而据毕生研究基诺族的著名学者杜玉亭教授和基诺族长老们的调查预测，由于历史、文化的传承中断，通晓民族传统历史、习俗的长老多已故去，尚存的歌手已十分有限，如不采取有效措施抢救，世代口耳相传的基诺族传统历史文化有可能在20年内消失。由于擅长基诺族传统歌舞者已寥寥可数，如不采取积极有效的措施加以挽救，与基诺人生命过程相伴随的基诺歌舞有可能在20年内消失。鉴于中青年已不穿或压根儿不再有传统民族服装，甚至有些老年人也跟随时尚穿上西装，所以民族传统服饰有可能在10年左右消失；而作为民族传统文化载体且是民族特征之一的语言，有可能在30年内消失。

这种“最后的民间文化精英”的现实，反映出一个危机，即一个五彩缤纷，凝聚着各族祖先代代相传的智慧和创造性、民俗丰富性、艺术审美性等的多元文化世界，有可能不断趋同于某种主流文化。如果这样，云南那绚丽多姿的多元文化将逐渐变得单调和枯燥乏味，与之相映成趣的自然景观魅力也将因此而黯然失色，如果真成了这样，何处去寻找云南那卓然独立标榜千年的韵致风采呢！我们今后如何来发展独具个性和地方特色的民族文化产业呢！

因此，笔者在此再次呼吁，为了防止西部走向枯燥乏味的文化单一性，我们应该留住各民族文化的丰富性和多样性，我们应致力于培养各民族的乡土文化传人；我们应该伸出一双双手，扶各民族的民间文化精英一把，使民间文化大师的智慧和技艺传承下去，让千百年来给西部增添了美丽和激情的各民族优秀传统文化，薪火相传，代代不息。

用多元化方式保护和传承民族民间文化

从目前中国西部的情况看，民间文化艺术的传承，也要走多样化的道路。首先，政府行为的扶持非常重要，目前在很多旅游业不那么发达的地方，政府的扶持是至关重要的，而在一些旅游发展快的地方，则可以采取政府、私营企业、个人等扶持和培训等多样化的方式。

政府扶持

比如，云南省大理市政府扶持成立了苍洱艺术团，其宗旨主要是培训民间艺人。该艺术团于2005年3月成立，所请的老师工资由文化馆来发，受培训的学生不收学费。学生毕业后，发给艺人证书，但没有学历，影响到谋职业。据大理市政府文化局介绍，苍洱艺术团的培训准备与职高（职业高中）挂钩，解决学员的学历问题。

云南省大理州剑川县文体局也采取类似的方式扶持民间艺人。比如，他们从县财政扶持非物质文化遗产的经费中拿出4万元，把剑川著名的民间青年歌手乐手李宝妹和姜宗德聘为职工，每月发1100元的工资，请他们专门培训乡村民间歌手。培训班每年办三期，培训方式不局限在文化馆，两位艺人常常走村串寨去培训学生。县文化馆定了一些考核指标，如果两个艺人成功培养一个乡土艺术人才，就奖励300—500元。[①]

民间人士的自发培训

民间人士自发进行办班培训，也是卓有成效的一种方式。比如，大理市的民间艺人张亚辉，酷爱白族民间歌舞艺术，15岁时就开始学，学了30

① 根据笔者2007年4月在大理的田野调查。

多年。他看到懂民间艺术的白族年轻人不多，便自筹资金，从1986年办培训班，每期为时8个月，开始时只有3个学生，现在发展到每期有五六十人。至今已经培养了3000人左右，主要传授的内容有白族大本曲、唢呐、三弦等。现在学生遍及昆明民族村、苍洱艺术团、游船等。几乎所有的学生都能凭借自己学到的才艺找到一份工作。

有些私营企业家对民间艺术特别感兴趣，有的也把民间文化艺术作为自己的经营内容。因此，他们舍得花钱培训民间艺人，聘请民间艺人。比如，获得了国家4A级标准旅游景点的著名旅游景点、丽江市玉龙县白沙乡玉水寨的老板和长红，利用玉水寨一泓远近闻名、充分体现了纳西人传统的生态保护文化的圣水灵泉，开展了一系列真正的东巴文化和纳西民间艺术传承活动。为求真求实地营造景观，还曾邀请丽江著名东巴和开祥以及一些学者做顾问，为玉水寨各项文化旅游活动的内容出谋划策，并从四乡聘请了一些真正东巴长住玉水寨。在这个灵地进行东巴教祭天、东巴教祭祀大自然神“署”、大祭风等重大仪式；进行东巴文书写、传统东巴纸的制造，把获得云南省文化厅颁发的“民间工艺师”等称号的民间工匠艺人也聘请到玉水寨中来，开展纳西族的民间酿酒活动，他还聘请了一些著名的乡土乐手歌手，进行纳西古乐白沙细乐的演奏和传承等活动。此外，他还牵头组织成立纳西族东巴文化协会、组织东巴文化知识竞赛等。

面对民间艺人也必须考虑自己的生计问题，想凭借自己的一技之长改善生活这个可以理解的客观情况，在政府不可能把所有的民间艺人都养起来的现实情况下，这种借助民间企业的力量来进行文化传承的方式，也是不容回避和需要加以正确的引导、支持的举措之一。

但借助企业进行经营性的传承活动，必须采取一些必要的措施和机制，促成相关专业人士与业主进行密切合作，避免把这些活动蜕变成过于商业化的行为，避免哗众取宠，失去其本真魅力的商品，影响到民间艺术真实性的延续和传承。

家庭传承

这种传承方式也是比较普遍的一种，特别对于一些民间特殊行业，诸如宗教专家、民间工艺的绝活，与经营密切相关的民间工艺、医药等，就常常采取这样的传承方式。比如纳西族的祭司东巴、彝族祭司毕摩、哈尼族的贝玛等，按照传统是实行父传子的传承方式。比如大理周城的白族扎染、新华村的银器制造业、丽江市玉龙县白沙县的古老铜器业、民间的不少草医等，采取的方式都是家庭传承。丽江的纳西族民间音乐白沙细乐的传人和茂根先生，也曾经长期实践过家庭传承的方式。

笔者在2007年的调查中得知，2002年4月被联合国教科文组织授予“民间工艺美术大师”称号的鹤庆县标祥九龙工艺品加工厂厂长寸发标，擅长制作银器铜器工艺品，他设计制作的九龙壶、九龙火锅等银器九龙系列产品深受国内外人士的欢迎，而他的技艺就是家庭传承，代代相传，传到他是第6代传人。如今，他在家里又带着20多个徒弟。被授予“云南省工艺美术大师”称号的迪庆州德钦县银制品厂厂长洛桑扎西，是一个藏银传统制作工艺师，其家在德钦羊拉村，祖祖辈辈是藏银工艺制作世家，传到他已是第14代。此外，香格里拉著名的尼西陶器制作，名师也都是出自家庭传承。

此外，据了解，像大理州白族大本曲的著名艺人，过去多是家庭传承，现在有家庭传承和拜师学艺两种。民间草医进行家庭传承的例子，在各个民族中更是非常普遍的现象。

“不离本土”的传承与强化培训传承方式的结合

如果把文化传人的培养与社区民众的日常生活割裂开来，进行封闭式的传人培养，那是不会成功的。比如音乐家田丰先生曾在昆明安宁的郊区办民间文化艺术传习班，对他这种从各个民族中选拔出来的年轻人进行封闭式的培训方式，学术界颇有微词，认为这是“把鱼儿捞出了它赖以生活的水”的培养方式。这话听起来也对，从理论上讲，培养民族文化传人确实应该是在他们从小成长生活的故乡，但笔者也理解田丰先生的苦衷，他是出于无奈才选择这种培训方式的，因为他看到了中国乡村里在主流文化潮流和全球一体化浪潮中正在日新月异地发生的文化变迁，也许这些鱼儿生活的水里，很多地方已经没有能够供应民间艺术的养料，他们可能在日常生活的奔波中无暇顾及学习自己的传统艺术，也许在不少乡村里，他们已经无法学习到自己民族的艺术，而需要专门到一个有老师的训练班里进行一些强化训练。

所以，我认为，“进行不离本土的培养”这个提法是对的，但有个前提，即他们的本土应该具有能够培养他们的条件，有良好的文化资源、文化环境；第二，他们必须有相应的条件来安心学习自己的传统艺术。如果每天生活的环境已经全然没有滋养自己的传统文化的水土，那鱼儿也没有办法。笔者说的“水”，在这里指的就是日常状态的民俗土壤和养料，有了它，才能抚育出民间艺术的青枝绿叶红花。

田丰的方法，应该说是当下中国培养濒危的民间文化及其传人的方式之一，这种封闭式的强化学习训练，如果能够和在乡村进行的日常状态的民间艺术活动有机地结合起来实施，那无疑是非常有用的。

下面举一个笔者主持的培养纳西族东巴文化传人的例子来说明上述这种强化学习训练和不离本土的学习实践相结合的例子。到 20 世纪 90 年代初时，丽江市玉龙纳西族自治县塔城乡署明村，在著名东巴和顺、和训兄弟的大力推动下，利用村里还保留得比较完整的民俗活动体系，恢复了很多在“文化大革命”中消失的东巴仪式活动，而且带动了不少年轻人学习东巴文化知识。后来和顺东巴大师去世，年轻东巴的进一步学习深造成了问题，仅仅依靠已经学到的那些知识，还不可能成为出色的东巴传人。因此，笔者和东巴文化研究院的同人合作，争取到国际基金会资助的培养纳西文化传人的项目，从署明村挑选了 4 个中青年东巴，再加上其他 4 个从其他乡村物色来的青年东巴传人，离开村子，来到丽江东巴文化研究院，由两个在东巴文化研究院工作的东巴大师完全按照东巴传承的传统方式言传身教，进行严格的传授，并定期考核。

在进行这种“离开本土”的强化学习的同时，我们也让这些学生定期回到他们的村子，参加各种日常的东巴文化活动，为村民举行各种东巴教仪式，这样就巩固了从东巴大师那里学到的各种知识，并且将这些知识及时地运用到现实民俗生活中。①

① 参看杨福泉主编：《策划丽江——旅游与文化篇》第四章“纳西族文化传承的研究与实践”，民族出版社 2005 年版。

民族文化的保护传承与文化自觉

——少数民族文化保护与传承新论之一

笔者近年来对少数民族文化的传承和保护进行了比较多的研究，也牵头组织了一些培养少数民族文化传人和在云南少数民族地区乡村小学进行传统文化教育的项目。[①] 在研究和实践中有了一些新的体会和观点，现陆续写成这几篇文章，就教于理论界和进行民族文化保护传承实际工作的同人。《新华文摘》2008 年第 7 期《论点摘编》栏目摘载了这几个主要观点。

我国少数民族文化是中华文化不可分割的重要组成部分。博大精深、源远流长的中华文化是我国各民族文化的统一体。在漫长的历史长河中，各民族共同缔造、捍卫了伟大的祖国，共同创造、发展了中华民族的灿烂文化。55 个少数民族的文化与汉文化相互交流，水乳交融，形成“你中有我，我中有你”的关系，共同推动了中华民族文化的形成和发展。

目前不能不引起我们忧患和高度重视的是，中国的少数民族文化正在当代工业文明和城市时尚的冲击下日趋衰落，不断失去自己的文化个性。当前中国文化建设最为迫切的大事之一，是应倾力挽救正濒临危境的少数民族传统文化（包括无形和有形文化，即物质和非物质文化），并加以传承和保护。云南省近年来充分利用这一民族文化资源优势，在探索和实践走一条独具地域文化特色的现代化发展道路上积累了不少成功的经验。

要做到像云南这样的多民族文化富集地区在 21 世纪长保其可持续发展、魅力长存的优势，首先要解决的一个关键问题就是文化自觉。

文化自觉的概念，最初是由我国著名学者费孝通先生提出来的，他说：“生活在一定文化中的人对其文化有‘自知之明’，明白它的来历、形成

① 参看杨福泉主编：《策划丽江——旅游与文化篇》，民族出版社 2005 年版；杨福泉主编：《丽江市玉龙纳西族自治县白沙完小乡土知识教育的实践》，云南科技出版社 2006 年版。

的过程，所具有的特色和它发展的趋向，自知之明是为了加强文化转型的自主能力，取得决定适应新环境、新时代文化选择的自主地位。”认知、理解和诠释自己的民族文化历史，联系现实，尊重并吸收他种文化的经验和长处，与他种文化共同建构新的文化语境，这就是我们所说的文化自觉。费孝通先生将此总结为16个字：“各美其美，美人之美，美美与共，天下大同”。

笔者认为，构建和谐的社会，文化上的自觉是必不可少的。费孝通先生提出文化自觉的概念，依我的理解，其中一个重要的内涵，应该是指拥有和传承着一种文化的民族和社区或者个人，一定要对其有一种自觉的意识，能冷静地看到自己文化的利弊，学习异文化的长处优点，在正确认识的基础上，懂得自己的文化，热爱自己的文化；此外，要能够准确地认识到自己文化的真正价值，这样才会珍惜它、爱护它，并采取正确的方式方法来保护它、发展它。如果没有这种文化的自觉，即使文化毁灭在自己的手上了，可能还不会意识到。

我国自20世纪80年代以来，在城市大规模现代化的改造中，很多珍贵的历史文化遗产毁灭在自己的手里，这除了片面追求经济指标等因素，关键的一点，就是因为没有文化自觉，说严厉点就是对祖国文化的无知而导致的结果。记得冯骥才先生尖锐地说过这样一段话：“我们的后代将找不到城市的根脉，找不到自我的历史与文化的凭借。当他们知道这是我们的所作所为——是我们亲手把一个个沉甸甸的、深厚的城市生命变成亮闪闪的失忆者，一定会斥骂我们这一代人的无知与愚蠢。”[①] 这段话一针见血地指出了我国当代城市建设的设计者和决策者因没有对本民族文化的一种文化自觉而导致的“破坏性建设的文化灾难”。

虽然云南民族文化大省建设取得了举世瞩目的成就，但毋庸讳言，我们还是面临着很多民族地区传统的物质和非物质文化在全球一体化和现代工业文明的冲击下逐渐衰落的危机，包括古城古镇的个性特征、民间节庆、民间艺术、传统手工业、语言等，都在渐渐地衰落；我们的民间文化精英在逐渐减少，很多“绝活”的文化传人青黄不接甚至断了根脉。这种局面是由多种原因造成的，其中一个重要原因是干部和民众的文化自觉意识淡

① 冯骥才：《文化遗产日的意义》，《新华文摘》2007年第7期。

漠，由此导致了很多不利乃至有害于文化保护和传承的问题。

我们应该认清这样一个基本的事实：民众的文化品位、认识水平、时尚潮流是需要正确地加以引导的，需要长期的文化熏陶才能对特定文化遗产的价值有一定的识别能力。特别在周围是一片大文化（或主流文化、强势文化）的海洋的环境下，对本民族文化的认同意识会趋于衰微。如一味迎合所谓民众的意愿，有时会导致真正有长久魅力和价值的多元文化的灾难。10 多年来丽江古城的保护实践就是一个比较典型的例子，由于受当时中国城市建筑时尚潮流的影响，很多居民过去都想拆掉传统的土木建筑而改建钢筋水泥房，认为这才是进步的、现代化的房子，有很多人已经开始拆除传统的土木结构房而建钢筋水泥房。有的人包括一些领导认为古城的石板路很落后，发生了火灾连汽车都开不进来，于是就有人动议拆掉石板路，改建水泥路，使消防车能够畅通无阻地开出开进。丽江古城几度在为数不少的干部和民众的这种意识和意愿中濒临危境。如果不是城建部门的行政干预、古城保护法规和后期有关如何看待文化传统的大力宣传和引导，丽江古城早已面目全非。

再如在丽江古城评为世界文化遗产之前，丽江有条建于 20 世纪 70 年代的水泥路，钢筋水泥高楼林立，一直通连四方街，它把原来丽江古城著名的“玉河烟柳”景观破坏殆尽。在申报世界文化遗产的工作开展后，丽江政府部门下决心改建此路，由于要拆除很多还完好无损的高楼大厦，因此很多当地民众想不通。后来一条传统的以五花石铺地的道路建成，道路两边以传统的庭院式民居取代了钢筋水泥大厦，吸引了大量的游客，每天直至深夜都有游客流连忘返，成为国内外游客交口称赞的古城一景后，很多当地民众才意识到过去那条水泥路对于古城的风貌说来是多么煞风景，对发展旅游是多么不利。

2007 年 4 月，笔者随同云南省政协民间文化保护和传承调研组在大理调研，长年研究大理文化的当地学者张锡禄先生在座谈会上举了一些关于古建筑改建的例子，让人印象深刻。

在大理，不少历史比较久远的本主庙年久失修，所以看去比较破旧，当地民众想彻底修整乃至重建，但他们这样做，很有可能把文化遗产的历史价值破坏掉了。

西双版纳傣族园坐落于素有“孔雀羽翎”之美称的橄榄坝，是西双版纳州精品旅游线——东环线的主要旅游区，国家4A级旅游景点。傣族园5个傣族村寨是西双版纳傣族传统民居保护得最为完好的村寨。自2002年以后的几年里，傣族园5个村寨先后出现了村民自行建盖的异化建筑小洋楼的情况，仅2005年一年，景区内就建盖起了7栋完全或者半异化的民居建筑。2006年，还有不少村民相继提出了建砖混结构房屋的请求。然而，园林式的傣家竹楼是吸引无数旅游者前来观光的重要文化资源，是祖先传下来的建筑瑰宝，如果他们因为没有正确的文化自觉意识，破坏了这些文化旅游资源，那就太可惜了。

类似例子在今天的云南是相当多的。无数事实说明，当前中国各地的文化建设最为迫切的一件事是，加强各地各个民族的文化自觉意识，加强各民族优秀传统文化的再教育，使各民族民众对自己和他族的文化有一种准确的认知和觉悟，在广采博纳其他民族优秀文化的基础上，提高对本族优秀文化的自识自重自尊意识。只有这样，才能避免上面所举之例那样的“破坏性建设”导致的文化灾难，也才能更好地把云南建设成为真正的民族文化强省。

民族文化的传承与民俗的保护

——少数民族文化保护与传承新论之二

笔者认为，活着的民俗活动是民间文化传承的根本，云南民族文化传承和发展的根基，就是云南民族民俗文化丰饶的土壤。只有保护好这片土壤，才会不断长出充满生机活力的绿树红花；只有保护好这片土壤，才能保证在云南的红土地上始终能产生像李怀秀、茸芭莘那、和金华等这样的乡土艺术家，杨丽萍这样的艺术家也才能在这片肥沃的土地上耕耘出绮丽的艺术杰作。

民间文化，既是一个民族精神世界的写照，也是这个民族所创造的物质和精神文化两者的结晶。在中国尤其是西部不少地区，民间文化已经成为一个重要的促进社会和谐和经济发展、改善人民生活、陶冶人们情操的动力，所以，在当今社会文化变迁相当剧烈、全球一体化的潮流席卷这个世界的今天，保护和传承当下中国各个民族优秀的民间文化，已经成为一件迫在眉睫的事情。

通过多年的调研，笔者深切感到，要保护好和传承好各个民族优秀的传统文化，最关键的一条，是首先要保证有这些文化艺术赖以生长发育发展的土壤和环境，即“文化生境”。

要保护好民俗这块土壤，让民众从民俗活动中感受到生活的愉悦、快乐和乡情亲情，让他们在代代相传的民俗文化活动中感受到独特的文化情致和魅力，感受到传统文化与他们的生活是密不可分的，是他们的物质生活和精神生活所需要的。如果有了这一点，各种乡土艺术、民间信仰等，都会融汇到民众的日常生活中，成为他们物质和精神日常生活的一部分。

下面举几个例子来说明这个观点。

丽江市玉龙纳西族自治县塔城乡的署明村是个著名的东巴文化之乡，离丽江古城180多公里。这个村子和周围的一些村子保持着非常浓郁的传统文化氛围，很多民俗活动都离不开东巴祭司，比如该村至今仍然保留着传统的祭天仪式，祭大自然之神的仪式，传统的丧葬仪式、取名、结婚、占卜等，所以，本地东巴常常被社区民众请去举行各种仪式，即使已经被聘请到丽江东巴文化研究院和国家4A级丽江著名旅游景点玉水寨中进行文化展演活动的东巴，也常常应邀回去举行常规的民俗活动，比如祭天、祭署、还树债等。

笔者参加过他们的祭天仪式，其时全村洋溢着传统节日的热闹气氛，人们喜气洋洋，皆大欢喜。在仪式中，年轻人还能从中学到本民族的知识，比如从《创世纪》中知道自己的祖先如何解释天地山川鬼神人类等的来历，自己的祖先如何战胜种种困难娶得天神之女，繁衍出纳西族、藏族、白族等民族。

笔者还参加过这个村子的东巴主持举办的还树债仪式。该仪式在纳西语中叫“子趣软”，意思是“偿还树木的债”。该仪式在以下情况举行：当某人或某家庭有了什么病灾，经东巴占卜，认定是因为违规乱砍了树木或污染了水源，便请东巴在砍了树的地方或水泉边举行这个仪式，用供品向署告罪，向其偿还所欠之债。这个仪式非常有意思，不仅大人虔诚地参与，还有很多小孩也参加，小孩好奇地问大人这个仪式的种种含义，大人一一作答，实际上这也是一个进行传统本土生态伦理道德和生态信仰教育的场景。

又如，云南省大理白族自治州大理市的洞经音乐在民间还非常流行，1998年，大理市被文化部授予“中国民间艺术洞经音乐之乡”的荣誉称号。据笔者2007年4月在大理的调查，全州境内有300多支洞经音乐队，仅仅大理市登记在册的就有90支。

洞经音乐之所以长足发展，主要原因是民间喜欢洞经音乐的风气一直保留着，州市政府推动民间文化的各种措施和活动又不断促进了它的发展。大理白族民间无论城镇还是乡村，举凡婚丧嫁娶、盖房子、逢年过节等，民众都喜欢用洞经音乐来助兴和渲染气氛。这些民间民众生活的需要，促进了洞经音乐在大理州的长盛不衰。

白曲即白族民间歌谣，大理州剑川县有“白曲之乡”的美称，根据笔者2007年在大理市、剑川县等地的调查，剑川县著名的青年民间歌手姜宗德说道，他和剑川连年在石宝山赛歌会上夺得“歌后”桂冠的李宝妹所唱的剑川白曲受到白族民众的广泛欢迎，有些老奶奶来街上买卖货物，听到商铺里在放着白曲的光盘或磁带，会驻足听上半晌，流连忘返；有的听上一会儿后，就买上一盘带回家。

所以，笔者深深思考，如何通过各种形式和途径的引导，留住乡村城镇各种有利于人们的身心健康和社会和谐，又有利于传承优秀的民族民间文化的民俗活动，答案也许是保证各种民间文化艺术有土壤和载体，各种民俗一旦消失或者被外来文化、主流文化同化了，那人们就再也不会有这样的需求，就很难做好“不离本土的文化传承”。比如，在丽江山区一些还浓郁地保留着日常状态的东巴祭仪民俗的村寨，东巴文化的传承就比较容易，而在丽江坝区的很多乡村里，目前已经很少有日常状态的东巴文化的民俗，因此，在这些地方进行东巴文化传承就成为很难的事，除非类似祭天、祭自然神这样的民俗节庆活动逐渐恢复了，相应的东巴文化活动才会重新开始。

云南省迪庆藏族自治州德钦县位于著名的梅里雪山卡瓦格博峰脚下，有非常丰富的自然和人文资源。相对而言，这里较少受到外来文化和全球一体化等的强力冲击。据笔者2007年4月在德钦调研获知，当地民间还普遍保持着传统的种种民俗，所以，无论逢年过节还是在民间的各种生产生活礼仪习俗中，乡村里各种自发的民间歌舞活动非常活跃，弦子舞、锅庄舞等闻名遐迩，广为群众喜闻乐见，民间艺人层出不穷。现在在香格里拉市普遍开展的“藏族家访”旅游活动中的青年民间艺人，绝大多数来自德钦县。

而上述这些土壤和养料的形成，与各种催动和滋养的因素密切相关，其中最重要的一个因素，笔者认为除了来自学者的调研和具体的保护传承策划，来自国家各级政府层面的鼓励和支持非常重要。比如笔者说到的丽江玉龙县塔城乡署明村的例子，该村著名东巴和顺在1982年参加了由丽江地方政府组织，有来自北京、昆明丽江等地很多著名学者和艺术家以及将近百位老东巴参加的丽江东巴文化座谈会，他受到极大的鼓舞，觉得东巴文化已经开始被党和政府重视，东巴文化复苏的春天看来要来了，所以他一回到村子里，就开始筹划组织东巴文化传习班。该村先后有 10 多个年轻人参加了这个传习活动，他把自己丰富的东巴文化知识传授给了和秀东、杨玉华等一批年轻东巴。同时，该村恢复了祭天仪式等很多重要的东巴教活动，与东巴教密切相关的各种民俗节庆活动也在这个村子里逐渐恢复。这样，与民众日常生活息息相关的民俗场景和民俗活动形成了，署明村也成为广受纳西地区文化界和国外学术同行瞩目的纳西东巴文化传承地。笔者主持的一个东巴文化传人培养的项目也在这个村子选了 4 个东巴，请当时还健在的老东巴和开祥、和即贵按照东巴授徒的传统方式进行东巴文化的传授。这个村子里的中青年东巴和贵华、和秀东、杨玉华等频频参加了各种国内国际的东巴文化活动，甚至漂洋过海到美国、中国台湾等地去展示和交流纳西族东巴文化，成为称职的民族文化乡土专家和使者。2006 年，丽江市文化广电新闻出版局资助成立了“署明自然村东巴文化传承点”，给该村民众传承纳西族东巴文化带来了很大的鼓舞。

从 20 世纪 80 年代早期开始，由云南省委批准，成立了丽江东巴文化研究室。丽江地方政府出资，把 10 多个老东巴请到东巴文化研究室，发给他们工资，和学者们一起进行东巴经典的翻译，通过 20 多年的努力，翻译出版了 100 卷近千册东巴古籍。此外，由地方政府主持，连续举办国际性的东巴文化艺术节和一系列学术活动。这些做法，极大地鼓舞了很多东巴，也推动了很多乡村里的东巴文化活动，在不少村寨里，已经消失的不少与东巴文化密切相关的民俗活动得以复苏。

如果说丽江的洞经音乐（纳西古乐）的繁荣发展和闻名遐迩主要借助了丽江火爆的旅游市场的话，大理民间洞经音乐的流行，则与政府的大力推动和支持密切相关。比如，近年来，大理州政府出资，在三月街上专门修建了洞经古乐演奏舞台，每年在三月街民族节期间举办“洞经古乐演奏比赛”，并在大理古城设立大理州群艺馆大理古乐示范培训站，多次举办了“洞经古乐国际学术研讨会”。这些活动，极大地鼓舞了民间对洞经古乐的关注和民众学习传承的热情，形成了很多村都有洞经音乐队，有的大村甚至有两个或多个洞经音乐队的可喜局面。看来大理的洞经音乐在乡镇的流行普及，主要不是依靠旅游的市场效应，而依赖于民众民俗生活的需要，与民众发自内心的热情密切相关。

再举德钦的例子，德钦县委、县政府充分利用德钦民间依然活跃的歌舞活动，通过各种方式扶持和推动这些民间艺术活动。比如，鼓励各个乡镇开展类似“德钦弦子擂台赛”等活动，对得胜者进行奖励，这样就大大地鼓舞了民众参加这种赛歌赛舞的热情，促进了民间的各种歌舞活动。

一种民俗活动，会随着社会的、文化的变迁而产生变异，会随着国家权威机构的评价和态度而发生重大的变化。因此，来自政府层面的推动和支持，会促成传统民俗活动的恢复、发展和繁荣。有了民俗活动这块土壤，文化传人就有了显身手的天地，民间歌舞艺术就有了发展传承的条件，反过来，这块土壤自然地也就有了富足的养料，能滋养出优秀的民间文化传人，滋养出民间文化的精英。

略论民族地区城镇化过程中的文化保护与调适

中央作出了加快城镇化建设的战略决策，在当前全国的城镇化建设中，民族地区的城镇化建设是其中的重要组成部分。而民族地区的城镇化建设怎么来做，必然有诸多不同于内地的特点，特别是像云南这样致力于民族文化强省建设的省份，文化建设在城镇化中举足轻重。本文就民族地区城镇化建设中的文化保护与调适谈几点看法。

一、城镇建设中的本土文化特色保护

城镇化过程中的民族文化保护与发展对云南这样以文化产业与旅游业等作为支柱产业的省份来讲是至关重要的，特别是对云南这样正在进行民族文化强省建设的省份而言，更有突出的意义。民族文化强省建设中的文化，要有底蕴厚重的文化土壤来滋养，而乡村和城镇，无疑是滋养文化的土壤和载体。云南要建设民族文化强省，除了乡村，其城镇文化也应该有突出的个性魅力。在中国的城镇文化中，云南的城镇是有独特文化内涵和意蕴的。其重要原因是云南这种多民族聚居和杂居的格局，各民族的文化在漫长的历史发展过程中的互补和整合，形成了独特的云南城镇文化的个性和魅力。

云南民族地区的许多古老城镇，与中原以汉文化观念为城市主体精神和形式构架相比，有很大的差异，它以本土和外来多元文化的交融形成突出的地域和民族特色。从建筑和城市格局来讲，以丽江古城为例，它不似中原古城那样筑围墙，不模仿中原王城“方九里，旁三门，国中九经九纬，经涂九轨”的城建礼制影响，而是依山就水，不求方正，不拘一格地随地势水渠建房布街，道路亦结合水系顺势而建，整个古城结构自由活泼而充满灵气。它虽得中原建筑神韵，但又不照搬古代中原城镇的模式。在总体结构上融进了纳西人传统的自然审美观和生活的情调意趣，使其成为一个自然流畅、人与山水亲和的边地古城。

因此，在云南谈保护和修复古城，就要深思这种地域文化特色。如香格里拉的许多建筑风格以藏文化为主，融汉族、纳西族、白族等民族文化于一体，形成了一道独具魅力的人文风景线。如独克宗的建设和保护，就需要充分考虑到这个茶马古道古镇在历史上由于多民族的政治、商贸和文化交流而形成的多元建筑风格和城镇民俗文化特点，而不是把它建成一个用某种“统一”的藏族文化模式来套的、与其他藏族地区无异的纯藏式古城。

对于一个著名的文化名城来讲，历史老街区也是重要的文化资源，欧美各国以及日本、韩国等亚洲国家在这方面做得挺好。笔者读大学时，在武成路、长春路、金碧路以及那些叫不出名的老街巷闲逛，在熙熙攘攘的人群中领略到昆明人的市井生活之乐。如今，昆明从城市规模和现代建筑等来讲，可以说是越来越气派，城里的道路不断变得宽敞，而如何保住所剩无几的一些老街区及其传统的物质和非物质文化，保住诸如西南联大时期一大批中国杰出学者的旧居，如何如成都、天津等城市一样恢复一些重要的历史街区景观，也是这个中国历史文化名城亟待实施的重要工作。

云南每一座古城里的历史遗产景观，已经有着一种历史和具体的人、事相融而成的人文价值和精神魅力，不应随意地改建甚至拆迁，应该遵循“修旧如旧，整旧如初”的原则。笔者曾经在瑞士苏黎世古城参观过不少据说已存在了数百年的老字号商店和饭馆，以及不少古街巷。美国很多城市都完整地保留着具有历史纪念意义的建筑物；在瑞典首都斯德哥尔摩古城，我被当地市民引领着观看古城满目皆是的历史建筑物，其中一座建筑曾经是18—19世纪时作为马厩的老房子，马厩的格局和装饰都完整地保留了历史的原貌，当地市民自豪地向笔者介绍这个历史遗产。

在古城镇的保护建设中，人们往往忽略了古城古镇与周围环境的关系，眼睛仅仅孤立地盯在具体的景观或建筑物上。其实，一座历史文化名城是融具体建筑物和城市格局、民众生活、社会历史文化氛围、周围的环境于一体的整体，与周围的环境形成一种血肉相连的内在关系。这一点，在西部的古城镇中显得非常突出，比如，距离丽江古城20多公里的纳西人的神山——玉龙雪山，以及作为古城水源地的黑龙潭及其周围山水，与古城的历史文化、民众的物质和精神生活都有着密切的内在联系。梅里雪山与德钦古镇、香格里拉的五凤山与独克宗古城之间，都存在着一种内在的精神文化纽带。因此，古城的保护和建设应该有一个整体的观念，而不只是孤立地保护一座城或者某几座古老的建筑物，而对周围的环境任意改造和开发。在距古城镇相当距离内的开发项目，都应该追求一种与古城的历史和文化比较和谐的格调，避免使历史文化名城名镇成为一座座在当代都市化模式上建构而成的建筑群落包围中的孤岛。

2011 年 11 月，笔者在丽江见到了曾在 1986 年写信给云南省省长和志强，对丽江古城的及时保护起到了重要作用的朱良文教授。我们在古城狮子山（黄山）远眺新城区，他认为如果从丽江特有的园林城市风貌的保护而言，玉龙县的县城不应和原来的新城连成一片。我也觉得丽江坝子本来就很小，如果连片的现代城市建筑多了，就没有多少田野风光可看了，而作为一个旅游为支柱产业的小城市而言，田园风光和有个性、有特点的城市建筑的相得益彰是至关重要的，因此，我觉得丽江的城市发展规模不应和国内不靠旅游的那些中心城市一样地追求那种不断蚕食周边田野的“城市化”模式和做法。

二、城镇建设中的文化自觉问题

对于城镇化过程中的文化保护与传承来说，城镇的决策者、建设者和民众的文化自觉至关重要。已故著名学者费孝通曾提出文化自觉的概念，依笔者的理解，其中一个重要的内涵，应该是指拥有和传承着一种文化的民族、社区或者个人，一定要对自己的文化有一种自觉的意识，能冷静地看待自己文化的利弊，并采取正确的方式方法来保护它、发展它。20 世纪 80 年代以来，在城市大规模现代化的改造中，很多珍贵的历史文化遗产毁灭在我们自己的手里。除了片面追求经济指标等因素，关键的一点，就是因为我们缺乏文化自觉，说得严重点儿就是对文化的无知。

云南唯一的状元袁嘉谷在昆明的故居被改造为饭馆，引发了社会舆论的普遍关注，笔者曾两次撰文，参与了在《春城晚报》上组织的对这个问题的争论，并延伸到在新浪网上的讨论。[①] 作为“反对开饭馆方”的笔者多次举了丽江古城保护方国瑜故居之例，佐证了这样一个观点：一个标榜为历史文化名城的城市，应该既有锦衣玉食之地，也应该多一些让人弹琴焚香、静思默想、学习和触摸本地文脉，与古人对话，徜徉于精神之旅的场所，而像袁嘉谷这样的文化名人的故居，应该就是这样的场所。如今把它改造成了一个喧嚣的饭馆，这是一个国家级历史文化名城的悲哀。笔者在文中说，如果把如今很多旅人慕名而来参观的笔者家乡丽江古城的历史学大师方国瑜故居改造成一个饭馆，那不知要被当地人怎么唾骂呢！笔者因此深为故乡在这方面做得出色的事而感到骄傲。

昆明市委、市政府最终接受了反方的意见，出台了《昆明市关于充分利用文物资源大力发展博物馆业》的实施意见，鼓励腾出“老宅”创建民营博物馆，预计用3—5年时间把昆明建设成“博物馆之城”，从而使昆明人均拥有博物馆的数量跃居全国省会城市前列。在这个实施意见里，提到了“老宅一律不得作餐馆之用”的规定。[②]

尽管有规定，但由于种种原因，特别是当有历史价值的老房子面临没有营利，需要资金维修等问题时，利用它来营利的情况还是难以一时杜绝，还需要采取有效措施来解决这些问题。[③]

三、城市建设中的民俗文化保护与调适

城镇的民俗文化也是文化建设的重要内容，应该更多地珍视和保护那些虽还存活在民间但在主流文化的冲击下日益衰落的有形和无形的文化。比如在昆明，除了汉族，还生活着许许多多少数民族市民，有的数量还比较庞大，从每年昆明各民族所过的法定民族传统节日，就可以窥见这个城市文化的个性魅力。很多国内外的人说，昆明应该是一个因多民族多元文化的存在使人感觉异彩纷呈的边地城市，应该有别的城市没有的风采，包括昆明的衣食住行、街道风格等，都应该体现出这种文化多样性的特点。

---

① 杨福泉：《未免烟火味过浓》，《春城晚报》，2008年3月30日。杨福泉：《再从“袁嘉谷故居变餐馆”谈起》，载新浪文化博客“城市江湖”。

② 《“灶台饭桌”不得鸠占鹊巢，昆明严禁文保建筑开餐馆》，中国经济网，2008年8月28日。

③ 《昆明民营博物馆大胆尝试真庆观内开餐馆》，昆明信息港，2009年11月20日。《历史文物为何变餐馆》，新浪网，2004年9月20日。

昆明如果发展出各种突出各个民族文化和生活习俗的街巷文化、社区文化，那它就真正是个魅力无穷的边地城市了。

一个古城的生命力和魅力，与它的有形建筑物密切相关，更与它在历史进程和文化交流中形成的精神和文化个性密切相关，因此，我们要珍视云南古城镇的历史建筑遗产；另一方面，在保护和恢复有形建筑的同时，不能忽略了保护包括地方语言、民风民俗等在内的无形文化即非物质文化，许多云南古城镇的文化个性和历史遗产，是由这种与主流文化有很大区别的异文化特色构成的。

城镇化过程中，无疑要面对非物质文化的保护和传承问题，传统民俗文化是其中的重要组成部分。我国传统民俗文化的回归和复兴在这几年是很明显的，各种传统节日不断回归民众生活中，我国政府还将几个重大的传统节日定为“国假”，这是大好事。如这些年的农历七月，就有很多国人过起了“七月七”的“中国情人节”，使人重温我国民间故事中牛郎和织女那坚贞的爱情和凄美的相思相望故事，感受到中国传统文化隽永的美丽和感人的厚重内涵。

但继之而来的农历七月中元祭祖节，在很多城市里就不觉得美妙了。中元节，又名七月十五、七月半，民间又称之为“鬼节”。本来，敬祖追远，原是好事，但笔者以为我们的民俗节日，只有体现了以人为本，不影响环境和他人生活的，才会使人觉得有意义。

以云南为例，昆明市政府多次召开新闻发布会，呼吁市民进行文明祭祀，并首次明确提出用网络祭扫代替焚烧纸钱，而城管部门也表示将对影响市容的祭扫行为予以处罚。昆明成为我国首倡用“网络祭扫”代替焚烧纸钱的城市，笔者不禁为之叫好。

这也使我想起了我国燃放烟花鞭炮之传统习俗。昆明市人民政府在1994年就制定了昆明市《关于在部分地区禁止燃放销售烟花爆竹的通告》，从当年1月1日起实施，整整实行了10年，促成这个条例的重要原因也与红嘴鸥这些“天外来客”有关，自从20世纪80年代起，成千上万只红嘴鸥宛如天外飞来的天使一般飞临昆明，在这个四季如春的城市度过好几个月的冬季时光。这些红喙白衣的可爱精灵，如一片吉祥的白云，年年冬天就飘临昆明，成为春城昆明的一道奇景，给昆明人带来了巨大的惊喜，也在万宾来仪的1999年昆明世博会期间给五洲四海的朋友们带来了“吉祥城市”的美好印象。于是有诗人吟诗，歌咏《这个城市有福了》，于是有画家作画，书家挥毫，丹青翰墨，抒发喜悦；于是昆明有了感人肺腑的“海鸥老人”的故事，被昆明人称为海鸥老人的吴庆恒生前孤身一人，每年冬天飞抵昆明的红嘴鸥给这个孤单的老人带来了巨大的欣喜。每年红嘴鸥飞临，老人天天徒步10多公里进城到翠湖边给它们喂食，和它们嬉戏，风雨无阻；老人每月308元的退休金有一半以上都用来给红嘴鸥买吃的。如今后人在翠湖边立的吴庆恒老人的塑像，宛如昆明人一首讴歌人鸟和谐、讴歌人性人情的永恒的歌。

当时禁放鞭炮，是为了市民过节的安全，也是为了不惊扰这些美丽可爱的天外来客，从此，昆明的春节一下子宁静安详了许多，也温馨了许多，空气中没有了燃放鞭炮带来的经久不散的烟火味，医院里再也没有了那些一到春节医生们就得忙碌不堪地急救被鞭炮炸伤者的恐怖景象。好难忘的宁静了10年的春城时光。

从2005年开始，中国掀起了一股保卫春节传统文化的舆论，昆明部分市民以增加节日气氛、保护中国传统文化为由，要求政府解除鞭炮禁放令。有人开始说：“连鞭炮都不放还叫作过大年吗？”有的还上纲上线地说：“这还叫作尊重中国的传统文化吗？”当时全国曾经采取禁放鞭炮政策的城市共有282个，后来就有包括首都北京的106座城市开禁燃放烟花爆竹，在这样的氛围下，从2005年起，昆明市无奈出台了限时、限地燃放烟花爆竹的政策。但一旦开禁，如果市民不自觉，限时限地是难做到的，于是鞭炮声又陆续响起在这个原本已经宁静下来了的城市，刺鼻呛人的火药味又开始弥漫在春节春城的夜空，母亲们又开始焦虑到处放鞭炮的孩子们的安全；至于这些依然眷恋着这个春城的红嘴鸥们的感受，我们以放鞭炮视为春节象征的市民们可能就不愿意去想了。

全国燃放烟花爆竹的禁令一松动，随之而来的就是人为的灾难。据报道，2004年春节期间，北京因燃放烟花爆竹致伤的有307人，造成4人死亡，比2003年翻了一倍。据《都市时报》2006年2月8日报道，2006年春节，单是昆明红会医院眼科，年初一至初七，收到的因鞭炮炸伤眼睛的急诊就达到100例，其中有10人单眼接受手术，均极有可能失明。该报道还透露，据昆明市消防支队介绍，除夕夜，即从2006年1月28日19时至29日7时止，昆明全市发生火灾43起，由燃放烟花爆竹引起的火灾占29起，造成直接财产损失4400万元。

我国的传统文化博大深厚，需要大力弘扬，比如奥运会开幕式就反映出中国传统文化充满诗情画意浪漫非凡的气象。但我们也要承认，任何传统文化都会有糟粕的，该摒弃的就应摒弃，否则一个民族就会成为抱残守缺、缺乏创新革新的民族。就如本文开头所说的弄得整个城市乌烟瘴气的中元节满街“烧包”之行为，难道就不能换成安安静静地在家中阖家团聚、迎接祖先之灵、大家宁静地缅怀祖先之德的一种氛围吗？也可实行如昆明市政府提倡的采用“图文并茂网络祭祀”的现代方式。何苦非要弄成个害苦了城市环境和环卫工人的这种恶俗方式！

笔者对那种认为逢年过节就应该满城大放烟花爆竹才有所谓“过节气氛”的观点不能苟同，满城满街乃至整个社区、整幢楼都弄得乌烟瘴气、鸡飞狗跳、鸟兽不宁、老幼惊悸，还要导致很多人受伤，最终弄得人们惶惶不可终日的鞭炮轰鸣声，何“文”之有？何乐之有？我比较欣赏如北美和欧洲一些国家节庆期间在指定地方放礼花的习俗，整个城市都可以看到，既有节日吉祥喜庆气氛，又不影响城市环境和市民的正常生活。

我认为，作为城镇文化的重要组成部分，城市的传统民俗也应以人为本，和谐为重，致力于营造对市民的身心和市民的生活环境有利的一种文化氛围和情致，这样，我们才会因我们有尊重人生、善待环境的传统文化而自豪。

加强云南省乡村文化保护的建议

每个国家、民族和地区的文化，都有具体的承载和传承、发展所依托的社区，而乡村，就是最基本的文化传承和发展的社区。

在世界上，差不多每一个种族和民族都经过村落社区的阶段。人类几千年来的文明主要是以“村落”形式延续下来的。即使到了现代，村落也是人类社会群体生活的重要区域形式。村落促成了人类文明的集团化，而且推动了文明的互动。

云南70%以上的人口在农村。云南的支柱产业都和“农”字有关。云南经济和文化的发展，都与乡村有密不可分的关系。保护好乡村文化，是云南省建设民族文化强省的根基和各民族文化赖以可持续发展的平台。

具体建议如下。

一、在《云南省历史文化名城名镇名村名街保护条例》的基础上要制定可以具体操作的实施细则

云南作为中国著名的民族文化大省并正在向建设民族文化强省迈进，云南省委、省政府也意识到，随着经济和社会的发展，城镇化进程的不断推进，云南省的历史文化名城、名镇、名村和历史文化街区的保护工作出现了一些突出问题。因此，云南省第十届人大常委会第三十二次会议审议通过了《云南省历史文化名城名镇名村名街保护条例》，并规定从2008年1月1日起施行。

尽管云南省推出了这些名村名镇文化保护的条例，以后村落文化保护有了法律和制度的保障，但因这些条例，关注的仅仅是有特定的规定性条件制约和门槛的“名村名镇”，而且由于欠缺更为具体的保护的实施细则，

因此这些条例对云南的村落文化的保护和传承起到作用还会有一个比较长的过程。因此，建议尽快出台具体实施细则。否则，且不论非物质文化的保护，就物质文化而言，目前在云南省乡村里，非常有特色的民宅建筑被随意改造重建、民俗旧器大量流失等的现象也是比较突出的。

二、要加强乡村物质文化的保护，更要加大非物质文化的保护力度

云南乡村的地方历史文化积淀是非常深厚的，丰富多彩的民族文化使云南的村落文化具有一种其他省区很难相比的文化多样性和村落文化的独特个性。乡村的物质和非物质文化遗产资源非常丰富多彩，既有浓郁的本土文化的特点，又有浓郁的多民族多元文化的历史积淀，外来文化与本土文化的交融和整合。它们一方面传承着历史文化信息，另一方面与当地的文物古迹、区域环境风貌相辅相成，构建出乡村文化的深厚底蕴。因此，乡村文化保护的不仅仅是文物古迹、传统建筑，还包括蕴含其中的丰富多彩的非物质文化遗产。

而目前应引起我们警觉和正视的是，云南各民族的很多乡村在急剧的社会变迁中，在主流文化、外来文化的冲击下发生着重大的变化，村寨民俗、歌舞艺术、节庆乃至语言文字等非物质文化、别有魅力的村寨个性特点在逐渐悄悄地消失。云南作为一个广为人知的“民族文化大省”，旅游经济等支柱产业的发展又在很大程度上依靠文化资源。因此，云南乡村非物质文化的保护就更显得比其他很多省区迫切和重要。重视保护和发展云南的“特色乡村文化”，是促成云南民族文化强省建设的重要条件和关键的基础工作。

三、加强民间文化人才的培养是当务之急

乡村不仅是传承民族文化的基础平台，还是培养本土文化精英和大师的摇篮，不仅本土文化传承的根基在村落里，很多本土的文化人才，也都是从村落里成长和培养出来的，如各种民间宗教专家、工艺师、歌手、民间草医等，无一例外。云南很多国际驰名的文化品牌都要依托农村，例如原生态歌舞剧《云南映象》，现在已经成为当代云南文化的一张名片，而

它所依托的恰恰是云南各民族的乡村文化，假如没有云南迄今仍然还鲜活的农村民间艺术和活跃的乡土艺术家，那无从谈起打造出这样一块文化品牌，即使如杨丽萍这样的杰出艺术家也会回天乏术。据笔者对云南省杰出彝族民歌手李怀秀等人的了解，在她们村子及附近村落里，当今能把“海菜腔”唱得比较地道的青年人，为数已经很少。

大量的田野调查表明，云南各民族的民间文化精英普遍存在着青黄不接、后继无人的情况。据几年前我省的民族工作部门的统计，云南省无文字民族的优秀民间艺人现仅有 500 多人，再过 10 余年，他们当中的绝大多数将过世，如果不抓紧时间组织人力物力把这些无文字民族的口碑文化记录抢救下来，云南的一笔笔宝贵的文化遗产将永远离我们而去。乡村文化能否搞好保护与传承，关系到类似云南的文化品牌能否持久。

又如列入《世界记忆名录》、作为丽江重要文化产业和旅游依托的纳西族东巴文化，其根基和土壤在乡村，只有土壤和根基保护得好，不断产生优秀的乡土文化传人，东巴文化这张在全世界独树一帜的文化品牌才能长久地打下去，否则，那在古城范围内繁荣一时的东巴文化产业就不可能持久发展，会日益成为一种仅仅是表演性的民俗展示，国内外的很多经验表明，这种仅仅是表演性的民俗文化展示是不会有强大的生命力的。

文化人才是文化的载体和激发文化创新的动力，培养各民族民间文化精英，对于云南文化产业的发展也是至关重要的。从歌舞演艺的可持续发展、原生态艺术的发扬光大、民间绝活的传承和弘扬、与经济发展和精神文明建设密切相关的乡土文化知识的普及传承等诸多方面，都可以看到这一点。

四、乡村文化产业的发展应和乡村的整体保护发展相结合

如果我们能大力推动独特的民族文化传承工作，将会对云南以文化为灵魂的旅游和文化产业的持续发展起到一种活水长流的功能作用。我们应该致力于营造更多具有吸引力的文化名村名镇，保持云南乡土文化土壤的持续丰饶。

作为各民族文化的载体，村落对各民族传统文化的保护、养育和传承

至关重要，没有这些文化的载体，就谈不上文化的保护和传承，也谈不上各民族传统文化在当代于原有基础上的再创新和发展。如无村寨文化载体，也不可能形成具有鲜明的地方民族特色、与活生生的民众日常生活场景融为一体的文化产业基地。假如没有云南大理白族自治州鹤庆县新华村这样的白族银器铜器手工业文化名村，只有村子旁边那个貌似热闹的销售银器和铜器的超市，那是不可能形成一种吸引人的白族手工业文化氛围和土壤的，新华村这样的村落是维系白族银器铜器手工艺文化的灵魂和生命的土壤。而据2008年参加省政协的一次调研所见，由于导游的引导，这个文化名村外面的那个销售银器铜器的超市熙熙攘攘，游客很多，而村落里则是冷冷清清，很多非常有特色的铜器银器作坊没有人光顾；而村里街头巷尾的垃圾也比较多，有悖于这个名村的声誉；也明显可见能使村民得到利益的“名村旅游”完全没有搞起来。新华村在2000年被文化部、中国村社发展促进会分别命名为“中国民间艺术之乡”和“中国民俗文化村”；2009年12月，新华村被国家旅游局评定为国家4A级旅游景区。像这样的名村，应该加强它的整体保护和发展，而不要形成上述这种超市热闹而村子冷落的名村旅游不协调现象。

《中共中央　国务院关于推进社会主义新农村建设的若干意见》指出，要“加强村庄规划和人居环境整治。村庄治理要突出乡村特色、地方特色和民族特色，保护有历史文化价值的古村落和古民宅”。云南作为一个广为人知的“民族文化大省”，旅游经济等的发展在很大程度上依靠文化资源，当前又在奋发努力向“民族文化强省”迈进，在这方面的保护就显得更加迫切和重要。因此，在目前的社会主义新农村建设的实践中，重视保护和发展云南的“乡村特色文化”，应该列为其中的重要内容。

让村落成为少数民族文化的“活水之源”①

村落是人类群体生活、居住的一种最基本的社会区域单位，是人类由游牧狩猎社会走向原始农耕畜牧业所产生的一种定居形式。在世界上，差不多每一个种族和民族都经过村落社区阶段。即使到了现代，村落也是人类社会群体生活的重要区域形式。只是社会关系和活动形式已经不像过去那样深地基于血缘关系，而更多地依赖农村社区了。但共同的居住环境、生产生活方式，仍然对维系村落内部共同的文化以及情感、心理等起到重要作用。

村落促成了人类文明的集团化，而且推动了文明的互动。人是社会性的人，生存环境影响人的生理和心理。村落文化的保护和传承对弘扬有区域特色的传统文化、提高地方的竞争实力、促进当地经济和社会发展具有不可替代的积极作用。以云南省为例，70%以上的人口在农村，其经济和文化的发展，都与乡村有密不可分的关系。保护好乡村文化，是云南省建设民族文化强省和各民族文化可持续发展的根基。

然而，随着经济和社会的发展，城镇化进程的不断推进，云南省的历史文化名城、名镇、名村和历史文化街区的保护工作出现了一些突出问题，主要体现在：保护与开发建设的矛盾突出，保护意识不强。特别是当经济建设、城镇建设与历史文化资源保护产生矛盾时，一些地方建设性破坏的现象时有发生；保护和整治资金的投入严重不足。2008年1月1日起实施的《云南省历史文化名城名镇名村名街保护条例》就是针对这些问题而诞生的一部法规。尽管有了制度的保障，但这一条例，关注的仅仅是特定的名村名镇，且尚无具体的实施细则，因此法规的完善还会有一个比较长的过程。

---

① 原载《中国民族报》，2008年8月1日。中国民俗学网转载。

目前不能不引起我们警觉和正视的一点是，云南的很多乡村在急剧的社会变迁中，在主流文化、外来文化的冲击下发生着变化，村寨民俗、歌舞艺术、节庆、传统民俗等有形和无形文化、村寨的个性特点在悄悄地衰落、消失。

云南的村寨历史文化积淀深厚，各民族丰富多彩的文化使云南的村落文化具有难以比拟的多样性。村落是传承民族文化的基础平台，不仅本土文化传承的根基在村落里，很多本土的文化人才也都是从村落里成长和培养出来的，如各种民间宗教专家、工艺师、歌手、民间草医等。从目前的情况看，云南很多国内外驰名的文化品牌，都要依托广袤的乡村。

以《云南映象》为例，它已经成为当代云南文化的一张名片，而它所依托的恰恰是云南各民族的乡村文化，假如没有云南迄今仍然还鲜活存在的农村民间艺术，没有那些来自各民族村寨的乡土艺人，就不可能形成《云南映象》浓郁的云南民族特色。

云南杰出的彝族民歌手李怀秀、纳西族歌手和金花等人，在她们的村子及附近村落里，当今能把“海菜腔”“嫁女调”等极有本民族特色的民歌唱得很地道的青年人很少，在不少乡村里，民间艺术的薪火相传已经有了中断和濒临中断的现象。乡村文化能否得到保护与传承，关系到云南各民族文化能否可持续发展，也关系到各种云南的文化品牌能否长久保持魅力，能否如活水源头般输送各类乡土技艺和艺术人才。

又如列入《世界记忆名录》、作为丽江重要文化产业和旅游依托的纳西族东巴文化，其根基和土壤在乡村，只有土壤和根基保护得好，不断产生优秀的乡土文化传人，东巴文化这个在全世界独树一帜的文化品牌才能长久地打下去。否则，东巴文化产业会日益沦为一种仅仅是表演性的、商品化的民间艺术展示。国内外的很多经验表明，这种展演性和商品化的民俗文化是不会有持续的生命力的。

作为各民族文化的载体，村落对各民族传统文化的保护、养育和传承至关重要，没有这些文化的载体，就谈不上文化的保护和传承，也谈不上各民族传统文化在当代的创新和发展。如无村寨这种文化载体，也不可能形成具有鲜明的地方民族特色、与活生生的民众日常生活场景融为一体的文化产业基地。假如没有云南大理白族自治州鹤庆县新华村这样的白族银器铜器手工业文化名村，只有村子旁边那个貌似热闹的银器铜器超市，是不可能形成一种吸引人的白族手工业文化氛围的，村落是维系白族银器铜器手工艺文化的灵魂和生命的土壤。

可以断言，如果大力推动村落的民族文化保护传承工作，将会对云南以文化为灵魂的旅游和文化产业的持续发展起到一种“活水长流”的作用。我们应该致力于营造更多这样的文化名村名镇，保持云南乡土文化土壤的持续丰饶。只有保护好村落的民族文化，并将其传承好，我们的文化创新才能有取之不竭的素材、资源和养料。

名村古镇怎么就变成了“空壳村镇”①

《光明日报》编辑部：近几年国家大力推进传统村落保护，不少传统村落知名度大增，慕名而来的游客增多，住民宿成为比较流行的一种旅游方式。然而，据云南省社会科学院原副院长杨福泉调查，目前一些传统村落、名村古镇逐渐成为“客栈村”和缺少当地民众生活的“空壳村”，不利于传统文化的传承保护，也不利于文化和旅游的融合发展。

云南省丽江市玉龙纳西族自治县白沙镇玉湖村是国家级传统村落和云南省首批乡村旅游特色村，近几年有很多外来商户来到玉湖村租赁民宅开展民宿客栈经营。据了解，这些外来商户出价高，不少村民就把老宅出租给外来商户，并出现了私自违规建房占地的情况，截至 2017 年 6 月，玉湖村一户两宅的有 60 家，一户三宅的有 2 家，已经圈地尚未建房的有 17 家，共计 79 家。到 2018 年年底就已经有 47 户商户通过出租宅基地经营民宿，还有不少外来商户来与村民谈租房办客栈。

在丽江，外来商户最早租当地居民的宅院开办客栈的是在世界文化遗产地大研古城，很快形成蔓延之势。大研古城居民通过出租宅院增加了收入，大量的当地居民迁出古城，在城郊小区另购住宅。大研古城逐渐形成了一个没有原住居民居住、导致古城传统文化和日常生活方式随着原住居民迁出而流失和变异的局面，给古城文化遗产的保护与传承带来了一系列问题。

丽江市宁蒗县泸沽湖畔的落水村是个著名的摩梭母系制文化村和旅游名胜地，通过村委会的有效组织，采取每户村民都可以参加且能得到利益

① 原载《光明日报》，2019 年 7 月 10 日。此文有人民网、中新网、中国社会科学网、中国经济网，人民网陕西频道、中国西藏网、中国财经网、东方资讯、大众网、中国国学网、第一旅游网、昆明新闻网、厦门网、玉环新闻网、果洛资讯网、欧亿网站等数十家网站转载。愿能引起各级政府和社会对如何保护传承名村古镇文化与当代良性发展的关注，并付诸有效的实践。

的旅游组织方式，促进了村里的旅游，联合国教科文组织还曾授予落水村“模范社区”的称号。原来落水村的家庭客栈大都是村民自己经营，后来逐渐有外来商户到落水村通过租民房进行民宿经营，由于商户给的租金比较高，村民出租客栈给外来商户经营就逐渐蔓延开来，久而久之，不少村民就搬出了自己的老宅，在村内另建新宅，于是就出现了后来比较突出的违法用地问题和违法（章）建设行为。

丽江束河古镇的发展模式则与大研古城不同，受到学界和联合国教科文组织的嘉许，被称为“束河模式”。笔者认为，束河成功的主要原因之一，是它坚持了一种“分区制”的发展方式，既有在传统古村落基础上依循本地村落传统建筑格局和民居特色的古镇拓展，建盖了不少小桥流水、青瓦白墙的纳西民居式建筑，还保留了村落的田园风光和村民们传统的日常生活格局，留住了原住居民，具有一种比如今原住居民不断搬走的丽江古城更有吸引力的人文景观优势。

在位于大研古城边缘的文林村，很多老宅院也已出租给外来商户做民宿。但村委会和村民经过充分协商后，在文林村现有的土地上进行整村规划整村发展，在集体土地上扩建了村民可以集中居住的社区外围空间，所有新建的民宅都保持了纳西族庭院民居的特色，并引入水源形成大研古城原有的小桥流水特色，建设了富有本地文化特色的社区戏台、石牌坊等。村里还组织了本地传统乐舞协会，形成了很好的乡村文化氛围。文林村提出的目标是要传承和延续如今在丽江古城大部分区域都已经消失了的常态民俗文化。

笔者认为，当下普遍存在的问题是，很多名村名镇都有逐渐向“客栈村”发展的趋势，原来以原住居民的生活为基调的村寨社会格局和文化习俗逐渐发生变迁，如果原住居民逐渐外迁到更接近城市的小区另买新居居住，那这个原来的文化名村也就会逐渐成为一个没有原住居民居住并进行文化传承的“文化空壳村”。无论乡村的发展是走哪种路径，或引进实力雄厚的外来公司与村社合作发展旅游（如束河古镇），通过党支部+村民委员会+合作社来经营旅游（如玉湖村），或通过村民自己开客栈办民宿（如落水村原来的模式），抑或推进集体经济让村民受益（如文林村），最重要的是要留住村民，让村民参与其中一起来推进社区的文化和旅游融合发展，延续本村文脉，在延续的基础上发展创新，不能重蹈大研古城的覆辙，民宿发展了，游客增加了，原住居民却逐渐走光了，失去了文化遗产保护发展的重要依托。

因此笔者建议，有关部门在推进乡村振兴的过程中，在大力促进村寨的民宿旅游发展的同时，应事先规划，由村民参与讨论决定发展哪种形式的旅游，防止村民获得可观的经济利益后，逐渐搬迁到条件更好的城里买房居住，而把自己的住宅租给外地人经营，坐享房租，不再参与村子的日常生产生活和文化延续活动。而这个前瞻性的研究需要国家、集体和个人齐心协力来完成，要有相应的法律和规章制度的制约。只有这样，才能避免因为民宿旅游的快速发展而使一个个文化名村古镇逐渐成为只见游客和漂亮房子的“客栈村”、缺少了原住居民生活其中的“空壳村镇”。

四川地震后的重建应重视村落民族文化的保护和发展①

2008年5月的四川地震，给中国带来了巨大的损失。现在我们正倾举国之力，开始震后重建的工作。我觉得，做好科学的村镇重建规划，是震后重建最重要的一步，在强调重建家园的坚固、安全、防震、美观等功能的同时，不应忽略了灾区那卓有特色的民族文化的保护和发展的问题。

这次地震灾区是在四川的多民族聚居之地阿坝藏族羌族自治州，特别是汶川县又是中国四个独有的羌族聚居县之一，北川县是全国唯一的羌族自治县。从都江堰一直到汶川和北川，直到松潘、平武等地，都有非常丰富的人文资源、多姿多彩的民族风情，是四川近年来发展旅游的重点区域，是广受国内外旅人青睐的地方。

其中，聚居在重灾区汶川、北川等地的羌族是个有悠久历史的少数民族，历史上，羌人与汉族、藏族、彝族、纳西族、哈尼族、傈僳族、白族、景颇族、拉祜族、普米族等中国西南藏缅语族群有密切的族源关系。温家宝总理在灾区指挥救灾时，曾提醒说，北川作为全国唯一的羌族自治县，即使县城迁建，也要注意保护好羌族文化遗产。

我们过去在灾难后重建家园时，常常设计的是常规城镇那种整齐划一，有些千篇一律的建筑结构，而这次重建家园，在羌族、藏族等少数民族聚居地区，我们应该充分注意如何在重建中恢复和“修旧如旧”“建旧如旧”地进行少数民族聚居地区的文化个性及特色的保护。

羌族的村落和横断山脉“藏彝走廊”上的诸多民族一样，有一整套本民族相沿下来的时空观，村落中的各种宗教性和世俗性的建筑、祭祀之地等，都与传统文化中的方位、坐向等有密切联系，大到一个村落的布局构

① 原载《青年与社会》，2008年第9期。

建，小到一个民宅内部火塘的建盖、一个神龛的安置，都有很多讲究。这些规矩，不仅反映了丰富的传统信仰、宇宙观、禁忌、社会性别、社会控制等方面的丰富内涵，也是村寨旅游吸引人的重要人文内容。每一个村落，都有自己独特的一种建筑和人文的“民族志结构”。因此，我们在进行村落重建工程时，除了注意恢复或重建出具有典型的羌族文化特点的村落和民居建筑的物质文化实体外，也不应忽略村寨非物质文化原貌的延续。不要因为急于重建家园，就快速地建出从房屋设计到村落布局，都有些千篇一律的“样板村”和“样板房”。应在开始时就注意如何恢复和保留少数民族村落的文化特色的问题，这除了有利于以后的旅游经济发展这一点外，也与我们保护西南山地传统村落的文化遗产密切相关。

关于这一点，我觉得可以借鉴丽江的一些经验，丽江在 1996 年 2 月 3 日经受了 7 级大地震，有不少村镇包括后来获得世界文化遗产称号的丽江古城的房舍倒塌，但在重建中，当地特别重视恢复民族特色的民居建筑的原貌和“建新如旧”的原则，所以，丽江地震没有给联合国审查“世界文化遗产”地的申报资格等带来不利的影响。联合国的官员来视察丽江震后的形势时，对丽江民居建筑等的保护和重建非常满意，丽江古城在地震后获得了“世界文化遗产”称号，推动了丽江旅游这个如今的支柱产业的不断发展，推动了它在世界文化遗产地保护和可持续发展中不断谱写辉煌的篇章。

实际上，保住或尽量恢复四川地震灾区的民族文化富集地区的文化资源和村落文化特色，也就保住了今后本地发展旅游经济的“老本”。在汶川、北川等这片人文资源非常丰富的地区进行震后的重建，我们需要有一点物质和非物质文化保护的眼光，不仅仅把眼光停留在如何尽快建成新的村落，不要受到“只要好住和牢固就行了”的观念的影响。如果我们没有这样的眼光，那就有可能当一大片崭新的震后新村落在我们辛勤的劳作下拔地而起时，那些村落的物质和非物质文化遗产也就在我们的手中永远地消失了。

所以，针对不同的地区和村镇文化特色，作出各有特点的震后重建规划，这是非常重要的工作，我觉得，像重建羌族村落这样的工作，应该有熟悉本民族文化的人类学家、民族学家的参与。争取把文化遗产的保护和文化特色的体现也作为震后乡村社区重建工作的重要内容，若能如此，四川的这片自然和人文资源荟萃之地，就能在今后的发展中，依旧发挥出自己的文化资源优势，长久造福于民。

此外，我也非常赞同很多人已经提到的应该保留一些地震遗址遗物，作为有实景、实物的地震博物馆。当年我的家乡丽江地震后就忽略了这个内容，看不到保留下来的地震历史遗址遗迹，现在看来很遗憾。我在日本神户看到，日本人把 1995 年 1 月 17 日神户发生灾难性的里氏 7.3 级大地震后的一些场景保留得很好，包括歪斜的路灯、塌陷的码头等，还在这些遗物基础上建了地震公园、地震博物馆等，这些当年大地震遗留的实物实景，永远警示着后世的人们沉思、学习、记住历史，记住人类所遭受的苦难和人类团结齐心奋发向上的伟大精神。汶川地震博物馆的建盖，也将铭记中国各民族人民在这次灾难中患难与共的伟大精神，记住万众一心救灾救人的动人历史时刻，从而增强人们的抗灾防灾意识。

加大文化建设力度　推动文化发展繁荣①

党的十七届五中全会提出，推动文化大发展大繁荣，提升国家文化软实力。中共云南省委八届十次全委会也要求，努力建设民族文化强省，以先进文化引领全省科学发展。最近，省委、省政府召开文化建设工作会议，部署“十二五”时期云南省文化建设的主要工作和任务。全面落实“十二五”规划，推动文化大发展大繁荣，云南省的文化发展活力将进一步增强，促进经济社会发展与和谐社会建设；云南省的民族文化也将为中华民族作出更大的贡献。

一、云南多元文化的世界性意义

当前，在世界范围内，生物多样性和文化多样性对于人类的可持续发展的意义已经达成共识。就全国乃至世界而论，云南是民族文化多样性丰富而且目前保护和传承较好的地区。文化多样性对于促成各民族“各美其美，美人之美，美美与共”和社会的和谐发展、促进世界的和平发展所起的作用，在国内外形成越来越多的共识。云南的文化建设，突出区域的个性和特色，多民族文化共同繁荣、和谐发展的特点已经初步形成，七彩云南、民族文化大省声名远扬，各民族物质和非物质文化交汇的绚丽多彩的整体魅力广为人知，有些民族文化已经获得世界性的声誉和品牌，云南灵活多样、因地制宜的民族工作被美誉为“云南经验”。

二、云南文化建设在“中国经验”中的地位

国家经验是由地方经验构成的，由很多个案和实例汇聚成国家经验。

① 原载《云南日报》，2011年2月14日。

整体和个体经验之间的关系是一个相互依存的辩证关系，没有具体的地方经验，也就说不上国家经验。云南在处理民族和宗教问题、多民族和谐共处方面取得了丰硕成果、获得了诸多经验的云南的做法。云南经验是重要的中国经验之一，而云南如何保持自己在多元民族文化促进社会和谐、经济发展、社会安定方面的优势，形成云南的魅力，塑造云南的形象；如何保持为国分忧、为国争光等方面的优势和可持续发展的态势，直面目前存在的问题和挑战，都是应该高度重视的问题。云南正致力于民族文化强省建设，云南民族文化在国内外都产生了很大的影响。实践证明，云南民族文化的繁荣发展也非常有利于我国与东南亚、南亚国家的国际合作。把云南建设成我国面向西南开放重要桥头堡的战略中，文化建设应是重要内容之一。

三、和谐云南对当下中国的意义

云南多民族和谐共处、共同繁荣发展的实例，可以有力地证明新中国成立后特别是改革开放以来，我国以民族平等、民族团结、民族区域自治和各民族共同繁荣为基本内容的民族政策的成功。我国尊重民族文化的国策促成云南民族文化多样性的保护和发展，而云南的民族文化也为我国的国际形象增添了不少独特的光彩。近年来，每年到云南来访问的各国各种高端代表团（包括政界、商界、教育界、文化界、学术界）和大学生访问团等不断增多，笔者也常有机会以一个少数民族学者的身份，应邀给他们讲授云南民族文化。通过面对面的互动交流，外国各界人士深入地了解到我国丰富多彩的民族文化，同时也感受到推动我国少数民族文化发展的国家政策和国家扶持的力度。高度重视少数民族文化，扶持少数民族文化的保护和发展，共同团结奋斗、共同繁荣发展，这在推行“夏尊夷卑”“以夏变夷”的旧中国是不可思议的，两者有着天壤之别。在国际文化交流中，我国政府“尊重差异、包容多样，推动各民族文化相互借鉴、加强交流、和谐发展”的政策，为我国树立了尊重少数民族文化、尊重差异、促进各民族文化互学互补的良好的国际形象。而我国多元并存的民族文化，也给我国的国际形象增添了不少独特的光彩。

云南民族文化为国争光。

云南让世界认识了中国的文化多样性和多民族的和谐发展。近年来，云南多次派出代表，参与各种国际文化艺术活动，广泛地与各国学者、艺术家、实业界人士等进行文化交流，增进了相互的了解和友谊。云南在国外举办了有很大影响的各种文化展览，比如云南的青铜器文化展览、云南民族服饰展览、纳西族东巴文化展等。关于云南民族文化的课程也走向西方国家的大学。这些文化和学术的广泛交流，对塑造中华民族多元一体和多民族文化的形象、由56个民族构成的中华文明的形象，以及让各国的人了解中国共产党的民族政策和当代中华民族和谐相处的局面，起着非常重要的作用。文化促进了云南经济社会发展，提升了云南在国内外的知名度；在国际文化交流的舞台上，云南也为新中国、为中华民族争了光。

云南让世界认识中国的民族学和人类学研究的实力、优势和成就。

从与云南民族文化密切相关的人文社会科学学术交流而言，云南以民族学为主题的国际学术交流得到长足发展，云南的学者不断走向国外讲学访问，在国外著书立说。很多国家的学者来云南进行民族学田野调查。

云南让世界认识中国少数民族文化艺术的魅力。

云南推出了一批原生态的乡土艺术作品和充分利用云南丰富多彩的民族传统文化资源，在此基础上创作而成了许多杰作，比如应邀到20多个国家演出的丽江大研古乐队、杨丽萍主创的《云南映象》等。云南的各种文化艺术、各民族的民间艺人不断地走向世界，吸引着世界各地的朋友慕名来到云南，体验云南。世界越来越多的人士认识到中国多民族多元文化的魅力，了解了中国共产党大力扶持和弘扬少数民族文化的民族政策。

“文化和旅游互动”的“云南经验”广受赞誉。

云南充分运用文化资源促进旅游发展，通过旅游的发展使民众受益，通过发展旅游来促进历史文化遗产的保护。结合云南拥有丰富民族文化资源的实际情况，把各地的文化资源、新兴的文化产业和已经较为成熟的旅游产业尽力地整合起来，起到相互促进的作用。云南是一个旅游大省，而文化则可以说是云南旅游的灵魂。云南充分利用旅游产业构建起来的市场，甚至以服务旅游者的文化产品为核心，辐射整个文化产业，利用文化产业的产业链长这一特点，大力发展文化旅游业。“文化和旅游互动”，形成了一种“云南经验”。

四、正视云南民族文化面临的挑战和问题

第一，城乡非物质文化的保护和传承面临考验。云南在文化保护和文化产业方面取得了举世瞩目的成就，但从目前的情况看，云南的非物质文化遗产的保护和传承面临挑战。第二，加强民间文化精英的培养是当务之急。云南各民族的民间文化精英普遍存在着青黄不接、后继乏人的情况。第三，乡村文化建设对云南民族文化强省建设至关重要。作为各民族文化的载体，村落对各民族传统文化的保护、养育和传承至关重要，没有这些文化的载体，就谈不上文化的保护和传承，也谈不上各民族传统文化在原有基础上的再创新和发展。如无村寨文化载体，就不可能形成具有鲜明的地方民族特色、与活生生的民众日常生活场景融为一体的文化产业基地。第四，从外界不断传入的各种“时尚”文化，改变着云南具有区域特点的文化，传统的个性魅力面临挑战。

五、当代云南民族文化的原创和再创新

云南的文化多样性是保护生物多样性的重要依托和促进当地旅游经济发展的重要因素，保持这一地区的民族文化多样性和区域个性魅力，是至关重要的战略任务。云南民族文化多样性的存在和各民族文化的共同繁荣发展，对中华民族文化的多元一体格局、对中国尊重差异和文化多样性的国际形象、文化大国的形象等，有着长远的不可替代的意义。

社会的变迁、文化的变迁是不可避免的，这是人类学的一个基本共识，也符合事实。问题的关键是，基于云南的独特地位和情势，是任其随波逐流地向有千篇一律之弊的趋势趋同，还是采取各种措施，通过各种渠道，使当代的云南民族文化依然具有突出的魅力、区域特点和富有个性的美。要保持这样的魅力，就必须有导向地促成当代云南民族文化既继承传统文化之精粹，又扬弃传统文化之糟粕，同时保持自己的个性而发展的一种“当代的原创和创新”，使云南民族文化走向既有自己“本真”“原真”之美，又有时代气息和创新的繁荣。这就意味着，云南在文化建设中，必须用政府和社会的力量来保护和传承云南特色的民族文化精粹。云南各民族的文化资源，只有在保护和传承好的前提下，才能更好地形成文化活力。

文化名城应对迪士尼式建筑说不①

不久前曾有人动议和致力于引进外地资金，要在丽江玉龙雪山下的白沙建一个“国际艺术村”，设计思路中的重要内容是要建盖各种仿西方式的建筑物，如意大利风格、荷兰风格、法国风格等，目的据说是要以此吸引世界各地的艺术家住到这里来进行创作和文化交流。笔者不反对在丽江建设“国际艺术村”，能将世界各地的艺术家吸引到丽江来是非常美好的一件事。但是如何才能吸引全球的艺术家来丽江，有些人以为在丽江这样的地方只有建盖一些具有全世界各地风格的建筑物才能做到这一点，笔者觉得这是一个认识上的大误区。

笔者认为，在目前热火朝天的招商引资项目中，我们应该审慎地思考每一个项目的具体内容，在涉及自然和人文景观建设的项目上，应该记取丽江 40 米大道（香格里拉大道）两旁那些仿洋式建筑所带来的教训。

据笔者多年在一些世界文化名城的所见所闻，给我最深的一个印象是各个国家的历史文化名城都在极力保持自己的文化个性和特点，当地政府和民众以拥有这种地方特色而自豪，他们也因此而大大受益，因为这种人无我有的特点自然地吸引了世界各地的人们纷至沓来，包括大批的艺术家。如巴黎是全球艺术家向往的艺术之都，但巴黎并没有靠建盖一些模仿世界各国建筑的花哨玩意来吸引他们，吸引全世界艺术家的魅力来自巴黎内在的历史文化底蕴和气质，这些独特的文化个性与艺术氛围包括了那些个性鲜明的法国本土传统建筑。

有一些值得从另一方面一提的例子，如美国赌城拉斯维加斯除了以赌城著称于世，还以它将全世界各地的名胜景观仿造在这座城里而著名，其中有埃及金字塔、狮身人面雕塑，巴黎埃菲尔铁塔、凯旋门，维纳斯等众

① 原载《云南日报》，2003 年 9 月 21 日。

多希腊神话中的人、神雕像等。拉斯维加斯本来就是一个沙漠里建起来的“世界赌城”，没有什么本土的历史文化内涵，因此可以毫无顾忌地这样做。城市的设计者是想通过这种附庸风雅的做法，给这个弥漫着铜钱味、赌客遍布、纸醉金迷的赌城营造一种人类文明的气氛，调适游客和赌徒的心理感受。

美国著名的游乐场所迪士尼乐园中也有不少模仿各国建筑风格而建盖的房子，它们能勾起众多游客的好奇心和新鲜感。因为这是个人工营造的大型游乐园，这样做有它的理由。而如果我们在一个有悠久历史的东方文化名邦不伦不类地建盖起一些如迪士尼乐园里的那种模仿世界各地的建筑物，那肯定与特定的自然和文化背景是大相径庭的。更何况丽江这样的中国西部边地城市，是以它那独特奇绝的雪山大江和纳西人传承千百年的宗教信仰、风情民俗而引人入胜的，地方特色和个性是它的灵魂，也是它吸引人的生命力之所在。

笔者与国外专家学者、艺术家和旅人交往颇多，曾探询过他们对于在丽江这样的地方建盖意大利、巴黎、荷兰等国建筑风格的“国际艺术村”之构想的意见，大多数人都认为这种想法很滑稽，他们说自己千里迢迢跑到丽江来，不是来看和住进这样的建筑物的，如果要住西方风格的洋房，他们大可不必千里万里来这里，西方有的是地道的延续了千百年的西式建筑。吸引他们来的是丽江那种截然不同于他们家乡的异地文化、异地风情，包括建筑。当代建盖起来的西式建筑会使丽江看去像一个迪士尼乐园。迪士尼乐园是纯人工的娱乐场所，而丽江是世界名城，若这样的建筑群出现在丽江这样的地方是非常不协调的。我也曾和不少外国友人一起观看过丽江香格里拉大道两旁那些五颜六色、看去有点像小孩搭的积木玩具房一样的仿西式建筑，他们都觉得这些建筑很幼稚可笑，既与西方建筑风格相去甚远，又与当地自然和人文环境格格不入。

固然，丽江古城是不排外的，在历史上，古城大量吸收了中原汉式建筑、白族建筑乃至藏族建筑的一些特色，但这些都是同纳西土司广泛吸纳儒、道、释文化和自明代以来汉族移民到丽江的创业史、茶马古道上纳西族和藏族、白族的商贸与宗教文化交往等分不开的，是纳西社会发展和历史进程的自然产物，不是人为作秀地为招徕外地游客而建盖，因此它们是古城历史发展的一部分。过去，丽江古城中也有几座西式建筑，比如教堂，但这是与西方一些传教士将他们的生命和信仰融进这个边地古城的一段生命史和文化交流、碰撞的历史密切相关的，它们是古城一段真实历史的见证。它与为了发展旅游而人为地建盖一个充斥洋房洋庄园的“艺术村”是本质上截然不同的两回事。

我想，外地人来云南投资是好事，应该得到鼓励和支持，但对于在丽江这样作为中国一块世界文化品牌的国宝级的城市里要开展的项目，应该审慎考虑，三思而后行。这样不仅对丽江有利，也对投资者有利，任何投资者都不会将大量的钱白白地投入一个最终可能招来联合国教科文组织等世界各种组织和众多来丽江旅行的人们非议的项目中。世界自然遗产张家界在建设项目上有很多教训，足以为云南省管理世界自然文化遗产引为教训。费 2 亿多元在遗产地建盖各种违反世界遗产地保护规则的建筑物，结果招来联合国教科文组织的批评和警告，最终这些违规建筑物全部拆除；后来又花亿元之巨营造巨型户外电梯，原来的初衷是要争一个“世界第一”的彩牌，而最终却引来国内外的一片责难声和负面效益，严重影响了张家界作为世界自然遗产的声誉。

但愿能决定云南的世界文化遗产地和历史文化名城命运的决策者和规划师，能充分认识到这些国家瑰宝的价值之所在，让它们始终以其独特的文化个性和魅力永远地吸引着世界的眼睛。

本土文化传人的培养与民族文化强省建设

人是文化的载体和传承者，有了人才有文化的传承和发展。每一种文化，都是一个民族世代积累的智慧结晶，而任何一个民族的传统知识体系、传统文化的传承、弘扬皆离不开具体的传人来进行薪火相传。它既离不开大众，更离不开一个民间文化精英阶层，他们是传统文化的杰出代表。从一个民族的价值论而言，它与基于学校教育而形成的民族知识分子相比，有着同样重要的意义。

国内外的很多经验证明，任何一种知识的传承和发展是有延续性的，现代知识的传承不可能斩断历史来进行。很多经过久远的历史考验的少数民族传统知识中的优秀部分，可以弥补现代知识体系中的很多缺陷，特别是可以弥补全球一体化潮流中文化霸权和文化沙文主义倾向所带来的种种弊端。

笔者认为，少数民族传统知识体系的传承有两个系统，一个是民间大众中通过口头和技能等传授方式传承的文化，包括日常生活中的各种生产生活知识、技能、习俗等的传承；而另一类则是更高层次上的文化传承，它属于精英文化，主要是由本民族的知识精英传承的，这一类知识是本民族文化的精华、精粹，它凝聚着千百年该民族代代相传的智慧。这一知识体系包括了本民族的宇宙观、人生观，包括了该民族的历史知识、哲学思想、宗教信仰、天文地理、文学艺术等。这一类本土知识的传承，需要有较长时间的训练和知识的长期积累，不可能一蹴而就。少数民族本土知识的传承除了重视民间大众日常生活这一体系外，更应该重视精英文化的传承。

本文指的本土文化传人，是指各民族那些经过专门的训练，掌握了特殊技能和传统知识的民间知识精英阶层。笔者认为，对于以民族文化作为推动经济发展和社会和谐动力之一的云南，培养民间文化精英和培养博士、教授同样重要。

云南各个民族千百年来无数的文化传人薪火相传，创造了如今举世闻名的“七彩云南”，给后人留下了丰厚的物质和非物质文化遗产，使这“彩云之南”成为一个文化多元而多彩、个性卓然的文化艺术胜地，构建了云南独特的多元文化和谐共存的社会，也吸引无数的国内外旅人慕名而纷至沓来，促进了云南旅游的繁荣发展和文化产业的蓬勃兴起。

但我们也不能不看到，由于社会文化的变迁，全球一体化、弱势文化向主流文化的趋同等影响，各民族那些有绝技绝活、握灵蛇之珠、抱荆山之玉的文化传人，正一天天减少。现代教育体制对少数民族传统知识体系传承的漠视，导致了民间知识精英阶层的衰落。而民间知识精英阶层的衰落，又加速了本土知识传承的中断。如果不重视民间知识精英阶层的培养，任其自然衰落，或者仅仅满足于民族文化的表层利用，比如旅游市场上的东巴文化旅游工艺产品、东巴歌舞等，而不去重视如何将博大精深的东巴文化知识的精粹传承下来，那么，民族文化将逐渐蜕变成一种徒有华丽的躯壳而没有灵魂的东西。

2003 年 8 月，东巴文化典籍被联合国教科文组织列入《世界记忆遗产名录》的喜讯传来时，20 多年来呕心沥血参与翻译出这上千卷皇皇经典的 10 多位东巴大师们，蜡炬成灰，撒手人寰。大师去后，如无来者，那活着的东巴文化的消失只是迟早的事。

如果世界上收藏有大量东巴经典的国家来与我们商谈合作，请我们的东巴大师去释读和翻译那些流散异域的数万卷纳西东巴象形文经典，而只有花数十年工夫把千百卷用这种“语段文字”写成的象形文经典默记于心的东巴大师，才能完成这一艰巨的文化工程。尽管我们在不断地进行各种东巴文化的培训，但可以说，真正的大东巴还没有培养出来，这里指的大东巴，起码应该有这样的才艺：能解释和咏诵相当数量的东巴经、能主持东巴教的主要仪式（如祭天、祭署等）、熟悉各种相关的纳西族民俗、能歌咏东巴调、写东巴字、跳东巴舞，从各国收藏的东巴经中挑几本出来，能基本解释和咏诵出完整的诗体经文。而掌握这些才艺学识，非一日之功。这和我们在现代教育体制的大学里培养博士和教授一样，需要付出巨大的努力。

云南的文化传人，除了各民族传统意义上那些凭借个人苦学、拜师学艺或家庭传承等方式而绝技在身、绝活在手的民间艺人外，还包括常年在民间汲取乡土知识养料和艺术、技艺再进行新的创造的当代文化传人，如杨丽萍、李怀秀、茸芭莘那、和金花等云南杰出的乡土艺术家。而他们的成长和是否后继有人，能否薪火相传，关键也取决于民间的乡土文化传人产生的这条链是否能延续下去。

党的十七大报告提到，文化要大发展、大繁荣。云南多元文化如何与这个文化大政方针相结合呢？笔者觉得，云南今后要走一条不等同于经济发达地区的路子，省委提出要建设民族文化强省，也是明察云南特点、审时度势的明智之举。

要建设民族文化强省，首先要充分保护自己的多元文化资源，包括文化名村、名镇、文化传人，并加大传播与传承力度。要大力挖掘和培养乡土艺术家，使其中的佼佼者成为在国内外有影响力的民间艺术家。如果我们重视民族文化的保护和人才培养机制，我们就能不断地培养出像杨丽萍、李怀秀这样的艺术人才，就能保护好云南多元民族文化的原真魅力，使它具有一种永恒的价值和吸引力。

优秀的民族传统文化是发展和繁荣西部文化事业和文化产业的根基，以云南省为例，无文字民族甚多，其传统文化主要靠民间艺人传承。据数年前云南省的民族工作部门的一次统计，云南无文字民族的优秀民间艺人现仅有 500 多人，再过 10 余年，他们当中的绝大多数将过世，如果不抓紧时间组织人力物力把这些无文字民族的口碑文化抢救记录下来，云南的一笔笔宝贵的文化遗产将永远离我们而去。

目前，在主流文化和全球一体化浪潮的冲击之下，很多少数民族的优秀传统文化濒临危境，民间文化精英的日益减少，加速了各民族丧失自己的文化个性和突出特色的趋势。仅以云南而论，我们常常听到这样的声音，某个民族“最后的歌手”“最后的舞者”“最后的铜匠、银匠”“最后的皮匠”“最后的造纸者”等等。这种“最后的”说法，反映了一个五彩缤纷、凝聚着各族祖先代代相传的智慧和创造性、民俗丰富性、艺术审美性等的多元文化世界，有可能不断趋同于某种主流文化。如果这样，世界将会变得单一和枯燥乏味。云南那绚丽多姿的多元文化将逐渐变得单调和枯燥乏味，与之相映成趣的自然景观魅力也将因此而黯然失色。如果真成了这样，何处去寻找云南那卓然独立标榜千年的韵致风采呢？我们今后如何来发展独具个性和地方特色的民族文化产业呢？文化的特点和个性是一个民族和地方能长葆其魅力和活力的重要因素，以1999年获评“世界文化遗产名录”的丽江古城为例，一年比一年繁荣的旅游业，其赖以存在和保持青春活力的长流活水，不是别的，正是丽江各民族丰富多彩的文化。

云南作为民族文化大省，多年来被国内外所青睐和激赏，成为中华文明一道亮丽异常的风景线。笔者认为民间文化精英的培养是实现这个目标的重要条件，因此，笔者愿在此再次呼吁：加大培养本土文化精英的力度，致力于培养各民族民间文化大师。让给这个世界增添了美丽和激情的云南文化，能够薪火相传，代代不息，永远为中华民族争光。

从民族文化和学术交流的角度看民族工作[①]

说起改革开放30年的历程，作为一个少数民族学者，笔者也是中国共产党的改革开放政策的受益者。改革开放后不久的1983年，笔者应邀赴西德科隆大学，作为云南省改革开放后第一个到西方国家去进行较长时期的本民族文化研究的学者，与德国学者一起进行云南民族文化的合作研究。如果没有我国的改革开放，这是不可能实现的。可以说，如果没有改革开放，就不会有今天中国少数民族文化的繁荣发展，不会有中国少数民族文化的国际交流的繁荣，也不会有像笔者这样的少数民族学者走向世界进行学术交流的机会。

改革开放以来，中国共产党打破了过去“民族问题的实质是阶级问题”提法的束缚，发展到以经济建设为中心，把加快社会和经济发展、人的发展作为解决中国民族问题的根本，并进一步全面贯彻落实以人为本的科学发展观。可以说，在30年历程中，中国共产党人把马克思主义的民族理论与中国少数民族和民族地区的实际相结合，实事求是、开拓创新，使民族工作的指导思想不断丰富和完善，民族工作走上了适合中国国情的发展之路，中国56个民族走上了共同团结奋斗、共同繁荣的道路。

云南这30年来的民族工作，在国家关于民族政策大政方针的前提下，也因地制宜，大胆创新，走出了一条有鲜明的区域和地方特色的道路，积累了不少宝贵的经验。比如：坚持把党的路线、方针、政策与云南地处边疆、民族众多、发展不平衡的特殊省情相结合，正确认识和把握民族问题的特点和规律，切实加强对民族工作的领导；坚持把发展作为民族工作的根本任务，以科学发展观统领民族工作全局，实行分类指导，因地因族制宜，促进各民族的共同繁荣发展；坚持民族平等，加强民族团结，推动民族互助，

① 原载《社会主义论坛》，2009年第2期。

促进民族和谐，建立健全维护民族团结的长效机制，促进各民族共同团结奋斗；坚持把大力培养选拔使用少数民族干部作为做好民族工作的关键，确保民族团结进步事业持续健康发展；坚持加强民族工作部门和队伍建设，锲而不舍地抓好基层组织建设，发扬密切联系群众的优良传统和作风，为民族团结进步事业发展奠定坚实的基础。云南省的这些基本经验，对于做好新时期民族工作具有重要的指导意义。

除了这些经验之外，云南在保护、发掘少数民族文化资源，弘扬优良的民族文化传统，推动民族文化建设、构建多民族多元一体、具有中国特色社会主义的当代云南文明格局，促进云南社会、经济和文化的互动发展、推动云南文化和学术的国际交流方面，也走出了一条独特的创新之路。

1999 年 12 月，中共云南省委六届九次全委会提出了建设“绿色经济强省”“民族文化大省”“中国连接东南亚南亚国际大通道”三大战略目标。云南省人民政府将这一发展目标列入云南省国民经济和社会发展计划中。2007 年，云南省委、省政府又提出了推进云南“民族文化大省”向“民族文化强省”迈进的新目标。云南省充分利用丰富而异彩纷呈的多民族文化资源优势，以一种“敢为天下先”的精神、眼光和魄力，制定了各种有效的政策和措施，把云南的文化事业和文化产业工作做得红红火火，促进了民族地区的经济和社会的发展，民族地区的广大人民群众得到了实惠。云南民族文化在国内外的影响不断加深，不仅为云南争了光，也为国争了光。

举几个例子，就是在改革开放以来的 30 年里，丽江先后获得了大研古城和东巴文化古籍这两项联合国授予的“世界文化遗产”称号，加大了云南灿烂的历史文化的国际知名度，为中华民族争了光。在云南省政府的大力扶持下，迄今全省已抢救少数民族文献古籍 2 万余册（卷）、口碑古籍 1 万多种，其中已经整理出版 600 册 1 万多种。少数民族古籍抢救整理出版工作在全国领先。其中有在国内外有广泛影响的《纳西东巴古籍译注全集》100 卷获得国家图书奖荣誉奖；《中国贝叶经全集》100 卷也在陆续出版（编者注：现已全部出版）。

云南在改革开放 30 年里，也推出了一批充分利用云南丰富多彩的民族传统文化资源，在此基础上再创造的杰作，比如杨丽萍主演的《云南映象》、张艺谋导演的《印象·丽江》等。云南的各种文化艺术，各民族的民间艺人不断地走向世界，传播中国民族文化。越来越多的外国朋友慕名来到云南，体验云南。30 年改革开放的历程，使世界越来越多的人士认识到了中国多民族多元文化的魅力，真切地领略到了中国共产党大力扶持和弘扬少数民族文化的民族政策。

从与云南民族文化密切相关的人文社会科学学术交流而言，就是在改革开放的 30 年里，云南以民族学、人类学为主体的国际学术交流得到了史无前例的长足发展，云南的学者不断走向国外讲学访问、在国外著书立说。很多国家的学者来云南进行民族学田野调查，30 年间，云南促成了一批如今已经在国际学术界正在产生影响的国外中青年学者群，以美国为例，现在活跃在美国人类学（民族学）界的一批优秀中年学者，他们很多人都在云南长期从事过学术调研，他们的博士论文和很多研究项目，都是聚焦于云南民族学的研究，如今，他们已经成为美国研究中国西南民族文化的中坚力量。笔者 2005 年和 2006 年到美国参加学术会议，就碰到了一群自豪地称为“云南帮”的博士和教授群。在国外举办的以云南民族文化研究为主题的学术会议、云南民族文化的各种展览也不断增多。一些国家的大学专门开设了讲授云南民族文化的课程，笔者在 2003 年就作为美国华盛顿州惠特曼学院“亚洲文化学年”的访问教授，开设了一年的云南民族文化课程。

此外，云南作为中国的代表，参与了各种国际大型的文化和学术活动。仅仅笔者参与策划过的就有 2007 年在美国首都华盛顿国家广场举办的“澜沧江—湄公河流域国家民间文化艺术节”，在我国文化部和我国驻美大使馆的安排下，云南作为中国的代表参加了这个盛会，受到了国外广泛的好评。此外，还有在瑞士、瑞典、加拿大等国举办的以云南民族学为主题的学术会议和展览，在意大利举行的以云南民族文化与旅游互动为主题的学术会议。每年，云南学者都应邀给来华访问的各种国外代表团举办关于云南民族文化的学术讲座。这些文化和学术的广泛交流，对在世界上提高多元一体的中华民族文化、由 56 个民族构成的中华文明的形象，让各国的人了解中国共产党的民族政策以及当代中华民族和谐相处、共同繁荣、共同发展的局面，都起着非常重要的作用。笔者参与接待过很多来云南访问的国外友人，很多人都惊叹中国有如此丰富多彩的少数民族文化和卓有特色的区域文化，说他们是到了云南之后，才知道这一点的。我们可以说，改革开放30年，促成了云南的各个民族的繁荣发展；在国际文化交流的舞台上，云南也为国争了光。

改革开放30年，云南的民族工作、民族发展走出了一条具有独创性的辉煌之路，回顾过去，展望未来，云南也面临着在当代剧烈的社会文化变迁中有效地保护各民族物质和非物质文化遗产的重任，面临着如何常葆“七彩云南”的民族文化魅力，保护、发展和创新云南丰富多彩的民族文化，保持云南民族学、人类学等人文社会科学优长学科的优势，任重而道远。保持了云南各民族的团结和谐和共同的繁荣发展，保持了云南多民族文化的魅力，云南也就为中华民族争了光。

民间绝学亟待传承[①]

绝学的意义有两种，一种是学术意义上的绝学，另一种是民间传承的绝学，比如东巴文化。民间绝学的传承有利于一个社会的多元文化的发展，在云南就更为典型，它对于云南的文化产业，对云南的旅游，对中国民族文化的传承起着非常关键的作用。

由人才断代导致的文化濒危现象在东巴文化中已经非常明显。现在认得东巴图画、象形文字的人还有一些，但是能够释读音标文字（音节文字，也称格巴文）的人已经找不到了，这实际上已经变成了一种绝学。国外藏有一大批东巴经典，但是认识并能够解读这种占卜文字的老东巴都已经去世。到 2003 年，东巴文化研究院聘请的十几位颇有造诣的东巴祭司全部去世，过去老东巴解读经典时相互辩论的情景已经成为历史。

东巴文化现在炒得很热，看上去一片繁荣，实际上其中很大一部分流于肤浅，用作表演或者旅游商品，真正的东巴经典当中比较艰深的那一套知识已经失传。我们不能迷惑于商业操作、旅游开发所带来的繁荣假象，忽略了其真正的文化及其精神的传承。像东巴文化这样正在消失的东西还有很多，关键在于巨大的文化变迁后，忽略了民间文化精英传承人的培养。打一个比方，在民间知识体系中有中专生、大专生，但是没有博士，没有教授，这种局面正在形成。我们非常注重学院知识分子的培养，但现在没有一种机制来促成民间绝学的传承。比如，研究机构中的格萨尔研究不会断，但是真正在云南，民间能够吟唱格萨尔的艺人已经是凤毛麟角。还有纳西古乐，过去演奏的时候伴有一些舞蹈和一些相应的仪式，这些随着最后一个传人的离世，也成了绝学，现在已经简化成器乐的演奏。

肤浅的知识、文化可以在舞台上或者旅游市场上进行展示，但是真正

① 原载《中国社会科学报》，2009 年 7 月 7 日。

深层文化的学习和传承不容乐观。一方面，我们需要培养大量的懂得一般知识的人才，用于云南旅游业、文化产业等；另一方面，更需要一批大师级的人才，来研究和传承文化中最难的、最艰深的部分，比如哈佛大学收藏的那批东巴经典，里面涉及天文、地理、占卜等知识，几乎已经无人可以准确释读。

因为不注重传承，随着民间精英的流失和民间文化大师的消失，分布在中国广袤民间的各种绝活绝学已经在真正地向“绝”的方向发展，我们应该认真地做一次普查，看看哪些东西非常重要却已慢慢消失，肯定还有很多，大到一种文化，小到一种技艺的流传。之所以濒临消失，是因为我们没有一套机制来保障它。

在这些方面，我们正在努力，也在想方设法让民间的乡土文化精英、文化大师尽量带一些徒弟，把他们手上的绝活流传下来。我们想培养一些真正的东巴精英，让他们至少能够释读国内的东巴经典，并且把民间的一些仪式做下去，年轻的东巴和秀东是目前比较出色的东巴文化传人。如果没有这样的人，以后我们就只能靠书本来讲这些知识，许多东西将无法解读。20 世纪 80 年代，在丽江成立了东巴文化研究室，历经 20 余年，发展到现在的东巴文化研究院，也有了一些知识比较全面的东巴，如果不大力保护，抓紧时间培养学生，那么这些东西很可能面临衰落。在这些方面，还是需要有一套机制来保障。像云南的滇剧，如果没有政府的大力支持，这样地方剧种也会慢慢地消失。

不应让历史遗产蒙尘

——写在大理唐代古城墙修复方案确定后①

除了实实在在地落实我国早已出台的文物保护法等国家法律之外，国家对干部群众的爱国主义教育，其内容应该更为具体化和多样化，应该包括保护和珍惜自己的历史文化遗产、物质和非物质文化遗产的内容。应避免一些手中握有决策权的部门和人士，因为缺乏保护历史文化遗产的意识，而使我们的历史遗产蒙尘，使祖先创造的文明的辉煌之光逐渐毁灭在我们的手上。

据《中国青年报》报道："8月12日，在经过了3个多小时的论证评审后，专家及村民代表最终对214国道涉及'龙首关'古城墙遗址走向及城墙修复方案达成一致。这使近一时期引起社会广泛关注的云南省大理市'修路毁坏唐代城墙'事件，画上了一个完美的句号。"该篇报道称："虽然最终所确定的道路走向与原施工方向基本一致，但是，论证评审会的召开，代表了政府决策过程中民主、科学的态度，体现了过程正确和结果正确的辩证统一关系。"

笔者一方面为大理市政府在古城墙被破坏后如何修复这个问题上广泛听取民众意见的开明态度，以及大理市民能有机会参与听证会表达意见而高兴；另一方面，看到"最终确定的道路与原施工方向基本一致"的结果，笔者也有一种感觉，即原来媒体刊载"新建的公路将穿越古城墙而过"的那个计划，看来是难以改变了。显然，目前确定的修复方案是一种错已铸成、事已至此、权衡再三后的无奈选择。这个"圆满的句号"似乎不太"圆满"。

① 原载《中国民族报》，2010年8月24日。

痛定思痛，笔者对这次大理唐代古城墙遭破坏的事件感慨良多。

我国的不少干部乃至普通民众，有关历史文化遗产保护的自觉意识还相当薄弱，对作为构成自己国家古文明的诸多历史文化遗产了解得不够。

笔者去年参与滇越铁路的考察活动，就目睹了滇越铁路旁一个已有百年历史且已经被列为文物保护单位的法式建筑机车库，被一个属于铁道部门的公司在我们的眼皮底下拆除。

笔者虽然很不情愿将我国和外国进行比较，但在保护文化遗产方面，却又不能不举一些国外的例子。因为一个泱泱大国、文明古国，是应该有气度和眼光来和其他国家比较，学人之长，补己之短的。

笔者记得 2002 年曾去瑞典参加一个学术会议，在首都斯德哥尔摩，一个热心的市民非常自豪地领我们去参观 19 世纪时的马厩和一些古老的房子，并详细地给我们讲解街道一角保留下来的一块古碑刻。

美国建国的历史只有 200 多年，很多人常常对他们短暂的历史不屑一顾，但美国人对他们历史文化遗产的珍惜和呵护，却值得我们借鉴。2003 年，笔者曾在美国西部考察，沿途看到美国政府对一些印第安部落村寨遗址以及对美国开发西部时的旧矿山、工厂、民居等都精心地加以保护，并制作标牌，图文并茂地详细介绍这些历史文化遗产。而其他欧美国家以及日本、韩国等，在保护历史文化遗产方面也都做得相当不错。

其实，对拥有“中国历史文化名城”头衔、本身就是旅游大市的大理来说，尚有幸存的具有 1000 多年历史的唐代古城墙是多么幸运的事！因为它是云南、更是国家的瑰宝。它不仅是不可再生、稀缺性的历史文化资源，同时也是很好的旅游资源。它对于吸引游客、提升旅游地的文化品位和含金量都非常重要。为修一条公路而如此轻易地使之受到程度较大的损毁，真是令人扼腕叹息。

2009 年 7 月，胡锦涛总书记视察云南时曾提出，要把云南建设成为中国面向西南开放的重要桥头堡。中共云南省委也规划“把云南建设成为中国面向西南开放的重要桥头堡”，并提出了“两强一堡”的新发展战略，即建设绿色经济强省、民族文化强省、中国面向西南开放的“桥头堡”的战略。

笔者觉得，把云南建设成为中国面向西南开放的重要桥头堡，其内容除了守好国门、维护边境稳定、大力推动云南和东南亚、南亚国家的经济贸易交流等内容外，还应该包括促进和对外展示云南的文化建设、促进国际文化交流，以及云南在历史文化遗产、民族文化遗产的保护和弘扬等方面所做的工作。特别是需要在对待历史文化遗产方面体现出一个文明古国、泱泱大国的精神、风度、见识和具体的做法。

云南这几年在展示中国丰富多彩的民族文化方面为国争了光，党和国家领导人也给予了高度的赞誉，在海内外也产生了很好的影响。我们应该弘扬其精神和好的做法，使云南真正成为省委“两强一堡”战略中的“民族文化强省”，在文化遗产的保护和弘扬方面更好地为国争光。

从这一事件中，笔者感到，除了实实在在地落实我国早已出台的文物保护法等国家法律之外，国家对干部群众的爱国主义教育，其内容应该更为具体化和多样化，应该包括保护和珍惜自己的历史文化遗产、物质和非物质文化遗产的内容。应避免一些手中握有决策权的部门和人士，因为缺乏保护历史文化遗产的意识，而使我们的历史遗产蒙尘，使祖先创造的文明的辉煌之光逐渐毁灭在我们的手上。

保护文化生境，重视母语文本

——关于繁荣少数民族文艺创作的几个观点 ①

2014 年 10 月 15 日，习近平总书记在文艺工作座谈会上说了这样一段话，给笔者留下了深刻的印象：“文艺创作不仅要有当代生活的底蕴，而且要有文化传统的血脉。‘求木之长者，必固其根本；欲流之远者，必浚其泉源’。”此前，习近平总书记在中央农村工作会议上发表重要讲话时指出：“我听说，在云南哈尼稻田所在地，农村会唱《哈尼四季生产调》等古歌、会跳乐作舞的人越来越少。不能名为搞现代化，就把老祖宗的好东西弄丢了！”习近平总书记的这段话对于传承少数民族优秀的传统文化而言，具有十分重要的警示和鞭策作用。

最近印发的《中共云南省委关于加强文艺工作的实施意见》指出，要善于从传统文化中进行艺术转化和提升，创作更多具有中国文化底色、鲜明中国精神气质和独特云南风格魅力的文艺作品。要深刻认识“云南少数民族文化是中华民族文化的重要瑰宝”，给予民族文化更多尊重，为其创造更好条件，大力推动云南少数民族文化健康发展。

这一条提得非常好。云南在不同的历史时期出过不少好的文艺作品。比如，20 世纪五六十年代的电影《五朵金花》《阿诗玛》《山间铃响马帮来》等；20 世纪 90 年代，著名作曲家朱践耳根据纳西族的口弦调创作了交响乐《纳西一奇》；近年来，云南立足传统民族音乐舞蹈的创新之作《云南映象》，根据历史线索重新演绎的电视剧《木府风云》等，市场反响也不错。

笔者多年来从事民族文化调查研究，基于此，对于今后如何繁荣少数民族文学艺术提出如下建议。

---

① 原载《中国民族报》，2016 年 3 月 31 日。

第一，文化是流动和变迁的，文化状态不可能凝固在某一个历史时段，这是文化人类学的一个基本原理，但无论它怎么变，都应该更富有文化感召力和精神力量。要保持文化长久的魅力，保持它陶冶人心、教化社会的功能，就必须保证它的变迁不是一种随波逐流的变化，而是在变迁中不断创新，焕发出勃勃生机。因此，我们必须呵护和保持我国各民族的文化生境，即文化赖以良性发展的人文的、民俗的环境，这样，我们的文学艺术才能有活水长流的状态和充满活力的土壤。当下，我国很多民族的民间传统文化正在衰落之中，很多丰富多彩的民俗和民间艺术在悄然消失，很多少数民族的年轻一代已经不会讲自己的母语。就一个民族的文化而言，没有母语承载的文化势必会逐渐失去其文化基因，继而影响其创新发展，也影响到当下的文艺创作。

第二，既要保护和传承传统民族文化，又不能满足于单纯的、拘泥于原状的保护传承，要努力实现创造性转化和创新性发展。文学艺术必须有与时俱进的原创精神与成果，所以我们要鼓励在传统的基础上进行更多的创造，鼓励文学艺术工作者不断推陈出新。比如，一些纳西族青年将现代音乐元素与纳西族传统音乐相融合，这种新颖别致的纳西族音乐受到各个年龄层民众的欢迎。纳西族青年歌手肖煜光的母语歌光盘《净地》销量突破 10 万张，金甲劲松凭借歌曲《月亮花》获得“五个一工程”奖等，就是很好的例证。

第三，30 多年来，笔者曾到 10 多个国家就民族文化进行专题访问讲学。当笔者介绍到我国少数民族的民间文学作品时，国外学者和作家、艺术家常常会问到这些文学作品的文本和版本等情况，特别是问到这些作品究竟是用什么文字记录或创作的。无疑，我国学者数十年来致力于少数民族民间故事、诗歌谣谚、宗教口诵经典等的搜集翻译整理，出版了大量翻译作品，取得了举世瞩目的成就，但其中也存在着一些遗憾和失误，这就是忽略了对少数民族民间作品母语文本的记录，有相当多的翻译整理本没有母语原本，没有逐字逐句地直译。这样的直接后果是，丧失了作品多方面的科学价值，而且由于没有母语的承载，这些文本也难以作为相关民族后代传承文化的文本来使用。此外，由于缺乏语音记录和直译，相关民族特有的文化、社会和宗教概念难以在汉文文本中全面正确地反映。鉴于此，今后在搜集整理少数民族民间文学作品时，应保留用国际音标记录或用本民族文字书写的严谨客观的母语文本。

在我国民间文学作品中，取得世界声誉的无一没有母语文本。比如，藏族英雄史诗《格萨尔》之所以能成为世界非物质文化遗产，纳西族的东巴古籍之所以能列入“世界记忆遗产名录”，其关键在于有用本民族语言文字记录和翻译的丰富文本，这些文本也为文学家和艺术家进行再创作提供了坚实可靠的素材。

语言和文字是文化的载体。鉴于目前少数民族语言文字衰落的形势比较严峻，我们也可以鼓励一些少数民族作家用本民族语言文字进行创作。这样的创作实际上也是在传承各民族母语文化，有助于维护我国在保护和传承少数民族文化方面的国际声誉。

中华民族文化丰富多彩，只要我们刻苦努力，就可以做到如习近平总书记所期待的那样：“创作生产出无愧于我们这个伟大民族、伟大时代的优秀作品。把最好的精神食粮奉献给人民。创作生产出更多传播当代中国价值观念、体现中华文化精神、反映中国人审美追求，思想性、艺术性、观赏性有机统一的优秀作品。”

守住文化的尊严和风度①

神秘而奇丽、粗犷或柔美、风情万种、气韵生动等，这些都是每一种文化的魅力之所在。而尊严和风度，也是每一种文化和文化资源拥有者不可缺少的精髓。一方水土、一方文化的魅力，与尊严和风度这一内在的气质密切相关。来自异文化民族的人们之所以敬重和喜爱一种他族文化，一定有着这样的内涵，这种文化一定有一种外在的美和内在的尊严融为一体的风度和力量打动了他的心与魂，才为之心仪不已而千里万里地来寻找她和欣赏她。

云南那充满个性魅力的民族文化要常在人心，永葆魅力，文化的守护者和拥有者就应该全力去维护她的尊严和风度，这一点对云南文化产业能否繁荣兴旺也至关重要。

笔者多年在云南的土地上行走，对这一点深有体会。记得在20世纪90年代初，当时尚未出名的丽江大研纳西古乐队每个晚上都在古城一个幽静的庭院里自得其乐地演奏。那些白发长髯、脸上布满人生风霜雨雪和世事沧桑的纳西老人，以一种宠辱不惊、沉静凝重而又自在逍遥的姿态沉湎于清音雅韵中，他们曾经博得多少来自异国他乡的旅人的敬重和敬仰，笔者多次目睹在这一片古老边地月光下的音乐声中有人静悄悄地潸然泪下者。那是一种深沉高远的文化气质和风度，深深地触动了他们也许在闹市中被尘封已久的心灵琴弦。

笔者曾多次与国内外友人徜徉在云南香格里拉的佛寺里，那些专注的僧人超然世外的诵经声，端然静坐冥思或慈祥地为人摩顶的高僧大德，都使不同文化背景的人们肃然起敬。那山野农妇牧人在劳作之余信口唱来的一曲曲山歌，也使多少来彩云之南的旅人流连忘返。

① 原载《中国民族报》，2004年1月9日。

即使在街巷摆摊的一个普通老妇，也能以她的一种风度和素质给人留下深刻的印象。1999 年，美国副国务卿芭尼·柯恩女士来参加在云南召开的“云南民族文化、生态环境及经济协调发展高级国际研讨会”。笔者受大会组委会的委托，在丽江陪她参观古城，向她讲解古城文化。她怀着浓烈的兴趣与卖各种食品、传统工艺品、刺绣品、可挂于胸前的草药袋等的当地纳西老人交谈，也买一些她感兴趣的东西。这些卖东西的老人的风趣幽默和安详沉静的风度，给这个美国女政治家留下了深刻的印象。她们稳坐小摊，礼貌和蔼地应对客人，不像有些商贩那样巧舌如簧地极力推销自己的货。她们任随这些外国客人挑挑拣拣，任她们问这问那，有问必答。那种从容而不卑不亢的神态使人舒心而又肃然起敬。

芭尼女士兴致勃勃地在古城流连忘返 3 个多小时。最后她非常感慨地对我说了一番话：“我走了全世界很多地方，丽江古城是我感到最舒心惬意的一个地方，我今天在古城走了这么长时间，没有碰到什么人来尾随不舍地缠着你推销他们的东西，而在很多地方这是常见的事。这些在古城街巷上卖东西的妇女和老人是那么礼貌热情，你买了她的东西她高兴，但你不买她们的东西，她们也一点不计较。我真喜欢这个地方，喜欢这里的人。”

她的这一席话使笔者深深感到，保持本地文化的一种风度和尊严，对于吸引旅人是多么重要。

然而，如今在云南的不少旅游景点内，游客也会遇到这样的窘境。一下车，就会有很多人手上提着大包小包的本地产品，蜂拥而上要你买这买那，有的甚至拉着你的衣角或手强行推销他们的货。有时游客很难摆脱这种无休止的纠缠，弄得兴味索然。

不倨傲而又自重自尊，是每一种卓有魅力的文化所应有的风度，在云南被人们视为如“香格里拉”那样和谐安详的一片净土、誉为“体验之都”和“中国的后花园”的今天，云南人更应该责无旁贷地保护自己的文化品牌，守住云南各民族文化的尊严和风度，不仅自己不能做有损于云南文化魅力和风度的事，也不能容忍一些利欲熏心的人张狂地以歪曲、扭曲的手段肆无忌惮地利用云南的民族文化赚昧心钱。只有这样，云南的文化才会持续地闪烁着那一片动人心魄的美丽之光，云南的民间文化产业也才能持续地繁荣发展。

再说守住民族文化的尊严和风度[①]

前不久，新加坡《联合早报》刊发署名杨永欣的文章《民族风情园另有“风情”》，反映其在云南某景区观看的民族风情表演有不良内容。不光在云南，通过网络搜索发现，不少网友反映，在其他省份的一些民族风情旅游项目中也存在此类现象。

在2004年1月9日出版的《中国民族报》上，笔者曾发表了一篇题为《守住文化的尊严和风度》的文章，文章讲述了这样一个例子：我陪同时任美国副国务卿的芭尼女士参观丽江古城，她对那些不卑不亢、安详沉静而又风趣幽默地销售本地特产的纳西族老太太，尊敬而叹服。那些纳西族老太太心存尊严而有风度，我们就当遵循这样的民族文化经营之道，而非“贱卖”民族文化。

今日再读《民族风情园另有“风情”》一文，虽然只是个别地方存在，但是其已经给游客留下了极坏的印象，“他们对中国的少数民族会留下什么印象？”这一发问值得深思。故而，今天有必要重申守住文化的尊严和风度。

杨先生文中所披露的打着“体验本地民俗”旗号，哄骗或引诱游客玩所谓“娶新娘”民俗游戏的做法，是在旅游市场上失去民族文化的尊严和风度（也可说是践踏民族文化的尊严）的经营案例。不仅在云南，在全国不少的民族地区旅游项目中都存在。笔者在云南多次陪客人去旅游地，就常常被导游领去看这些风情园。这种用不正当的手段进行“拉郎配”的旅游项目往往给客人留下很不好的印象。

我国少数民族的婚恋习俗充满了奇情异彩的魅力，也有深厚的文化内涵和人情味。但当下旅游市场上这种变换各种花招骗客人掏钱的做法，把

① 原载《中国民族报》，2009年12月8日。

一个民族的风俗文化庸俗化和丑化了。另一方面，这种“旅游节目”也助长了杨先生在文中所说的一些游客借机对“新娘”动手动脚“揩油”的不雅行为。如果任这种庸俗且有骗人之嫌的旅游节目泛滥，不仅对民族旅游地民俗文化魅力的保持非常不利，而且还会对游客客观真实地理解我国本来淳厚质朴的各民族婚恋习俗产生非常不良的影响，会误导人们以为少数民族的文化习俗就是可以这样任意贱卖赚钱的，是没有什么尊严和自重的。

因此，重申民族文化的尊严和风度很有必要。难道在旅游市场上，民族文化非得以这样庸俗化的方式来贩卖和贱卖吗？以有尊严和使人正确理解、敬重的方式获得经济效益，才应该是我们大力提倡的民族文化旅游经营之道。

几年前笔者带领一些美国学术界同事到丽江白沙壁画所在地大宝积宫参观，看到有一帮乡村农人乐手在大殿里演奏白沙细乐，他们专注地沉湎在那古老的音乐里，似乎一个个神游在一个缥缈清虚的音乐世界里，没有什么人在演奏完后向观众收钱。正是这种超然的风度和姿态感动了与我同行的不少美国同事，不少人解囊掏钱放在乐队一侧写有“随心功德”的木箱里。

丽江大研古乐队漂洋过海走访了20多个国家，云南各民族的乡土艺术家们也多次到国外举办文化艺术交流活动，无论政要、文化名流、商界人士、学校师生还是平民大众，都对这些乡土艺术家和他们的才艺满怀敬意，还有不少外国的年轻人来学习这些技艺。在云南，无论是《丽水金沙》，还是《云南映象》《印象·丽江》《太阳女》等以民俗文化为主题、以少数民族为主体演员的演出，都给观众以极大的艺术享受，常常出现观众热泪盈眶久久不舍离去的感人场面。这样的文化旅游活动经营，是那种巧取豪夺“拉郎配”的庸俗表演所无法比拟的。

笔者认为，不倨傲而又自尊自重，是每一种卓有魅力的文化和民族所应有的尊严和风度。只有守住文化的尊严和风度，才能守住它的魅力，使人为之倾心和喜爱。

因此，在旅游市场上展示民俗文化，也应有一个不可逾越的“度”。如上述那种以非常庸俗的方式贱卖“民俗”赚昧心钱的做法，不要说不会博得人们对一个民族及其民俗的尊重和喜爱，还会使游客对本来有尊严、有禁忌和文化内涵的婚恋民俗产生误解而从心里瞧不起它。

在我国的少数民族文化越来越吸引旅游者并为绚丽多彩的中华民族文化带来巨大声誉的今天，不能让这种恶劣庸俗的所谓“婚俗体验”旅游节目坏了民族文化的名声和清誉，更不能容忍一些利欲熏心的人张狂地以歪曲的手段肆无忌惮地利用民族的文化习俗赚昧心钱。各地加强对民族文化旅游市场的法治化、规范化的管理，已经是迫在眉睫的事情。

文化的保护发展与社会主义新农村建设

——以云南为例[①]

一

中国是个农业大国，广袤的乡村能否和谐地发展，是关系到我国建设小康社会、构建和谐社会、实现社会主义现代化最为关键的问题。随着党中央提出建设社会主义新农村的国策之后，现在全国各地都在大力推动新农村建设。云南怎么办？我觉得云南的社会主义新农村建设也不应该有一种固定的模式，全省各地农村的经济发展所依托的资源和条件是千差万别的，在云南这样的地方，要发展好农村经济，就必须认真分析自己可以依托的条件和资源，多样化地推进新农村的建设。

云南是世界闻名的多民族多元文化汇聚之地，近年来，云南的旅游和文化产业取得了举世瞩目的成就，这都与云南的文化多样性密切相关，所以，笔者在这里着重谈谈云南文化的保护和可持续发展与云南建设社会主义新农村之间的关系。

经过多年的思索与成功的实践，云南省委、省政府制定了“建设云南民族文化大省”和“旅游大省”的战略，云南近年来凭着独特多样的自然景观、生物多样性以及丰富多彩的民族文化，推动了旅游和文化产业的发展，向世界不断展示云南非常人性化的亮点，充满个性的“云南魅力”正在为越来越多的人所知晓和领略。云南文化多样性的优势所促成的旅游和文化产业的繁荣，也在有效地带动和促进乡村经济的发展。

① 原载《云南日报》，2006年9月26日。

二

社会主义新农村的建设，其中应该包括建立一种能大力促进和繁荣中国各民族优秀的乡村文化的机制。

从目前的情况看，云南很多国际驰名的文化品牌都要依托农村，例如原生态歌舞剧《云南映象》，现在已经成为当代云南文化的一张名片，而它所依托的恰恰是云南各民族的乡村文化，假如没有云南迄今仍然还鲜活的农村民间艺术和活跃的乡土艺术家们，那就无从谈起打造出这样一块文化品牌，即使如杨丽萍这样的杰出艺术家也会回天乏术。笔者参加了去年我国文化部在美国举行的中国文化艺术节云南乡土艺术家和节目选择的策划活动。据笔者对我省杰出彝族民歌手李怀秀等人的了解，在她们的村子及附近村落里，当今能把“海菜腔”唱得比较地道的青年人，为数很少，乡村文化能否搞好保护与传承，关系到类似的云南文化品牌能否持久。

又如列入“世界记忆遗产名录”、作为丽江重要文化产业和旅游依托的纳西族东巴文化，其根基和土壤在乡村，只有土壤和根基保护得好，不断产生优秀的乡土文化传人，东巴文化这张在全世界独树一帜的文化品牌才能长久地打下去，否则，那在古城范围内繁荣一时的东巴文化产业就不可能持久发展，会日益成为一种仅仅是表演性的民俗展示。国内外的很多经验表明，这种仅仅是表演性的民俗文化展示是不会有强大的生命力的。

可以断言，如果大力推动独特的民族文化传承工作，将会对云南以文化为灵魂的旅游和文化产业的持续发展起到一种活水长流的功能作用。据笔者所知，无论在学术文化界还是在大众旅游市场上，想到云南的乡村领略一下活着的民族文化的人是很多的，我们应该致力于营造更多这样的文化名村名镇，保持云南乡土文化土壤的丰沃。

又如云南著名的旅游地宁蒗县永宁乡的落水村，其旅游发展安身立命的就是摩梭人的母系制文化和阿夏走访婚（即走婚）民俗文化的吸引力，这是一种非常独特的人无我有的乡村民俗文化资源。因此，能否保护好这个资源就事关当地乡村旅游能否持续发展下去，这就必须思考在当代全球一体化浪潮和主流文化的汪洋大海中，怎么样才能保持它的个性和生命力，使这种民俗文化在当代社会变迁中保持吸引力。因为道理很明显，云南很多地方具有丰厚文化资源的乡村变迁所导致的结果与沿海发达地区和内地乡村文化变迁是截然不同的，人家大都不靠民俗文化、地方文化吃饭，而我们这里，乡村民俗文化却是村民赖以生存的重要衣食之源，也是形成云南与众不同的地方文化魅力的原因之一。

又如鹤庆县新华村，村民凭着传统的制造铜器和银器的传统手工艺绝活和勇于进行市场竞争的精神，使其产品远销至中国的整个藏族聚居区乃至国外，可以说形成了一定的传统文化产品的市场垄断性。新华村也因此成为闻名遐迩的民族传统手工艺文化的典型村落。现在，集手工艺制作和民俗旅游于一体的新华村，在经济发展、改善村民生活、营造和谐乡村社会方面走出了一条独特的路子。

说到中国的乡村魅力，云南是首屈一指的，如今云南依托独树一帜的村落文化在外界赢得名声，既促进了旅游经济的发展，又为云南增添了很多光彩的村寨不胜枚举。这些分布在云南气候环境和人文环境千差万别区域里的一个个村寨，就像一颗颗耀眼的星辰，烘托出云南一片明丽非凡的天空和大地，对促进云南的经济、社会的发展发挥着很大的作用。笔者认为，这是建设有云南特色的社会主义新农村的重要内涵。

笔者在德国、意大利、瑞士、瑞典、英国、美国看到当代的人们其实非常向往纯朴的古风古俗保留得更多一些的乡村文化，都在千方百计营造和保留一种与城镇截然不同的乡村文化。意大利、法国等国家的乡村生态博物馆非常有名，其实质内容就是在倾力保存一种“没有墙和门”的乡村历史文化。这些乡村文化的存在，构成了一个国家的田园诗意和提供人们靠近大自然的空间。国外的诸多乡村建设经验，也非常值得我们借鉴。

近年来，云南省通过各种渠道和项目，确定了一批乡村生态和文化保护村。这些都为从乡村层面促进和繁荣云南省有特色的社会主义新农村的建设奠定了良好的基础，云南以后需要进一步做的，就是建设更多能与旅游和文化产业紧密配合的文化名乡名村，通过活水长流的乡村民族文化滋润云南的旅游资源和市场，促进云南当代文化产业的繁荣发展。

《中共中央　国务院关于推进社会主义新农村建设的若干意见》指出，要“加强村庄规划和人居环境整治。村庄治理要突出乡村特色、地方特色和民族特色，保护有历史文化价值的古村落和古民宅”。目前应该引起我们警觉和正视的一点是，云南的很多乡村在急剧的社会变迁中，在主流文化、外来文化的冲击下发生着变迁，村寨民俗、歌舞艺术、节庆、传统民宅等有形和无形文化、风采卓然的村寨个性都在逐渐悄悄地消失。云南作为一个广为人知的民族文化大省，旅游经济等的发展又在很大程度上依靠文化资源，在这方面的保护就显得更加迫切和重要。在社会主义新农村建设的实践中，重视保护和发展云南的“特色乡村文化”，应该列为重要内容。

三

一个著名的文化之乡、旅游胜地，其发展除了其他因素，“人气”是人文景观中很重要的一个因素，这“人气”包括良好的民风民德、独特的风土人情、令人舒心惬意的人居环境等，它与自然环境一起构成独特的魅力，使人流连忘返，久而久之逐渐成为长盛不衰的文化胜地和旅游名胜。

构建社会主义新农村离不开精神文明，精神文明建设离不开道德及其信仰，创造一个具有良好伦理秩序和道德氛围的社会环境，是构建社会主义新农村的重要内容。农村文化建设对社会主义新农村建设具有非常重要的意义，培育社会主义新型农民是新农村建设最核心的内容。

云南的很多乡村有非常好的精神文明和伦理道德传统，民风真诚淳厚，各地乡村都有非常规范的社会控制、社会管理的机制，大量卓有成效的乡规民约就是其中的重要内容。云南各民族的乡村在保护环境资源、公共财产，保持社区和谐、尊老敬幼以及保持相邻民族之间的和睦相处等方面，有着很多良好的道德伦理观和社会控制习俗。

现在，云南的经济不断长足发展，但乡村的精神文明建设也还存在不少问题。如何加强云南乡村的文化建设，特别是精神文明建设，对农村构建和谐社会、人际关系和谐发展都至关重要。如何通过各种方式和途径，在云南的乡村大力推进和促成良好的社会生活方式，弘扬或重塑良好的道德价值观念，如何开展乡村民众喜闻乐见的农村文化活动，发掘民族民间文化，传播健康文化，是摆在各级党委、政府以及乡村广大的干部群众面前的一个重要任务和挑战。也就是说，进行健康和积极向上的社会主义乡村文化建设，也是关系到云南乡村今后发展前景的重要因素。

云南社会主义新农村的建设需要在促进农村经济发展的同时，加强弘扬乡村原有的优秀传统民风民俗，传统乡村管理机制等，在汲取优秀传统文化精华的基础上，进行当代乡村文化的再创新、再发展。培育适应社会主义新农村建设的有理想、有道德、有文化、懂技术、善经营的新农民，提高农民的综合素质，促进农民的自我发展。只有这样，云南的乡村才会长葆它的独特魅力，成为中国社会主义新农村卓有特色的一方风景。

民族精神的提升与小康社会的建设①

江泽民同志在党的十六大报告中，进一步明确了今后20年全面建设小康社会的任务：我们要在本世纪头20年，集中力量，全面建设惠及十几亿人口的更高水平的小康社会，使经济更加发展、民主更加健全、科教更加进步、文化更加繁荣、社会更加和谐、人民生活更加殷实。

丰富的物质文明，将促进实现中华民族伟大复兴。但只有物质文明的极大丰富，远非党的十六大所提出的全面建设小康社会的目标。小康社会以经济发展和生产力水平的提高为重要内涵，但小康社会并不能理解为是一个仅仅经济发达、物质生活富裕的社会。笔者认为，全面建设小康社会是物质文明、政治文明和精神文明并进发展的过程。正气高扬的民族精神和国民高尚的品格、国家的综合性文明程度，都是实现具有中国特色社会主义的小康社会的重要标志。

江泽民同志在报告中指出："民族精神是一个民族赖以生存和发展的精神支撑。一个民族，没有振奋的精神和高尚的品格，不可能自立于世界民族之林。"如果我们20年后在经济和物质上达到了世界中等发达国家的水平，而在整个政治文明、精神文明和民众的全面发展方面没有相应地达到一个现代文明国家所应具备的水平，那就意味着这并非一个理想的小康社会。

民族精神的提升、人的全面发展是实现小康社会的内核。而民族精神的提升是一个综合性的过程，它包括国民道德修养，文化素质的提高，包括国家的政治文明、生态文明的不断完善。

物质文明和精神文明之间有千丝万缕的关系，在现代世界，一个经济贫穷落后、民众生活穷愁潦倒的国家，不可能达到一种政治文明、精神文

① 原载《云南日报》，2003年1月29日。"天益"等多家网站转载。

明和生态文明高度和谐的境界，因为经济贫穷落后的根源，必然与它的政治制度、社会协调机制等有密切的关系。但另一方面，我们也要看到，一个国家的物质文明和精神文明也不总是同步的，如果没有开明的政治制度，高尚的国民道德修养，高远的精神追求，和谐的民风民情，良好的生态环境，那也会形成这样的现象：国家和民众相对来说是富有的，轿车华屋皆备，而其政治制度和社会体制却十分落后，社会风气和习俗不利于人的全面发展，生存环境恶化。这样仅仅有物质之丰裕和生活之舒适的富贵之乡，就如过去人们所形容的那种暴富的土财主，外面珠光宝气而肚囊空空，面目可憎。我们所要努力实现的小康社会，是政治、社会、自然、精神、物质诸多因素和谐一体、相依共存的社会。

我们以往侧重于从物质文明方面来衡量小康水平，而对精神文明、政治文明、生态环境和可持续发展方面的关注尚不够。一个理想的小康社会，应该是物质文明、精神文明、政治文明全面发展的社会。即社会主义民主更加完善，社会主义法治更加完备，人民的政治、经济和文化权益得到切实尊重和保障。全民族的道德素质、人格素质和科学文化素质明显提高，人民享有接受良好教育的机会。生态环境得到改善，自然资源达到保护和可持续利用的高度统一，人与人、人与自然更加和谐。

自从中国实施改革开放的国策以来，我国的社会主义建设突飞猛进地发展，人民的物质生活水平不断提高。但随着各种文化在我国的碰撞和交融，一些不良的社会风气也在经济发展的大潮中滋生，中华民族优秀的道德和伦理传统受到冲击，富于激情、正义和理想色彩的人生观在一些国民的心中逐渐淡漠，出现了没有自我约束地疯狂追逐名利、极端个人主义、享乐主义、功利主义的风气。

因此，笔者认为，我们在党中央作出全面建设小康社会的宏伟目标之后，除了关注小康社会要达到的各种经济指针之外，需要深思小康社会的文化和社会内涵，以及它应该具有的理想、理性和伦理道德的内涵。使我们致力于全面实现的小康社会，成为一个物质富有和精神富有兼备的社会，一个人民既享受着物质文明的富裕生活，又充满着真善美的社会公德和情操的社会。

在为建设精神文明、政治文明、物质文明、生态文明的高度统一的小康社会努力奋斗之际，我们既要呼唤中华民族优良的民族伦理道德精神、民族情操的回归和弘扬，又要扬弃中国数千年沿袭的传统文化中影响中华民族健康全面发展的那些精神糟粕；既要广泛吸收世界上各个民族、各个国家的优秀品格、民风和治国之道，学习其在政治文明、生态文明方面的成功方略和经验，又要杜绝全球一体化过程中对中华民族的发展势必带来不良影响的各种不健康的文化和风气。在此基础上熔铸出与时俱进、兼容并包而又具有卓然独立的品格和风采的中华民族现代文明。

在我们建设全面建成小康社会的奋斗过程中，需要高扬充满共产主义美好理想和人类真善美情操、道德魅力的精神旗帜，像雷锋、焦裕禄、孔繁森等优秀的共产党员那种无私忘我、兢兢业业的奉献精神和高尚的人格，他们永远是中华民族的人生楷模。中国古人那种“天行健，君子以自强不息”“先天下之忧，后天下之乐而乐”的人生境界，也是在全面建成小康社会的过程中应该弘扬的一种优秀民族品格。

民族精神的提升，是保证我们实现人的全面发展的小康社会，同时保证我们的小康社会永远闪耀着一种永恒的文明之光、理想之光的强大动力。

改地名之风不可助长①

2007年在丽江，一个文化界的朋友来找笔者，说丽江有一些人动议，应将丽江市玉龙纳西族自治县的大具乡改为“东巴镇”，因为那里自古以来纳西族的东巴祭司出得多，又是著名的“东巴纸之乡”；有的则建议改为“玉龙山镇”，因它就在纳西人的神山玉龙雪山区域内。笔者当时即对这位朋友和一些当事人说，这样改名不妥当！

大具乡位于著名的虎跳峡“下虎跳”处，是个丽江的历史文化名乡。位于虎跳峡“上虎跳”的迪庆桥头镇早就抢先把镇名改成了虎跳峡镇，丽江的不少朋友觉得很遗憾，自己没能够抢先取这么个好的名。现在想取个“东巴镇”或“玉龙山镇”，可能都有弥补这个遗憾的潜意识。

“东巴镇”“玉龙山镇”！好家伙，一个是文化名牌，一个是山川名牌，两个名头在国内外都是响当当的，是丽江目前的文化交流和旅游市场中的大名牌，如果在玉龙山范围的众多乡镇都想到这个，那无疑会有一场“取名之争”。想起当年“香格里拉”之名的“争夺战”，蔓延到了川滇藏地区的不少地方，继云南的中甸县在2001年12月17日改名为香格里拉县之后，2002年1月25日，经四川省稻城县政府及四川省政府的共同申请，稻城县原亚丁乡被正式批准更名为香格里拉乡。有不少媒体报道过，印度和尼泊尔等国也都多年在宣传“香格里拉”是在他们国家的某个地方。

自“香格里拉”之争后，常常听到各地有类似的改名之风和“改名之争”，比如湖南新晃、贵州赫章、贵州水城等地“争夺‘夜郎’之名”的“夜郎之争”等。笔者感觉到，如果这股风蔓延起来，不仅在省区之间，州市县乃至乡镇之间，都会产生这种抢着改地名、争地名的争夺战。

云南西北部的中甸县自从改称香格里拉县后，出现了一股旅游热潮，

① 原载《中国文化报》，2008年7月15日。收入本书题目有改动。

一些人认为是带动了该地旅游大潮的主要原因，笔者不否认“香格里拉”之名对迪庆州旅游的推动作用，但对将迪庆旅游的发展完全归功于地名更改的观点，颇不以为然。从一定的意义讲，滇西北的丽江、迪庆、怒江可以说是一个民族、文化、经济等诸多方面都有密切内在联系的区域，随着云南省政府在 1994 年就花大力气致力于推动滇西北的旅游，丽江获得“世界文化遗产”称号后，其知名度的不断提高也自然带来了一种周边效益。迪庆、丽江、怒江三地获得“三江并流”世界自然遗产的称号后，中甸县这个在历史上与丽江唇齿相依的茶马古道重地的知名度，即使没有“香格里拉”这个西方人意象中的“山国乐园”之名，笔者相信凭着迪庆州那么丰富的自然和人文奇观，它也会越来越吸引国内外的旅人。如果我们看看滇川藏广袤的藏族聚居区和其他多民族地区聚居地，还有那么多并没有改名的地方都常年吸引着无数的旅人，那也说明“香格里拉”的改名不过起了锦上添花的作用，而不是推动当地旅游发展的根本原因。

而且，反过来说，把类似“香格里拉”“桃花源”“伊甸园”等文学作品创造的一种神话境界和“理想国”的名称具体落实到了一个县一个镇，那也会产生一种把心目中向往的“乐土”“乐园”的境界落地后所带来的精神审美和心灵向往的失落感，毕竟，心中的理想国，应该是在自己的心里而非一个具体的地方。所以，比较而言，笔者倒更欣赏后来滇川藏三省一起提出的一个理念，即“大香格里拉区域”这个提法，《失落的地平线》的作者希尔顿创作这部小说时，大量地借鉴了西方探险家约瑟夫·洛克等人描写滇川藏交界地区的自然人文的论著作为素材，他创造的“香格里拉”这个美好的意象里，处处都闪烁着这片广袤土地上的山川河流和各民族风土人情的影子，来到这里，可能会有一种处处宛然如见香格里拉的影子的感觉，但又不应是在某个具体的县或乡镇。

从另外一个角度讲，我们要提高一个地方的知名度，除了靠此地本身的自然人文资源的个性魅力外，还应多思考怎样保护和发展这种地方魅力的可持续性，怎样基于自己的文化自信和文化自觉来真实地面对世界，而不仅仅是迎合西方人的某种想象来打造品牌。学者汪晖曾经说过这样的观点：“东方主义的幻影并不属于西方，它如今正在成为我们自己的创造物。中甸现在已经改名为香格里拉，这个生活着包括藏族人民在内的各族人民的地方，被冠以西方人想象的名号，那些从全世界、全中国奔赴藏族聚居区的旅游大军，那些以迎合西方想象而创造的各种‘本土’民族文化……”他说的这番话是值得我们深思的。

张家界市、石林县、香格里拉县等的改名，属于成功案例，尽管这更多的是从旅游经济发展的角度来讲的成功，而且也不能确证是否不改这个地名当地就发展不了旅游、提高不了知名度。笔者在这里想强调的一个观点是，不能因为有这样几个推动了旅游发展等的改名之例，就任一种更改地名的风气在中国蔓延，不能形成一种群起仿效的风俗时尚。且不说专家们已论证过的花费巨大的“改名经济成本”等问题，随意更改地名对我国的历史文化的原真性、延续性和地名与本地历史文化和民众生活种种千丝万缕的内在联系等，都会带来不利的影响。

笔者很高兴自己常年做田野调查的虎跳峡畔大具乡还没有被改为“东巴镇”或“玉龙山镇”，就在2007年，有深厚的历史文化底蕴的大具乡，已经被列为云南的60个旅游文化名镇（乡）之一，而在它上游的虎跳峡镇却无此殊荣，虽然其名称很响亮，但在历史文化底蕴方面，确实是没法和大具乡相比的，这也说明我们更应该重视发掘研究城镇的文化内涵并且去呵护它、发展它，而不是把精力花在去如何改一个响亮时髦的地名上。著名的“世界文化遗产”地丽江束河古镇在20世纪60—90年代30年的时间里，用的是“龙泉”这个改过的地名，后来在申报世界文化遗产时，恢复了历史上的“束河”之名。从字面上看，“龙泉”一名好像比“束河”这个词要响亮得多，但无疑人们更喜爱“束河”这个有着长久的历史延续性和丰富的本土文化内涵的地名。

因此，我们在试图更改地名时，还是要多想想地名的历史文化内涵及其在当代延续的重要性这一点，而不要轻率随意地就把一个古老的地名改掉。

盐马古道

——火腿之路[①]

江边晒盐最好的天是当地人所称的“桃花月”，即农历三月百花盛开之时。晒出的盐主要销到西藏的左贡、芒康，云南的德钦、丽江和四川的巴塘等地。一队队骡马穿街而过，赶马人和街上走着的人在大声亲热地打着招呼，对我们云南人来说，这就是最好的生活。

在人们的字典里，较之盐马古道，茶马古道恐怕是更为熟悉的词语。不过，作为一个多年来行走在大江大河拥围的滇川藏地区的丽江人，我知道，盐马古道对于当地人来说，是另一条同样重要的路线。百味盐为先，云南的火腿有数十种，色香味各不相同，不管是在 1915 年国际巴拿马博览会上荣获金质奖的宣威火腿，还是产自丽江市永胜县、获得第六届中国国际食品博览会金奖的三川火腿，抑或是大名鼎鼎已如神话般传唱的云南诺邓火腿，论起其精髓，当地人便会热情地带你去看当地的古盐井——没有上好的盐，其他都只能是虚妄的传说。据《云南通志》记载：汉代，云南有两盐井，安宁井和云龙井。据考证，汉代的云龙井就是如今的诺邓盐井。公元前 109 年，汉武帝派兵征服云南，设郡置县，其中有“比苏县”，有人认为“比苏”为古僰语“有盐的地方”之意，地点即以今云龙县的沘江流域为核心，

沘江即“比苏之江”。汉魏六朝数百年间，云南与内地始终若即若离，到史万岁征滇至唐天宝战争之前有 100 多年结束了割据局面，但南诏崛起后又与唐王朝分裂，其时有樊绰所编的《蛮书》介绍南诏物产，言及“细诺邓井”的盐，实际就是原来的比苏地区所产。《蛮书》是云南的第一部史志，书中提及的地名现在大都消失了，唯有“诺邓”之名至今依旧。公

---

① 原载《悦食 Epicure》，2014 年第 2 期。

元 1383 年，明政府在诺邓置“五井盐课提举司”，下辖诺邓井、顺荡井、山井、大井和师井这 5 个盐井，盐课提举司的衙门旧址至今还完整地保留在诺邓村里。

到了明嘉靖时期，再增加石门井、宝丰井、天耳井，共成八大盐井，但习惯上仍称为“五井”。云龙的运盐古道也被人们认定为广义上的云南盐马古道，这条古道北通丽江、维西，南向保山、临沧，东到大理、昆明，西到腾冲、缅甸。

云南楚雄州大姚县石羊古镇也是著名的产盐地，有2100多年的制盐历史，官方大规模的盐业生产始于唐代，清代中期年产销量达到鼎盛，有“盐都”之称。于是也就产生了著名的盐马古道。据《石羊志书》记载：公元前285年，石羊就有驿道通向外界，称为“白井驿道”，随着石羊盐产销量的扩大，到清代古驿道发展为两条主干道，一条称“博南道”，由西经镇南（今云南楚雄州南华县）、云南驿到叶榆（今大理），在大理中转后发往滇西各地；一条由东至苴却（今永仁），过金沙江进入四川转运至西藏。山间铃响马帮来，古道在崇山峻岭间延伸，石羊的食盐销往滇西24个府、厅、县及四川、西藏等地。清末民初，每天进出盐区的马匹多达四五百匹，商贩二三百人。那时古道上一路骡马，铜铃叮当，响彻山野。藏商从盐马驿道上驮了盐走，最终转上通往藏地的“茶马古道”。

云南还有著名的黑井古镇，位于云南省楚雄彝族自治州的“恐龙之乡”——禄丰县，自古以来是个产贡盐的地方。据《黑盐井志》记载：“土人李阿召牧牛山间，一牛倍肥泽，后失牛，因迹之，至井处，牛舔地出盐。”古代，黑井的人掘池储卤，用原始的薪炭法制盐；南诏大理国时期，掘池汲卤，用釜煎盐，黑井的盐成为专供王室的贡盐；元代，中央政府置威楚路提领管黑盐井盐运使司。但在这 2000 年中，黑井仅仅开挖了两三口盐井。明洪武年间，朝廷在黑井设正五品的盐课提举司，直隶于省。到清朝，黑井盐业到达鼎盛，盐税占到云南盐税的 64%。盐业促成了黑井的繁荣，黑井有史前十八犁田新石器文化遗址，万春山腰的元代摩崖，始建于元的古盐城桥，明清护城堤，以及长 788 米的顺河桥。这里的碑刻、石雕（万春山顶古墓石雕人马）、古塔、石牌坊、古墓、古戏台以及文庙、诸天寺、龙祠、飞来寺、香山寺等都有明清风格。

盐对人的重要性不言而喻，藏族著名的史诗《格萨尔王传》里就有专门讲述岭国和姜国争夺盐池的战争的专章，折射出史籍所载的四川盐源一带吐蕃和么些（纳西）人的“盐池之争”。在唐代，吐蕃南向扩张就因为看好南诏地区包括“细诺邓井”的盐等丰富的资源；明政府派王骥“三征麓川”时特别提高了五井的“盐引”（为使盐商供运军需粮饷而给其发放的购盐券）；清代嘉庆年间，滇西地区人民曾为五井等地盐的“官销”问题发生过一次震惊朝野的暴动。汉武帝实行盐铁专卖后2000年来盐铁生产销售都直接由中央政府管理，但明清以来盐商们非常活跃，朝廷不得不在政策上有所改革。诺邓、顺荡等地盐质甚佳，盐商各争市场，故明代后期出台一项行盐政策：“地方台井之盐，专行大理；五井之盐，专行永昌（即保山）”，定销滇西“八府州县”。至此，保山、腾冲直至缅甸一带的食盐主要由五井地区供应。产盐区迎来了往来不绝的各地商贩，运盐古道自然形成，各种因盐而繁荣的街市建筑也应运而生，除了民居，诺邓村有玉皇阁、文庙、武庙、龙王庙等明清时期的众多庙宇建筑，盐井、盐局、盐课提举司衙门以及街巷、驿路等古代建筑。诺邓至今流传的一首诗道出了当年的盛况：“万驮盐巴千石米，行商坐贾交流密，百货流通十土奇，铭铃时鸣释道里。”这首自明代开始传诵的诗歌，让我们能想象出当年骡马成群、商贾云集、货物琳琅满目的盛况。

禄丰的盐运古道有两条，即黑井盐运道与白井盐运道。黑井道路连接滇中地区的几大著名盐井，步行走捷径，而驮马则迂回而行，分为步道和马道。这些运盐道路四通八达，把盐运往四面八方。走在盐马古道上，一路可看到石板路上的马蹄印，古石桥，沿路的各民族村落，农舍阡陌，清流绿树。如今的古道，有的依旧马铃叮当，有人和马络绎而过；有的古道，则满眼已是蔓草荒烟，行人寥落。过去云南盛产盐巴的这些古镇，后来逐渐因为海盐的引进而衰落，盐村繁华，如风飘逝，而很多因盐而生的历史文化遗产，依旧在古道上熠熠生辉，造福后世。盐和茶的故事，代代相传。

由于盐是国家重要的税收来源，政府对盐的重视毋庸置疑，但“私盐”现象也一直存在。在盐马古道的青石板上，留下官方马队的印迹的同时，也见证了另一些黑夜身影：一些人悄悄用背篓背着私盐，给些好处费，也有马帮愿意运输私盐。运私盐风险很大，但仍有人愿意冒险，滇西一带对五井盐情有独钟，有些地方到儿女婚嫁时定要用红布包一块诺邓盐作为彩礼。

诺邓盐的成分是氯化钾，用钾盐喂牲口可防治疫病，也能催膘；据说母畜吃了这种盐后还容易发情，有利于牲畜的繁衍。诺邓盐是藏族聚居区最喜闻乐见的盐，一旦突破防线，把盐运送到藏族聚居区，将换来大量珍贵马匹、药材和毛皮。

盐马古道上也流传着许多故事，五井的学子赴省进京赶考的寒苦、各地商人沿途担惊受怕的遭遇、跑缅甸的淘金者在路边的吹嘘，每个寨子的匪事、兵争、官司、逃匿出走、贩卖私盐……但最有趣的还是马帮的故事。那时，只要在深山老林里，在没有尽头的古道上，远处传来一阵马铃声，紧接着你就会听到赶马人唱的山歌了：

小哥出门要去哪？
赶着几匹大骡马，
一路踩山花。
漕涧梁子吆下去，
界头岭岗往上爬；
桥街盐巴换洋布，
好送女人家。

“漕涧梁子”指的就是怒山，“界头岭岗”即高黎贡山，而“桥街”则指腾冲与缅甸交界的街场，就是现在的猴桥口岸。这首山歌的年代不长，那时候，盐马古道上已经出现了异国人的身影——鸦片战争之后，云南也开始走向世界，英国生产的布匹与五井生产的盐巴在中缅交界的街场上进行交换，滇西更热闹了。

2007 年，我曾经探访过黑井一带的盐马古道，每天都见到云南矮小但非常善驮重物的马驮着日用品在石板路和土路上走过，只是如今马驮的已经不是盐，而是各种山货和日用品了。因盐而繁荣建起的一些石牌坊还完整地矗立在黑井的街上，有“节孝总坊”“德政坊”等，其中的德政坊有这样的文字说明：“德政坊，因民盼征盐税而施德政得名。”

此外还有建于元代的五马桥。街上有店铺挂着一排排本地腌制的火腿出售，也是这里的特产。有个本地老人从小就从事制盐的工作，痴迷本地盐业史，常常自愿带客人去看盐井，讲述盐马古道的故事，为表示自己是行家，还专门挂了一个胸牌。他领着我们去看位于山上的古老盐井，盐水依旧汩汩涌流，一路可见白色的斑斑盐渍。原来远近闻名的盐厂还在，只是很多设备已经锈迹斑斑，废弃不用了。

至今依旧繁荣的茶马古道重地之一，西藏昌都市芒康县的盐井乡，它地处西藏自治区东南端，位于横断山区澜沧江东岸芒康县和德钦县之间。盐井乡是历史上吐蕃通往南诏的要道，也是滇茶运往西藏的必经之路。

盐井盐田这道人文景观现在是茶马古道上唯一存活的人工原始晒盐风景线。至今，我们在这里还可以见到古老的晒盐业，盐井山高谷深，沿江两岸三叠纪红色沙砾层出露有盐泉，当地的纳西族女子用长圆形木桶从江边的盐井内将盐水一桶桶背出，然后爬上来一一倒于一块块晒盐田之中。一两天后，井盐便在峡谷暴烈的阳光和强风的吹拂下成为固体状盐。在2002年，从事盐业的村民每人每天从这种盐业上所能得到的平均收入为40元左右。

袁嘉谷故居成了饭馆之我见①

2008年3月30日，《春城晚报》刊登了4篇短文，分成“支持派”与“反对派”，讨论云南唯一状元、文化名人袁嘉谷昆明故居改造成饭馆之事。我属于反对派之一，现将这篇多年前的文章收录此书。

一

随着不断的旧城改造和破旧立新，昆明已经很难从它的街区寻找到历史文化名城的踪迹了，我读大学时还能见到的各个历史街区、一些幸存的包括法式建筑等昆明独特的建筑也已几乎绝迹。唯一还能寻找到一些历史文化影子的，是在这个当年的历史名城的一些角落里，还有那么几座幸存的老宅院，还能依稀想见当年昆明古城的地方文化气度和风貌。而云南历史上有过的唯一状元袁嘉谷的故居，便是如今昆明人还可自豪地展示给外地人的一个地方。

而这个云南大名人的故居，现在已经改造成了一个饭馆，我不免叹息，这样一个名人故居，在名城昆明，怎么就成了一个饭馆呢！我也曾周游列国，瞻仰过包括马克思、恩格斯这样的大名人故居，也参观过无数地方小名人的故居，里面多是以介绍其人其事的图文加上与房东密切相关的旧物为展示主体，使来访者感受到浓郁的当地历史文化气息。国内的，像湖南凤凰城的沈从文、熊希龄等名人故居，成为旅游名城的人文金字招牌，我们走进去真的是一种瞻仰，远非去一个有名的饭馆的感觉可比！

相比之下，我觉得我们昆明这样做未免烟火味过浓了一些，虽然我们有名言“民以食为天”，中国人的吃名满天下，中餐馆遍及五大洲，但如

① 此文刊登在2008年3月30日《春城晚报》上的题目是《未免烟火味过浓》，刊登时有删节，此为完整稿。

果我们把作为一个地方精英文化重要象征的名人故居，也动辄改造成烟火缭绕美味飘香的饭馆，那未免太让人觉得这个地方的人最关心的就是果腹之事，酒肉之求。

一个标榜为历史文化名城的城市，应该既有锦衣玉食之地，但也应该多一些可以使人弹琴焚香、静思默想、学习和触摸本地文脉，与古人对话，徜徉于精神之旅的场所，而像袁嘉谷这样的文化大名人的故居，应该就是这样的场所。如今把它改造成了一个喧嚣的饭馆，我总是感觉到其中有一种浓郁的悲凉，一个国家级历史文化名城的悲哀。

与袁嘉谷密切相关的石屏会馆早已成为喧嚣宴乐的餐馆，而现在，袁嘉谷旧居又在烟火缭绕中了！

我忽然想到，如果把如今很多旅人慕名而来参观的我家乡丽江古城的历史学大师方国瑜故居改造成一个饭馆，那不知要被当地人怎么唾骂呢！2007年我到袁嘉谷在故乡石屏的故居，发现石屏人把它保护得很好，有各种图文和家居民俗旧器的展览，我们在里面感受到了这个边邑名人的前世今生。而在省城昆明，它的命运怎么就这样了呢！

二

今天和朋友聊天，听到一些“袁嘉谷故居变饭馆”引发的议论。一个媒体的朋友讲，她的朋友说到一个观点，她觉得很难反驳，这个观点的大意是：袁嘉谷故居过去在昆明的什么角落都很少有人知道，就是在变成了饭馆后，人们才慢慢地知道了有这么个“状元故居”，所以这个故居开成饭馆是好事！

这个朋友说的可能是事实，如果不开这个饭馆，可能知道它的人真的很少。从这一点上看，这个饭馆确实立功了呢。但仔细一想，却也有不少使人叹息和反思的意蕴在里面。

酒肉飘香的饭馆引来了食客，于是食客们才知道这里原来是云南唯一的状元的故居呢。饭馆的这个“功劳”，更使我想到昆明这个城市在关注历史文物场所和文化名人故居方面长久以来的漠视，如果昆明有个好的传统，早就注意保护和宣传作为历史文化名城一部分的名人故居，那就不至于要靠能引人口腹之欲的酒肉之香来让人们关注它了。

西南联大在昆明期间，昆明一时藏龙卧虎，握灵蛇之珠、抱荆山之玉的中国一流学界大师云集昆明，闻一多、冯友兰、金岳霖、朱自清、沈从文、梁思成、林徽因、钱锺书、费孝通等一大批名人都在昆明生活过很长时期，都有故居，如果我们能珍惜这些故居，那今天的昆明无疑就有了很多值得去参观、怀旧和追思大师们的地方，这段昆明乃至云南都值得自豪的辉煌历史就将成为一个可视可感的具体历史场景。可惜我们过去没把它当一回事，没做多少应做的保护维修等，更说不上宣传，自然就很少有人知道昆明还有过这么多的名人故居，包括我，也确实不知道这众多名人故居都在这个城市的哪些角落里。而且，这些名人的故居很多已经或正在我们的眼皮底下颓然消逝在蔓草荒烟中。幸存的这些，我们是否都要靠类似做成饭馆酒楼等酒肉飘香之地的方式来重新让人们来认识这些地方呢？如果这样做，是不是有些不对劲？是否应该思考这个城市在历史场景的保护和重视方面确实出了不小的问题呢？

我认为，如果一个国家历史文化名城有足够的文化自觉，有一种起码的文化遗产保护意识，那根本就不必也不应该借助餐馆酒楼这些果腹娱乐之地来吸引人们的眼球和招揽来访者。

摄影，需要充满人情味的互动①

在网络上，有一篇题为《十二月在山坡上哭了》的帖子被广为转载。作者提到了一个常见却被忽视的问题：越来越多的人深入民族地区旅游，丰富多彩的少数民族文化习俗、虔诚的宗教信仰，促使他们端起相机记录这一切。但是在拍摄的过程中，有些人忽视了拍摄对象的感受，缺乏应有的尊重。

仔细想想，这样的举动很多人都曾有过，只是没意识到。尊重拍摄对象，让摄影成为一件利人利己的好事，这个意识应在每个人心中扎根。

摄影，是一种怡情悦性、娱己娱人的高雅活动，是一门写真录实的艺术。自从摄影这门技术和艺术产生以来，人世间留下了多少稍纵即逝、瞬间定格的珍贵影像。它们长久地感动着我们，也为历史画卷增加着精彩的一页页篇幅。

而这些反映摄影者围追堵截拍摄对象的照片，使人产生非常不愉快的感受。片中的摄影者在拍摄时那种满不在乎的表现，暴露出他们缺乏起码的对人的尊重。将心比心，试问，如果拍摄者本人或者他的亲人也被人以这样的方式拍摄，会有什么样的感受呢？

人的各种行为是有道德伦理来制约的，摄影也该讲伦理道德。一个最基本的摄影伦理观念是，摄影者应该对他们的拍摄行为负责，必须考虑自己在拍摄现场的行为对拍摄对象的影响。摄影者要想将拍摄对象的生活场景、内心世界如实地记录下来，首先必须有一种尊重人的态度、平等的姿态，应该深入了解拍摄对象，尊重拍摄对象的意愿，与其进行良好的互动，让他们在镜头面前有一种愉悦感，轻松自然。唯有如此，才能说是遵守了摄影的伦理道德，拍摄出的作品才有积极的社会意义。

① 原载《中国民族报》，2014年2月21日。

美国国家新闻摄影师协会在其道德规范第四条中就规定，摄影者要对所有被拍摄者尊重，保持被拍摄者的尊严。

摄影者如果不择手段，以不顾他人感受的态度和方式去拍摄人物，也许他们会碰巧拍到可以满足一些人好奇心理的照片，但这样的摄影作品是有严重的道德缺陷的，不能算作一种成功的、于人有益的艺术品。真正的人物摄影艺术，需要摄影者与拍摄对象进行良好的互动。

笔者认为，摄影者应该时刻有这样一种意识——在近距离拍摄人物时问一声："我能给你拍照片吗？"即便不问，也要和拍摄对象保持一定的距离，尽量不去干扰他们的生活。当然，有不少摄影者在拍摄人物时，会先征求对方意见，并且把被拍摄者的地址、名字记下来，把照片寄给他们，使被拍摄者喜出望外。这种摄影者与拍摄对象之间充满人情味的互动行为，值得每一位摄影爱好者学习。

对待文物，保护是最好的挽留①

近日，香港明星成龙发微博，表示打算将自己20年前购买的10栋安徽古建筑中的4栋，捐赠给新加坡的一所高校，引起了广泛的讨论。

和很多网友一样，我个人也希望将这4栋古建筑留在国内并好好保护起来。但这事也引发很多思考，如何在制度和行动上有更为有效的规定和措施，形成举国上下自觉呵护民间文化遗产的氛围和共识，否则，我们的民间文物，也许还会流失海外，即使不流失海外，也会因为缺乏保护意识、措施而不断消失在岁月的风风雨雨之中。

20多年前，我曾经在德国国家图书馆面对在1949年前被西方人士带回的数千卷珍贵的东巴经而感到痛心疾首，悲叹故乡文物飘零国外。可同时，看到德国国家图书馆能将这些象形文古籍视如珍宝，呵护备至，心里又有一种辛酸的欣慰，毕竟，这笔中国的文化遗产还留存世间，我们还可以通过适当的途径把它复制回来进行整理研究，就如流散国外的敦煌古卷那样。

我也曾经在20世纪80年代初目睹昆明老街武城路、长春路被拆除，不少年代久远、雕刻精致的民居被拆得一片狼藉，被随意踩踏；我也目睹了不少村镇建造精致、雕梁画栋的很多老建筑，被轻易地拆除而代之以满墙明晃晃瓷砖的建筑垃圾。

很多事实表明，在目前有的地方的拆迁和重建中，很多有文物价值的古建筑被野蛮拆除的事件还在不断发生。我觉得，如果我们不在保护历史文化遗产上形成各级政府的共识和国民意识，不出台更多切实可行的保护条例和实施细则，很多民间的历史文化遗产还会不断地消失。

所以，当我们在痛心疾首地谴责外捐国家文物或有价值的文化遗产之

① 原载《广州日报》，2013年4月13日。

时，更应该深思我们怎样来珍惜和呵护还在不断消失的各种物质和非物质文化遗产，包括那些因达不到规定“级别”而未被列入《国家文物保护法》保护对象的民间文化遗产，用不是一纸空文而是真正起作用的法律法规，用违法必究的问责制和行之有效的管理方式，保护我国还在不断消失的历史文化遗产，让像成龙先生那样手头有珍贵文物或民俗文化器物的人士，能够对祖国的文化遗产保护有足够的信任，进而愿意将他们的收藏留在国内或捐赠给相关文化机构。

我在欧美各国和东亚、东南亚国家也常常看到各国国家和地方的重要广场乃至街头巷尾，都有该国该地的历史重要人物的塑像。对历史伟人的这种纪念方式，是体现一个国家历史文明和尊重历史文化遗产的重要内容。正因为这样，我觉得在天安门广场这样具有神圣时空意义的国家广场塑中国伟大的思想家，是好事，但不宜仅仅塑孔子一人，皇皇中华，泱泱大国，群星璀璨，中华民族并不是只有一个孔子才有资格矗立在天安门广场，而应该同时塑与他齐名的、对中华文化有过深远影响的中国其他伟大的思想家。

火光中的忧思

——边地能源问题的思考①

森林大量被砍伐导致能源危机

千百年来，取自大自然的木质能源是人类的命根子，天上的日月星辰照亮了人类的生存繁衍和在大地上的探索谋食之路，而地上那温暖的火孕育了人类的文明，火光照亮了人生，人的一生都离不开火。人类学会用火后，逐渐把火引进自己的居所，火正式进入了人类的家庭生活，开始了火与人之间更为神秘而生死相依的关系。笔者曾写过一本论述火与人千丝万缕关系的《火塘文化录》，联合国粮农组织认为这本书挖掘了社区能源文化方面的内涵，组织人把它翻成了英文。

随着人类社会人口的增长，随着城市化和工业化的大规模发展，人类对森林的索取越发贪婪，大片大片的森林在人类的刀斧下纷纷倒下，源源不断地运出深山老林去默默承受它们为人类这个自命是大自然主人的灵长类动物种种奢华的需要。

结果是，人类赖以生存的能源便日益枯竭，曾经是中华文明重地的黄土高原曾经是满目苍翠的绿洲，曾几何时，已经成为人们连找一些枯草都不易寻到的荒芜之地；位于长江上游的滇西北过去到处是林木参天的原始森林，20世纪50年代以来，国有林业部门蜂拥而上进行“五斧砍树，十臂争林”的大砍伐。在那时的滇西北，今天在山上见到的还是一片密匝匝的森林，而翌日便已成一片光秃秃的野地是常见的事。而且当时的森林采伐是只砍不种。在大量的木头源源不断地用成百上千的汽车日夜拉出滇西

① 原载《人与生物圈》，2005年1期。刊登时有删节，此为完整稿。

北的同时，森工机构也采用水运之法，当时金沙江上成天漂着大量的成材木，远远望去就像天上撒下无数把面条在江中。这样大量的采伐使滇西北的森林覆盖面积从 20 世纪 60 年代初的 56% 下降到 90 年代的 30% 左右。

结果是，绿洲蒙尘，青山不再，水土流失不断加剧，导致了洪灾和泥石流。

过去，当地社区民众的柴薪消耗对于莽莽苍苍的森林而言，不过是取点皮毛。何况很多社区都有严格的管理山林的乡规民约来保证山林的可持续利用。随着大片大片原始森林的消失，大自然留给人们生存的木质能源日益枯竭，如今，社区民众的柴薪消耗也已经成了一个严重影响生态环境保护的问题。

贫困与能源危机

滇西北作为全球 10 个生物多样性最富集的地区之一，同时也是人类生活很贫困的山地，人们对柴薪能源的依赖性很大。据笔者参与的中美合作“滇西北保护与发展行动计划”课题组在 1999 年到 2001 年的调研，滇西北烧柴草的村（今村民委员会）家户分别占其户数的 78% 和总人口的 70%，每年因烧柴造成至少 12.92 万公顷的森林消失。天然林保护工程所禁止的商业性采伐只占整个森林砍伐消耗量的 40% 以下，而区内薪柴林在林地中的比重不足 0.5%。如不能尽快解决当地居民生活能源的替代问题，50 年后，滇西北宝贵的天然林将逐渐消失，其生态功能和生物多样性也将随之逐渐丧失。

能源的日益枯竭也给当地老百姓的生活带来越来越多的困难，在笔者调查过的不少滇西北村寨，10 多年前，去砍一背柴只需要 1—3 个小时，一天可以去几趟，而现在，很多村子的村民一天能砍回一背柴已经非常不易。

贫困和经济收入来源单一，是造成能源大量消耗的一个原因。笔者长期进行调研的丽江市玉龙县白沙乡文海村位于玉龙雪山南麓，海拔 3180 米，过去是森林参天之地，经过多年人类生产生活行为的影响，现在已经没有了原始森林。该村村民以烧炭作为最为重要的经济收入来源之一，据 1995 年的调查，有 40％的农民烧炭卖。据 2000 年的调查，文海上、下村除没有男劳动力、有人在外工作等几户外，其余的农户都在烧炭，一年平均每户烧 23 窑，每家按 400 市斤计，共烧 4600 市斤左右，每公斤按当时的价格计 0.6 元计，收入 2760 元左右。长期的烧炭所导致的是对文海村生态环境的危害，烧炭主要殃及栎树，一棵碗口粗的栎树需要长 10 年，它是自然更新比较快的树种，然而烧炭量大，不用多少年的时间，栎树基本会被砍完，因此不少村民忧心忡忡地说："栎树再过几年就没有了。"

在滇西北地区，过去，传统手工业和从事副业机会的稀少使很多妇女只能以砍柴卖柴作为主要的经济收入来源，笔者在丽江龙泉村（今属于丽江市古城区）调查时，据一些当时参与过砍柴卖柴的妇女们讲，冬春二季，每天半夜三更起床去砍柴，回来后又得马上去参加集体生产活动，否则会被扣工分。据当地老人和君淑讲，她曾连续砍柴 50 多天，因那时砍柴卖柴几乎是唯一的家庭经济来源。

据笔者主持的一个项目的调查结果，摩梭人聚居的云南省宁蒗县永宁乡八珠村薪柴大量的消耗是导致森林不断减少的原因，也是威胁八珠村生态环境的主要因素。在八珠村村界内，分布有森林的地区只有金处山，村民的生活用柴都到离村 4—5 公里的"依挖我"山砍伐。而根据村民所绘制的"1979 年八珠村资源图"，在 1979 年以前，从金处山到中海子、小海子（在金处山以南，距八珠村约 1.5 公里）都分布有森林，从 1979 年到 2000 年，这一地区的森林迅速减少乃至消失。这些森林的减少乃至消失正是村民砍树烧柴引起的。村民烧柴主要用于几个方面：照明、炊事、煮制喂牲畜的饲料。

火塘生活方式与能源危机

如今，过量消耗柴薪的传统生活方式也是形成今天乡村能源危机的一个重要因素，如居住在山区的一些少数民族中，虽然有灶，但人们更多地使用火塘，火塘几乎一天到晚不熄地燃烧着，每天都要耗费大量的木材，由于木材日复一日、年复一年地大量损耗，很多山区的自然生态受到极大破坏。在一些边远的民族地区，至今尚未有电，因此火塘还发挥着照明的功能，森林在逐年减少，但人们不能不用火塘，因此要翻山越岭去砍柴。

据笔者主持的一个项目的调研，由于云南小凉山彝族居住在高寒山区，气候严寒，冬季时间长，火塘就为每个家庭必不可少之物。彝族家庭火塘一年四季不熄，煮饭、烧水、烤火取暖，均靠它。据调查，仅宁蒗县跑马坪乡沙里坪每个家庭一天烧柴 15—25 公斤，有的家庭每年烧柴上万公斤。村民烧柴取自于山林，仅此一项，对森林的破坏就是很严重的。据对丽江市玉龙县拉市乡南尧村西村的调查，该村彝族人认为火塘是彝人家户的中心，它不仅是全家炊食、待客、起居、生育的地方，也是家户议事和举行祭祀、驱鬼等宗教仪式的地方。火塘不仅被赋予了象征家户运数和兴旺的神秘意义，同时也被赋予了象征“香火”的延续的文化含义。薪柴是彝人炊食、烧水、煮猪食和取暖的唯一燃料，在他们看来，“人在薪柴在”“人穷柴不穷”（彝族谚语）。不仅火塘常年经久不熄，只要人在火塘边，火塘里的火也总是烧得旺旺的。这里每个家户日烧薪柴约 45 公斤，年烧薪柴约 16425 公斤，约 32 立方米，即使以干湿薪柴各占 50% 计，这一数目对于环境生态林木的压力不能不说是巨大的。据云南省社会科学院研究人员在德钦县明永村的调查，每一户人家每天在火塘上烧掉的薪柴，从几十公斤到两三百公斤不等，平均每户人家一年所需薪柴不会少于 10 吨。

传统资源管理机制的衰落与能源危机

中国西南很多民族过去都有非常严格的管理社区山林的乡规民约，它是保证社区森林资源得以保护和可持续利用的重要因素。

比如，笔者长期的田野调查点丽江市玉龙县白沙乡玉湖村，过去，该村在保护集体山林、恪守乡规民约等方面有很好的声誉，特别是传统的长老会组织十分有特色，对监督和约束村民的行为规范、完善村子的组织管理工作、促进村社公共道德观念的传承、保护村子的生态环境等曾起了相当大的作用。

20 世纪 50 年代前玉湖村传统的村民长老组织叫“老明会”。“老明”是对入选者的称呼， 选为“老明”的一般都是在村中深孚众望的老人，每 3 年选一次，选举时间是在农历六月火把节期间，召开村民大会公开选举，一般选七八人至十多人。不称职者在下届就会落选。“老明会”负责制定全村的村规民约，并负责评判事端，调解民事纠纷，监督选出或由“老明会”指定的管山员和看苗员看管好公山和田地，如有乱砍滥伐、破坏庄稼等违犯村规民约者，由“老明会”依村规民约惩罚。

村民起房盖屋需木料，首先要向“老明会”提出申请，经“老明会”批准后，由村里的管山员监督砍伐，绝对不许多砍。甚至结婚时要做床的木料也要经“老明会”批准后才能按指定数砍伐。立夏是自然界植物动物生长发育的关键时期，因此，立夏期间要封山，封山期间禁止砍树、狩猎和拉松毛。封山期结束后，允许村民拉松毛，但按照村规民约，每户只能来一至二个人，这主要是用来防止劳力多的人家多来人拉松毛，使劳力少的家户吃亏。“老明”们亲自坐镇山路上监督。执法如山，很多“老明”对亲友也不留情面。这些公众选出的“老明”都是义务地为村里服务，不收取任何报酬。由村民选出或由“老明会”任命的看苗员、管山员对自己分内的工作也相当负责，每天都兢兢业业地看苗、管水、巡山，一发现违犯村规民约的就当场处罚或上报“老明会”，由“老明”对肇事者视情节轻重处罚，即使是地方上的村长、保甲长等头面人物的亲属犯了村规民约，也一视同仁地处罚，因此村中正气很盛，保持了良好的生态环境。

从1949年到1976年这一段时期，除在“大跃进”阶段因修粮场、大炼钢铁铜等活动而使村子周围的一部分森林遭受较大的损失之外，集体对山林的管理还比较有效。20世纪60年代时，村民结婚做家具、所需木料还得经集体批准才能按数砍伐。加上1976年以前村中起房盖屋者少，因此集体林没有遭到大的损失。玉湖村的森林遭受毁灭性的损失主要是在1980年以后，玉湖在1983年开始搞“两山制”（自留山和落实责任山），村民错误地理解“两山制”的内容，忽视“两山制”时所订的各种规章条约，集体管理失控，滥伐森林之风兴起。随着木料市场的开放，一些社区基层干部和群众错误地把砍卖木料理解为“靠山吃山”，于是，就掀起了乱砍滥伐之风，当时的农村基层组织已无力制止这股群起而上的歪风。这股风就越刮越猛，以致后来地县数次派工作队下来制止，也只能起作用于一时，无法从根本上制止。于是，玉湖村的集体林就遭到了毁灭性的砍伐。

其他导致能源危机的因素

如今旅游业蓬勃发展，一方面，促进了当地的经济发展，另一方面，乡村社区对柴薪的需求量更大。很多地方随着大批游客的进入，需要大量的柴薪组织频繁的篝火晚会，如泸沽湖边著名的旅游点落水村每天晚上都要消耗大量的柴薪来组织“篝火晚会”，让游客尽兴而欢。旅游的发展促进了餐饮业，因此极大地增加了社区民众柴薪的消耗量。有些社区的民众靠旅游发了财，不一定自己上山砍柴了，可以在附近村镇出钱买，但森林被逐渐蚕食的恶性循环依然存在，只不过是换了另外一些人去更穷的村寨附近的山头去采伐柴薪而已。

在边地山区如何解决能源问题

（一）一些节约能源的举措

看来，解决能源问题是改变传统生活方式，保护自然生态环境的重要一环，如何改善灶具，使用节柴灶，发展新的能源如煤、电、天然气，是很多民族地区面临的一个紧迫问题，解决边地能源问题，比如建设薪炭林、绿色产业基地、生态园、绿色长廊等。利用水电、太阳能、煤炭、沼气等能源改造能源结构，降低由于生活生产能源消耗对生态环境的威胁，促进生物多样性保护。目前美国大自然保护协会在滇西北实施大棚沼气试验性项目，取得了在高海拔地区融种植蔬菜、建沼气池等多功能于一体的效果。此外，在滇西北一些高寒山区所推行的节柴火塘也有比较好的效果。

从云南的情况看，多种植薪炭林是保护森林资源十分重要的措施，特别是在高海拔地区，发展沼气和电能均因火力不足、热量不高而难以满足村民驱温取暖煮猪食的要求，故在荒山上人工营造薪炭林是最好的解决办法。

据中美合作“滇西北行动计划”的调研，目前滇西北薪炭林的数量严重不足，所有县区的薪炭林数量都不足3%，林种结构极为不合理。特别在澜沧江、金沙江流域上游地区的迪庆州和丽江地区，这种现象显得更为突出。

（二）本土文化与节约能源

另一方面，要充分利用传统知识体系和管理机制来促进节约能源消耗，如充分发挥村委会、家长会、老人会、妇女组织、宗教人士（如东巴、毕摩、活佛、僧人等）和组织（如寺庙、教堂）、社区民间合作组织等来参与社区森林资源的保护和管理。充分发挥传统山林管理机制的积极作用。如滇西北很多民族在集体山林资源的使用上，各村都有传统的定期砍伐的习俗，纳西人称这种定期采伐方式为“局然”或“居号肯”，指这种有组织的每年或二至三年一次的砍伐，每次“局然”都定期砍伐某一特定区域的树林，第二次又换另一区域，目的是让树木周期性地生长，保持森林覆盖面的平衡。这种定期定量砍伐的传统由于是严格控制下的合理砍伐，树木能周期性地良性生长，既兼顾村民的柴薪和生产生活用木材的需求，对集体山林也不造成危害。“局然”期间，男子上山挖树根，人们认为挖一些特定树木的根可使土壤松软，有利于人工种的和随风自然入土生长的树种。但按传统习俗，他们只挖那些长不大的小灌木栗树（如当地人称为“寿巴”的灌木）等杂木的根，而不挖栎树（纳西语称为“枝巴”）等的树根，当地人认为这些树木是水源林木，能长大，不宜挖根。割垫畜圈的青枝也是本着这一原则。

据笔者调查，在丽江市古城区龙泉村（束河），“局然”后，各村还买来松树种子，用牛犁或人挖，将砍伐过的林地的土弄松，撒种树籽，一般由管山员负责撒种。这一传统习俗至今在不少村子中还保留着。龙泉的仁里、松云、文明等村所栽树木的成活率达到75%。

玉龙村有十分优良的护山爱山传统。在村民中，普遍地流传着纳西人的一条古训，即“考恒居墨过”，意思是“皇帝和国王的富足比不上山的富足”。纳西人认为，即使开明的帝王救济穷人，也只能救济一时和一部分人，而青山绿水则能永远施惠于人，造福于人。所以，玉龙村人历来视山林为全村人共同的财富，制定村规民约严格管理，在过去席卷金沙江上游的多次乱砍滥伐风中，玉龙村民坚定地保住了自己家园的这一片青山绿水，青山绿水亦给了玉龙村民丰厚的回报，如今玉龙村的松子是驰名“纳西古王国”的名特产，是该村村民的重要经济收入来源。村民对这一片作为衣食之源的集体林保护得特别好，何时采摘松果也有严格规定，定在每年农历九月适合采集的一个日子，全村村民在统一的管理下采摘松子，因此，这项山珍年年给村民带来可观的经济利益。

火塘生活方式是导致能源大量消耗的因素之一，促使人们改变一年四季整天烧火的火塘生活习惯，节约木材，已是当务之急。但如果火塘生活方式全然消失，很多民族围绕着火塘的一整套传统文化体系将随着火塘一起逐渐消失，如火塘那种蕴含有丰富的宇宙空间信仰象征文化、作为家居中心的信仰体系和各种各样必须在火塘边举行的宗教和民俗、人生礼仪等等，都将消失，这意味着一个独特的民族文化载体将会失去。如果我们能够大面积地发展速生的薪炭林，火塘生活方式在一定程度上的保留将会有益于民族传统文化的保护。很多西方国家的家居生活中特意保留了使用柴薪的传统壁炉，其宗旨也是要保留一种传统文化，一种古老的生活方式。因此，如果柴薪资源快速更新的问题能解决好的话，火塘生活方式并非绝对地与节约能源和环境保护水火不容。

大山深峡里的文化宝藏

——寻找“藏彝走廊”里的非物质文化遗产[①]

“藏彝走廊”山河壮丽，人文荟萃。众多民族的文化与自然环境互动共生，形成异彩纷呈、个性卓然的种种非物质文化遗产奇观，构成中华民族文明充满奇情异彩的壮丽画卷。我们在这里撷取几个方面，做一个简要的介绍。

一、民间口头传承文化

“藏彝走廊”里以属于藏缅语族的民族居多，他们千百年来一代代口头传承下来的文化，是非物质文化遗产中最为突出而绚丽多彩的构成部分。

首先，这条走廊地带文化的封闭性和差异性特别突出，因此，作为民族文化载体的各种语言异常丰富，正如流传在这里的谚语所说的，“一条沟里一种话”“五里不同音，十里不同俗”。如在“藏彝走廊”中的嘉戎、白马、木雅等藏族支系，不但在服饰和生活习俗上保留了自己独特的民俗，而且还完整地保留着自己的语言或方言。学者们在这些嘉戎语、木雅语、道孚语、白马语中均发现了许多更古老的语言遗迹。如木雅语中除包含了早已不复存在的西夏语的某些特点外，还保存有古羌语的成分。此外，在这条走廊里还产生了一些独特的古文字，最典型的是纳西族先民所创制的“东巴图画象形文字”，由于至今还有人能释读，所以在国际上有“世界上唯一活着的象形文字”的美誉。

各种各样的语言文字承载了绚丽多彩的文化，形成了“藏彝走廊”里各个民族丰富多彩的民间口头传承文学艺术作品，如举世闻名的藏族史诗

---

① 原载《民族画报》，2008 年第 6 期。

《格萨尔王传》，便是一部气势恢宏的英雄史诗。

《格萨尔王传》大约产生在公元前二三百年至公元6世纪之间，在近千年的漫长时期内，靠具有天才的艺术禀赋的民间艺人口耳相传，不断丰富史诗的情节和语言，到12世纪初叶，《格萨尔王传》日臻成熟和完善，在藏族地区得到广泛流传，在“藏彝走廊”的纳西族、白族、普米等族中也有不同的文本。

《格萨尔王传》在历史发展的不断演进中，融汇了不同时代藏民族关于历史、社会、自然、科学、宗教、道德、风俗、文化、艺术的浩瀚知识，被学术界称为“研究古代藏族社会的一部百科全书”，有“东方的荷马史诗”之誉。而且，《格萨尔王传》还是世界上唯一的活史诗，在“藏彝走廊”里，迄今仍有很多藏族民间艺人，能洋洋洒洒地歌咏这部宏大非凡的史诗。

史诗塑造和讴歌了格萨尔这位为民众降魔伏怪的人间英雄，相传他是莲花生大士的化身，一生戎马，扬善抑恶，弘扬佛法，成为藏族人民代代传颂的旷世英雄。

关于传承《格萨尔王传》的艺人，与别的民间艺人有区别，民间有“神授”说、“托梦”说等多种形式。这种民间的传奇说法，更增添了《格萨尔王传》的神秘色彩。

“藏彝走廊”各民族中都有非常丰富的主要靠口头传承的文学艺术作品，如彝族闻名遐迩的《阿诗玛》《梅葛》，纳西族的《游悲》；民间音乐戏曲舞蹈类的还有傈僳族的民歌、“阿尺木刮”舞蹈、藏族的锅庄舞、藏戏、弦子舞，彝族的芦笙舞、烟盒舞等。

“藏彝走廊”里以语言为主要载体的口头传承的非物质文化遗产非常丰富，但因为社会文化的变迁和外来文化的影响，也容易变异和消失，保护好“藏彝走廊”里如此多样性的民间口头传承非物质文化遗产，每个民族都面临着严峻的考验和艰巨的重任。

二、印刷和造纸

印刷术和造纸术，是“藏彝走廊”里一些民族的伟大创举，其中最典型的是纳西族、藏族的造纸术。

纳西族的东巴纸，是指纳西族宗教祭司东巴用于抄写东巴经书的纸张，是纳西族传统宗教极为重要的载体之一。东巴纸采用海拔 2600—3500 米的纳西地区特有的植物——丽江荛花，需把荛花的树皮原料经浸泡、刮皮、蒸煮、舂纸、抄纸、晒纸等多道工序制作。制作完成的东巴纸色泽呈象牙色，具有防虫蛀、吸墨性强、不易变色、坚韧耐用、保存时间长等品质。

书写东巴经的墨用锅底烟灰伴以猪胆汁、松明油烟制成，笔用竹子削制成。在 20 世纪 40 年代，有的东巴还发明了雕版印刷东巴经文的技术。

鉴于东巴古籍的独特价值，联合国教科文组织在 2003 年 10 月 15 日将收藏在丽江的纳西东巴古籍文献正式列入《世界记忆名录》。

“藏彝走廊”的印刷术以四川德格印经院最为有名。德格印经院全称为德格吉祥聚慧印经院，是藏传佛教的印经中心和藏文典籍的刻印中心之一。位于四川省甘孜州德格县城东欧普龙山沟口，原德格土司官寨更庆寺所在地。

德格印经院建于公元 1729 年，它的印经历史已有 260 多年。德格印经院许多经文和画像的用纸，是该印经院用传统手工方法自制的。德格印经院的经版选用红桦木为原材料，先用火熏，烘干木板，再在阴凉处晾干，避免变形。雕刻工艺精细，刀深而光洁，无论是文字或图画，均笔画匀称、清晰，印刷精细。经版分为红版和黑版两种，红版为朱砂套印，主要印制经典；黑版则以墨印制一般藏文典籍。其造纸原料是一种叫“阿胶如交”的草根皮，吸墨性能好，有韧性，不易碎，还可防虫蛀。

德格印经院的雕版印刷在制版、雕刻、书写、制墨、造纸、印制工艺等各环节，都基本保持了古老的传统手工操作方法，为已消失的世界印刷文明提供了不可多得的早期例证。

印经院所印经典、文献在刻印之前均须经过博学的高僧和学者认真校勘，避免错讹。如藏文大藏经中的《甘珠尔》和《丹珠尔》就分别由大校译师、语言大师、高僧司徒·曲吉迥乃和葱青·慈成仁钦予以校勘，并撰写了《德格〈甘珠尔〉目录》和《德格〈丹珠尔〉目录》。

德格印经院的印刷流程，至今仍然完全延续了传统的印刷工艺。整个印刷过程由三个人组成，一个人负责更换印版，并且搬走印过的经版，搬来新的经版；一人刷墨汁，一人印制。

德格印经院现院藏典籍830余部、3亿多字，木刻雕版有30余万块。这些珍贵的雕版，兼收并蓄了藏传佛教各教派的代表性经典著作，特别是还以一批稀世孤本而著称。如刻制于康熙四十二年（1703年）的《般若八千颂》，在印度早已失传的《印度佛教源流》；如早期藏医药名著《四部医典》，是研究佛教和医学最古老的唯一珍藏本。此外，德格印经院还保存了一批本教、佛教典籍之外的藏文典籍，包括藏族宗教、历史、地理、医学、历算、文学、藏文文法等，成为研究藏族宗教、文化、历史和印度古代文化的文献宝库。

三、民间手工艺

“藏彝走廊”也是各民族民间手工业的荟萃之地。如云南香格里拉和德钦藏族制作的木碗、木糌粑盒等木器加工技艺精湛，闻名遐迩，现还生产有六大类20多个传统品种。藏族、傈僳族和彝族等的手工纺织种类繁多，各具特色，材料有各种毛料、麻料、棉料，还有火草和树皮等，云南德钦藏族擅长金银铜器技艺，所制作的金银铜器多为法器和寺院建筑饰物。如金刚杵、手铃、手鼓、法号、曼陀罗、金壶、金瓶、玉碗、神灯、香炉等。

著名的尼西黑陶是香格里拉尼西汤堆村藏族的一种红土制成的。汤堆村的红土烧出来的陶土就是墨黑的。尼西一带曾出土铜器时代的陶器。19世纪中叶其制作工艺更臻成熟，能产茶罐、茶壶、火锅、土锅等数十种规格的陶器，尤以火锅最负盛名。

丽江纳西族和鹤庆白族的铜器和银器制造业历史悠久，纳西先民越析诏所造的兵器铎销“所指无不洞”，视为天降宝物，名震六诏，史载南诏王出征必带之。明代，徐霞客游记中就记载有著名的丽江铜锁。鹤庆白族加工制作的铜器也迄今长盛不衰，主要产品有：缸、盆、锣锅、吊锅、烙饼锅、火锅、茶壶、风铃、马铃、马镫等。其产品大部分远销中国西藏、青海、甘肃、四川藏族聚居区和印度、缅甸、尼泊尔及东南亚各国。云南鹤庆县新华村的寸发标多年来一直潜心研究和开发传统民族工艺品，尤其是开发的九龙壶、九龙火锅等九龙系列产品深受人们称颂，他加工的工艺品远销省内外和美国、东南亚等10多个国家和地区。2000年4月，他被联合国教科文组织授予“民间工艺美术大师”称号。

大理民族扎染也是“藏彝走廊”民间工艺品的一绝。它采用民间图案，通过对传统的扎染工艺进一步渲染和艺术加工，使之成为既有突出的地方艺术魅力，又非常耐用的工艺品。其工艺由手工针缝扎，用植物染料反复冷染制成，产品不仅色彩鲜艳、永不褪色，而且对皮肤有消炎保健作用，克服了现代化学染料有害人体健康的副作用。

大理白族扎染以纯棉布、丝绵绸、麻纱、金丝绒、灯芯绒等为面料，目前除了保留传统的土靛染蓝底白花品，又开发出各种彩色扎染的新品种。大理白族扎染技艺经国务院批准列入第一批国家级非物质文化遗产名录。

以四川大凉山为代表的彝族漆器，是在有数千年历史的彝族古餐具基础上发展起来的民间手工艺品。它选料考究，漆器采用酸技术、樟木作坯胎、野生土漆和各种矿物颜料作髹饰，纯天然，无毒（不含铅）；工艺复杂，漆器系手工制作，耗时费力，须经近 40 道工序方能完成。漆器全部采用天然原料制成，无公害，不污染环境。彝族漆器有审美和实用双重价值，漆器品种齐全，花色多样，工艺精美，构图奇特，既可把玩欣赏，又具有贴近生活的实用功能。

西部古城保护随想[①]

随着云南的丽江、山西的平遥等古城进入世界文化遗产的行列以及由此带来的各种荣誉和社会、经济效益，我国越来越多的人已经开始意识到保护古城古镇的重要意义，如云南省的香格里拉正致力于独克宗古城的保护与开发，建水古城的建设也广泛引发了社区民众的参与意识，反映出一种珍视历史文化遗产的现代文明意识，正在西部边地各级政府和各民族民众中日益浓郁。

中国西部位于民族地区的许多古老城镇，与中原以汉文化观念为城市主体精神和形式构架相比，有很大的差异，它以本土和外来多元文化的交融形成突出的地域和民族特色。以丽江古城为例，它不似中原古城那样筑围墙，不模仿中原王城“方九里，旁三门，国中九经九纬，经涂九轨”的城建礼制影响，而是依山就水，不求方正，不拘一格地随地势水渠建房布街，道路亦结合水系顺势而建，整个古城结构自由活泼而充满灵气。它虽得中原建筑神韵，但又不照搬古代中原城镇的模式。在总体结构上融进了纳西人传统的自然审美观和生活的情调意趣，使其成为一个自然流畅、人与山水亲和的边地古城。古城在历史的进程中融合了儒、释、道文化和本土文化，形成独特的城市个性和地域特色。

因此，在西部谈保护和修复古城，就要深思这种地域文化特色，如香格里拉独克宗古城的保护和修复，就需要充分考虑到这个茶马古道古镇在历史上由于多民族的政治、商贸和文化交流而形成的多元建筑风格和城镇民俗文化特点，而不是把它建成一个用某种“统一”的藏族文化模式来套的，与其他藏族地区无异的纯藏式古城。香格里拉历史地形成了以藏族文化为主，融汉族、纳西族、白族等民族文化于一体的现象，构成了中国藏

① 原载《中国民族报》，2005 年 7 月 26 日。

族聚居区一道独具魅力的人文风景线。

一座古城的生命力和魅力，与它的有形建筑物密切相关，更与它在历史进程和文化交流中形成的精神和文化个性密切相关，因此，我们要珍视西部古城镇的历史建筑遗产；另一方面，在保护和恢复有形建筑的同时，不能忽略了保护包括地方语言、民风民俗等在内的无形文化，许多西部古城镇的文化个性和历史遗产，是由这种与主流文化有很大区别的异文化特色构成的。

如丽江古城，从城镇建筑物的角度讲，历史悠久的建筑并不多，古城的大多数民宅包括木氏土司府的大部分都毁于清代咸丰年间长达 18 年的兵燹中。古城的魅力在于那鲜活地延续至今的多元文化、纳西民俗和完全不失历史传统、依山就水率意天成的城市空间布局和民宅结构。假如丽江古城没有了那些白发长髯的纳西老乐手，那众多身着本族服装的纳西女人，那古城人纵情谈笑时使用的纳西语和一年四季令人眼花缭乱的民族节庆，以及充满古城多元文化特点的社区民俗活动，即使古城内有很多数百年的古老建筑物，活水滔滔长流，那也不是世界所瞩目的“活着的古城”，丽江古城的灵魂是古城的民众生活和独特的地方人文精神，因此，我们在呼吁保护古建筑的同时，不要忘记更多地珍视和保护那些虽还存活在民间但在主流文化的冲击下日益衰落的有形和无形的文化。

笔者认为，西部每一座古城里的历史遗产景观，有着一种历史和具体的人和事相融而成的人文价值和精神魅力，不应随意地改建甚至拆迁，应该遵循“修旧如旧，整旧如初”的原则。笔者曾经在瑞士苏黎世古城参观过不少据说已存在了数百年的老字号商店和饭馆，以及不少古街巷。美国很多城市都完整地保留着具有历史纪念意义的建筑物：在瑞典首都斯德哥尔摩古城，笔者被当地市民引领着观看古城满目皆是的历史建筑物，还被领去参观过一座曾经 18—19 世纪时作为马厩的老房子，马厩的格局和装饰都完整地保留了历史的原貌，当地市民自豪地向笔者介绍这个历史遗产。笔者想起自己的家乡丽江古城曾经是茶马古道的重镇，过去有很多马店，但如今已经没有一个类似保留完整的马店遗址可以供人们回顾中国西部这一段难忘的历史。笔者非常怀念茶马古道上闻名遐迩的“藏客”李达三先生在丽江古城的梨园，新中国成立后，他将这个梨园捐献给社会而成为古城民众休憩的一个社区公园——玉龙花园，曾几何时，这个历史遗产地悄然消失，取而代之的是一座豪华的四星级宾馆。我曾经痴想过，这个历史遗产地可以是融社区公园和茶马古道博物馆于一体的丽江古城名胜之一。

在古城镇的保护建设中，人们往往忽略了古城古镇与周围环境的关系，眼睛仅仅孤立地盯在具体的景观或建筑物上。其实，一座历史文化名城是融具体建筑物和城市格局、民众生活、社会历史文化氛围和周围的环境于一体的整体，与周围的环境形成一种紧密相连的内在关系，在西部的古城镇，这一点显得非常突出。比如，距离丽江古城 20 多公里的纳西人的神山——玉龙雪山，以及作为古城水源地的黑龙潭及其周围山水，与古城历史文化、古城民众的物质和精神生活都有着密切的内在联系。梅里雪山与德钦古镇、香格里拉的五凤山与独克宗古城之间，都存在着一种内在的精神文化纽带。因此，古城的保护和建设应该有一个整体的观念，而不只是孤立地保护一座城或者某几个古老的建筑物，而对周围的环境却任意改造和开发。在距古城镇相当距离内的开发项目，都应该追求一种与古城的历史和文化比较和谐的格调，避免使历史文化名城名镇成为一座座陷于在当代都市化模式下建构而成的建筑群落包围中的孤岛。

关于滇越铁路的保护和再利用的几点看法和建议①

一、滇越铁路的保护和重新利用是云南建设面向南亚东南亚辐射中心的重要内容之一

滇越铁路是一条在中国交通史、铁路史和对外开放史上具有重要意义的百年铁路，沿线历史文化遗产也很多，应争取让它在新中国的今天重新焕发生机，为国为民造福。

笔者曾参加了2009年云南省政协组织的两次滇越铁路考察，沿着早在少年时代就慕名向往的滇越铁路进行考察。

作为中国第一条国际铁路——滇越铁路，从1903年开工，1910年建成通车开始，到2010年已经走过了100周年的岁月。这是一条凝聚着中国人的辛酸血泪史和艰苦创业史、奋争史的铁路；同时，它也是一条因对外开放而在云南开启了西方现代工业文明进程的铁路。

这条翻山越岭跨河穿谷的滇越铁路，为云南历史上建设时间最早、建设难度最大、在中国和世界铁路建设史上最具影响的铁路工程之一。因其险峻卓绝的设计和浩大的工程，被当时世界有名的英国《泰晤士报》称为与苏伊士运河、巴拿马运河齐名的“世界三大工程奇迹”。滇越铁路的建成通车，使云南迈出了进入现代交通运输时代的第一步，在当时特殊的历史条件下，打开了云南面向世界开放的大门，让云南人最早看到了西方世界现代工业文明的曙光，促进了云南现代文明的进程，使云南成为中国近

① 此文系在提交给2010年在昆明召开的“‘百年米轨’滇越铁路保护与利用专家论坛”（国际会议，有中越法等国学者参加）的论文基础上写成。

代工业化发展最为迅速的地区之一。

滇越铁路也为一批仁人志士提供了成就为国为民大事业的历史舞台，朱德、叶剑英、蔡锷、李烈钧、胡志明、武元甲等一批人杰，借助滇越铁路从事为国为民的革命事业。滇越铁路也成为云南传入新思想、新文化、新理念的一条通道，比如孙中山所领导的同盟会的很多材料，也是借助这条铁路迅速在国内传播。最早传入云南的《资本论》，也是从这条铁路传入的。云南的熊庆来、聂耳等精英才俊，借助滇越铁路出国求学，而西南联大的朱自清、冯友兰、闻一多、陈寅恪、刘文典等一大批著名学者教授和他们的学生，也从滇越铁路来到云南红河州的蒙自，成立了西南联大文法学院，在云南教书育人，传播新思想新文化，极大地推动了云南的文化教育事业。滇越铁路改变了云南乃至我国西南交通格局，打通了近现代国际贸易大通道；滇越铁路把西方的思想、工业技术、医学以及西方的一些生活方式等带进云南，深刻地影响了云南民众的思维、观念和生活方式。

2009 年 7 月胡锦涛总书记视察云南时提出，要把云南建设成为中国面向西南开放的重要桥头堡。中共云南省委八届八次全体会议在昆明召开。全委会确定，“把云南建设成为我国面向西南开放的重要桥头堡”，成为明年全省要做好的重点工作之一。

“把云南建设成为我国面向西南开放的重要桥头堡”，笔者认为，除了守好国门、维护边境稳定、大力推动云南和东南亚、南亚国家的经济贸易交流，这一重大决策的意义还应该包括促进云南的社会和文化建设、促进国际文化交流，还应该体现在历史文化遗产、民族文化遗产的保护和弘扬等方面。特别是需要在对待历史文化遗产方面体现一种大国精神、大国风度、大国经验，给周边国家一种良好的印象，乃至起到一种示范的作用。云南这几年在展示中国丰富多彩的民族文化方面为中国争了光，党和国家领导人也给予了高度的赞誉。笔者近年来曾参与了云南省多个国际文化学术交流的策划活动，比如云南省作为中国的代表参与的“2007：湄公河民间文化艺术节”的学术策划，也曾应联合国教科文组织等的邀请，在国际会议上交流云南文化遗产的保护经验和做法；2008 年到越南社科院和越南文化部文化艺术研究院进行关于云南的文化遗产保护经验和做法的演讲，介绍了包括开远市芷村胡志明旧居在内的滇越铁路照片，初步提出了两国可致力于将滇越铁路联合申报世界文化遗产的个人观点，引起了越南方面很大的兴趣。

笔者感到，对历史文化遗产的保护和传承对促进国家之间全方位的交流和相互的沟通有很重要的作用。我们应该通过对滇越铁路的保护，向东南亚、南亚国家展示中国在历史文化遗产、少数民族文化遗产保护方面的一种姿态和精神，以及具体的方式方法，逐渐形成“中国模式”“中国经验”。

笔者参加省政协作为年度重点调研项目的对滇越铁路的两次调研，沿着滇越铁路一路看去，心里常常百感交集、喜忧交织，喜的是看到沿途还有不少留存比较完整的历史文化遗址，比如红河州境内以气势磅礴、鬼斧神工的人字桥为代表的诸多滇越铁路沿线的建筑遗址，古院旧园断壁残垣黄墙红瓦乃至老树枯枝新芽和锈迹斑斑淹没在衰草尘土里的寸轨，都在岁月风雨的剥蚀中向人们展示着云南一段难忘的历史和云南人的心史。

开远市的法式建筑北机口机车库迄今保存还完整，当年护国运动名将蔡锷坐火车从滇越铁路秘密回国举义，曾悄然留宿在这个机车库，民间流传着蔡锷将军和他的部下在这里挫败了袁世凯在云南的走卒妄图摆鸿门宴谋害他的传奇故事。位于蒙自县东南部山区的芷村镇南溪路非常热闹，我在这条滇越铁路的名街上看到熙熙攘攘来自各地的城乡居民在卖着琳琅满目的货物，老街上人声、音乐声喧哗，充满了生活气息和浓郁的商业街气息。

我们来到位于云南省蒙自县城东北 12 公里处的草坝镇碧色寨村山梁上、滇越铁路上著名的碧色寨火车站，尽管这里很多建筑群已经只剩断壁残垣，但相对来说，这里的铁路历史建筑群还算是保留得比较完整的，遗址包括碧色寨车站站房，是法国式的砖木结构建筑，红瓦黄墙，还有个碧石铁路站房、哥胪士酒吧、大通公司等遗址。这里用石块垒墙的民居建筑群也有地方特点，今后如果能保护发展成一个具有浓郁的地方民俗特点的村落，其村寨民俗景观将会与碧色寨的铁路历史建筑群相得益彰地形成别样的人文魅力。

我们还来到位于玉溪市华宁县的滇越铁路盘溪火车站，当地人给我们讲述了这个火车站当年的繁荣往事，包括和火车相关的地名等。在火车站旁，有 36 棵枝叶繁茂、枝干挺拔高大的香樟树。据介绍，这是多年前滇越铁路火车站的职工种下的。在这些树旁，还幸存有两幢当年火车站的法式建筑，黄墙红瓦，和这些饱经沧桑的浓绿的香樟树成了滇越铁路历史沧桑的见证者。省政协调研组向当地有关部门提了将这些古树挂牌保护起来的建议。

在考察中，也触发了笔者的一些忧患之思。因为笔者在沿途见到了滇越铁路沿线一些重要的历史建筑和各种相关文物的毁损状况。笔者认为，铁道部门和地方政府之间在保护铁路文化遗产方面需要进行更多的沟通并达成共识。另一方面，笔者也感觉到铁路部门对沿线与铁路密切相关的文化遗产的保护意识还应进一步加强，尽管昆明市铁路局已经建立了铁路博物馆，搜集了不少铁路历史文物，有很大的贡献，但对沿线诸多文化遗产的保护，还需采取进一步强有力的措施。因此，上述石屏车站这样把这种具有历史文化遗产价值的历史建筑拆除的现象在滇越铁路全线都是比较普遍的。笔者后来曾到个碧石（个旧—碧色寨—石屏）铁路经过的建水团山村调研，这是个滇越铁路沿线的文化名村。村里的人告诉笔者，原来这里也有一个非常有特色的火车站台售票处建筑，不久前被拆掉了。

上文中说到的碧色寨火车站虽然还留存有不少滇越铁路历史建筑的遗址，但很多都还没有得到强有力的保护，有的成为盲流人员的居所或用作畜厩。而上文提到的那个蔡锷将军留宿过的开远机车库，则成为一个堆放杂物的地方。在个旧鸡街火车站，我们看到一大堆已经拆除的珍贵的铁路寸轨堆放在路旁，如果不好好保护，它的命运和那些已经废弃扔在山野蔓草荒烟中的寸轨铁路的命运也会差不多。

通过此次考察，笔者深深感到，我们在加强保护我国珍贵的历史文化遗产方面，还需加大力度，只有地方铁路部门和地方政府通力合作，共同保护，才能更好地促进滇越铁路的保护和再利用的工作。笔者在考察中发现红河州建水县文物部门和铁路部门的合作就做得很不错，他们和拥有滇越铁路及其沿线建筑产权的铁路部门谈好，产权归铁道部门，但保护权则归地方文物部门，这样，建水县文物部门保护住了如乡会桥火车站这样一些非常珍贵、中法合璧的建筑群。

随着铁路部门规划建设的泛亚铁路东线玉（溪）蒙（自）线将在2010年建成通车，蒙（自）河（口）线已在2009年开工建设，一旦此线建成通车，滇越铁路传统的营运功能就将丧失，有可能因为停止使用而结束它的百年历史功能，如鸡街到个旧的路段那样废弃在荒野间。由于滇越铁路已经处于将要停用的前夕，昆明铁路局为做好停运前的准备工作，已经开始收缩站线，一些车站停业、有的人员已经撤离。据介绍，2007年关闭了一个车站，2009年关闭了10个车站。如果不采取有力有效的措施加以保护，有百年历史、承载着中国近代一段充满了风雨沧桑、酸甜苦辣的辛酸国史的滇越铁路，就危在旦夕。可以设想，假如整条滇越铁路都废弃了，那些众多的沿线的铁路历史文物古迹也将不保，将逐渐毁灭在蔓草荒烟之中，日后要想恢复，也将付出巨大的代价，而且有很多东西将是不可恢复和修复的。

滇越铁路的命运向何处去？！一切将取决于我国对这条中国第一条国际铁路遗产的取舍和对待历史文化遗产的态度，取决于一个泱泱大国对待一条在中国交通史、铁路史和国际交流史上具有深远意义的铁路历史文化遗产的态度。

二、与越南联合申报，滇越铁路有望成为世界文化遗产

滇越铁路的历史意义、规模和独特性，都不亚于如今已经获得世界文化遗产的几条国际历史老铁路。滇越铁路可望申报世界文化遗产。申报世界遗产对每年每个国家的数量有严格的限制，如果能和越南联合申报，其成功的可能性就加大了。

建于1848—1854年的奥地利赛梅林铁路，是世界上第一条穿越高山地区的铁路，它在1998年被评为世界文化遗产，是世界上第一条获此殊荣的铁路，它极大地促进了当地旅游业的发展。秘鲁安第斯中央铁路，全长329公里，现正在积极申报世界文化遗产。

另外，印度的百年铁路大吉岭喜马拉雅铁路，因为保护和再利用得法，早在1998年已经获得了世界文化遗产称号，成为保护良好的历史文化遗产瑰宝，并推动了当地旅游经济的发展，使民众大受裨益。

大吉岭铁路的主要目的是运输喜马拉雅山区的木材。百年之后的1999年，这条铁路因“采用大胆创新的工程施工解决了穿越高山自然风景区建立高效铁路的问题，并仍然充分运用和保留了该地区原有风貌的完整，是交通运输系统的革新，是影响和推动多元文化地区社会经济发展的杰出典

范，是世界许多类似发展地区值得借鉴的模式”而被列入《世界遗产名录》。此后，这条古老的铁路以它沿途的人文风情、自然风光、历史文化，吸引着世界各地的旅游者前往观光旅游，它的功用也完全成了一条旅游观光铁路。如今，那些早已停用的老式蒸汽机车又跑动起来，车厢内也一如从前的样子，游客喝着大吉岭出产的红茶，沿途观赏风光风情，旅途的长短也很自由，可几公里就下车，也可游完全程，到终点站守候雪山日出。一条老得几乎难以经营的铁路，就因为历史文化价值的被发现与认可，重新焕发出了无限生机，并带来了滚滚财源。世界的旅游者把它称为“世界知名的玩具火车”，是每个人一生应该走一趟的“人生的旅程”。当前，这条铁路的经营状况非常好，要乘坐这趟列车，需提前两个月才能订到票！比大吉岭铁路早一年进入《世界遗产名录》的奥地利塞梅林铁路也堪称历史文化资源保护与开发方面的典范。塞梅林铁路全长 41 公里，建于 1848 年到 1854 年，是世界上第一条穿越高山地区的铁路线，拥有众多的桥梁和隧道，因此被视作征服自然的象征。该铁路是在地形复杂地区修建铁路的典范，以其高质量和对文化景观的影响于 1998 年被评为世界文化遗产。它是第一条被评选为世界遗产的铁路。

台湾阿里山森林铁路与智利至阿根廷的安第斯山铁路，目前都在积极地申报世界文化遗产，并为此而设立了专门机构，阿里山森林铁路观光目前已经成为台湾省最著名、畅销的旅游项目之一。滇越铁路与这些铁路相比，在自然景观、工程景观和人文景观方面毫不逊色，且还有独特优势。这条在国际上特别是欧洲有很高知名度的铁路，对于促进我国与东南亚和南亚国家之间的文化和经济交流、建设中国通向东南亚、南亚国际大通道都具有重要意义。

滇越铁路时至今日，已有百年历史，为云南历史上建设时间最早、建设难度最大、在中国和世界铁路建设史上颇具影响的铁路建设工程之一。因其险峻卓绝的设计和浩大的工程，被当时世界有名的英国《泰晤士报》称为与苏伊士运河、巴拿马运河齐名的“世界三大工程奇迹”。滇越铁路的建成通车，使云南迈出了进入新式交通时代的第一步，在当时特殊的历史条件下，打开了云南面向世界开放的大门，让云南人最早看到了西方世界现代工业文明的曙光，促进了云南现代文明的进程。

滇越铁路是山区铁路的代表作和技术典范的活样本。比如河口的“人”字桥工程，创造了我国建桥史上的奇迹，堪称滇越铁路的典型代表。在我国，只有两座桥载入《世界名桥史》，一座是隋朝工匠李春设计的赵州桥，另一座就是滇越铁路的“人”字桥。

滇越铁路沿线的历史文化和民族文化景观之丰富举世少有，仅铁路沿线滇南五县，就有国家级和省级重点文物保护单位16处，其中与滇越铁路直接相关的就有10处，再加上沿线各民族丰富多彩的民俗文化，一条469公里的铁路，荟萃了如此壮美的自然奇观、浩大的工程奇观和多姿多彩的民族文化奇观，在世界上都是极为独特的。有人这样概括滇越铁路：里程最长；通车时间最早；穿越的水系最多（金沙江、珠江、红河）；沿线地区聚居的少数民族最多（12个少数民族）；经历的知名战事次数最多（河口起义、护国起义、抗日战争、解放战争、援越抗美、自卫反击）；在抗日战争期间几大通道中抢运人员、物资最多（其他依次是：长江航线、驼峰航线、史迪威公路）；从一开始构思规划就作为一条跨国铁路来设计的角度看，这也是中国最早的一条国际铁路。

2010年3月31日在昆明召开的“‘百年米轨’滇越铁路保护与利用专家论坛”上，来自中、越、法三方的官员和学者，就未来这条铁路的保护和开发提出了许多可行性建议。中越法三方的官员和学者对滇越铁路珍贵的历史文化所蕴藏的巨大价值有共识，大家表达了共同的心愿，即中越两国联手共同向联合国教科文组织申报滇越铁路为世界文化遗产。

三、滇越铁路的价值与近年来日益受到重视的世界文化遗产新动向：文化线路遗产密切相关

世界遗产委员会于2003年设立了文化线路遗产项目申报，对陆地道路、水道或者混合类型的通道等文化线路遗产进行保护。世界遗产委员会《行动指南》中对文化线路遗产的意义评价为：它代表了人们的迁徙和流动，代表了一定时间内国家和地区内部或国家和地区之间人们的交往，代表了多维度的商品、思想、知识和价值的互惠与持续不断的交流。它的本质是与一定历史时间相联系的人类交往和迁移的路线，包括一切构成该

路线的内容：城镇、村庄、建筑、闸门、码头、驿站、桥梁等文化元素，以及山脉、陆地、河流、植被等和路线紧密联系的自然元素。

——作为一种线性文化景观，它的尺度是多种多样的：可以是国际的，也可以是国内的；可以是地区间的，也可以是地区内部的；可以是一个文化区域内部的，也可以是不同文化区域间的。

——它的价值构成是多元的、多层次的：既有作为线路整体的文化价值，又有承载该线路的自然地本身作为山地、平原、河谷等生态系统拥有的生态价值；不仅包括分布在其内部的建筑和其他单体遗产自身的价值，还包括非物质文化遗产所蕴含的价值。

2008 年 10 月，国际古迹遗址理事会第十六届大会在加拿大古城魁北克通过了《关于文化线路的国际古迹遗址理事会宪章》，标志着文化线路正式成为世界遗产保护的新领域。2007 年 9 月，国家文物局确定了丝绸之路联合申报世界文化遗产第一批申报推荐项目名单，丝绸之路有望成为我国首个与他国联合申报世界文化遗产的项目。2009 年 4 月 10 日、11 日，2009 年中国文化遗产保护“无锡论坛”在无锡举行，丝绸之路、大运河、茶马古道这三条“文化线路”遗产的保护成为本届论坛的核心内容，海上丝绸之路申遗同样备受关注——泉州、广州、扬州、宁波、蓬莱五城市初步被纳入海上丝绸之路“申遗”计划。世界上最长、工程量最大的运河——中国京杭大运河将于 2014 年申报世界遗产。

滇越铁路历史上涉及中国、法国、越南三国，沿线涉及 10 多个民族、无数的村落文化，是一个典型的跨国、跨族、跨界的文化遗产，很有潜力成为中国首条以铁路为载体的世界文化线路遗产。

来看看其他省的经验做法，“中国蜀道”申报世界文化线路遗产项目正式启动，蜀道沿线的 12 个城市及国内外有关专家学者、行业人士，2009 年 11 月 11 日在四川省广元市共同发表了中国蜀道文化线路保护与申遗广元宣言。2009 年，广元市先后 7 次邀请国家文物局古建筑专家组组长、中国文物学会会长罗哲文等专家学者考察蜀道，形成了《蜀道文化线路总体研究报告》。专家们认为，蜀道是汉唐政治经济中心——长安通往西南的要道，它与连接东西方的古代丝绸之路和沟通南北的中国大运河具有同样重要的意义。蜀道具有世界遗产价值，应将蜀道申报世界文化线路遗产加以保护。四川省委宣传部、省文化厅、省建设厅、省旅游局和广元市政府共同主办了以“中国蜀道文化线路保护与申遗”为主题的论坛。

四、几点建议

省政府与铁道部加强沟通与合作，达成共识，尽快出台保护滇越铁路（包括沿线历史文化遗产）的具体办法，统一协调滇越铁路沿线各地的各种文化遗产的保护工作。

深入谋划和越南合作一起申报滇越铁路为世界文化遗产的事宜。

滇越铁路沿线各州市应抓紧和加强对滇越铁路尚存遗址和遗物的保护力度，可以像红河州建水县一样先采取保护措施，然后再来谈滇越铁路各种建筑和历史文物产权等其他问题。

逐渐设计推动将滇越铁路沿线重要自然和人文景观串联起来的旅游项目，比如红河州对红河旅游业所做的总体规划，即“一点一线两片区”：哈尼梯田（一点），滇越铁路（一线），泸西、弥勒康体休闲区和建水、石屏历史览胜区（两区），逐渐来推动滇越铁路全线多样化的旅游活动。

对滇越铁路的保护和开发不应仅仅局限于和火车相关的铁路、机器、建筑，还应该包括与滇越铁路密切相关的各种历史故事、生活轶事和民间传说等口传资料，以及与滇越铁路各个历史阶段密切相关的民俗旧器等，以丰富滇越铁路的文化内涵。也以备官方和民间的滇越铁路博物馆之用。使滇越铁路的有形文化部分不仅仅局限在和火车相关的机器部分，也包括沿线各族人民的民俗旧器，以丰富今后滇越铁路旅游的内涵。

滇越铁路沿线应该有一些有特色的村镇，诸如碧色寨这样的名村，如果能作为滇越铁路旁有特色的村庄纳入滇越铁路旅游内容是很有意义的，因为它已经是有历史承载和历史文化民俗内涵的村落，不宜简单地用搬迁的方式让它消失。滇越铁路文化不仅仅是铁路，还包括了沿线的村镇和民众饱含悲欢离合喜怒哀乐的历史、民俗等。

我眼中的昆明和对她的一点希望①

来到昆明生活之前，昆明是我一个遥远而美丽的梦。我的曾祖父曾在滇军任中将司令的纳西族将军王洁修部中当幕僚而在昆明生活过。我的祖父曾经两次徒步从丽江走18天来到昆明，他绘声绘色地对我描述过这一段经历。童年和少年时的我，就对昆明有一种强烈的向往和憧憬。

我1978年来到昆明读书，从此留在昆明，应该说是在昆明度过了生命中最珍贵的青春岁月的一个当代昆明人了。我目睹了昆明当代的巨变。记得读大学时，我们还可以在滇池里像一群快乐的鱼那样地游泳。周末，在武成路、长春路、金碧路以及那些叫不出名的老街巷闲逛，在熙熙攘攘的人群中领略到昆明人的市井生活之乐。常常徜徉于街道两旁那浓浓的梧桐树的树荫中，周末散步在举足便可到的田园里，觉得昆明既有一种城市的魅力，又有一种像我的家乡丽江那样的田园风光之乐。

后来昆明高楼大厦不断拔地而起，昆明城里的道路不断变得宽敞，昆明那些狭窄的街道不断地被宽敞豪华气派的道路所取代，城郊那些随季节更替而不断变换着颜色的田野、河流和树木在悄悄地消失。不少人说，昆明越发有大城市现代化的气派了，而我却觉得昆明这样多民族居住的城市独有的宁静清纯，独有的安详美丽，也在随着这种全国有些千篇一律的现代化城建之风的日益高涨，不断地在随风飘逝。

不知为什么，我老是在怀念读大学时昆明那些古旧的街道、城郊那绿色青色黄色交替着的田野。我觉得昆明的现代化其实不应该把这些老的独特风景轻易地扔掉丢掉，特别当我在国外尤其是欧洲跑得多了，这种感觉就更为强烈。

有一年去了昆明的姐妹城瑞士的苏黎世，看到苏黎世古城的古老风貌

① 原载《生活新报》，2006年2月14日。

一直保留至今，在城里的街道上能触摸到历史沧桑的一个个印迹。城里的很多民居都保持着中世纪的欧洲建筑风貌，连路旁的街灯，都是传统的古老模样。走进这座古城，读到了一种古老而深厚的历史，感受到的是一种岁月和人类文明的沧桑。瑞士是个旅游大国，当来自天南海北的游客在雪山滑雪、湖泊泛舟或商场购物后尽兴归来，钻进古城，就融进了人类创造的另一种充满灵气智慧和区域特色的情境，心中也自然产生一种在山水田园、现代商场以及在自己的故土难以体味到的异乡文明情调。我有机会领略过不少欧洲的古城，深切体会到古城、古道、古建筑、古风对人心理的调适魔力和魅力，这与现代不少城市那种千篇一律如雨后春笋拔地而起的高楼大厦和泛滥的汽车洪流对人们身心的压抑形成鲜明的对比。

从苏黎世城，我自然就想到了我所在的昆明，这个有“历史文化名城”之誉的苏黎世的姐妹城市，很多来向我打听昆明的苏黎世人，对这样一个历史悠久的东方城市，多年来又未曾受到战争的毁坏而竟然会没有一座古城而困惑不解。我不想向他们解释的是，昆明也有过历史沧桑苔影斑驳、古文明旧梦萦回的古城景象，只是因我们过早地觉得它们老态龙钟、碍手碍脚而被轻易地抹掉了。如今西方国家那些现代化的发起者在视如珍宝地爱护他们古老的风景，这些古物给他们带来了文明的自豪感和源源不断的经济利润。而我们很多想尽快迈进现代化的人却风风火火把它们视如敝屣地扔弃了，其实当年一个明智的城市规划就足以保住这些并未妨碍发展、不该过早消失的文明印迹和资源。

多少年来，我们使昆明这个原本天生丽质的东方女子被迫成了疲于奔命地追逐各种建设时尚的“摩登”新潮女。相比之下，苏黎世这个姐妹是老式而古旧，执着地不入新潮的“保守派”，她始终坚持着那一种古老的朴素和清丽。如今，她持久的魅力却使任何一个生活在昆明的人都会发出深深的叹息。

感叹归感叹，过去了的事情只能总结它的得失和汲取应该汲取的教训，现在应该以积极的一种姿态面对昆明的未来，云南省和昆明市的各级政府也在致力于描绘新昆明的宏伟蓝图，我感到，希望在前面，新的美丽，还有可能再回归昆明的怀抱。

记得有两次到成都市现在仿古新建的锦里街，看到游人如织，人们在这里惬意地领略成都的各种传统民俗、小吃和成都人的生活方式等，我不禁大为感叹，因为昆明还没有这样一个民俗味和地方特点那么浓郁的所在。同行的成都朋友说，昆明如果突出地方特点来发展这样的城市风景，成都等城市是没法比的，比如昆明如果发展出各种突出各个民族文化和生活习俗的街巷文化、社区文化，那就真正是个令人流连忘返的城市了。

作为一个市民，在这里说说自己的想法和希望，都是为了昆明的未来实话实说，想来也无大碍吧。

愿未来的昆明能永远留在更多人的记忆里和睡梦里，留在历史的不朽中！

呼唤科学研究的社会诚信和学术良知[①]

这些年，一些浮躁而假、大、空的学风，乃至剽窃别人成果的卑劣行径，在我国的自然科学界和社会科学界都时有耳闻，这不能不引起我们自然科学和社会科学工作者高度的注意和反省，否则，将影响到中国的科学事业和社会诚信、精神文明建设的宏伟事业，影响到自然科学家、哲学社会科学家的社会声誉。

以社会科学而论，假如哲学社会科学在社会公众中丧失了公信度，失去了人民大众对它的信任，那么，我们将如何面对哲学社会科学这样崇高的定义："哲学社会科学是作为人们认识世界、改造世界的重要工具，是推动历史发展和社会进步的重要力量；其研究能力和成果是综合国力的重要组成部分"，是反映"一个民族的综合素质和文化力量的重要体现和标志"。如果哲学社会科学的信誉的受损在很大程度上是哲学社会科学工作者的职业道德低下、缺乏诚信而导致的，那我们将无颜面对人民大众。

《中共中央关于进一步繁荣发展哲学社会科学的意见》中指出："要加强哲学社会队伍的思想道德和学风建设。哲学社会科学工作者要树立正确的世界观、人生观和价值观，坚持严谨治学、实事求是、民主求实的学风。要增强社会责任感，加强学术道德修养，提倡做人、做事、做学问相一致，坚决抵制各种不正之风，自觉维护哲学社会科学工作者的良好形象。"

目前在中国的学术界（包括自然科学和哲学社会科学），存在着一些浮躁、不踏实乃至弄虚作假的不良风气，而这种风气是与我国自然科学和社会科学的监督机制、管理机制、评价机制以及导向等方面存在的问题密切相关的。

---

① 原登载于爱思想网站首页头条，2009年6月23日。新浪文化博客读书随笔栏目收录。中国民族宗教网等转载。

现在，从事哲学社会科学的学者为了要把自己的文章发表在诸如CSSCI（*Chinese Social Science Citation Information*，即《中文社会科学引文索引》）以及各种“国家级”“核心期刊”等上而绞尽脑汁，在很多学校，博士研究生如果不能在教育部门或学校规定的相当一级刊物上发表文章，你的学习再好、博士论文写得再好也难以获得学位，而各地每年有那么多的学者要评职称，有那么多逐年在增加的博士要毕业，而全国的学术核心期刊就只有那些个，物以稀为贵，可以想象由此带来的各种为在核心期刊上发表文章挤破头乃至不择手段的弊端。最近某大学副校长的博士研究生剽窃云南大学讲师王××的论文、将其导师排名第一发表在国家权威刊物一事，引发了很多青年学者和学生的质疑：如果是像王老师这样资历尚浅的学者自己将这篇稿子投给类似的权威刊物，是否能如此顺利地刊用？这确实是个疑问。在学术界，由学生操笔但与导师联名发表文章的事已经颇为流行，想想其中很多肯定有为了文章得以顺利发表的苦衷。无疑，当下的学术界人士为了自己的职称、学位奖项等千方百计追逐各种“核心期刊”发表文章的机制已经带来了一些不良的学风和时弊。

由类似的学术成果评价机制带来的另一种弊端就是名目众多的奖项泛滥成灾。本来，具有权威性的哲学社会评奖机制有利于促进学术繁荣，鼓舞学者士气。但由于目前评奖机制不健全，社会上很多形形色色的团体和个人设立各种各样的奖项，一篇文章（即使是一篇报纸上的短文）一发表，很快就会有打着各种学术牌子的机构寄信给你，说你的论文已经获得大奖，并附上印制精美的获奖证书的照片，通知你来赴会领奖。此外就是炮制出大量印制精美的各种各样的国际名人录、世界名人录以及各种各样的名人录、精英人文选以及形形色色的优秀论文精选本等，请君入瓮，花钱入典。始作俑者发财，入选者可以拿回奖状回去招摇，发奖者和获奖者皆大欢喜。这些授奖活动还往往与所谓学术会议联系在一起，请你花钱参会，颁给你各种奖项，发给你华丽的获奖证书。炮制者利用这种方式非法牟取暴利。由于有种种人人心知肚明的好处，因此各地评奖风泛滥，愿者上钩，而愿者多矣！

上述这种社会现象的存在，实际上反映了哲学社会科学界一种非常不正常的浮夸风气，过分以论文获奖、论文入典等来评价学术成果，于是便产生了很多要想方设法得奖的社会科学工作者，那些看准了众多学者这种获奖欲望和相关机构科研评价机制的利欲熏心之徒就应运而生，于是自欺欺人、你骗我我骗你的不正之风就日益在学界蔓延。如果学术界没有这种浮躁之风和不良的学术成果评价机制，这种发知识分子财和国家财的人是没有土壤生存的。

我常常想起我国老一辈学术大家那种追求真理、潜心静意做学问的淡泊情怀和严谨学风，想起蜚声中外的著名史学大师陈寅恪只重学知识做研究，看淡虚名浮名，每在国外一个大学读书，学到了自己想学的知识后，他不求学位，淡然离开，再到另一个大学深造。这种淡泊名分、只重真才实学的学者情操，比起钱锺书先生在《围城》中所描述的那个千方百计获得伪造的国外大学博士学位证书欺世盗名的方鸿渐，其境界有天壤之别。

远的不多说，近者就在眼前。比如云南的著名历史学家方国瑜先生，编撰一本《纳西象形文字谱》，从20世纪30年代开始收集材料，认真编撰，几易其稿，数十年磨一剑，一直到20世纪80年代才正式出版。他的很多著名的学术论著都是在他去世后才陆续出版的。我和方先生有过一些交往，据我所知，他每发表一篇文章都是慎而又慎，不轻易拿出。

记得我曾有几次在争取学术论著获奖性质的动员会上感慨地发表过意见，说过去那些大学者在做学问时是不在乎他们的成果是要中什么奖项的，他们完全是以求真求实的态度老老实实做自己的学问，只在乎求真理，辨真伪，如果是金子，自然会流传后世；如果是砂砾，那得多少奖也挽救不了其速朽的命运。不少国外著名学者很诧异中国从事自然科学研究的很多科研人员那么在乎SCI检索系统，这不能不使我们深刻反思。科研成果评价机制和与钱、权、利挂钩的科研评价机制，促成了一种畸形浮夸的学风和伪学术，它正腐蚀着我们自然科学和哲学社会科学的学术大厦。

其他如引用别人的论著和观点不注明出处来历，隐性或者公开地抄袭别人已经发表或将他人未发表的论文据为己有等学术腐败现象，在当今的哲学社会科学界也是比较突出的。很多剽窃别人研究成果的丑闻，常常见之于报端，而在我国，对学术剽窃等的惩治机制又远不如很多国家那样有使人不敢以身试法的威慑力。

假如我们的哲学社会科学研究日益沦落为一种学术圈内的文字游戏，

假如科学工作者无学术操守和学术良知，只为一己私利，汲汲于功名利禄而忘记了自己的社会责任感和学术良心，把学术这天下之公器视为一种牟取名利的工具，那么，科学工作者就会逐渐异化为一种论文制造工具，学术的社会信用和社会威望必然日益降低，在民众中的影响也就会日益衰落。哲学社会科学咨政育人，作为思想库、智囊团的功能和信誉也会江河日下。这对一个国家的科学精神和塑造国民精神来讲是非常危险的。

因此，学者们应该共同呼吁哲学社会科学战线的同仁尊重学术，敬畏学术。学术乃天下之公器，只有善待之，才能于国于民有利；如果说学者是言以载道育人之士，科学家是坚持真理、探索真知的人，那我们应该非常明白，只有坚持学术操守，恪守职业道德，以国家和民族利益为重，自律自重，才能真正反映人民的心声，也才能得到国家和人民大众的尊重。

略论藏羌彝文化走廊少数民族传统村落文化的保护传承和发展[①]

费孝通先生在 1978 年 9 月，首次提出“藏彝走廊”这个概念，学界继而又提出“藏羌彝走廊”的概念。“藏羌彝走廊”是指我国西部历史上以藏羌彝族群（以藏缅语族居多）先民为主体、纵贯大西北和大西南的民族迁徙和休养生息的地区。国外学者常常说的喜马拉雅山脉和西藏高原东部地区，也与我们所说的藏羌彝走廊区域有很多重合区域。该区域地理环境也复杂多样，民族众多，文化多样性非常丰富。国内所称的“大香格里拉”“茶马古道”等举世瞩目的历史商贸和文化交流通道多在藏羌彝走廊中。在这个民族走廊中，各民族各种类型的村落非常丰富，它们是藏羌彝走廊的文化建设的重要区域。本文对这个走廊一些笔者比较了解的不同类型的各族村落的文化保护、传承和发展的现状进行一些梳理，并提出一些看法，为当下我国正在实施的乡村振兴战略提供一些区域性的建议。

从多年来笔者参与的一些国际国内合作项目的调研看，当下藏羌彝走廊民族村落的文化保护和传承有如下几种情况。

一、基于村落突出的文化特色的保护传承

藏羌彝走廊村子的文化传承保护和发展，有不少是建立在本地“人无我有”或“人有我特”的传统文化特色和个性上。这一点是比较突出的，如藏族村落的发展与藏传佛教文化、村民的山岳崇拜等本土信仰和藏传佛教相融合的转山朝圣文化多有密切关系，比如著名的云南迪庆藏族自治州

① 原载《贵州民族研究》，2020 年第 9 期。此文是国家社会科学基金重大项目“藏羌彝文化走廊建设研究”（项目编号 16ZDA155）阶段性成果。

卡瓦格博（梅里雪山），雪山下的明永村、雨崩村都是转山朝圣文化的重要村落。丽江纳西族村落则多与本土的东巴教为核心的多元文化密切相关；而摩梭人的村落则因其独特的母系制大家庭，走婚民俗与泸沽湖等绝美自然景观的互动吸引了游客，走出了独特的民俗文化旅游之路。白族村落则与本主崇拜、阿吒力文化，还有白族擅长的扎染，铜器、银器、木器制作和石雕等密切相关。怒江的傈僳族则主要与独特的基督教信仰习俗密切相关。

如怒江州泸水市上江镇付坝村百花岭自然村，是受基督教文化影响的民族村落，该村位于藏羌彝文化走廊的核心区，作为云南怒江州的精品旅游村寨，是泸水市的旅游特色村，也是怒江州倡导的以傈僳文化的活态保护和体验化开发为核心构建“旅游演艺 + 乡村主题公园”的特色旅游村。自 2003 年，百花岭村成立了全州第一个傈僳族无伴奏四声部的农民合唱团，主打节目包括了《欢乐颂》《哈里路亚》《友谊地久天长》等无伴奏四声部合唱，这些节目依然保留了百年前传教士编写赞美诗四行简谱格式演唱形式。他们在第五届昆明中国金鸡百花电影节上合唱的《友谊地久天长》和中国国际合唱节上演唱的《欢乐颂》等，都以其美妙动听的旋律感染了所有与会的中外艺术家，他们赞誉其“无伴奏四声部合唱艺术”无论音色、音准、和声都有很高的水准。该合唱在 2004 年北京合唱节获得银奖，2009 年中国电影节获得表演金奖，被誉为“峡谷天籁”。如今，这里的“唱诗”闻名遐迩，吸引了很多中外游客，也成为云南多元宗教文化和谐共处的一个范例。[①]

笔者也曾去云南怒江州福贡县调研，该县地处滇西北横断山脉中段碧罗雪山和高黎贡山之间的怒江峡谷。福贡县信仰基督教的有 7 万余人，教会有 342 所，遍布福贡县大小村寨，全县 8 万人口中 90% 以上是基督徒，这个县的刑事犯罪几乎是零，宗教文化在促成和谐社会建设方面起了关键作用，值得我们认真思考如何让宗教文化发挥更好的作用。

---

① 参见杨福泉：《在怒江教堂听傈僳族四声部合唱》，转引自杨福泉：《大江高地行——从云之南到青藏高原》，云南人民出版社 2018 年版，第 60 页；杨福泉：《关于怒江生态造福民众、推进旅游文化互动优势的思考和建议》，“专家专栏”搜狐网，2018 年 12 月 1 日。

二、借助旅游优势促进本土文化的传承和弘扬

这个方面比较典型的包括藏羌彝走廊滇西北的一些民族村落，比如丽江市的纳西族村落玉湖村、束河古镇、纳西族摩梭人聚居的落水村、迪庆州香格里拉市的藏族村子霞给村等，这些村落充分利用各自的优势文化资源，发展卓有特色的生态文化旅游。丽江的玉湖村用“党支部 + 村委会 + 合作社”的方式，立足“资源共享，利益共享，人人参与，户户受益”的原则，成立了玉湖村旅游管理委员会，组建了玉湖旅游合作社。除了每户出一人参加每天轮流牵马等旅游活动，合作社还采取了发展村里的社会公益事业的一些做法，比如从旅游总收入 30% 的发展基金中，提取 5% 作为村子的教育发展基金来做集体事业。合作社还对村里的贫困户、受灾户、军烈属户等进行定期慰问。玉湖村在 20 世纪 80 年代由于集体林等管理失控，曾是个出名的乱砍滥伐村，现在则成了一个出名的生态环境保护好的村落，村民自觉地保护山林和环境，连玉龙雪山上的金矿，也是村民在玉龙县政府的支持下自己承担了保护的责任，每天都有人轮流看护金矿，防止盗挖者。

丽江的束河古镇（由几个古村落构成，20 世纪 90 年代叫龙泉村）也是很成功的旅游文化名村之一，束河被学界和联合国教科文组织所称道的是这些村落群在旅游发展中走了一条“分区制”之路，即依循本地村落传统建筑格局和民居特色，在村子外围扩建了不少小桥流水和青瓦白墙等纳西民居式建筑，但本地村民的传统民宅都很好地保留着，村民也没有像丽江大研古城的居民一样搬迁走，所以它又保持了村民们传统的日常生活格局，游客可以与本地居民对话，欣赏田园风光，看到真实的纳西农民的日常生活。①

三、借助民族传统工艺品的生产走乡村发展之路

藏羌彝走廊的村落里，还有一类是充分发挥传统手工艺文化的优良传统来谋发展的，如与丽江紧邻的大理州鹤庆县新华村即是一个典型的依靠

---

① 杨福泉：《略论云南名村名镇的保护》，《西南民族大学学报》（人文社会科学版），2008 年第 11 期。

手工艺达到小康生活水平的白族村子。

这个白族古村落是当代中国西部民族手工业传承发展的一个典型村落，新华村的民族工艺技术在新华村民及其周围村寨的手工艺者的长期传承和创新中不断延续下来。作为一个贫困县的民族村寨村民，新华手工艺者在本身优秀民族文化的传承中积极发展和开拓，为新华村带来了很好的经济效益和社会效益。新华村的铜器、银器制作手工艺对新华村经济的发展有明显的作用，也对相邻的丽江等地有较大影响。

笔者在2008—2010年曾主持过一个“云南名镇名村的保护和发展研究”项目，根据项目组周智生、李松灿两位课题组成员的调研，早在2005年，新华村就有894户进行手工艺加工，占全村总农户的78.9%，在这894户中有709户在家进行加工，其余185户在西藏、四川等少数民族聚居区进行手工业加工和出售。此外，新华本村还有15户专营金、银、铜、硫酸、硼砂等加工原料销售，4户进行包装盒的加工，6户以农家乐形式从事饮食服务业，3户专门进行客运和不定期的货物托运，20多家商铺在新华本村出售金银首饰及铜制生活用品。在新华村进行手工业加工的本村居民有1548人，占全村劳动力50%以上，并在相邻村寨广招学徒，在新华村和广大藏族聚居区进行加工生产。在对新华村189户专门外出加工销售的部分新华工匠家庭进行采访时发现：专门外出加工销售的新华工匠以北邑村居多，占所有加工户的65%，主要集中在丽江、香格里拉、拉萨市和林芝市的八一镇，以生产和销售当地生活用品和宗教用具为主。在专门外出加工的加工户中有70%在藏族聚居区。新华村加工生产的民族手工艺产品主要销往一南一北两个方向，南以下关为中转，西双版纳、普洱、文山、广西，以及缅甸等地为主要市场，北以丽江为基点，主要销往藏族聚居区。①

在丽江古城，有新华村开的铜器店铺，或者专卖新华村铜器的铺子，著名4A级旅游景点玉水寨是个东巴文化的传承点，有很多知识丰富的东巴，而那里所供奉的东巴教神祇和纳西远祖的铜像，都出自新华村的白族工艺大师寸发标等工匠。笔者在香格里拉市、德钦县、四川的磨西镇、拉萨等，都看到了销售新华村的铜器。笔者多次去拉萨，在八廓街看到的新华村铜器、银器特别多，有100多个系列，数千个品种。据了解，云南的

① 杨福泉等：《云南名镇名村的保护和发展研究》，中国书籍出版社2010年版，第188—200页。

红河、文山，还有贵州、西藏、青海等少数民族聚居区，是新华村匠人最先走出去的地方，其中聚集在拉萨八廓街的有1000多位新华村匠人，仅仅少于新华村的鹤庆银匠集中区域。

西藏昌都市芒康县邦达乡曾是茶马古道闻名遐迩的村子，邦达昌这个赫赫有名、富冠全藏的大商家，就是发迹于这个荒远的高原山村。邦达昌，藏语是家族的意思。2003年6月笔者曾来此地调研，据当时村子里熟悉该村历史的村民介绍，当地商号邦达昌盛时有1000多匹骡马，在亚当、成都皆有房产，在康定、拉萨等地有商号。十三世达赖喇嘛曾逃亡印度，在他出走印度期间，得到邦达昌帮达·尼江的资助和供养。两年后，十三世达赖喇嘛回藏，封帮达·尼江为商务官“商上”，并授予帮达仓独家经营全藏羊毛、牛绒和贵重药材的权利，使帮达仓在商贸和藏族社会中得到迅速发展。在商业上拥有的经营垄断权，使帮达家族很快成为藏地首富。当年修318康藏线公路时，他家曾捐了10万光洋（当时所称的“袁大头”）。帮达仓在抗日战争和西藏和平解放期间以商抗日和支援新西藏建设的业绩最为突出。邦达昌的商号在云、贵、川、藏都闻名遐迩，在印度、缅甸、尼泊尔、不丹等国家也有名气。特别是抗日战争时期，邦达昌以其骡马商队开辟陆地国际运输线，有力地支援了大后方，卓有功劳，为发展西藏民族商业、维护祖国统一作出了很大的贡献。

2019年，笔者主持的国家社会科学基金重大项目“藏羌彝文化走廊建设研究”子项目项目组成员章忠云与和春燕又对这个村子进行了调研。帮达乡的藏族保留着很多敬畏自然的习俗，如祭祀山神，祭祀与神湖莽措湖传说密切相关、为民造福的女神莽女的习俗。帮达乡以利用莽措湖构建的水利灌溉体系，种植适宜当地的农作物品种，以家庭为单位适度经营的畜牧业，构成了帮达乡集高寒坝区农牧业生产系统，并形成了与之相适应的农耕知识体系、放牧制度、水资源管理方式、林下野生资源利用制度等丰富的传统知识。

近年来，这个名村除了传统上的毛皮销售外，大牲畜的销售和手工毛纺织产业也得到不小的发展。组织了留守村子的妇女编织合作社，发展新型家庭手工业，生产突出民族特色和地域特点的藏式被褥、藏式毛毯、藏式褥子、藏式卡垫、藏式背包等产品，不但受到消费者高度赞誉和普遍认可，而且将发展民族手工艺和保护当地文化资源、促进人与自然和谐发展等紧密结合起来。①

藏羌彝走廊中，还有很多类似的村子，比如香格里拉市的尼西乡也以制作尼西陶罐闻名，他们的产品在滇西北各民族地区都很受欢迎。云南尼西有陶罐，西藏墨脱有石锅，笔者 2016 年在西藏调研，发现墨脱县产的石锅很受欢迎，据说还是中国国家地理标志产品，一路上都能看到用墨脱石锅烹饪的火锅，很多西藏人喜欢的丽江腊排骨火锅多是用墨脱石锅煮的。

有的村子原来以手工艺文化闻名，比如丽江的束河古村落，过去是以皮匠而闻名遐迩，束河人有句话“拿个锥子走天下”，他们和新华村的银匠、铜匠一样，凭技艺到处云游谋生，所以“藏彝走廊”村镇中有不少定居本地的束河村纳西人。而现在束河的皮革业已经完全衰落了，他们现在走了一条与外来的公司合作发展旅游的道路。丽江大研古城的铜器制作过去也很有名，有专门的打铜街。明代到丽江的徐霞客在其日记中就有木氏土司赠送他“丽锁红毡”的记载，丽锁就是丽江制作的铜锁。在明代就很有名气的丽江铜器制作业在 20 世纪 50 年代之后就逐渐式微了，而在发展较晚的鹤庆县新华村则被发扬光大。

四、多民族杂居村落文化的相互影响和文化融合

丙中洛乡位于怒江傈僳族自治州贡山独龙族怒族自治县的北部，距州政府所在地六库 329 公里，距贡山县城 43 公里。东邻迪庆州德钦县，南连捧当乡，西接与缅甸接壤的独龙江乡，北邻西藏林芝市察隅县。以丙中洛镇丙中洛村为中心的丙中洛是藏羌彝走廊一个多民族、多宗教的共生共融为特征的多元文化区，是怒江河谷中藏族较为集中的区域，在这里，藏文化、怒族文化和傈僳族文化等多元民族文化的交流与融合特征异常显著。

在新中国成立以前，先后有怒族、藏族、独龙族、傈僳族、白族在不同时期迁入丙中洛，藏传佛教、天主教和基督教先后传入。紧接着是多民族、多宗教格局继续发展完善的时期，新中国成立后直至 20 世纪 70 年代末期，又先后有一些移民进入丙中洛地区，比如零散的傈僳族、纳西族、白族等

① 章忠云、和春燕：《西藏自治区芒康县帮达乡传统村落保护研究报告》，笔者主持的国家社科基金重大项目“藏羌彝文化走廊建设研究”（项目编号 16ZDA155）阶段性成果，未刊稿。

少数民族，各宗教及族群之间有互动互补，但仍以宗教群体的各为一体形式为主导，语言的学习和互相影响有所发展和深入。最后是多民族、多宗教融合发展并最终形成多元文化区。这一阶段主要是20世纪80年代至今，多民族融合，多宗教和谐发展，多语言共用，多种生计方式并存共享，民族、宗教复合型融合的多元文化区域得以形成。

怒族人家给孩子取名的排名顺序就深受傈僳族排名习惯的影响。[①]其次是在丙中洛多元文化区内，各民族相互使用对方的语言。怒族语言和藏族语言是较早共同使用的，藏传佛教传入丙中洛地区后，做法事念经都要使用藏语和怒语两种语言，以前怒族上山打猎时也要用两种语言祈祷以保证狩猎神能听懂。傈僳语则直至新中国成立以前都没有大规模影响藏族和怒族语言，新中国成立后，随着各民族之间的交往日益频繁，丙中洛地区的多语言使用才真正发展起来。当前，丙中洛核心区的汉语、怒语、傈僳语和藏语都是通用语言，在宗教活动中经常会傈僳语、怒语、藏语交叉融合使用。年长的老人们几乎都会四门语言，生活中可以熟练使用。即便是年轻的80后一辈，甚至在外面上学的，几乎也都能说三门以上的语言，有不会说的语言也能听懂，交流沟通几乎没有障碍。[②]

藏羌彝走廊中很多村子都有这种可以说多种语言的情况，比如丽江以纳西人居多，会说纳西语的汉族、白族、普米族等族很多。而在以白族人口居多的玉龙县九河乡，会说白族话的纳西人多。在以傈僳族人口居多的怒江州，会说傈僳话的纳西人也很多。

据笔者主持的项目组曹津永博士的调研，丙中洛还形成了颇具特色的区域性节日习俗。虽然不同的民族因为宗教信仰等原因也有一些自己的节日，但丙中洛各民族都不同程度地参与了一些区域性的宗教、民俗节日。较为典型的是丙中洛多元文化区内的仙女节，仙女节是怒族的传统盛大节日，如今已经成了丙中洛多元文化区内的共同节日。节日那天，怒族群众信仰的藏传佛教、天主教和基督教都有自己特定上演的角色。同时，在歌舞方面，藏族的锅庄以及乐调，在丙中洛区域内的怒族、傈僳族、独龙族

① 何林：《“多元统一”的民族观与民族关系——一个丙中洛阿怒人的实例》，转引自《西南边疆民族研究》第5辑，云南大学出版社2007年版，第322—325页。

② 曹津永：《区域多元文化视野下的藏羌彝走廊少数民族传统村落保护——以云南怒江丙中洛多元文化区域为例》，笔者主持的国家社科基金重大项目“藏羌彝文化走廊建设研究”（项目编号16ZDA155）阶段性成果，未刊稿。

等民族中都非常流行，歌舞以及音乐都融合了自己民族和区域内其他民族或多或少的文化特色和元素。

丙中洛形成了多元的区域多元文化及其特征，几乎涉及了生计方式、语言、衣食住行以及节日、习俗、歌舞等日常生活和日常交往的方方面面。民族文化的融合，其趋势是逐渐融合，形成区域文化并进一步发展成诸多民族共享的文化系统。①

迪庆州德钦县茨中村就在澜沧江畔，最醒目的是那座闻名遐迩的天主教堂，它在 2006 年 5 月 25 日被国务院批准列入第六批全国重点文物保护单位名单。这个教堂与背后的绿色山峦和周围的藏族农舍十分协调地合成一体。

茨中村的民族构成有些复杂，有纳西族、藏族、傈僳族和汉族等，但以纳西族和藏族为主。笔者 2008 年第一次在茨中村调研时获悉，茨中村居民普遍认为这个村最早的居民是纳西族。美籍奥地利学者洛克在他的名著《中国西南古纳西王国》中，对纳西族在茨中的分布情况也有零星的记载，他在书中这样写道："澜沧江两岸的所有村庄并非都为纳西人所居住，因为他们的村庄经常与藏人村庄相交错，比如西岸的茨中为藏人与纳西人所居住。""茨中是一个分散的藏人村庄，有大约 30 户人家，其中有几户纳西人。"

2008 年笔者和云南省政协民宗委调研组来到茨中村调研时，了解到该村的宗教信仰有纳西人信仰的东巴教、藏族信仰的藏传佛教宁玛派、噶举派、格鲁派和天主教。其中藏族信仰宁玛派的居多。清代以后，德钦藏族以信仰藏传佛教格鲁巴（黄教）为主，有些地区则依旧信仰宁玛派。茨中村位于迪庆州的维西和德钦两县之间，维西境内有很多纳西族，信仰东巴教和藏传佛教噶举派的比较多，茨中村有的村民是从信仰噶玛噶举的地区嫁过来，也就带来了自己的信仰。我们去离茨中村不远的云岭乡的红坡村，嘎丹·羊八景林寺（红坡寺）的扎西活佛告诉我们，他们与维西的噶举教派纳西族的活佛和僧人都有密切交往。这说明茨中村的宗教信仰也受到德钦和维西两地的影响，所以形成了东巴教和多教派藏传佛教并存的情况。

---

① 曹津永：《区域多元文化视野下的藏羌彝走廊少数民族传统村落保护——以云南怒江丙中洛多元文化区域为例》，笔者主持的国家社科基金重大项目"藏羌彝文化走廊建设研究"（项目编号 16ZDA155）阶段性成果，未刊稿。

茨中村上年纪的村民还有会讲纳西话的，有的说纳西话时还常用一些古词语，笔者调研的 3 个 70 多岁的老人虽然不是纳西族，但都能说或听懂纳西话，说明在他们年轻时，纳西语在茨中的使用率很高，有语言环境，所以大家都能说。但随着人口的变动，民族的识别，迪庆藏族为主体民族地位的形成，纳西族文化和语言就逐渐衰落了，祭天习俗等重要纳西仪式也逐渐不再举行。

据了解，除了纳西人祭天的自然崇拜之外，茨中村信仰佛教的村民最重要的佛教活动之一是祭祀神山，有保护神山的乡规民约。茨中显然保留了崇拜山水的本土信仰传统习俗，

茨中村是典型的多民族多元文化并存的村落，村里有国家级文物保护单位茨中天主教堂，最早建于 1867 年（清同治六年），1909 年重建，1921 年竣工，历时 12 年，耗费了巨大的人力、物力、财力。教堂建成之后，即成为“云南铎区”主教礼堂，曾先后办过一所学校和一所女修院。地方政府拨出专款在 1989 年进行了全面的维修。村民包括藏族、汉族、傈僳族、纳西族、白族、怒族等 7 种民族，信仰藏传佛教、天主教和东巴教。

从宗教信仰的角度而言，西藏芒康县的盐井乡、德钦县的茨中村的天主教信仰也是一个奇迹。笔者曾于 2002 年在西藏芒康县的盐井纳西族乡调研，在那里看到了西藏唯一存在的天主教堂，并采访了藏族神父鲁仁弟。当时盐井信仰天主教的村民说，他们过圣诞节时，教堂会邀请云南德钦县茨中教堂的教友以及当地藏传佛教刚达寺的寺主、僧人以及村里的信佛群众前来聚会。教民们在教堂里做完弥撒后，会和被邀请者一起载歌载舞，跳当地人喜欢的弦子舞。在茨中村也了解到，信仰天主教的村民在过节时，也会邀请盐井信教的村民前来欢度节日，信仰其他宗教的茨中村村民也会来教堂里欢度节日，唱跳藏族歌舞。这种多元宗教的和谐共处，在当今澜沧江畔的藏族社区已经形成。笔者认为这样的和谐局面是非常难得的。

五、宗教文化的变迁与传承

在藏羌彝走廊中，一些民族具有代表性的文化也在发生变迁。比如羌文化在藏羌彝走廊中具有举足轻重的地位，项目组成员习建勋博士 2018

年到羌族聚居区理县进行了调研，他的调研聚焦在释比文化中具有代表意义的羌族羊皮鼓舞的变迁上。藏羌彝走廊各民族祭司和巫师的法鼓有很多同源的传说故事，比如祭司能骑鼓飞行的传说就是一种，它与本教和佛教之间的争斗历史相关，德国著名人类学家欧皮茨曾做过关于纳西族、羌族、彝族以及尼泊尔等地祭司的法鼓比较研究。[①] 羌族巫师释比是羌民世代信仰的宗教文化传承者，是羌族寨子日常生活的重要部分之一。羌族的羊皮鼓舞在2008年入选“第二批国家级非物质文化遗产名录”，羌族羊皮鼓舞最初是释比的仪式舞蹈，20世纪50年代至2008年前后，随着社会环境的变化，羊皮鼓舞文化已经发生了很大的变迁。

比如，现在羌族寨子里的建筑墙面上、释比广场中央等公共建筑上镌刻有“羊头像标志”，以及做成羊头形状的社区路灯……羊神从家庭私祭的堂屋神牌位，演化成了村落公共空间里的文化符号之一。现在，祭祀羊神的仪式基本已经消失，几近消亡，很多蒲溪羌人堂屋中已没有羊神牌位供奉，但这只是羌人信仰羊神的观念发生了变迁，羊神信仰本身却在公共空间中使羌人更有集体认同感，通过现代化村落社区设计使其从家庭私祭神演进到了村落公共信仰的神祇符号。

随着社区当代群众文化的发展变迁和村寨旅游的发展，“鼓手”成为现在对羊皮鼓舞表演者的称谓。羊皮鼓不再仅仅是释比的专有法器，其舞蹈也不是专指释比仪式中的舞蹈，或者说在释比法器和仪式舞的基础上，创造性地进行了发展。在村落里，以“羊皮鼓舞协会”为核心，村民们最先成为鼓手，而后学校、艺术团以及其他传承机构通过改编等方式进行羊皮鼓舞的传授与传播，鼓手包括了羊皮鼓舞乐队成员、羊皮鼓舞队成员、羊皮鼓舞传承人等，至此羊皮鼓舞已经实现了羌人村落的“全民化”。现在理县一些村落由巫师释比主持的仪式已经很少了，过去是一种传统，现在则代之以学会了羊皮鼓舞的鼓手。[②]

这种变迁与藏羌彝走廊其他民族的原生性宗教文化的变迁有共同之处，比如纳西族的东巴教，过去也多是以仪式为载体，与具体的生老病死

---

① ［德］米歇尔·奥皮茨、［瑞士］伊丽莎白·许主编，刘永青、骆洪等译，杨福泉审校：《纳西、摩梭民族志——亲属制、仪式、象形文字》，云南大学出版社2010年版。

② 习建勋：《从变迁到调适：四川理县蒲溪沟羌族村落羊皮鼓舞文化的现代转型之路》，笔者主持的国家社科基金重大项目“藏羌彝文化走廊建设研究”（项目编号16ZDA155）阶段性成果，未刊稿。

和祛灾除祸等相结合，而现在，东巴书画、东巴舞等都普遍作为对外展示的纳西文化和社区文化。

但这种变迁在藏羌彝走廊村落里还是有较大差异，比如丽江的东巴教仪式，在20世纪80年代，虽有所复苏，但在村寨社区依然非常衰落，不过那时还有很多博学的东巴祭司，而云南及丽江各级政府还是有远见的，集中了七八个知识渊博的老东巴和80年代初毕业的八九个大学生，致力于抢救整理东巴古籍，最终在云南省政府的支持下，出版了《纳西东巴古籍译注全集》100卷，后来丽江收藏的东巴古籍又入选了《世界记忆名录》。后来又有对东巴文化的传承有责任心的纳西民营企业家和长红资助多个纳西乡村社区进行东巴文化传承，办学习东巴文化的学校，多种因素促进了丽江不少村落的东巴文化仪式的复苏和传承。

六、国家公园模式下的社区文化保护与发展

藏羌彝走廊各民族社区的文化保护传承是多样化的，其中云南比较独特的一种形式是国家公园和社区的互动所形成的一些做法和经验，国家公园和各民族社区的良性互动，探索出不同于西方国家公园把园区范围内的原住民都搬走的做法，而是保留社区，让民众也从国家公园受益，同时各族民众也成为建设国家公园的重要力量。

1996年，云南省就开始进行国家公园建设的新型保护地模式的探索研究，由中国科学院昆明分院、云南省社会科学院等研究机构和大自然保护协会合作组织高校科研院所针对云南省建设国家公园开展了系列调查研究。经过10多年的探索和研究，2006 年，在滇西北旅游现场办公会上，云南省政府正式作出了建设国家公园的战略部署，并将“探索建立国家公园新型生态保护模式”列为我省生态环境建设的工作重点之一。2004年，云南省政府推进普达措国家公园建设工作。2006年8月1日，香格里拉普达措国家公园开始试运行。

2007年6月，云南省第一个国家公园——普达措国家公园正式挂牌成立并开始运行。2008年6月，国家林业局批准云南省为国家公园建设试点省，以具备条件的自然保护区为依托开展国家公园建设工作，探索具有中

国特色的国家公园建设。2008 年 8 月，云南省人民政府常务会议进行了专题研究，明确了云南省林业厅为云南省国家公园的主管部门，省委编办批准成立了云南省国家公园管理办公室。

2008 年 9 月，云南省林业厅与云南省政府研究室共同启动了“云南省国家公园发展战略研究”。截至 2015 年，云南省先后批准建立了迪庆普达措、丽江老君山、西双版纳等 12 个国家公园的建设，全省国家公园的法制、政策、管理和技术标准体系初步形成，国家公园这一新型保护地模式开始逐渐得到社会各界的理解和支持。目前，各国家公园管理机构开始与省内外的高校科研机构和技术单位合作，开展系列研究工作，建立了国家公园的资源本底资料，补充了资源动态变化的数据，使国家公园的五大功能逐步得到体现。[①] 在 2017 年中共中央办公厅、国务院办公厅印发的《建立国家公园体制总体方案》中，云南普达措国家公园位列我国已设立的 10 个国家公园体制试点。全省国家公园的法制、政策、管理和技术标准体系初步形成。

与国外的大多数国家公园不同，云南省国家公园的试点建设没有把公园内的各民族原住居民社区迁出去，而是保留了下来，这成为云南作为中国国家公园体制试点省的最大特点。比如第一个国家公园普达措国家公园涉及 2 个乡镇，4 个村，包括香格里拉市建塘镇的红坡村、洛吉乡的尼汝、九龙等 43 个自然村。

自然生态与人文社会是一个统一整体，在国家公园内如何进行民族文化的保护、传承和创新，是一个全新的课题。并不是人类所有的行为都会对自然生态环境造成破坏，只要合理和有序利用，两者可以成为一种相互依存的关系。在长期与自然打交道的过程中，每一个国家公园内的农牧民不但有在该地区生活的经验，而且创造了与自然环境相适应的文化，如神山信仰文化、藏传佛教文化、农牧文化、资源利用文化等。如其中的神山信仰文化就有沿袭了上千年的神山、圣水保护的思想和行为规范，不能动用神山圣湖的一草一木，普达措国家公园主要组成部分的圣湖碧塔海，其湖水和湖周围的区域一直处于一种良性发展的状态，人文与自然的和谐共生也成为普达措国家公园吸引访客的原因之一。又如农牧文化，当地农牧

① 参见杨芳：《云南国家公园的探索与实践》，《云南林业》，2014 年第 2 期。

民在农业生产中，一直都是使用农家肥，受藏传佛教不杀生和生死轮回观的影响，也不使用农药，生产生活基本处于一种良性发展的状态；放牧遵循适度利用牧场的生计方式，随季节变化从低海拔到高海拔放牧，遵循自然规律使用牧场。因为放牧，高海拔地区的牧草有了牲畜粪便的滋养，牧场的肥力得到加强，牧草的自然更新有了保障；在自然资源利用方面，普达措国家公园内的大多数社区，传统上都有划分资源利用区和管制区域的习惯，用“日寡”封山线来限制社区农牧民的资源利用区域，这与国家公园的许多保护管理规定不谋而合，使得有关生态保护和管理事项顺利推进。

普达措和梅里雪山国家公园内保留了藏族村落社区，除了予以旅游反哺的经济补偿外，还允许村民开展适度的传统农牧业活动，不但缓解了社区所属的土地、林地在划归国家公园时，没有计算股份或征收的矛盾；同时考虑到了国家公园自然生态系统和人文生态系统相融合的发展方向，对当地民族文化的保护和传承具有积极作用，这是云南在建设国家公园中一种新模式的实践。梅里雪山国家公园在公园社区内开展具有生态环保意识的产业发展引导和带动，在考虑保护梅里雪山地区生物生态类型和独特自然景观的同时，把该区域的文化多样性保护纳入其中，体现了国家公园建设不危及梅里地区神山文化在藏族心目中神圣的地位与不可缺少的文化主体之间的关系。社区民众得到旅游反哺后，按景区保护的相关规定，不再进行牵马服务，而将更多精力致力于葡萄种植、酿酒等传统产业，促进了传统农耕文化的传承和发展。

丽江的老君山国家公园成立后，促成了本地傈僳族村子的乡村旅游合作社，其中内容有劳务派遣，员工聘用到公司，连续两年被评为A类员工，就可以和公司签订劳动合同。合作社和公司已经合作了6年，6年里由合作社推荐到公司的当地员工已经超过了130人。[①]笔者曾采访过一位本地参加国家公园旅游讲解和开电瓶车的傈僳族女子，她说自己现在能有这机会向客人们介绍本地的自然和文化，增加了收入，在很大程度上改善了家庭生活，感到很幸运。

国家公园对各民族社区的带动和各族民众在国家公园范围传承、创新保护自然和文化，形成了作为国家公园体制试点省建设的云南的一个突出

① 杨福泉、杜娟主编：《云南国家公园社区带动研究》，云南人民出版社2020年版。

的区域特色。

七、村落建筑文化的保护传承与变迁

传统村落文化的保护传承其中一个重要内容是作为村落重要文化载体的建筑与周围环境如何和谐一体。2014 年 4 月 25 日，国家住房和城乡建设部、文化部、国家文物局发布了《关于切实加强中国传统村落保护的指导意见》，加大了我国传统村落保护的力度。比如云南怒江州有不少地方文化特色突出的传统村落，是云南非常难得的文化资源。笔者 5 次去怒江调研，2014 年 4 月 13 日至 17 日在怒江州贡山县调研，走访了丙中洛几个村子，感到周围生态环境和文化资源都保护得如此好的民族村寨在云南省是不多的，比如秋那桶村和雾里村，被游客誉为世外桃源般的仙境，是茶马古道旅游线上特色突出的美丽乡村，秋那桶村 2013 年在中央人民广播电台等举办的“中国最美村镇评选”中，入选 60 个“中国最美乡村”，旅游潜力很大。笔者采访了在村里办起了客栈的藏族村民阿贝。得悉秋那桶村现在共有 42 户村民，共 171 人。阿贝的父亲最初为来这里的游客领路，2011 年，他家盖了一座客栈，有 27 个床位，淡季一个床位收 27 元，春节前后游客较多，卖 50 元一个床位。游客来自国内外，国内来自广东的游客较多。每年毛收入约 10 万元，村民把蔬菜和肉食等卖给阿坝的客栈，大家都获益。有的游客还会在此住上一个月。清晨，游客在村里和村子周围溜达，看村里袅袅上升的炊烟，看村子背后雄伟的雪山，看村民的劳作画面，有的去爬山，回来烤太阳，喝茶、咖啡。阿贝告诉我们，很多游客说这宁静的村子充满了日常山村生活的淳朴和诗情画意。村里还有一家人也开了客栈，但因为盖的是水泥房的结构，有很多游客还是喜欢阿贝的木头房客栈。阿贝保留了家里的传统房子，里面有火塘等，客人也很喜欢来里面坐坐。游客从秋那桶村里继续往西藏林芝市的察隅县或云南迪庆州的德钦县去。阿贝常常去当向导，把他们送到特定的地方。

离秋那桶不远的雾里村最突出的特色是村里几十座两层的木楞房传统民居，与周围的田地和山林融为一体，显得很美。2019 年 12 月 31 日，被国家民委命名为第三批“中国少数民族特色村寨”。笔者 2014 年到迪庆藏族自治州德钦县的明永和雨崩调研，对当地独特的藏式建筑与环境的和谐之美也留下了深刻的印象。滇西北各民族的很多村子，传统民居无论外观和内部的设施，都保留得还比较好，形成了融物质和非物质文化于一体的景观。

藏羌彝走廊民族众多，有非常多样化的传统建筑文化，现在也随着社会生活的改变发生了一些变迁，这里重点说一下家屋里的火塘文化。

在藏羌彝走廊各民族中，火塘文化是集各民族的空间观念、信仰、仪式、居住、待客等多种习俗于一体的家屋中最重要的空间，带有神圣性。过去祭祀神祇祖灵、各种人生礼仪都与火塘灶有密切的关系，也有相应的多种禁忌习俗。[①] 记得笔者多年前在滇西北山区做普及节柴灶的国际项目，联合国粮农组织负责能源项目的官员对我提出的火塘文化习俗的含义和内容感兴趣，他说过去粮农组织在推进能源项目时，很少从文化的角度考虑到能源的问题，所以他就组织翻译了笔者的《火塘文化论》一书，在调研中也增加了把火塘改造为节能炉灶时如何来兼顾原住居民含有信仰的火塘文化习俗。

而现在，各民族传统的火塘文化习俗也发生了很大的变迁，不少民族已经把火塘灶改造成当代城乡常用的灶台，祭祀场所发生变迁，不再是在过去火塘所在的房内，如纳西族的“吉美”（母房）的祭祀和待客功能，而是迁移到类似汉式堂屋这样的家居空间。只有丽江市一些比较偏远的山区纳西人的家屋还保留着火塘生活方式。至今依然还保持着母房火塘习俗、以安置有火塘的母房为家屋中心的有宁蒗县永宁的摩梭人、四川木里县俄亚乡和盐源县达祖村等村落。

但这几年来，也有这样的情况：在强调保护和传承民俗文化的当下，有些民族则自愿地在恢复已经消失甚久的火塘文化习俗。比如2018年笔者在玉龙县九河乡调研，就看到有的普米村寨已经恢复了安置着传统火塘的待客房间，但火塘不是如过去一样用来烹饪的，而更多的是作为象征意义上的家居空间的中心，进行祭祀和待客等。玉龙县离古城不远的黄山镇鲁纳古村的一些民宅这几年也恢复了一些安置有传统火塘的房子，也不是作为传统的家屋核心“母房”，多是作为可以展示纳西传统火塘文化和生

① 参看杨福泉、郑晓云：《火塘文化录》，云南人民出版社1990年版。

活习俗的一个空间。而这个传统火塘文化习俗的恢复还与该村其他一些民间习俗的恢复有关，比如制作传统本土食品月饼、蜜饯，以及传统的酿酒等。

土木建筑是早期凉山彝族传统村落建筑中的一种重要建筑结构，有土木结构木板房、土木结构茅草房、土木结构瓦板房、土木结构碉楼等，由于凉山彝族有迁徙的传统习俗，在频繁的不断变更的居住地中，民居的保护传承相对就比较复杂一些。迁徙定居后的彝族，其房屋建筑文化的保护传承就相对比较容易，比如在清代和民国迁徙到丽江玉龙县拉市乡等地的彝族村子，在早期还有游耕迁徙居无定所的习俗，常常搬迁，后来受到本地纳西族、白族等定居民族习俗的影响，逐渐固定了长期定居的村落，民居外在和内在的形式就相对稳定了，可以更多地突出传统文化特色及其与当代环境条件的吻合。

八、藏羌彝走廊村落文化保护和发展的一些想法

藏羌彝走廊民族众多、文化多元，今后如何保护传承和发展，值得我们思考。从多年的村落调研实践中，笔者提炼出以下几点建议。

第一，保持各自的突出特色非常重要。如上面所说，这条走廊各民族村落或入选国家或省级民族文化保护村，或成为被关注的乡村旅游热点，都是因为本地独特的自然和人文景观的互动和融合而形成，无个性即无魅力，个性和区域特色的精彩，形成了藏羌彝走廊民族社区的魅力和可持续发展的动力，所以继续保持当地文化的个性特色是很重要的。有时常常会因为没有很好的规划和思路，把一个村落的建筑等搞得很失败。

第二，民族文化的传承发展最重要的是要有传承人，所以培养本地文化精英至关重要，而且应该用多元化的方式，即政府扶持、民间人士的自发培训、家庭传承、“不离本土”的传承与强化培训传承方式的结合等。云南在这方面的成功例子比较多，比如大理州剑川县政府成功地鼓励并创造条件，本地青年歌后李宝妹走村串寨培养白族歌调的传承人。[①] 纳西民间企业家和长红有信仰，有创业成功后要回报社会的情怀，所以多年来他做了培养青年东巴、扶助社区东巴文化传承、组织东巴文化知识竞赛、鼓

① 参见杨福泉：《少数民族文化保护与传承新论》，原载《云南社会科学》2007年第6期，《新华文摘》2008年第7期摘载（论点摘编）。

励纳西子女学习母语等一系列好事。

当下，不少村落里的文化传人断层的情况还是比较普遍的，由于各种原因，有些知识渊博的文化传人去世后，后继无人，或者后继者的知识与他们的前辈无法比肩。所以，文化传承实际上是一个比较艰巨的任务。笔者以前做过多个致力于培养文化传人的国际国内项目，深知其不易。我们曾实践过从村落里选出悟性高、基础好的年轻东巴，请知识渊博的老东巴一对一地传帮带，隔一段时间后又让他们回到村落社区实践他们的所学和学习民俗文化等举措。以前音乐家田丰在云南安宁办“云南民族艺术传习馆”，培养了李怀秀等一批杰出的各民族民间艺术人才，形成了一种把集中培训和重回乡村社区相结合的乡村文化人才培养之路。[①]

第三，各民族村落的文化在传统文化保护和传承的基础上要有当代的原创。文化像一条河流，是流动的，不是静止不变的，任何一个民族的文化都会随着时代和社会的变迁而发生变化，这是文化人类学的一个基本原理，当代的文化变迁，是自然的现象。而每个时代，都在期盼和呼唤着充满活力的新文化诞生，呼唤着在传统的基础上创新的当代文化的出现和繁荣，但如果没有足够的政府和民众互动的文化自觉，没有有效的付出与努力，它是不会水到渠成地自然形成的。笔者在上文提到的如新华村的铜器和银器制作，就是在传承传统技艺和题材的前提下，又有诸多内容和形式的创新。丽江有一个从 20 世纪 90 年代就活跃在丽江古城的草根木雕群体，在传承传统木雕技艺和题材的基础上有很多艺术的创新，形成各自的风格，很受国内外旅人的喜欢。文化的趋同也许是世界性的趋势，但纵观当下的世界各国，大多也在努力营造本国本地本民族的文化特色和个性，费孝通先生“多元一体的文化格局”的提出引起了国内外很多人的共鸣和赞同。就中国而言，比如“七彩云南”“多彩贵州”的民族文化之美，给中华民族文化增添了值得我们自豪的精彩，无数事实证明，多元一体的民族文化、多姿多彩的民俗生活，只会使民族和国家受益。

第四，藏羌彝走廊各民族地区各民族乡村都有社区制定的乡规民约，除此之外，有些地方还有立法机构制定的地方性法规，比如云南省人大常委会 2000 年 5 月 26 日颁布的《云南省民族民间传统文化保护条例》，

① 杨福泉：《田丰：原生态艺术传承的先驱》，《中国民族报》，2011 年 7 月 8 日。

2005 年 12 月 2 日颁布和 2020 年 5 月 1 日开始执行的《云南省纳西族东巴文化保护条例》（新修订）等。迪庆州维西傈僳族自治县也制定了《维西傈僳族自治县民族民间传统文化保护条例》。笔者认为各地都可以制定一些保护和传承本地民族传统文化的地方性法规、条例，从法律的角度来保障民族优秀文化的传承发展。但另一方面，现在更为重要的是需要制定可操作性强的实施细则，有了细则和措施后，才好具体地落实到位，否则也容易出现虽有法规却难以具体实施的问题。

第三辑

民族文化和
旅游的融合发展

以文化学术交流促进中国与东盟的旅游深度合作

——从一些实例看学术文化交流与促进东盟旅游发展之间的关系[①]

当前，经济全球化的趋势使世界各国更加重视特定区域内的合作。2002 年，中国和东盟签署了《中国与东盟全面经济合作框架协议》，世界上最大的自由贸易区的谈判进程正式启动。2003 年 6 月，全国人大常委会批准我国加入《东盟友好合作条约》，中国成了东盟成员以外第一个加入该条约的域外大国。之后，中国政府签署了一系列重要的与东盟合作的协约，中国—东盟自由贸易区建设进入了实质性全面实施的阶段。

在中国—东盟自由贸易区建设中，旅游业不仅是中国—东盟国际贸易和服务贸易的重要组成部分，也是中国—东盟自由贸易区建设和发展的先导产业，还是增进中国和东盟各国人民之间相互了解和友谊的重要途径。2003 年 1 月召开的第六届东盟旅游部长会议通过了一项决议，强调要加强东盟各成员在旅游领域的合作，尽快把东盟地区建设成为统一的旅游市场。各国同意将积极创造条件，争取在 2005 年之前在东盟地区实现互免旅游签证；在此基础上，构建中国—东盟无国界旅游圈，实现中国与东盟游客的互免签证、无国界旅游。2005 年，中国和东盟在曼谷签署了《中华人民共和国政府和东南亚国家联盟成员国政府文化合作谅解备忘录》，这标志着中国与东盟各成员国之间的文化交流和合作也进入了一个新的发展时期。

2010 年 11 月在昆明的召开“首届中国—东盟旅游合作论坛”是推动东盟国家之间旅游进一步合作和促成新的繁荣发展的一个盛会。笔者根据

① 原载《云南社会科学》，2010 年第 6 期。

本人参与过的与一些东盟国家有关的个案，从加强文化学术交流、促进中国与东盟旅游深度合作与发展的角度，谈一下自己的一些看法。

一、文化学术交流对促进中国与东盟旅游发展的重要性

中国与东南亚各国的经济和文化交流历史悠久，比如双方的文化交流已有两千多年的历史。中国的云南、广西等省区与东南亚各国水陆相连，历史上文化交流频繁，许多同源同根、同源异流、文化上有重要的历史渊源关系的民族跨境而居，形成了历史、社会、民俗和文化方面十分密切的连接纽带。优越的地理位置和历史文化上的各种亲缘关系，使云南和广西这两个省区面向东盟国家的旅游业发展较西部其他省市更为便捷和快速。

在经济全球化的大背景下，中国和东盟的合作不断加深，领域不断拓展。由于旅游业作为当今世界发展快、前景广阔、有“无烟工业”美誉的行业，具有拉动能力强、市场需求旺盛、富民等特点，所以东盟各国都把发展特色旅游产业纳入经济合作范畴。中国和东盟各国民族众多，具有丰富、多样、独特的文化资源以及卓有特色的民俗风情，因此，文化在促进旅游发展方面起着越来越重要的作用。

国际旅游组织在 1993 年发表的《可持续性的旅游发展：地方计划制定导言》中，把旅游定位为“全球性的地方性”现象。虽然至今旅游还不能说是所有国家、所有个人必须介入或参与的活动，但是，它已经成为许多国家与经济发展、文化交流和人民生活密切相关的重大事项。笔者认为，旅游的发展除了国际旅游组织所强调的要做到环境、社会和文化、经济的可持续性发展之外，还应该能促进各民族官方层面和民间层面的文化交流，并通过文化交流，促进各民族的相互了解、心灵沟通和对不同文化的欣赏和理解。

美国旅游人类学家瓦伦·L. 史密斯（Valene L.Smith）将旅游形式分为 5 种：民族旅游、文化旅游、历史旅游、环境旅游、娱乐性旅游。在这 5 种旅游形式中，前 3 种与文化有着直接的联系。环境旅游也越来越重视人与自然的关系，注重学习和关注旅游地民众保护环境的地方性知识，因

此其也与文化密切相关。

可以说，文化是一个国家、一个民族个性特征和独特魅力的集中表现。文化充分地体现着一个国家和人民的精神品格和性格，以及独到的创造力。文化最容易深入人心，消融人们心中的误解和相互的不理解。每个民族或族群的传统文化遗产，是该族一代代人在特定的生存环境中进行精神和物质文化的创造乃至生命守护的结晶，也为该族文化在后世源源不绝的创造力奠定了基础。各民族的文化是在对前人文化传承的过程中新陈代谢，吸收和扬弃，以此生生不息地发展。通过旅游这个平台把各民族优异的文化传播出去，对促进世界的和平、和谐发展，促进各民族的相互尊重和友谊将会起到重大的作用。

基于文化的以上内涵和功能，笔者认为，旅游的精髓和灵魂应该是文化，文化是促进旅游发展的重要动力，也是旅游构成的重要内容和赖以持续发展的基础。旅游主要就是由一个国家、地方和民族的自然环境和文化所形成的吸引力而促成的一种人类行为，是人们为寻求精神上的愉悦而进行的非定居性旅行和在游览过程中所发生的一切关系和现象的总和，其中文化的欣赏是旅游的主要目的和重要内容之一。旅游活动中的文化内涵决定着旅游本身的质量和它与民生、社会和谐之间的关系，旅游规划和行为中的文化内涵和文化设计、展示，都具有对游客和旅游地的民众进行历史文化教育和陶冶情趣的功能。

东盟成立的宗旨是在平等和协作的基础上共同促进本地区的经济增长、社会进步和文化发展。东盟国家之间经济贸易的合作与发展是离不开文化交流的，单纯的经济贸易往来如果没有建立在文化的相互了解、欣赏、学习和互补上，没有建立在以文化为重要支撑的精神层面上，是不可能长久的。

笔者多年来参与了中国云南的一些文化旅游策划，比如丽江市的文化旅游策划、泸沽湖的文化旅游策划等，参与主编了《云南省旅游蓝皮书》，并多次作为学者参与了湄公河次区域国家的文化交流活动的策划和具体运作，还参与了云南一些少数民族地区社区旅游发展的策划。在这些过程中，笔者深切体会到，旅游规划的构思、制定和具体的运作都应该着眼于这样的目的：旅游活动不仅使旅游地的民众得到经济上的实惠，而且使游客在游山玩水和旅游的休闲娱乐中，领略到旅游地的人文之美、人情之美，达到寓情于乐、陶冶性情的目的。没有深厚的文化内涵的旅游只能算是一种浮光掠影的浅层次的旅游活动。只有在文化的相互欣赏、学习的基础上得到精神陶冶的旅游，才会升华到心灵共鸣和审美愉悦的境界。只有通过深度的学术与文化合作，才能使中国与东盟各国之间更深入地了解彼此的文化资源、文化特点和个性、文化的潜力和深入开展文化合作促进旅游的愿望，真正欣赏到旅游地的文化精粹，并通过这样深入的心灵层面、文化欣赏层面的旅游活动，“各美其美，美人之美，美美与共”，使旅游真正成为一种能促进各国人民之间的深入了解和深厚友谊的平台和途径，并通过旅游这样的平台，共同关心旅游地的文化命运和民生，促成旅游地的社会和谐文化的可持续发展。

二、从实例看文化学术交流对促进旅游合作的重要意义

以中国的旅游大省云南为例来说，丰富多彩的多民族多元文化是云南旅游的灵魂。假如云南没有独具个性和特点的区域文化多样性，就不会有今天旅游业的长足发展。云南目前的旅游热点——丽江市、迪庆州、大理州、西双版纳州和腾冲市等地，都是以独特的区域和民族文化以及培育这些文化的自然环境而形成独具特色的魅力。比如丽江市以纳西文化为主要特色的区域文化获得了“世界文化遗产”（丽江古城）和《世界记忆名录》（东巴文俗）称号，丽江境内的老君山区域还是世界自然遗产“三江并流”的重要组成部分；迪庆州以独具特色的云南藏族文化为主的区域文化形成了“香格里拉”的文化特色；大理州以白族文化和南诏国、大理国历史文化为主要内容的区域文化形成了自己的区域文化特色。这些以文化为地方特色的旅游资源每年都吸引着数百万国内外的游客。

从笔者参与过的一些中国和东南亚国家之间的文化学术交流以及与西方学者的合作中，可以体会到，学术和文化交流能促进高层次旅游的发展。下面举一些实例来谈这个问题。

从2004年开始，美国在国际文化交流方面扮演重要角色的史密森学会(Smithsonian Institution,美国最大的国家博物馆群协会)和澜沧江—

湄公河流域国家的中国、越南、泰国、老挝和柬埔寨等国政府和学者合作，筹划2007年在美国首都华盛顿国家广场举行“2007：澜沧江—湄公河流域国家民俗文化艺术节”。笔者作为中方学者参与了为期3年的各种筹划工作。在此后分别在泰国、越南、老挝、中国举行的策划活动中，对各国的民俗文化有了比较全面和深刻的认识。

这届艺术节的主题是：湄公河——文化的联系和纽带。澜沧江—湄公河流域的5个国家各自派出了以乡土民间艺术家为主的代表团参加了这个盛大的艺术节，云南省代表中国派出了40多名云南各民族最优秀的民间艺术家参加了这次盛会。在为期2周的艺术节中，各国艺术家们相互观摩和欣赏各自丰富多彩的民间艺术，数百万来自美国各地和西方各国的游客欣赏到了澜沧江—湄公河次区域国家绚丽多彩的民间文化。而且由于学者们按照达成的共识，设计了参与性很强的民俗文化艺术节目，很多中小学生在参与的过程中，以解答与澜沧江—湄公河流域国家相关知识的方式获奖，这种方式对于以美国公众为主体的游客了解该流域国家的民间文化起到了非常有效的作用，成为吸引他们以后到该流域国家旅游的契机。同时，澜沧江—湄公河流域国家的这种文化交流与合作也有利于加强该区域国家旅游方面的合作。

又如，由中国和东南亚各国学术界推动的“东南亚大陆山地会议暨山地文化艺术节”的做法，是将山地民族代表、当地群众、民间艺术家、研究学者、发展工作者、管理决策人汇聚到一起，通过各种文化活动，为展览、讨论、对话、发展行动的责任以及后续行动的制定提供一个开放的交流空间，以保护山地人民的权益，发挥民族民间创造、创新的潜力，同时强调生物多样性和文化多样性的保护。

多届“东南亚大陆山地会议暨山地文化艺术节”分别在泰国的清迈、中国云南的丽江、越南的沙巴举办，对于促进东南亚国家山地民族文化的相互交流和展示起了重要的作用。笔者全程参加了2002年在丽江举办的“第三届东南亚大陆山地会议暨山地文化艺术节”的策划和运作，以及2004年在越南沙巴举办的“东南亚大陆山地会议暨山地文化艺术节”的前期筹办工作。就丽江举办的那次山地会议和艺术节而论，有来自泰国、越南、老挝和中国的西双版纳州、大理州剑川县、丽江市、华坪县等地10多个少数民族中的上百名民间艺术家参加了艺术节；有学者、政府官员和当地民众参加的学术研讨会也同时举行。由于有各种丰富多彩的民俗文化活动，有各国的民间歌舞艺人、手工艺人等的现场展示和表演，又有乡村民众自己拍摄的反映他们生活的照片等。另一方面，通过这样的方式，本地各民族民众和各国参与者都领略到了各国的山地民间艺术，促成了日后东南亚国家一些跨境民族之间延续下来的文化交流。笔者认识的泰国清迈一个傈僳族社会组织的负责人，就多次到丽江傈僳族聚居区参观，还购买了当地傈僳族民间艺人的歌舞音乐光盘、磁带等，带回泰国清迈傈僳族乡村。他告诉笔者，这些音乐作品由于在语言和民俗方面的突出特点，引起了泰国傈僳族大众的共鸣，很受欢迎。这样的活动无疑对提高旅游地的知名度和吸引更多的人来旅游起到了重要的作用。这些活动促成了中国和东南亚国家少数民族地方性知识交流的民间组织“原住民及其知识网络”（Indigenous Knowledge and Peoples Network）的成立，促进了中国和东南亚国家少数民族之间地方性知识的交流和分享，也促进了中国和东南亚国家之间的民俗文化旅游活动。

从 1992 年开始，云南省社会科学院的学者和加拿大西蒙大学的学者连续多年开展旨在推动农村社区合作组织发展的项目。他们穿针引线，为加拿大印第安人社区和丽江山区傈僳族聚居区等社区搭建相互交流的平台，开展了双方学校师生相互访问学习的活动，纳西族的东巴文化元素的制品也远赴加拿大印第安人居住区展出，扩大了双方文化的深度交流。1993 年还组织了加拿大印第安人酋长代表团访问云南丽江，这是他们首次到中国来领略少数民族的文化，丽江纳西族鲜活的文化给这些民族文化处于濒危状态的印第安酋长们极大的震撼。①

笔者认为，上述这些文化交流活动既是开展不同国家之间少数民族文化深度交流的举措，同时也对促进不同国家民众之间开展文化旅游起到了重要的推进作用，这样的活动比一般的旅游活动更能促进来访者对旅游地文化和社会的深入了解和解读。中国和东盟国家之间应该大力推进类似的学术文化交流，以促进文化内涵更为厚重的旅游活动。

2006 年，在中国丽江召开了“第二届欧亚世界遗产城市国际会议”，

① 参见杨福泉：《策划丽江：旅游与文化篇》，民族出版社 2005 年版；杨福泉：《为濒危的民族传统文化而苦斗的酋长们》，《光明日报》，1997 年 6 月 11 日。

会上得出以下结论：正确和有效使用有形和无形文化遗产是增加居民收入的一个重要途径。丽江在保护文化多样性、有效利用文化遗产和开发旅游景点等方面的经验值得其他地区和城市借鉴。与会代表敦促各级政府积极支持欧亚地区文化遗产保护工作，特别是在立法和文化多样性保护方面给予法律的保障。与会代表还建议，发展青年旅馆，加强欧亚地区世界遗产青年旅馆系统，通过电脑、网络等现代技术尽可能让年轻人参与遗产保护工作。据悉，在第一届“欧亚世界遗产城市国际会议”召开期间，只有丽江一个城市提出申办下一届会议，而第二届会议期间，共有 8 个国家的城市提出了申办第三届会议。这样的学术会议，对于推动区域和跨区域的旅游发展是有重要意义的。

2008 年，云南省社会科学院和红河州委、州政府合作，在楚雄召开了“红河流域民族文化与生态文明国际会议”，吸引了越南国家文化艺术研究院等高端科研机构的学者与会。会议对红河流域多姿多彩的民族文化和多样性的生态文明进行多方面和深层次的交流研究，并促成了后来的一些合作项目。

中国和东盟国家之间可以通过加大文化交流，来分享物质和非物质文化遗产保护以及如何使之在旅游中发挥作用、造福于民的经验和做法。比如，笔者 2007 年去日本访问，从一件小事上看到不同国家的旅游地之间可以相互学习的生动例子，日本高山市市长野守先生率团访问丽江时，把丽江古城政府有关部门为重点保护民居在门口挂牌的方法学了回来，并很快付诸实施，把高山历史街区的一些老民宅挂上了类似的牌子。笔者看到这些牌子除了写着“传统建筑物第 142 号”等，还写着“松阪家”等字样，透露出一种对住宅主人尊重和鼓励的意味。有的牌子上还写着房屋设计者的名字。

2009 年 9 月，笔者到越南文化旅游部文化艺术研究院进行学术访问，以丽江等地的个案为实例，做了一个关于云南如何保护文化遗产并使之造福于民的学术报告，越南学者很感兴趣，索要了全部讲稿和多媒体课件，他们认为双方面多开展这种有深度的学术交流，有利于中国和东南亚国家之间就旅游的发展和文化遗产保护方面相互学习和借鉴，促进双方文化保护和旅游的发展。

笔者在参与策划 2009 年“澜沧江—湄公河流域国家民间文化艺术节”期间，也曾与泰国文化部人类学中心（Maha Chakri Sirindhorn

Anthropology Center）主任帕丽塔（Paritta）博士交换过关于东南亚国家的乡村博物馆与乡村建设和乡村旅游之间的关系。笔者曾到泰国乡村调研，看到了乡村博物馆对促进乡村的物质和海外非物质文化保护及促进旅游所起的重要作用。云南在建设生态文化村方面也有一些非常好的案例[①]，东盟国家在乡村旅游和文化遗产保护方面也有不少成功的案例，但这些方面的交流和总结迄今不是很多，今后可以加大这方面的调研和交流，以促进乡村旅游的发展。

二、以文化学术活动促进旅游的一些建议

文化交流是推动国家与国家之间、民族与民族之间进行深入了解、交流与合作的重要因素。鉴于文化交流的重要意义，中国和东盟 2005 年在曼谷签署了《中华人民共和国政府和东南亚国家联盟成员国政府文化合作谅解备忘录》，它标志着中国与东盟各成员国之间的文化交流和合作进入一个新的发展时期。其中“第二条文化活动”中有这样一些内容：（1）缔约方将通过艺术合作与交流、联合研究与考察、信息交换、人员交流与互动等活动，积极推动对彼此文化艺术的认识、了解和欣赏。（2）缔约方将通过文化遗产管理计划、知识产权保护以及文化遗产机构和部门之间的网络联系和交流，鼓励和支持对有形和无形文化遗产的保存、保护和推广。（3）缔约方鼓励和支持在考古和文化遗产、传统和当代艺术、文化企业和创意产业、艺术和文化管理领域的人力资源开发。（4）缔约方将通过产品开发和文化市场营销、广告宣传、专家间的信息交换和组织网络等手段开展文化产业领域的合作。（5）缔约方努力发现和解决在中国—东盟文化合作中与多边或国际公约有关的问题。

上述内容都直接和间接地与当前蓬勃发展的旅游活动密切相关，更是与物质和非物质文化遗产的保护、文化产业的发展息息相关。云南的旅游业是支柱产业之一，它与文化产业的依存度最为紧密。我们应该着力推进中国与东盟国家之间在旅游发展方面的文化学术交流活动。笔者在此提出以下几点建议。

---

① 参见杨福泉：《北美印第安文化的悲欢与启示》，《中国民族报》，2005 年 3 月 8 日；杨福泉：《略论云南名村名镇的保护》，《西南民族大学学报》，2008 年 11 期。

1. 定期举办中国—东盟民间文化艺术节和论坛。如美国史密森学会每年在国家广场所举办的民俗文化艺术节，就是一种非常好的参与式的文化交流和学习的方式。每年可以在相关国家轮流举办。其内容可以包括民间文化传人的才艺表演、各种旅游文化产品的销售、探讨有关国家今后在经济文化方面合作的学术论坛、学者的讲座、参与者（包括各类游客）对各个国家文化的学习和观摩等。

2. 开拓既有吸引人的产品展示推介，又有较深的学术文化内涵的中国—东盟国家会展旅游业。会展旅游是随着会展业的不断壮大和旅游业的逐渐成熟而出现的一种新型旅游产品形式，它以会议、展览、节事活动（包括节庆活动和大型体育活动）为主打亮点，吸引会展的参观访问者前往会展举办地洽谈业务，交流沟通，并通过为其提供与旅游业有关的优质服务，促使会展访问者在目的地继续停留游览，刺激他们消费，吸引他们欣赏本地自然和人文景观，从而进一步促进和带动相关产业获取一定收益。它包括在会展举办的前、中、后期整个过程中所进行的一系列旅游活动。会展旅游是一种经济效益较高、关联带动性较强的旅游产品，它对经济的发展和促进游客对旅游地的了解和好感等起着重要的推动作用。可以举办中国和东盟国家各具特点的会展，以此促进相关国家之间的旅游合作和文化合作。云南在这方面已经积累了一些经验，比如笔者曾参与的2004年在上海成功举办的“云南文化推介周”，就是融学术论坛和文化产业推介于一体的一次盛会，其间不仅签约投资项目总额近70亿元，而且还通过学术论坛，在上海大力推介了云南的文化产业。这些融学术和文化产品推介于一体的活动对于推动旅游发展的作用是很大的。

3. 举办融旅游活动和文化学术活动为一体的文化学术论坛和艺术节，如上文中提到的“东南亚山地会议暨山地艺术节”（MMSEA）等活动。云南省社科院在2005年和2007年分别与地方政府合作，举办了“新平扬武镇烟盒舞艺术节暨学术研讨会”“花腰傣服饰艺术节暨学术研讨会”。在会上，来自各个科研机构、大专院校和地方文化学术部门的学者们对烟盒舞和花腰傣服饰进行了深入的研究，出版了有分量的学术论文集。通过这样的方式，可以使这些文化旅游节庆活动增添学术文化的厚重感。

4. 促进中国与东盟国家之间各个层面的旅游合作，比如国家与国家之间、省与省、市与市乃至农村社区之间，都可以建立旅游地的姐妹关系，如中国的丽江与日本高山市这两个著名旅游地的姐妹市关系，在加大旅游的文化交流内涵方面已经积累了一些经验。一些基于乡村社区旅游、生态旅游等内容的旅游地，也可以建立相互交流的关系，共享旅游改善民众生活、保护和促进文化资源品质、开拓文化旅游产品等方面的经验和做法；比如我们曾经做过的加拿大印第安人社区与丽江乡村社区之间的交流，就是这样的个案。瓦伦·L. 史密斯在《东道主与游客》一书中，列举了韩国的民俗村、曼谷的“玫瑰花园”、雅加达等的文化示范点[①]，通过这些多样化的“文化示范点”的相互借鉴和学习，可以把中国和东盟国家的文化旅游发展得更好。

5. 如何在旅游活动中进一步加强文化遗产保护，促进民俗文化保护等经验的分享，促进对历史建筑文化的发掘与重建、维修工作、非物质文化遗产的保护和发展。当前，东盟国家和很多发展中国家一样，面临着如何科学地处理文化遗产的保护与经营这个两难问题。2001 年 10 月 8 日至 18 日，亚太地区文化遗产管理第五届年会在丽江召开，来自 22 个国家的 400 多位代表参会，就“文化遗产管理与旅游业、遗产地管理者之间的合作模式”进行了广泛的研讨。各地都交流了管理世界文化遗产的经验和做法，提出了一些模式，比如丽江模式和越南世界文化遗产地惠安（Hoian）模式等。今后，中国和东盟国家之间应在文化遗产地的保护和通过旅游产业造福于本地民众方面，从学术层面进行更多的探讨和交流，相互借鉴和学习，以促进旅游的持续繁荣和旅游地文化的保护传承。

6. 中国和东盟国家应推动一批生态旅游、乡村民俗旅游的“示范点”，即英文里常见的“Community-based pilotproject”（基于社区的试点项目）那样具有示范性的试点项目，应该加大相互学习和交流的力度，使各个国家的旅游项目更多地使本地民众受益，同时也通过文化与旅游的互动，达到把物质和非物质文化遗产（也是重要的旅游资源）保护得更好的目的。基于社区发展的旅游目前越来越受到国内外的重视，笔者曾应邀在 2006 年美国亚洲研究学会 (Association of Asian Studies) 年会上和联

---

① 瓦伦·L. 史密斯：《东道主与游客》，张晓萍、何昌邑译，云南大学出版社 2002 年版，第 12—13 页。

合国教科文组织2007年12月在越南顺化主办的“非物质文化遗产的保护和可持续发展的文化旅游：机遇和挑战”会议（Safeguarding Intangible Heritageand Sustainable Cultural Tourism:Opportunitiesand Challenges）上都作过以云南乡村社区旅游为主题的学术报告。

7. 积极推动中国—东盟之间高校和学术文化机构的交流与合作。学术机构和高校具有充当各国政府智囊团的功能，应该把与旅游和文化密切相关的研究力量和专业人才的能量充分调动起来，发挥他们的聪明才智。如上所述，云南的各个科研机构和高校以及一些民间社会组织近年来在推动中国和东南亚、南亚国家的文化学术交流方面做了不少事，它们都与旅游的发展有着直接和间接的联系。可以在中国和东盟各国之间，以高校或科研院所或旅游相关机构为平台，举办不定期的以“旅游与文化互动”为主题的高端论坛，吸引政府、旅游部门、科研教学机构、旅游经营实体、旅游地社区代表等参加。

8. 推动中国和东盟各国的高端旅游（或可称高品位旅游）。这种旅游形式一般认为包括了高端的观光旅游、商务旅游、休闲度假、特种旅游、学习研究型的旅游等。笔者常常应邀给类似的一些来云南丽江的“高端旅行团”讲过关于云南和丽江的历史文化、宗教等方面的课，如世界商界青年总裁代表团、芝加哥全球事务委员会代表团、美国教授代表团、欧盟青年经理培训团以及西方各个大学的访问团等，还有美国大自然保护协会、野性中国等组织的各种深度旅游团队。他们一般都喜欢深究旅游地的本土文化，听专家讲课，走村串寨实地观察和调研；他们的旅游消费一般都比较高。这部分团队虽然目前还不多，从人数上还不能和大众游客相比，但他们代表了一种潮流和趋势，即有助于旅游地名声的提高，有助于旅游地物质和非物质文化遗产的保护，有助于旅游地通过吸引更多的高端客人，逐渐成为全球闻名的高品位、高质量的旅游名胜地。

9. 促进中国和东盟国家之间寓教育和美育等为一体的大中小学校学生的旅游活动。世界上不少国家都大力支持和提倡学生旅游，力图通过促进学生的旅游活动，使他们扩大知识面，开阔胸襟，增长见识，增加对不同文化、民族和国家的认识。据笔者所知，西方国家的大学生组团来云南丽江、大理等地旅游和学习的已经不少，笔者也多次应邀给这些学生旅行团讲课。相信中国和东盟各国的年轻一代通过这种方式了解各国的壮丽山川、风土人情和多元文化等，会加深相互之间的了解和欣赏，促进相互之间的学习和交流。

从一些案例看云南旅游与乡村文化的互动[1]

一、云南文化品牌与名村名镇

文明是一代代的人类不断地积累的，后人在继承祖先所创造的文明的基础上不断地进行原创的再创造，以延续自己的文明，但都需要承载和创造文明的平台，也可以说是“文明的家园”，而村落和镇是我国最基本的一个社区承载体，一个平台。很多古村镇都是人类文明的载体，一座有历史文化价值的古村镇，往往就是一个社会和历史发展的缩影。它既作为一个人类文明的展示平台，有历史见证、历史记录的价值，有文化价值、审美欣赏价值，又是一个文化再创造的平台和民众身体、精神的栖身之地。而且正是这些多样的价值，使它们也具有了吸引旅人、游客发展旅游的价值，如果伤害了它，其他的那些文化价值，那发展旅游的价值也就不复存在，因此，要发展村镇旅游和文化产业，首先就需要保护好它。

云南村寨和小镇的地方历史文化积淀是非常深厚的，与全国相比，25个少数民族丰富多彩的文化使云南的村镇文化具有了一种全国其他省区很难相比的文化多样性和乡镇文化的独特性。乡村的物质和非物质文化遗产资源非常丰富多彩，既有浓郁的本土文化的特点，又有浓郁的多民族多元文化历史积淀，外来文化与本土文化的交融和整合。它们一方面传承着历史文化信息，另一方面与当地的文物古迹、区域环境风貌相辅相成，构建出乡村文化的深厚底蕴。因此，乡村文化保护的不仅仅是文物古迹、传统建筑，还包括蕴含其中的丰富多彩的非物质文化遗产。

村落和小镇，是传承民族文化的基础平台，培养本土文化人才、精英

---

① 此文是国家哲学社会科学重大项目“藏羌彝文化走廊建设研究”子项目“藏羌彝走廊少数民族传统村落的保护和发展研究”（项目批准号 16ZDA155）的阶段性研究成果。

乃至大师的摇篮，不仅本土文化传承的根基在村落和小镇里，很多本土的文化精英，也都是从村落里成长和培养出来的，如各种民间宗教专家、工艺师、歌手、民间草医等。无一例外。从目前的情况看，云南很多国内外驰名的文化品牌都要依托农村。

云南70%以上的人口在农村。云南的几大支柱产业都和“农”字有关。云南经济、文化和旅游的发展繁荣，都与乡村有密切的关系。保护好乡村文化，是云南省建设民族文化强省和旅游大省的根基和各民族文化赖以可持续发展的平台。

每个国家、民族和地区的文化，都有具体承载和传承、发展所依托的社区，而乡村和城镇就是最基本的文化传承和发展的社区。无论是云南民族文化强省还是旅游大省的建设，其根基和主要的平台都是云南承载着各民族多元文化的众多村镇。以名村名镇为重要平台促进旅游的繁荣发展，在云南是很容易看到的。云南的旅游名胜地大都有一批名村名镇作为重要的支撑。仅就笔者调研比较多的村镇而言，如“世界文化遗产”丽江古城、束河古镇、白沙古镇（束河和白沙实则是村落群在近年来的旅游发展中升格而成的镇），大理州的周城、喜州、双廊、沙溪镇，腾冲的和顺等，都是远近闻名的文化名镇名村和旅游名胜。

二、从案例谈乡村文化遗产保护与旅游

笔者在几年前曾主持过一个云南省哲学社科规划项目“云南名村名镇的保护和发展研究”，选择调研了云南的17个名村名镇，其中不少已经既成为云南文化名村名镇，也成为云南乡村旅游的热点。① 如位于西双版纳州府景洪市南65公里处，行政上隶属大勐龙镇曼龙扣村的曼飞龙村，该村有以建于1204年的白笋塔为重要象征符号的南传佛教传统，在村中备受关注。还有普洱市孟连县娜允古镇地处孟连县城的西边，娜允古镇从元代起就是孟连傣族土司的王城，有着700多年的文化积淀。娜允古镇被称为全国唯一的傣族古镇，2001年被云南省政府批准公布为“历史文化名城”，2005年被列为“云南省首批著名旅游小镇”，2006年被评为“云南十大名镇”之一。另一个调研的个案是白族，位于大理州云龙县果郎乡

① 杨福泉等：《云南名镇名村的保护和发展研究》，中国书籍出版社2010年版。

的诺邓村，是形成于南诏国时期以盐业为主的白族村落，这个古村有非常突出的文化特点，根据唐人樊绰《蛮书》的记载，已有1000多年的历史，是云南省目前所发现的罕见的千年古村之一。诺邓最迟在唐代就已开井制盐，是以盐井为生的村落。

由于其历史上兴盛的制盐业，作为南方丝绸之路古道的要冲，旧时诺邓是个商贸重镇，往来客商络绎不绝。至今尚保留着元代建筑万寿宫以及明、清两朝的建筑90处左右；民国以后的建筑有五六处。另有寺庙、祠堂、牌坊等公共建筑20处，基本上都是明清时期的。近年来中央电视台《舌尖上的中国》拍摄了诺邓的火腿，更引发了人们的普遍关注。

2006年，云南坚持“政府引导，企业参与，市场运作，群众受益，永续利用”的方针，首批推出了60个旅游小镇，已成为云南省新农村建设的新亮点、旅游业发展的新卖点、当地居民收入的增长点。

从目前的发展情况看，云南名镇名村的旅游开发，以丽江束河、腾冲和顺最为知名也有效益，束河古镇被云南省政府列为“云南省首批著名旅游小镇”之一。丽江白沙镇的玉湖村、宁蒗县永宁乡的落水村、里格村等也已成为著名的旅游名村。

云南开展旅游和文化名村名镇建设的方式方法也很多样化，比如有一种是“公司＋农户”的方式，比如丽江的束河镇（又名龙泉，原属丽江市白沙乡，丽江设市后改隶古城区）是个纳西文化名村，有非常丰富的多元文化资源，东巴教、藏传佛教、汉传佛教、道教皆有，村里出过闻名遐迩的大东巴、活佛以及将军、教授等杰出人才，列入国家级文物保护单位的明代丽江壁画的一部分大觉宫壁画也在村内；此外，束河也是著名的茶马古道重镇，出过不少与藏族聚居区做贸易的著名“藏客”；它也是滇川藏著名的皮革之乡。束河古镇被列入“世界文化遗产”丽江古城的组成部分，也被云南省政府列为“云南省首批著名旅游小镇”之一。

2003年5月，丽江市政府本着“既有实力，又有文化层次，并愿意在丽江作中长期投资发展”的条件，选择了昆明鼎业集团为合作伙伴。鼎业集团在开发中本着这样的宗旨，即“保护它原有的四大文化：茶马文化、农耕文化、纳西文化和生态文化，这是束河古镇的灵魂所在”。束河创造了被称为“2004中国经验”的束河古镇保护开发模式。它的“古村落保护和开发新区”分开实施的“双区制”模式，也得到了国内外专家的肯定和好评。束河成功的主要原因之一就是保持了“分区制”的格局，既有在传统古村落基础上的古镇拓展，建盖了不少小桥流水、青瓦白墙的纳西民居式建筑，又保留了村落的田园风光和村民传统的日常生活格局，旅人在这里可以看到真实的纳西农民的日常生活。这是最关键的一点，也是它比现在原住居民不断搬走的丽江古城更显著的优势。所以，束河古村落的文化保护和如何使之保持长久的魅力，关键也就在于如何保留住这一片农家生活情调、活着的纳西民俗和田园风光。“束河模式”还做到了以人为本，让本地居民得到利益。束河在开发建设的过程中，始终坚持以人为本的原则，最大限度地让当地居民受益。

和顺的旅游发展也与束河相似，2003 年 10 月，云南柏联集团与腾冲县（今腾冲市）政府签订了投资开发、经营管理和顺景区 40 年的协议，云南柏联和顺旅游发展有限公司正式成立。从此，社会力量介入了和顺的文化保护与开发。和顺的发展进入了一个新的阶段。

当地政府努力推动村镇的文化与旅游结合，整合文化旅游资源，整合了 4 条文化旅游线路。①双虹桥向东的侨乡文化游。这条游路，主要参观和顺图书馆、科举亚元刘宗鉴故居内的侨乡民俗馆、刘氏宗祠内的宗祠纪念馆、李氏宗祠内的和顺名人纪念馆、元龙阁、艾思奇故居、大月台、龙潭、洗衣亭、大水车、水碾、水碓、水磨等，品尝侨乡特色餐饮。②双虹桥向西的马帮文化游。除现有弯楼子民居博物馆和中天寺外，将新建马帮文化博物馆，修复财神殿，游客可以骑马参观马帮驮来的“三成号”、翡翠大王张宝廷等富豪故居，领略和顺先辈“走夷方”的情景。然后从报捷桥由和顺乡亲为游客披红挂彩，吹吹打打到宗祠谢祖宗，到马店喝雷响茶，吃马帮饭，看赶马调表演。③抗战文化游。和顺是滇缅抗战胜利反攻的指挥部，20 集团军司令部和 54 军、198 师、预备 2 师就驻扎在和顺，遗址建筑至今保存完好。目前已经准备了 3000 多件文物，计划建立滇缅抗战博物馆。游客参观了滇缅抗战博物馆之后，可以继续参观集团军司令部和军部、师部等抗战历史遗迹，开展国内外的学术文化交流、创作以及博物馆巡展活动。④田园风光农耕文化游。主要包括和顺湿地游、和顺山水游、和顺火山公园游以及欣赏老牛耕田、稻花油菜等田园牧歌、世外桃源式的景观。

让游客帮农民牵牛、犁田、插秧、收谷子，了解传统农耕文化知识，体验“粒粒皆辛苦”的情景。①

云南的束河与和顺这两个古镇目前的发展模式反映了目前云南引进企业推动本地文化的保护和开发，促进旅游发展，通过旅游发展又反哺文化保护和改善本地民众生活的做法，力图实现在保护中开发，通过开发促进保护。在保护工作主要依靠自我促进经济发展作为途径的现实情况下，这是一种比较有成效的方式。

丽江市玉龙县文化旅游名村玉湖村，是笔者从 1993 年至今的跟踪调研点。笔者在 2014 年 1 月去玉湖调研时，调研了丽江市的民族团结进步示范村玉龙纳西族自治县白沙镇玉湖村，笔者曾在 20 世纪 90 年代初在玉湖村进行调研，当时玉湖上下村的焦点问题是生态环境的恶化。玉湖村的环境恶化自 20 世纪 80 年代初以来变得日益突出，由于贫困而又没有找到合适的发展之路，村民乱砍滥伐森林的问题十分突出，成了远近闻名的乱砍滥伐村，本来民风很好的一个纳西人的“文化名村”，就逐渐变成了远近闻名的“刁民村”②。2004 年，第二届村“两委”换届了，村里的能人赵世军当选为玉湖村党支部书记。在他的倡议下，玉湖村党支部慎思明辨，立足玉湖村的自然和人文资源区位优势，结合丽江旅游业不断蓬勃发展的态势，转变观念出新招，决定成立玉湖村生态旅游合作社。建构了“党支部 + 合作社”的模式，引领村民发展旅游，以发展乡村旅游业为村子发展的主攻方向，按照“资源共有、利益共享、人人参与、户户受益”的原则，成立了玉湖生态旅游合作社，制定了《玉湖村旅游合作社章程》。玉湖村新的村党支部和村委会在县、乡党委的帮助下，对全村今后的发展道路进行了认真的思考和分析，认为玉湖村应走保护资源、充分利用自然和文化资源来发展旅游、促进村子发展的道路。利用玉湖村位于玉龙雪山脚下，堪称“玉龙第一村”，村子与玉龙雪山浑然一体形成独特的人文景观的特点，与蓬勃发展的丽江旅游大市场对接，发展山村生态旅游，以达到保护玉龙雪山生态资源、富村富民的目的。

① 黄光成：《腾冲县和顺乡及其文化名牌打造》，转引自杨福泉等：《云南名村名镇的保护和发展研究》，中国书籍出版社 2010 年版，第 260—250 页。

② 参看杨福泉：《丽江名村：玉湖村的跟踪调研和启示》，转引自杨福泉等：《云南名镇名村的保护和发展研究》，中国书籍出版社 2010 年版，第 332—344 页。

从国际上很多历史文化资源与旅游互动得好的例子看，要发挥好村镇丰富的历史文化资源在旅游中的作用，首先必须实现科学的保护。只有保护得好，历史文化资源才能在旅游开发建设中发挥好的作用，否则就会失去它的历史文化价值和旅游开发价值。特别是重要的历史遗址，实行严格的修旧如旧标准，是非常重要的。以云南省剑川县沙溪镇寺登街为例，2001 年 10 月 11 日，剑川沙溪镇寺登街入选 2002 年“世界纪念性建筑遗产保护名录”，这是自丽江古城入选“世界文化遗产”后茶马古道名镇的又一盛事。这次和寺登街同期入选为世界纪念性建筑遗产保护名录的，还有长城、陕西大泰宝塔、上海欧黑尔・雷切尔犹太教堂。而寺登街被学术界公认为是茶马古道上一个历史悠久的名镇，在保护和修复上做到了最少的人为干预、最大限度地保留原貌、保留历史信息，即使是年代并不久远也并不是重要历史文物的马店，也用修复文物的方法，尽量做到修旧如旧，原汁原味。这已经是沙溪保护和修复的一种独特的模式。

笔者曾经多次到寺登街考察，看到寺登街的民居建筑、寺庙、戏台、寨门等，一直是古色古香，可以看到斑驳陆离的历史印迹，虽然都经过了精心的重新护理和修整，但不露痕迹，没有给你一种重新修建焕然一新的感觉。据当地人介绍，修缮兴化寺时所用的油漆，都要调得与旧有的原色一致。寨门原来是土墙，有些剥落的地方，也只是精心做了防止继续剥落的措施，看上去依然是原来的样子。就是因为保护得当，寺登街吸引了越来越多的游客慕名前往。

村镇要与旅游互动融合得好，首先要懂得文化遗产的价值和如何保护，如何利用。云南省腾冲市是抗日战争时期以不畏日军狂轰滥炸、英勇抗日闻名于世的一座英雄城。近年来正在修复毁于战火的原有的英国领事馆，省市有关部门拨出了巨资进行修缮。但是，滇缅抗战研究专家戈叔亚发现，可能是为了让墙壁“美观好看”，施工人员把墙壁上的很多弹孔填了。戈叔亚还把修复前拍的英国领事馆图片和正在修复中的图片进行了对比，指出了存在的“破坏性建设”问题，并用了国外一些历史遗址保护的图片，强调对于历史文化遗产，修旧如旧、保持历史本真原貌的重要性。

戈叔亚提出的历史文化遗址修旧如旧保留原貌的问题，本来应该是文物保护的常识，但是在历史文化遗址修复和重建等过程中，总是不断地出现种种漠视历史真实、认为历史遗址的断壁残垣不好看而加以改造的“好心干坏事”之举。不久前北京市因梁思成、林徽因故居的被拆迁所引发的公众讨论，也反映了当前城市建设中这种漠视、忽略历史文化遗址的通病。

所以，要利用好云南名村名镇的历史文化旅游资源，首要的工作就是固本，要对所幸存的遗址遗物加以科学的保护。国内外每年去看历史文化遗址的断壁残垣和幸存物的游客，历来都是非常多的，比如希腊等著名旅游地，比如我国的长城等。所以，我们要尽力保护好这十大历史文化遗留的资源，包括物质和非物质文化的资源。如果保护不好，吸引游客来感受云南厚重历史文化底蕴就无从谈起。

三、旅游与乡村民族民间工艺品的融合

随着旅游在云南的发展繁荣，很多原先藏在深山深闺人不知的民族手工艺品也不断走向大众，使来自世界各地的人都能共享到丰富多彩的人类文化财富，当地人也因此得到实惠。云南各地各民族的传统手工艺产品和创新的产品走进旅游市场，有的成为广受游客欢迎的手工文化产品，比如大理州鹤庆县新华村的白族银器、铜器，不仅在滇川藏的藏族聚居区很受欢迎，在大理、丽江等旅游热点也非常受欢迎；大理州周城的扎染工艺品、丽江的“东巴拉”围巾、摩梭人的手工织围巾；云南省迪庆藏族自治州结合旅游业大力发展传统工艺品制作。许多藏族群众和工匠将唐卡、木雕、藏饰和糌粑盒等民族特色产品推向旅游市场，在弘扬传统民族文化的同时，也取得了很好的经济效益。

旅游业的繁荣发展，为民族工艺品的发展极大地拓展了道路，使民族工艺文化重新获得繁荣发展的机会。事实证明，在发展旅游经济的大背景下，一些濒临失传的民族工艺文化得到了振兴和保护。旅游的发展也促成了云南民族手工艺品的一些集散地和市场，国内外著名的旅游名胜地大理、丽江古城等就是比较集中的民族民间手工艺品的集散、展示和销售地。

随着旅游的发展，也形成了一些以乡村社区为主、闻名遐迩的民间手工艺的生产地，形成了类似“一村一品”的著名手工艺村，比如云南大理市的周城村，是赫赫有名的白族扎染工艺村，1996 年被文化部命名为“民

族扎染艺术之乡”。大理州剑川县的狮河村成为著名的木雕村，大理州鹤庆县的新华村成为著名的铜器、银器制作村。而且，这些村落社区也成为手工艺品的研发、生产、批发和零售的市场。笔者 2016 年到周城调研，看到周城推出了一项非常有意义的参与式的寓学习与游乐于一体的活动，让来旅游的中小学生进行参与式的扎染工艺的学习和制作，扎染师傅耐心地教学生们学习从绘画扎染图案到染布的整个过程，并让学生将自己亲手做的扎染作品带回去。我注意到学生们对此非常感兴趣，通过亲手学习和制作扎染作品，对白族的扎染工艺有了深入的了解，并获得了自己创作完成一幅作品的喜悦感受。

云南鹤庆新华村已经被云南省政府列为“云南省首批著名旅游小镇”。这个白族古村落是当代中国西部民族手工业传承发展的一个典型，新华村民间匠人打制的金银制品和生活用品颇受白族、纳西族、藏族、壮族、苗族、傣族等少数民族喜爱，有些精致的手工艺品还销往缅甸、老挝和泰国等相邻国家。自 20 世纪 80 年代后，新华村的白族手艺人开始大量外出谋生。除了在大理、丽江等周边地区活动外，不少人还北上至西藏、四川、青海等藏族聚居区，南下到腾冲、版纳甚至跨出国门直至缅甸仰光和泰国清迈等地。20 世纪 90 年代中期后，以新华村为主的鹤庆白族手工业者遍及中国西南民族地区，成为西部民族手工艺品制作贸易的一支主力军。①

这个个案调研对于云南乃至中国少数民族传统手工艺的传承和发展有突出的借鉴意义。新华村的民族工艺技术在新华村民及其周围村寨的手工艺者的长期传承和创新中不断延续下来。作为一个贫困县的民族村寨村民，新华手工艺者在本身的优秀民族文化的传承中积极发展和开拓，为新华村带来了极大的经济和社会效益。新华村闻名遐迩的铜器、银器制作，使其成为一个著名的旅游点。假如没有云南大理白族自治州鹤庆县新华村这样的白族铜器、银器手工业文化名村，只有村子旁边那个貌似热闹的销售铜器、银器的超市，那是不可能形成一种吸引人的白族手工业文化氛围和土壤的，新华村这样的村落是维系白族铜器、银器手工艺文化灵魂和生命的土壤。民族手工艺产品与作为其生产基地的社区之间有千丝万缕的联系，

---

① 周智生、李灿松：《大理市鹤庆新华村民族手工艺传承发展研究》，转引自杨福泉等：《云南名镇名村的保护和发展研究》，中国书籍出版社 2010 年版，第 188—200 页。

只有双方保持一种良性的互动，才可能更好地形成村落和商品互补共生的旅游景观魅力。

大理州大理市喜洲镇周城村有人口 8868 人，全村居住 1500 余户白族居民，是大理最大的白族村，也是著名的白族民俗旅游村。周城因扎染手工艺而远近闻名，被誉为“白族扎染之乡”。扎染是周城白族人民明末清初发展起来的民间传统工艺，扎染工艺品融白族的扎染工艺与乡土艺术为一体。扎染布由手工针缝线扎，反复冷染浸制而成，显色青中含翠，凝重素雅，图案清新雅致，色彩古朴绚丽，远销海内外。用扎染布制作的工艺品既有白族浓郁的乡土风格，又有现代艺术韵味。现在周城的扎染产品已有 250 余种，远销到欧美和东南亚各国，每年为国家创汇 200 多万美元。周城被我国文化部命名为“白族扎染艺术之乡”。周城成为以手工艺产品形成文化特色推动旅游发展的典型名村。

分布云南各地的旅游景点、景区，也是民族民间手工艺品的零售市场。此外，在现代化物流发展中，依赖现代网络信息交流平台发展起来的邮购和网络销售市场也正在产生。

笔者在几年前曾参与了一个基于社区的“少数民族妇女传统手工艺技艺培训”扶贫项目，于 2004 年在丽江实施。该项目的立项，起因于笔者在长期的民族学田野调查中，看到少数民族地区传统的“手上的文化”的逐渐衰落和失传。往往只有少数一些上年纪的老人尚娴熟地掌握，特别是有些典型的民间传统手工艺，是由妇女传承的。而现代日益发达的机器生产为人们赢得了效率和利益，却也成了传统手工艺的致命伤，那种凝聚在一针一线、一刀一凿中的古老的诗意和充满创造性和个性差异的美，消失在那千篇一律毫厘不差的图案和“一刀切”的制作模式中。

另外，由于不少民族传统手工艺制品生产规模小，工艺制作过程费时费力，因此，难以抵挡如今市场上各种用机械和使用大量化工原料成批量生产的工艺品的冲击，于是，本来对人类的健康和生物多样性、资源可持续性利用都大有裨益的民族传统手工艺便逐渐陷于衰落乃至消亡失传的危机。很多民族的中青年妇女，已经不会做本地的传统手工艺，如果不培养一些传人，那些卓有特点的少数民族“手上的文化”，就会逐渐失传。

再者，这个全部培养对象都是农村女性的项目，也体现了扶助农村妇女的社会性别理念。贫困山区的少数民族女性与男性相比受教育的机会是不平等的。女性受教育程度低，文盲和女童辍学的现象多。汉文化水平的贫乏，也使得外出务工的很多女性只能从事低收入的、技术性要求较低的工作，所以，利用本地的传统手工艺资源优势，学习一技之长，也将有助于本地少数民族妇女的就业和靠技术增加收入、改善生活。

笔者从德国米苏尔社会发展基金会获得资助的这个项目的宗旨是以丽江为项目点，从丽江的 8 个少数民族妇女中选出合适的人，进行每次为期 2 年的培训。培训班专门请了丽江毛纺厂善于制作本地传统手工艺的师傅和民间的手工艺师来传授技艺，目的是通过培训，使来学习的妇女掌握传统手工艺技能，学成后除了自己能继续在实践中提高外，还能带动其他妇女一起学，并借此获得一些经济效益，改善自己的生活，传统手工艺也就在惠及自己的过程中得到有效地传承。

这个项目实施到第二期，还起到了项目的带动示范作用，开始发挥示范项目的作用，项目以白华培训中心带动乡村培训的方式，在丽江发展了三个乡村手工艺品制作点。通过这个项目的实施，我们也体会到，各民族传统的手工艺，除了那些已经被人们普遍喜爱、有了市场效益的产品，也还可以深入探讨如何在传统的基础上有所创新的问题，制作出当代人喜欢而又不失本土特色的手工艺产品。该项目的妇女们所生产的一些真丝围巾、花布等，也是在传统的工艺、图案等基础上有所创新，因而在旅游市场上受到了人们的青睐。

四、乡村文化旅游互动的前景展望

乡村是云南旅游赖以繁荣发展的重要依托，不可想象没有诸多名镇名村的云南旅游会是什么一个前景。今天的村落文化变迁，也与当代的社会经济发展状态和全球的经济、社会、文化的影响密切相关。比如当代的旅游大潮对丽江束河、腾冲和顺、鹤庆新华村等的各种影响，带来了当地的生活、经济发展等方面的巨大变化，因此，如何在文化变迁剧烈的当下保护好云南的名村名镇文化，也要有与时俱进、针对现实问题的举措和方法。云南要保护好名村名镇，也要多借鉴国际国内的各种保护方式，如冯骥才先生曾说，在国际上，古村落的保护有三种模式，一是像乌镇那样，不进行变动，老百姓照样在里面生活，游客买门票进去；二是民居博物馆形式，如山西的大院，把相关的摆设平移、集中起来进行展示；三是新区与老区分开，居民可以搬到新区去住，也可以留在古村区。开发的时候，一定要请专家论证，一个古村落原本的文化内涵是哪些内容，应该如何进行展示，都要有科学的论证。要把开发的过程，视为整理、保护古村落的过程，可以进行修缮，但不能破坏或粉饰，改变它旧有的形制和体量。①

《中共中央、国务院关于推进社会主义新农村建设的若干意见》指出，要“加强村庄规划和人居环境整治。村庄治理要突出乡村特色、地方特色和民族特色，保护有历史文化价值的古村落和古民宅”。云南的旅游经济等的发展在很大程度上依靠文化资源，当前又在奋发努力向“民族文化强省”迈进，在这方面的保护就显得更加迫切和重要。因此，在目前的社会主义新农村建设的实践中，重视保护和发展云南的“乡村特色文化”，应该列为其中的重要内容。

云南从2013年起，将加快一事一议财政奖补政策转型升级，把美丽乡村建设作为一事一议财政奖补工作的主要内容，推进云南美丽乡村建设。2014年，云南省省级财政安排美丽乡村建设资金7亿元，计划建设500个项目，以后逐年增加，争取到2020年全省美丽乡村达到1万个。云南乡村拥有丰富的民族文化资源，建设美丽乡村，对云南打造文化、旅游大省有着重要的作用。各民族乡村是云南一大魅力之所在，没有古城的丽江就不再是丽江。“美丽乡村”的建设是大好事，只是怎么来建，应该有文化、地理、人类学等多学科的专家参与来做好谋划、设计、评审等，使之不流于仅仅追求门面和表面的好看。云南应当梳理出“新农村”“旅游小镇”等建设中成功示范与失败的经验进行总结，作出一个示范性的项目。省财政厅安排的7亿元资金，应当主要用于物质建设以及非物质文化遗产的保护传承方面，应当与扶贫款项有所区别。

不可否认，云南的一些新农村建设流于形式化、表面化。比如在西双版纳的傣家竹楼中就出现过建盖别墅的情况。目前，全国的乡村文化衰落都比较快，村落的发展缺乏制度性安排，私搭乱建等问题较为突出。为了

① 陈瑾：《旅游经济中，我们如何对待古村落》，《旅游时代》，2005年第11期。

避免适得其反，在美丽乡村的建设规划阶段就应明确，由多学科的专家参与规划、评审。在建设过程中，避免建设成为完全统一的模式，以免失去了村落原有的特色和风貌。同时还应给予村民话语权，让村落里的村民也参与其中。对于村落周围的水源、森林等环境也应纳入规划、保护之中。在建设中，对于村落中有价值的文化、历史要保护好。美丽乡村需要“外在美”与“内在美”共同作用，“一律刷白”的表面工程，无法掩盖农村生态环境恶劣、生产生活落后、教育医疗滞后的状况。建设美丽乡村，不仅是把路修通，让农民盖起新房，更要把医疗、文化、教育、社会保障等公共服务向农村延伸，使城乡经济社会全面、协调、可持续发展。

促进云南历史文化资源与旅游良性互动①

云南不仅有全球闻名的民族文化多样性，还有非常厚重和丰富多彩的历史文化资源。长期以来，云南省倾力发掘、保护传承民族文化，在建设民族文化大省和民族文化强省方面，取得了举世瞩目的成就，也形成了民族文化与旅游互动发展的繁荣局面和繁荣特色。但是，云南在挖掘历史文化资源、使之在云南的文化旅游和生态旅游中充分发挥作用方面，还明显比较薄弱，除了古滇国青铜器、南诏大理国时期的历史文化为外界有所了解之外，云南其他诸多厚重的历史文化资源还藏在深山人不知。中共云南省委、云南省人民政府确定建设云南十大历史文化旅游项目，是深入开发云南历史文化资源，建设民族文化强省的一个重大举措，是加快建设面向西南开放重要桥头堡的重要文化举措，是实现旅游大省向旅游经济强省转变的突破口。促进云南历史文化资源与旅游良性互动，实施云南十大历史文化旅游项目，需要从如下两个方面来思考和推进。

促进历史文化旅游新项目与历史文化遗产互动互补

实现云南十大历史文化旅游新项目与历史文化遗产的互动互补，是做好云南历史文化旅游的关键因素。云南省正在推进的这 10 个历史文化旅游项目，都具有重大的考古、历史、民俗等诸多方面的价值。所以，在推进云南十大历史文化旅游项目过程中，历史文化遗址和实物的保护是第一位的，应该依托原历史文化遗产地的遗址和实物，进一步实行考古发掘、遗址地保护等措施。比如古滇国的几个考古遗址，还可进一步发掘，提升考古发掘地的教育、学习和欣赏的可视性展示水平。

---

① 原载《社会主义论坛》，2012 年第 10 期。

从国际上很多历史文化资源与旅游互动得好的例子看，要发挥好丰富的历史文化资源在旅游中的作用，首先必须实现科学的保护。只有保护得好，历史文化资源才能在旅游开发建设中发挥好的作用，否则就会失去它的历史文化价值和旅游开发价值。特别是重要的历史遗址，实行严格的修旧如旧标准，是非常重要的。以云南省剑川县沙溪镇寺登街为例，2001 年 10 月 11 日，剑川沙溪镇寺登街入选 2002 年“世界纪念性建筑遗产保护名录”，这是自丽江古城入选“世界文化遗产”后“茶马古道”名镇的又一盛事。这次和寺登街同期入选为世界纪念性建筑遗产保护名录的，还有长城、陕西大秦宝塔、上海欧黑尔·雷切尔犹太教堂。而寺登街被学术界公认为是茶马古道上一个历史悠久的名镇，在保护和修复上做到了最少的人为干预、最大限度地保留原貌和历史信息，即使是年代并不久远也并不是重要历史文物的马店，也用修复文物的方法，尽量做到修旧如旧，原汁原味。这已经成为沙溪保护和修复的一种独特的模式。

笔者曾经多次到寺登街考察，看到寺登街的民居建筑、寺庙、戏台、寨门等，一直是古色古香的，可以看到斑驳陆离的历史印迹，虽然都经过了精心的重新护理和修整，但不露痕迹，没有给你一种重新修建焕然一新的感觉。据当地人介绍，修缮兴化寺时所用的油漆，都要调得与旧有的颜色一致。寨门原来是土墙，有些剥落的地方，也只是精心作了防止继续剥落的措施，看上去依然是原来的样子。就是因为保护得当，寺登街吸引了越来越多的游客慕名前往。

最近在多家媒体看到关于云南省腾冲修复原有的英国领事馆的一些讨论，省市有关部门拨出了巨资进行修缮。但是，滇缅抗战研究专家戈叔亚发现，可能是为了让墙壁“美观好看”，施工人员竟把墙壁上的很多弹孔填了。戈叔亚还把修复前拍的英国领事馆图片和正在修复中的图片进行了对比，指出了存在的“破坏性建设”问题，并用了国外一些历史遗址保护的图片，强调对于历史文化遗产，修旧如旧、保持历史本真原貌的重要性。

戈叔亚提出的历史文化遗址修旧如旧保留原貌的问题，本来应该是文物保护的常识，但是在历史文化遗址修复和重建等过程中，总是不断地出现种种漠视历史真实、认为历史遗址的断壁残垣不好看而加以改造的“好心干坏事”之举。不久前北京市因梁思成、林徽因故居的被拆迁所引发的公众讨论，也反映了当前城市建设中这种漠视、忽略历史文化遗址的通病。

所以，要做好云南省十大历史文化旅游项目，首要的工作就是固本，要对十大历史文化旅游项目地幸存的遗址遗物加以科学的保护。每年去看历史文化遗址的断壁残垣和幸存物的游客，历来都是非常多的，比如希腊等著名旅游地，比如我国的长城等。所以，我们要尽力保护好这十大历史文化遗留的资源，包括物质和非物质文化的资源。如果保护不好，吸引游客来感受云南厚重历史文化底蕴就无从谈起。

做好基于历史遗址公园与新的旅游创意项目的结合

历史文化旅游既是感受历史文化的深厚内涵，是怀旧之旅，也要在怀旧和感受历史文化的同时，充分享受当代好看好玩、寓教于乐的文化休闲生活。所以，古今结合，新旧交融，应该是云南省十大历史旅游项目着力策划的焦点。比如现在公认比较成功的西安大明宫历史遗址公园那样的创意和做法；比如如何拍摄制作引人入胜的历史文化影视剧、科幻动漫影视片；还有如电视剧《木府风云》，就是基于丽江历史文化遗址木府而演绎创作出的主题有意义、情节扣人心弦的影视作品，在中央电视台相继热播后，到丽江特别是木府旅游参观的人数大大增加，对丽江旅游形成了推动。金庸创作的与大理相关的武侠小说，也提高了大理旅游的吸引力。一部风靡全球的《阿凡达》，因其取景与我国著名旅游地张家界相关，无形中也促进了张家界在国内外的知名度。这些都说明成功的影视动漫作品，对促进国内外旅游者对旅游地的了解是非常重要的。

作为保护文物建筑及历史地段国际原则的《威尼斯宪章》中说："世世代代人民的历史古迹，饱含着过去岁月的信息留存至今，成为人们古老传统的活的见证。"在云南，元谋人、禄丰恐龙、帽天山古生物化石群等遗址本身都贮存着大量的历史信息，这是它们多重价值之所在，是将其转化为世界级文化品牌的关键基础。除了按照世界和国家的相关标准进行精心保护和展示之外，应该努力丰富古生物博物馆的展示内容。鉴于这些古老的历史遗产地可视性比较单一，应该在其作为科普旅游的基础上提升展示水平的同时，充分挖掘遗址周围的各种民族文化、历史文化资源，形成以遗址地为核心的扩散旅游目的地。比如禄丰恐龙谷周围的各种民俗文化、古道、古桥梁、古村落，帽天山所在地澄江县（今澄江市）的各种历史和民族文化资源，规划设计得好，都可以形成与核心历史遗址景区互动互补的良性关系。在这方面，应该借鉴“三江并流”、石林等自然遗产地的旅游开发建设经验，充分挖掘当地各民族的人文资源，作出能弥补遗产地审美欣赏性较弱的创意旅游详规。

“边三县”（澜沧、孟连、西盟）茶祖历史文化旅游项目，其重要根基在于保护好古茶树。在实施项目时，应该制定一些针对古茶树林保护现状、问题的保护措施。此外，传统的植茶、采茶、制茶与护茶技术的展示，茶文化和茶技艺等地方性知识的展示，应该成为这些历史文化旅游项目建设中的重要内容。值得注意的是，在茶祖历史文化旅游项目实施中，既要充分挖掘有关茶信仰、茶树信仰的民俗，以突出茶文化本身所拥有的典雅、厚重和修身养性的功能，又不能过于追求旅游中的热闹好玩。在这方面，可以从日本茶道文化中所具有的宗教文化气息和游客对茶肃然起敬的那种文化精神中借鉴。此外，目前以丽江和迪庆为中心、辐射到四川、西藏的茶马古道旅游已经形成气候，游客日益增多，在策划中，应将“边三县”纳入茶马古道之旅中，吸引游客来寻找茶马古道的云南终端茶乡，来品茶购茶和体验“茶祖文化”，使“边三县”成为茶马古道旅游圈的重要旅游地。

对于“三国历史文化旅游项目”，应该通过如今立足曲靖市的三国文化，把在云南各民族中传播甚广的诸葛亮来云南的故事汇聚整理，形成云南三国文化的丰富多彩和传奇色彩。广南的“地母历史文化旅游项目”，在项目设计中有“世界地母文化博览园”，应将云南各民族丰富多彩的祭祀地母（有的民族称为地神，为女性。天神为男性）的习俗、传说充分体现在其中。可以考虑将各民族祭祀地母的民俗仪式融汇其中，体现云南别具特色的地母崇拜文化和重女性的文化特色。

对于西双版纳南传佛教历史文化旅游项目，可以认真筹划如何营造具有本地特色的南传佛教僧侣文化习俗和僧俗结合的民间习俗旅游节目。云南的南传佛教信仰，具有把南传佛教信仰与本土的原始信仰整合一体的特点，在相关旅游项目开发建设中应该突出其地域特色。我们可以借鉴东南亚国家在推进南传佛教与旅游结合方面的一些成功经验和做法。2012 年笔者在老挝考察时，看到老挝世界文化遗产地、最著名的旅游景区清晨有僧侣托钵化缘，有出售本地苗族刺绣、土纸绘画、各种手工艺为主体的夜市，以及充满市民生活气息的早市，对世界各地旅游者都很有吸引力。

巍山的南诏国历史旅游项目，应该多思考如何将巍山古城以及南诏起源地的一些历史遗址胜迹，有机结合，形成互动。大理国历史文化项目，除了目前所见到的该项目一些策划细目之外，如何将一些民众笃信的本主庙、圣迹灵地、灵泉与总体策划结合起来，同样值得认真思考。丽江 4A 级旅游景点玉水寨的核心景观，其实就是一眼玉龙雪山下涌流而出的灵泉，演绎出了非常成功的自然和人文相结合的旅游名篇。

云南的历史文化旅游开发有自己独特的成功经验，比如丽江束河被联合国教科文组织和国内外专家称道的将古村落和开发的新镇分开的“分区制模式”；位于香格里拉的我国第一个国家公园——普达措国家公园，实现了自然景观和人文景观，政府相关部门、公司、社区几个利益群体的协调合作；各地旅游地的社区民众参与旅游的成功经验等，都应该好好总结，运用到十大历史文化旅游项目的策划和开发中。

论云南旅游发展中的几个问题[①]

旅游业素有“朝阳产业”之称，从旅游业的发展中，可以看到一个国家、一个地区经济社会发展的状况，旅游业的发展状况是经济、文化和社会发展进步的重要标志之一。云南是中国的旅游大省，2003 年，在遭受非典疫情严重影响的情况下，接待海外旅游者仍然超过了 100 万人次，接待国内旅游者越过 5000 万人次大关，旅游总收入突破了 300 亿元，增加值占全省生产总值的 5.3%，税收占地方财政收入的 6.5%，直接吸纳和间接带动就业 165.4 万人。[②] 旅游业已经成为云南重要的“支柱产业”。

但云南的旅游业目前面临着诸多的问题和考验，根据 2004 年云南省旅游产业发展大会的资料，云南省丰富的旅游资源、完整的旅游产业体系、具有一定实力的产业规模和不断改善的通达条件，为加快建设旅游经济强省奠定了坚实的基础。但是我们也要看到，云南旅游业发展正面临严峻的挑战……云南省旅游产业结构不合理，基础设施薄弱，旅游产品单一，管理体制机制不健全，企业竞争力不强，服务水平不高，旅游综合效益低等深层次矛盾和问题日益突出，已经严重制约了云南旅游产业的发展。

笔者在这篇文章中提出了几个认为对目前云南省旅游资源的保护和保持旅游业可持续发展后劲不利的问题，加以剖析，并提出一些相应的建议。

一、关于世界级旅游资源的保护和开发模式

云南有不少有望列入世界级别名录的自然和人文资源，一旦名列诸如世界自然和文化遗产的名录，无异于在世界上亮起了顶尖级的金字品牌，旅游热潮将会随之而来。1997 年获得“世界文化遗产”称号的丽江古城即

① 原载《云南社会科学》，2004 年第 3 期。

② 数据来自云南省旅游产业发展大会文件，2004 年 4 月 12 日。

是典型的例子。《中共云南省委、云南省人民政府关于进一步加快旅游产业发展的若干意见》指出："要高度认识到加快旅游产业发展是实现资源优势向经济优势转化的重要决策。"如何使资源优势转化为经济优势，达到既保护了资源又得利益，既有突出效益又有可持续性的双赢，则完全取决于我们对资源的认识和开发模式。

笔者认为，云南目前对世界遗产等世界级资源的保护和开发模式，潜伏着一些不利于发展的因素。丽江曾允许外商在古城内建盖了两处四星级豪华宾馆，由于这种开发方式涉及在遗产地核心区和遗产重要历史景点进行与文化遗产的品位不相吻合建设，影响到遗产地价值的问题，曾招致联合国教科文组织和国内外不少专家的激烈批评。云南摩梭人的母系制文化和走婚习俗在国内外享有盛誉，是促进当地文化旅游发展的重要资源，具有独一无二性。目前丽江方面正在致力于申报摩梭人古村落为世界文化遗产的工作，而如落水村这样曾被联合国列入"模范社区"备选目录的摩梭村落，因为近年来盲目无序、漠视传统风格地乱建乱盖家庭客栈，过去自然村落那种传统有形文化的独特价值已经荡然无存，丧失了作为古村落争取进入"世界文化遗产名录"的资格，同时也减损了作为自然村落所具有的那种乡村旅游景观魅力。

上述事例给我们敲响了警钟，对于具有世界级品位的自然和人文资源，如果短视、不深谋远虑地忙着上马开发，其结果势必因小失大，得不偿失，徒然丧失云南在未来文化产业和旅游市场上最好的品牌效益。

笔者认为，对云南的自然和人文资源要进行分类，制定不同的开发利用模式。顶尖级（如有可"申遗"品质的）的资源要特殊保护，尽量去争取"世界级品牌"和国家级品牌。如一些古镇古村落，特别是有"申遗"潜在可能性的，就不要轻率地让企业一包数十年。在这方面，征询联合国教科文组织等国际组织和国家相关权威机构和专家的意见，求得共识是非常需要的。关键的历史文化遗产和自然景观的开发应由省里乃至国家统一统筹管理，不要贸然就由某一级政府轻率地作出转包给公司和企业经营等决策，以免丧失资源的真正价值，因小失大。哪些旅游景区景点的相关权利可招标、拍卖，哪些不宜这样做；哪些景点景区可建索道，哪些不宜（如三江并流景区腹地就不宜建索道）……要慎重调研、决策。争取实现云南旅游品牌声誉的持续提高，实现经济效益、社会效益的双赢。

二、关于旅游资源的管理和定期评估问题

世界旅游组织、国家旅游局、云南省旅游局在2001年制定的《云南省旅游总体规划》中，确定了对全省459个旅游景区（点）和资源点，把相关资源分为自然、文化和人造3类，再按云南省的六大旅游区归类，按照可能的市场吸引力把每一旅游区的旅游资源划分为一级（能够广泛吸引游客，特别是国际游客到云南省的景区点）、二级（能够吸引全国的、地区的和省级的国内市场，支持国际游客到一级景区游览的景区点）、三级（主要吸引地区和省级市场，支持其他国内市场游客到云南省观赏一级和二级景区的景区点）旅游资源。

云南省省长在2004年4月12日召开的云南省旅游产业发展大会上的讲话中指出，要按照《云南省旅游发展总体规划》的思路，以打造一流品牌、建设国际旅游精品为目标。

现在的问题是，我们缺乏对全省各地三个等级旅游资源周期性的跟踪评估，及时发现这些资源在保护和开发方面存在的问题，并制定出相应的资源保护措施，以保持它的可持续吸引力，使之能在不损伤资源活力、魅力的前提下，充分地将资源优势转化为经济优势。有不少旅游规划对旅游景点的介绍评估多依据的是“老皇历”上的往日辉煌，忽略了景点自然和人文资源日益加剧的变迁。比如，泸沽湖在数年前还是全国范围内遭受人为破坏最轻、自然生态保护得最好的地区之一，湖水的能见度一度可以达到9米多深。而现在，泸沽湖景区存在着湖水不断被污染、垃圾和污水处理滞后、缺乏统一规划的破坏性建设增多、摩梭人母系制和走婚文化的过分商业化乃至被一些利欲熏心之徒打着民族文化的牌子进行非法活动、民居建设逐渐丧失地方民族特色等问题。对这些资源变迁和异化的情况，需要及时评估，探讨如何才能保持这一重要文化旅游品牌的问题。

《中共云南省委　云南省人民政府关于进一步加快旅游产业发展的若干意见》（征求意见稿，2004年）提道，实施精品名牌战略，争创一批品位高、特色突出的精品旅游景区；建设一批特色旅游城镇，加快发展农村

旅游；大力开发特色旅游商品。笔者认为，如何保持“人无我有，人有我特”的优势，要实现这些目标的前提，是要能保持云南省旅游资源的持续魅力，因此，需要对此跟踪监测，组成由各方面专家和旅游组织机构构成的专家组，进行周期性的评估，及时发现问题并加以解决。这种监测评估应形成一个制度。

三、关于制约和规范旅游开发行为的问题

旅游的开发是一种融旅游经济、城建规划、景点建设、社会文化于一体的综合行为，因此在制定旅游规划时和开展具体的旅游开发活动之前，需要有一种政策法规来规定，必须进行有多部门、多学科专家参与的严格论证。现在旅游基础设施的建设和项目的上马有很大的随意性，因没有制约因素，不少部门、公司乃至个人单独决定旅游上马项目，因此对环境和历史人文景观有负面影响的旅游基础建设比较多。

比如，全省各地都有类似现象，某些旅游企业的产品商业化气息太浓，随意篡改，任意滥用历史文化风貌来满足自身产品的商业炒作需要。如在玉龙雪山山麓修建的“东巴王朝”，其起名和建筑设计就与东巴文化的精神和文化内涵本质相去甚远。东巴教是一种典型的民间宗教，东巴本身是业余进行宗教仪式活动的农夫，是纳西人的民间文化精英，他们的基本文化活动都最贴近民众，这与“王朝”风马牛不相及。对东巴文化有所了解的人看到这种招牌，只会感到荒谬，而对众多对东巴文化无甚了解的外来旅人则是一种误导，有的游客看到这个“东巴王朝”的景点后，以为在纳西族的历史上真的有过东巴建立的王朝。最近拟在丽江白沙乡玉湖村进行的招商引资项目名之曰“东巴部落”，所谓“东巴部落”这个名称是非常荒谬的。首先，部落者何？它是一个人类学、民族学的术语，是指原始社会时代的一种社会组织，民族共同体发展中的最初类型，其基本制度包括古老的氏族制和酋长制等。现在项目规划设计者计划在玉湖这样当代农业文明已经发展到相当高的水平，儒、释、道文化和纳西历史文化底蕴都十分厚重的乡村社区展开文化项目，而以“部落”称之，不伦不类，此为荒谬一。东巴从来都是生活在纳西人村寨中的业余祭司，既是农夫又是民间

智者，是村民中的一分子，东巴在每个村落中的人数历来都是极少数，历史上，他们从来没有单独形成过一个“部落”，现在以“东巴部落”指称一个要在丽江古城近郊乡村展开的文化项目，此为荒谬二。

抚仙湖周围乱盖乱建的众多饭店宾馆，形成了该湖的重要污染源。腾冲火山热海中因建盖宾馆中乱铺铁管，造成热流丧失，破坏了200多米的景观，使原来能喷射数米的蛤蟆泉也只能喷30厘米。[①]

数年前丽江境内紧傍“长江第一湾”新建的“江湾公园”，破坏了江畔著名的柳林、油菜花与江水融为一体的田园风光和山乡古渡口的审美韵味，形似巨大现代渡轮和全用黄琉璃瓦的建筑格局，也与“长江第一湾”畔的历史名镇石鼓青瓦白墙、古道老房的风格极不协调，因此，招致国内外很多人的批评，云南省政府也曾派出工作组就此进行调查，但木已成舟，花费甚巨，不好拆除。这是旅游基础设施建设没有充分进行可行性论证和调研的典型例子，类似的例子为数不少。

近年来云南的旅游规划论证也开始出现一些比较好的现象，在有的旅游规划论证会上，实行专家一票否决制，如《云南日报》2002年1月7日第一版载：“《香格里拉大峡谷旅游规划方案》近日在昆明接受专家评审时，因环保不达标被一票否决。……在听取了项目承担单位对香格里拉大峡谷旅游规划方案汇报后，环保专家提出，《规划》未将环境保护列入其中，垃圾处理，环保设施一概不谈，不利于‘三江并流’景观申报《世界遗产名录》，也不利于中甸县旅游可持续发展战略的实施。省旅游局副局长罗明义在归纳了专家组意见后建议，《规划》暂不进行评估，评审会改为专家咨询会，请专家们对香格里拉大峡谷旅游景区建设献出良策。”[②]云南省省长徐荣凯对专家组的这一做法给予了高度的评价。

旅游规划和相关的政策性规章条例常常滞后或缺乏统一性，政出多门，钱出多家，因此形成各干各的局面。

世界旅游组织、国家旅游局和云南省人民政府共同制定的《云南省旅游发展总体规划》（摘要）指出：省、州（地、市）、县控制旅游的政策法规较多，但只有部分得到实施。

---

① 邹雅卉：《云南森林旅游开发研究》，转引自赵俊臣等主编：《云南省林业生态保护机制与替代产业研究》云南科技出版社2001年版，第251页。

② 《云南日报》，2002年1月7日。

由于缺乏应有的监督管理，许多地区的旅游产品开发处于有项目就上的粗放无序状态。虽然在具体景区的布局开发上，云南省大部分县市都曾做过一些旅游规划，但是在具体操作实践过程中由于受到各种利益的驱使或制约，因此一些旅游景区很多时候是丢开规划，另搞一套，有项目就上，随意布局。

这里，举笔者参与的调查实例来说明问题。

泸沽湖（含永宁坝）的旅游规划和相关的政策性规章条例常常滞后或缺乏统一性，政出多门，钱出多家，因此形成各干各的局面。2002年进行“旅游精品工程”规划，但规划才开始，很多工程就已经上马。欠缺一个统一规范、各个部门和各学科专家都认同的旅游规划。今后如果小城镇建设规划不与旅游规划相结合统一进行，不进行有多学科专家参与的论证，则永宁乡政府所在的集镇要建成一个从建筑和整体结构都堪称摩梭母系文化重镇的设想就可能只是一个空想。

以泸沽湖旅游区为例，1995年4月制定了《泸沽湖省级旅游度假区总体规划》、宁蒗县人大常委会分别在1995年和1999年制定的《云南省宁蒗彝族自治县泸沽湖风景管理条例》《云南省宁蒗彝族自治县泸沽湖旅游区管理条例实施细则》等重要规章条例中，如《泸沽湖省级旅游度假区总体规划》在1995年4月就已经制定，明确规定“游览设施退离湖岸线80米以上”，“沿湖不小于80米的地段作为游览用地”，“建筑高度不得超过10米”，等等。1999年4月制定的《云南省宁蒗县彝族自治县泸沽湖旅游区管理条例实施细则》规定：“在沿湖80米以内的地段上，除因旅游业发展所需的少数设施外，不得新建任何建筑物和设施。”但结果却出现了这样的现象：有令不行，你定你的，我干我的，人们照样随意地在湖边禁区内建盖房子，民居客栈等个体建筑设施越来越向湖边靠近，民居建筑出现了三层乃至四层楼房，破坏了摩梭民居的传统风格，影响了景区的人文景观和整体发展。

四、旅游规划实施滞后所带来的问题

目前，各级政府旅游规划滞后，因此带来规划尚未进行或者已完成的规划尚未正式实施，一些有违规划精神的旅游产品和建设就已全面铺开的情况，比如，泸沽湖风景旅游区旅游规划修编早在 2002 年就已完成，并经过了专家评审，但迄今尚未批复实施。在该修编规划书中，已经明确地提出在泸沽湖边禁止临湖建房和建盖 2 层以上民居客栈的规定，对实施相关的旅游设施建设也提出了不少具体的建议和要求，但因该规划迟迟未得以批复实施，缺乏强有力的旅游管理依据，加之地方旅游管理部门和社区基层组织管理松懈，因此，在泸沽湖景区就出现了越来越多的违规建筑，甚至发展到了如今泸沽湖里格岛部分居民填湖盖房的恶劣事件。

针对上述 3 个方面的问题，笔者提出如下建议。

一是建立健全严格的政策法规，形成无论何人何单位所要实施的旅游开发项目，必须经过有多部门、多学科专家参与的严格论证的制度，而且这种科学论证制度应该有不受到旅游项目地行政权力机构制约和影响的机制。省里组织的对某个旅游地项目进行的专家论证，要有对当地旅游地人文和自然资源有深入研究的学者参与。

二是应严格执法，“有令必行，有法必依”，如已制定法规，就要由相关部门严格执行，不要使相关法规成为一纸空文，形同虚设。

三是旅游规划一旦完成并经过充分的科学论证，就要及时实施，如果一时不能实施，规划中涉及旅游地资源长远保护的措施，要以一种合适的方式让欲进行旅游项目开发的利益相关者知晓并遵守，以免出现如上述泸沽湖景区那样的情况。

五、关于监测和控制外来文化对旅游地社会文化影响的机制

独特多元的历史和民俗文化遗产是云南省最具特色和吸引力的旅游资源，为长葆这一珍贵资源的可持续魅力，应加强进行保护，尽量减少外来文化对旅游地社会文化带来的负面影响，促使旅游业健康持续发展，尽量发挥旅游业对促进文化旅游资源保护所具有的积极推进作用。目前，在云南省的旅游市场上，对文化遗产和民俗文化只重使用，而忽略外来文化对它们所造成的负面影响的监测与控制。

如闻名于世的摩梭人的母系制和走婚习俗，是泸沽湖旅游地最吸引人

的人文资源，吸引了无数的游客。但现在则出现了随着外来文化的进入，母系大家庭不断解体，走婚习俗被外人滥用和歪曲的趋势。如据我们的多次调查，过去，该村村委会通过统一组织全村的旅游活动，禁止分家的个体小家庭参与村里统一组织的旅游活动等措施，相当有效地保护了全村母系大家庭。而现在，落水村等地随着外地人对旅游活动的介入和在外地人资金的推动下设置标准间的家庭旅馆的增多，个体小家庭增多，母系大家庭正出现减少和分崩离析的状况，这样，泸沽湖景区最富有人文特色和“垄断性”资源优势的“母系大家庭”在逐渐消失。

对这一问题的解决，笔者认为应由旅游管理、经营部门和社区组织合作，制定保护旅游目的地资源的措施，例如，要保护摩梭人的母系制文化，就要有一套与当地社区组织（如村民委员会）和民众求得共识的制约机制，制止正在对该文化造成破坏的人为因素。

针对不同旅游目的地的社会文化特点，制定相应的游客行为规范，使游客在进入该地之前或之后，就能很快地了解自己应该遵守的文化习俗，检点自己在旅游地的行为，游客应遵守的相关文化习俗、禁忌等，可以在门票或旅游目的地的宣传品上加以说明。

六、关于在制定和执行政策的过程中社区民众参与的问题

在旅游开发活动中充分调动社区的积极性，让社区民众在政府机构的旅游政策制定过程中能有较多的参与机会，在参与社区旅游活动中得到利益。这是促使景区社区民众自觉保护环境，推动有利于脱贫的可持续旅游发展的重要前提。好的环境可以促进旅游的发展，但如何保护旅游资源和环境是个难题。现在滇西北的很多著名旅游景点都有不少村寨，不可能以封山育林等方式来进行封闭性的保护。引导社区民众改变一些传统的过量消耗资源的生产生活方式，是保护好旅游地环境的一项重要工作。这项工作也需要政府相关管理部门与景区内的社区民众认真协商达成共识后制定规章制度，付诸实施。

而在目前云南省的旅游政策和规划的制定过程中，尚未充分考虑到社区民众的参与性，充分听取社区民众的意见。政府有关部门和旅游开发公

司等作出旅游规划和相关的规定后，常常未能及时地与当地社区民众沟通，求得共识，因此在实行过程中就产生了各种矛盾冲突。

在 2001 年 12 月由笔者主持在丽江召开的一个座谈会上，当时的丽江地区旅游局副局长杨勇提出，在旅游发展方面，目前政府垄断景区景点的情况比较突出，社区民众参与性旅游开展得远远不够。其原因之一是缺乏扶持社区旅游的政策。在开展参与性社区旅游活动的景区，社区民众的旅游培训很薄弱。社区民众很少了解政府的旅游规划。在进行规划时，没有考虑如何将旅游地的文化习俗融合于规划中，只是机械地按国家的法律、法规条文去做。

在这个座谈会上，玉龙雪山旅游开发管理委员会（旅游开发总公司）副总经理和剑虹也说："我们现在也在反思玉龙雪山的旅游开发过程。我们已经意识到，处理好景区的旅游开发与老百姓之间的关系是最重要的，过去我们忽略了这一点。所以今年我们公司捐资给景区内的甲子村办学扶贫，带动他们开展旅游经营，在规范下进行经营。我们感到，如果达不到社区和公司的双赢，公司的旅游经营也就不会得到社区群众的支持而面临困境。今后，我们想进一步探讨以股份制等方式开展公司和社区合作进行旅游经营。"

笔者认为，任何一个旅游规划和项目的制定，都应该在制定过程中充分地让旅游目的地的民众有知情权，让他们充分参与讨论，在此基础上求得共识，并签订相关协约，避免日后在旅游规划和旅游项目的实施中产生矛盾冲突。

七、旅游地社区民众的能力建设亟待加强

云南省省长徐荣凯同志在 2004 年召开的云南省旅游产业大会的讲话中说："要通过旅游促进群众致富。旅游对贫困农村群众增加收入作用特别明显，要把发展旅游业与帮助农民增加收入、脱贫致富结合起来考虑。"

现在，云南不少乡村社区已经开展了各种旅游活动，从中获得了可观的经济效益，成为脱贫的一条有效途径。但从目前的情况看，社区参与性

旅游大都缺乏民众能力建设的扶持政策和培训措施，没有具体的指导，因此存在盲目开发，不考虑旅游的可持续性的弊病。

一是缺少对本地自然和文化资源价值的准确认识，随意性的开发甚至对景区文化和自然资源有破坏性的开发行为突出。

比如目前在社区参与式旅游方面可以说在云南省搞得最好的宁蒗县永宁乡落水村，其很多新建和装修的民居，并没有突出摩梭人的传统民居特色，大门及窗框过分藏化，滥用过多的色彩，使不少民居看起来不像民居，更像是一个寺庙。本来为很多游客所欢迎的家访活动也没有规范和慎重设计的内容，人为因素太浓。不少导游在讲述中随客人的喜好瞎编一通；旅游工艺品则基本上是来自大理、鹤庆、迪庆和丽江的，没有开发出具有摩梭特色的地方产品；文字影像方面的旅游产品更是缺乏规范性和权威性，其中有不少是迎合市场而作出的猎奇编造之作。

此外，落水村的家庭客栈大都用了一些雷同而又没有地方特色的名称，据我们统计有 30 多种，大都是什么“摩梭阿夏园”“摩梭伊甸园”“摩梭之家”“摩梭饭店”“花楼园”“女神楼”“女儿国阿夏园”等，完全丧失了摩梭家庭所应给人的那种温馨平和的气氛。

在云南不少展开旅游接待的社区，民居内部装修滥用瓷砖、水泥等现代建筑材料，模仿城市建筑模式而逐渐失去传统特色和风格的问题也比较突出。

二是没有意识到旅游与环境生态保护之间的重要关系，一些社区旅游开发项目对自然环境产生不好的影响。比如，不少旅游地的居民消耗大量的柴薪用于招徕游客的“篝火晚会”等，有些高寒山区旅游地的村民大量烧炭、砍树以应旅游接待之需要，如果对这些有旅游脱贫潜力的贫困社区不予以替代能源等方面的优惠政策，在技术上予以培训扶持，旅游的发展倒有可能会导致当地生态环境的恶化。

此外，社区在具体的旅游经营、管理、接待、价格等方面存在的种种能力建设问题就更多。如果不进行相关的培训和指导，很多社区目前的参与式旅游难以持续发展。

八、建议在云南率先酝酿推出与国际理念接轨的中国国家公园模式[①]

云南省人民政府自1999年起就与在国际上卓有声誉的美国大自然保护协会进行“滇西北保护与发展行动计划”（含国家大河流域公园），其中以保护作为全球十大生物多样性最为富集的滇西北地区的生物和文化多样性为目标，国家大河流域公园的理念包括引进美国国家公园模式并与云南多民族居住于国家公园范围内的实际情况相结合，形成自然与人文景观相得益彰的突出特点。“云南项目”已经在国内外产生了较大影响，江泽民主席还就此接见了美国大自然保护协会的有关人士。“云南项目”现已经升格为“中国项目”。美国国家公园的概念和模式产生于19世纪，是美国保护自然的理想主义者和与强调旅游开发的实用主义者共同努力的结果。美国国家公园的模式后来广泛影响了世界上很多国家的自然环境、旅游资源的保护，并且吸引了无数的国内外游人。云南省与美国大自然保护协会合作，大河流域公园的建设探讨，是力图探索一种既吸收美国国家公园的成功经验，又有突出的云南特点的国家公园模式，即不排斥各个民族聚居和散居在国家公园范围内，使丰富多彩的民族风情与壮丽的自然景观交互生辉。

云南滇西北有最为壮观的“三江并流”世界自然遗产地，云南在这一重要区域内的旅游活动，应该走出自己的独特之路。泰山、黄山、张家界的众多索道、电梯以及破坏景观的建筑等，已经引起国内外舆论和联合国教科文组织的批评，张家界武陵源景区数亿元的建筑因被联合国教科文组织警告而被拆除。云南目前有充分的条件推出与这些广受非议的旅游开发模式截然不同的中国国家公园模式，如果能按照国际理念又结合本地特点来进行设计和开发，无疑会在世界上成为令人瞩目的品牌。就如美国的科罗拉多大峡谷一样，成为举世瞩目的国家公园。参照国际上的经验，以下几方面应该是建立国家公园的最基本条件。

如美国国家公园一样，不在新建的国家公园内建索道和缆车等，公路也限制只修到一定的高度，增加步行栈道，这不仅有利于自然景观保护，同时会促使游人在景区的停留时间增多；借助景区内的自然和人文奇景，

① 云南省后来成为中国林业部推进的建设国家公园的试点省，发表这篇文章时尚无此举，因此保留了文章的原样。

加大科学考察和生态、民族文化旅游的分量。在国家公园内禁绝建立任何与景观不协调的建筑物，可参考美国国家公园内的建筑方面的做法，然后形成我们自己的特点。

除上述诸方面的问题外，还有不少存在的问题，诸如旅游地过分商业化，一些旅游节目滥用民族文化资源，将民族文化庸俗化而导致游客不满，旅游地吸引力下降，游客减少等。限于本文篇幅，不一一列举。

关于主流文化、旅游模式等的一点思考①

人们常常提到“主流文化”，似乎“少数民族文化”融入所谓的“主流文化”是一种时代趋势。可外来人给少数民族地区的文化和旅游胜地带入的是什么样的主流文化？有多少中华民族优秀文化因素在里面？需要认真研究。比如新来丽江的移民，60%以上是外来城市人，他们在古城创造的文化将是一种什么样的文化？这是一个尖锐的问题。别人慕名来古城，是冲着文化遗产的名声来的，但如果任其被某种说不出有多少魅力和价值的文化（我都不知该称这种文化为一种什么文化）置换掉，它还会有魅力吗？以后人家还会有兴趣来吗？一个民族自身总要保留一些能让游客肃然起敬的东西。最理想的发展方式是原住居民有强有力的自我组织和自我认同意识，并通过与学者和各方面的交流，还有和外来移民和旅人、游客中那些真正有责任感和热情想帮助本地人一起保护传承好地方文化的人齐心协力，平衡经济发展与文化保护之间的关系。

其实现在的旅游开发模式是很多样化的，许多模式刚启动时也往往做得不错，但大多发展到后来就变质了，有的是因为公司介入，有时因为村民自己的认知程度不足而抛弃原有文化，有时甚至会出现这样的情况，即政府倒是重视旅游产业、给村寨增加投入力度，但因为保护和经营的方式方法不恰当，反而导致文化的过分商业化和表演化。除了从一些失败的案例中吸取教训，现在也非常需要寻找成功的案例，对特定的模式进行追踪并从中学习经验。我们不能看到一些消极现象就对旅游全盘否定，也不能看到好的方面就盲目乐观，应该客观地寻找值得提倡的发展方式，促成更多成功的案例，便于学者与政府对话。

通过多样化的教育和文化反省，加强村民对自己文化遗产的“文化自

---

① 原载《人与生物圈》，2010年第1期。

觉”意识，对哪些文化该保护，哪些该摒弃有理性的认识，也就能免去很多宝贵的文化遗产毁灭在自己手里的悲剧。

礼敬大地　净化心灵

——与中国旅人共勉[1]

如今的世界，各种交通工具日益发达便捷，壮游天下的梦已经不再是可望而不可即的事。中华大地那美丽神奇的家园向她的儿女敞开胸怀，我们可以走进一个个心中向往的天地之美景，让我们的身体和灵魂得到舒心惬意的休憩。

然而，当我们能自由地行走在中华大地上的今天，我却一次次地在人潮涌动的旅游洪流中因为一些旅人的行为而感到困惑和难过。我感到，如果行走在中华大地的儿女们没有起码的修养、自律和对这片土地的热爱，对中华大地上各种异文化的尊重和理解，我们这美好的家园就有可能不断地被一些游客的无知、庸俗和狂妄所亵渎和玷污。

好奇是人的天性，但是如果一个游客没有起码地对旅游目的地民众的尊重，不去熟悉和了解当地人的文化习俗，而是怀着一种唯我独尊的文化优越心态和猎奇的暧昧心理走进别人的家园，那么，你很可能就变成一个在当地人心目中面目可憎和心灵猥琐的人。这里我举一个比较典型的例子。

云南西北部的泸沽湖边有闻名遐迩的“东方女儿国”，这里保存了古老的母系制和在人类婚恋史上非常独特的“走访婚”。这里，有摩梭人非常温馨的母系家庭亲情、母爱和对母性突出的尊崇，对旅人来讲是非常难得的了解和解读中华民族一种独特文化的地方。然而，如今却有不少怀着一种阴暗猎奇心理的游客一到此地，就迫不及待地东张张西望望，大大咧咧地向当地人询问“怎么走婚”和“怎么找阿夏”等问题。按摩梭人的传统习俗，当家中有老人、长辈在旁时，是不能随便谈论男女情事的，特别

① 原载《华夏人文地理》，2004 年 7 期。

在火塘所在的家居中心“母房”内更不能随意谈论这些事。我在当地做田野调查时得知，很多摩梭家庭一片热情地迎接游客，把他们迎到神圣的火塘边就座，待如上宾，但全家人常常被一些游客那些毫不顾忌、一点也不尊重当地习俗的问题弄得十分难堪。

在当地一些咖啡馆和酒店里，热情的店主人常常为客人制作了留言簿。我信手翻看过不少这种簿子。当我读到一些男性游客因为在这里没有“艳遇”而充满失望和懊丧乃至怒气冲冲的留言时，我深深地为这样的游客悲哀，也为如今大地上游荡着这样的游客而感到沮丧。

如今不少低素质而又缺乏起码的文化修养的游客的存在，形成对当地文化的威胁。我们在不止一个地方看到上述那种完全不懂又不屑于了解一下当地文化习俗的游客，他们我行我素地肆意曲解、践踏当地人的习俗和感情，提出一些非分的要求。这样的游客一多，各种迎合低级趣味的“伪民俗”“伪文化”的旅游服务内容自然会沉渣泛起，纯朴的民族文化被庸俗化地滥用于市场，这样的结果是使原来卓有特色和尊严的地方文化逐渐地失去它的魅力。

旅游地的环境也因欠缺环保意识和道德约束的旅人的大量存在而遭受摧残。当我在电视上看到黄山上的那些清洁工，腰上系着绳索，在悬崖峭壁间非常艰难地上上下下，一点点地拾取那被游客随意扔弃在山间的垃圾时，我的眼睛湿润了，我多么希望那些在黄山上扔过垃圾的游客能看到这一幕从而心中有所内疚，有所反省。

当我在滇西北的雪山、湖泊、草甸上看到那些随风簌簌飞扬的塑料袋、纸屑，那些乱丢在野花和草丛中的易拉罐、胶卷纸盒、玻璃瓶和塑料瓶时，我禁不住地想，那些毫不在乎地随意地把垃圾扔弃在这明丽的山水间的游客，有没有想过这也是你的家园，是你赖以生存和寻找快乐的地方。

当我置身在属于某个民族的神山圣湖边，看到一些游客静默虔诚地沉思冥想，或入乡随俗地和当地人一样向这神奇伟大的大地行礼朝拜；而有的游人则肆无忌惮地在此浪笑、喧哗，夸张地咋咋呼呼，似乎这里就是自己的菜园子，可以由着自己任意撒野。我禁不住地想，什么时候，这些游人才能学会尊重别人的文化和信仰，尊重别人的心灵！

人生在世如一粒尘埃，只因有了天地山川的壮阔美丽而变得和谐温暖，只因有了人世间的相互理解尊重而温馨隽永。大地的长久魅力要靠居住在上面的人类的修养、爱心和真情来维系。当我们作为一个旅人走向大地时，我们的目的应该是去开启大地浩瀚的智慧之门、知识之门，使我们的心智受到启迪；我们应该以自己的心和灵魂来拥抱大地，欣赏和解读大地之美，使自己的精神世界得到升华，灵魂得到熏陶。我认为，只有对大地怀着一片敬重的旅人，才会有行者的真正快乐。

对云南省旅游发展的几点思考和建议

云南省是国内外知名度比较高的旅游大省，特别在旅游促进民生的改善，旅游与文化互动，树立“七彩云南”的形象等方面，取得了令世人瞩目的成就。目前云南省委、省政府也在致力于加快旅游产业跨越式发展和建设旅游强省。如何实现旅游的可持续发展，充分挖掘潜力，形成新的亮点，这里提出几点个人的建议。

一、推进作为国家试点省的云南省国家公园系列旅游新亮点和新模式

云南省通过从2000年开始与美国大自然保护协会合作进行“滇西北保护与发展行动计划”（含国家大河流域国家公园），成为中国国家公园的试点省，目前各州市都在致力于推进建设公园，迄今已经有普达措、高黎贡山、老君山、普洱太阳河、临沧南滚河等一批国家公园。云南省的国家公园作为一个融保护自然、人文景观和旅游融为一体的旅游新品牌，和已有相当长的历史积累的欧美国家相比，具有独创性和突出特点，其中最为突出的是国家公园区域依然有原住居民继续生产生活，核心区的严格保护和边缘区的科考休闲旅游相得益彰，国家公园区域的社区民众参与性和获益性比较突出。相比美国的国家公园，大都采取把原住民搬迁出去的办法。而云南省的国家公园是充分调动社区民众的参与热情，并在每一个国家公园的设计中都有可操作的社区发展计划，让国家公园造福社区民众，社区民众也成为保护国家公园核心区的自然和人文多样性的积极力量。

推进以生态旅游为主要形式的国家公园旅游，并逐渐积累云南国家公园建设经验，这与建设“绿色云南”“森林云南”“文化云南”都有内

在的互动关系，也会促进融科考、科普旅游、休闲旅游和教育于一体的旅游新理念、新方式，并和国际上的国家公园建设和旅游方式接轨和互补。使作为中国国家公园体制试点省的云南能为我国推出又一个融生态环境保护、文化保护传承和改善民生于一体的国家公园旅游品牌。

二、在已经成为著名品牌的旅游胜地发展工业要慎重布局，有所为有所不为

云南要建设成世界知名、国内一流的旅游强省，就必须有一些国内外著名的旅游胜地，比如现在的丽江、香格里拉、腾冲、西双版纳等。重工业发展对云南经济的发展非常重要，但在布局上要因地而行，比如前一段时间丽江官方发布的要上马电解铝工业的消息引发国内外的普遍质疑，参与网络和媒体讨论的大多数专家和民众都认为像丽江这样我国唯一获得“世界自然遗产”（三江并流核心区之一）、“世界文化遗产”和“世界记忆遗产”三个世界级荣誉称号的旅游名胜，不宜在离世界遗产地丽江古城 14 公里的地方上马电解铝产业（丽江官方和云铝后来说要上马的是铝型材）。丽江要上马电解铝也好，铝型材也罢，类似工厂的选址都不宜在离古城这么近的地方。这样近距离的重化工项目对于丽江营造世界著名旅游地、打造“文化硅谷”（丽江市委当前的新战略）是十分不利的。我认为丽江可以多发展一些污染小的高科技新型工业、轻工业和绿色产业，高原生态农业、生态农庄等，如果确实决定要充分利用电力发展一些重化工，也应安排在离丽江古城这样文化遗产核心区和旅游名胜核心区比较远的地方。其他诸如香格里拉、腾冲、西双版纳等旅游名胜地的工业发展也应本着这一原则。云南工业的谋篇布局，应该与旅游地的发展目标和重点统筹考虑，各有侧重，因地制宜，有所为有所不为。

三、总结云南省经验，营造更多突出云南特色的乡村旅游精品

生物多样性、文化多样性和民族多样性是云南省重要的旅游资源，应该认真总结云南省不同类型的乡村旅游方式，推进乡村旅游的发展。

云南乡村是云南省建设民族文化强省和旅游强省的重要组成部分，也

是旅游和文化的活水源头，丰富多彩的各民族乡村文化和田园风光对游客具有很大的吸引力。应该加强乡村文化和田园风光的保护，将云南省的高原生态农业、建设庄园经济等与乡村旅游有机结合起来，推进各种类型的农家乐乡村旅游。认真总结目前云南省积累了不少经验的不同类型乡村旅游方式，比如丽江市玉龙纳西族自治县玉湖村多年成功推动的“村民旅游合作社+党支部+村委会”，实现了村子的旅游资源共享、改善了民生，促进了集体公益事业；玉龙县白沙乡玉龙村玉水寨用民营企业运作的方式，利用玉龙雪山下的一汪灵泉，营造出了国家4A级旅游景点，玉水寨也成为东巴文化传承的重要基地；丽江东巴谷采取民营企业运作方式，在洛美罗山谷里人工营造出了一个多民族聚居的文化旅游村落，也成为丽江乡村旅游的亮点。

云南省高原生态农业观光的潜力也是比较大的，比如澜沧江河谷、红河流域的葡萄园和葡萄酒酿制、罗平油菜花、普洱茶园、丽江玉龙县太安乡的洋芋花和苦荞花等观光项目，都非常有特点，可以进一步营造。此外，目前云南省各地乡村的青壮年到城市打工的很多，留在村子里的多是老人和小孩，如何传承乡村文化，营造乡村的农家文化和田园的魅力，也是营造旅游强省的重要内容。

四、尝试滇越铁路的分段保护和旅游活动并行

建设旅游强省，就需要开拓旅游新亮点。闻名遐迩的滇越铁路有较大的开发旅游潜力。滇越铁路改变了云南乃至我国的西南交通格局，打通了近现代国际贸易大通道，打开了云南面向世界开放的大门，促进了云南现代文明的进程，使云南成为中国近代工业化发展最为迅速的地区之一。滇越铁路也成为传入云南新思想、新文化、新理念的一条通道。滇越铁路沿线的历史文化和民族文化景观之丰富举世少有，仅铁路沿线滇南五县，就有国家级和省级重点文物保护单位16处，其中与滇越铁路直接相关的就有10处，再加上沿线各民族丰富多彩的民俗文化，一条469公里的铁路，荟萃了如此壮美的自然奇观、浩大的工程奇观和多姿多彩的民族文化奇观，在世界上都是极为独特的。

云南省政协将滇越铁路的保护和开发作为重点调研项目进行了多次详细的调研考察，笔者也参与其中。滇越铁路的保护与开发引起了国家的重视，也受到了越南和法国的重视，2010年和2013年两次在昆明召开了有中、越、法三国政府相关部门和学者参与的学术会议，在保护和开发滇越铁路、中越两国联合申遗等问题上达成了共识。滇越铁路的保护与开发已进入云南省“十二五”规划。印度大吉岭喜马拉雅铁路和秘鲁安第斯中央铁路，两者同样是老铁路，在一系列切实有效的保护和开发中，作为当地的重点旅游项目吸引着世界各国游客，成为当地一项重要的经济产业。尤其是印度大吉岭铁路在1999年被列入《世界遗产名录》，给国家和当地民众带来了巨大的经济效益和社会效益，值得云南省借鉴。

鉴于滇越铁路全线的保护和开发旅游是一项巨大的工程，建议充分利用现有条件，首先展开分段的保护与旅游开发，逐渐设计推动将滇越铁路沿线重要的自然和人文景观串联起来的旅游项目，比如红河州已经推出旅游的总体规划，即“一点一线两片区”：哈尼梯田（一点）、滇越铁路（一线）以及泸西、弥勒康体休闲区和建水、石屏历史览胜区（两片区），逐渐来推动滇越铁路全线多样化的旅游活动。据《昆明日报》2013年3月8日报道，深圳礼记投资发展有限公司对外宣称，该公司将对滇越铁路进行旅游开发，《昆明百年滇越铁路旅游开发方案》现已初步完成。目前，正与滇越铁路的产权方、项目属地政府及项目主管单位等进行商谈，待与相关方完成商谈后，即可启动项目建设。建议省政府大力推进先分段保护和开发滇越铁路旅游的工作，打造云南省旅游又一新品牌，也为申报滇越铁路为世界文化遗产奠定基础。

五、考量旅游的环境承载能力，促进休闲度假和生态旅游

云南在发展大众旅游的同时，应该逐步向休闲度假游、高端精品旅游等拓展。应该逐步考量旅游地的环境承载能力，比如丽江在2012年内的旅游已达到1599.1万人次，2013年召开的丽江“两会”定下了力争到2017年接待游客要达到3000万人次以上的目标。但由于连年干旱，玉龙雪山19条冰川中4条已消失，丽江重要水源黑龙潭彻底干涸，拉市海、

清溪水库等重要水源的出水量也日益减少。在旅游旺季，丽江已经出现一些客栈、宾馆等供水困难的情况，所以，旅游人次增加的目标应该严谨考量水资源的承受能力，不一定以人次的不断增加作为旅游发展的唯一目标。现在国内著名旅游地九寨沟、鼓浪屿都先后实施了在旅游旺季控制游客流量的举措。云南的旅游热点也应该认真考量旅游与环境的承载能力，明智决策，逐渐超越主要以人次提升为目标的大众旅游模式，大力推动人次较少但消费高的高端旅游、精品旅游、休闲度假旅游等。

我国 2013 年申报世界文化遗产的哈尼梯田作为文化景观遗产，既是哈尼人民赖以生存的衣食之源，也是文化之根。千百年来哈尼梯田造福哈尼人，申遗成功后也将以一种新的态势继续造福民生。旅游的发展是势所必然的，但关键是怎样在作为世界文化遗产的农业生态文化景观地开展旅游？应该借鉴国内外类似文化景观遗产保护和发展的好经验，汲取失败的教训，探索自己的道路；应多开展以生态旅游为核心的比较有节制的旅游活动；探索有社区民众参与、有利于哈尼梯田可持续发展的景区管理方式和景观保护方式。各方利益相关者要做好在制度规范下的良性协作，互利共赢，要保护哈尼梯田创造者——当地居民的长久利益；保持生态与人文景观并重，不断完善哈尼梯田保护的规章制度，加强哈尼梯田的生态农业教育功能。

关于怒江生态造福民众、推进旅游文化互动优势的思考和建议

2014 年 4 月，笔者参加“云南智库专家走基层”调研，再次到怒江州进行了较为深入的调研。在调研后怒江州召开的“云南智库专家走基层暨怒江州科学发展对策研讨会”（4 月 19 日）上，笔者提了 5 点建议，第一条就是“争取建立国家公园以造福怒江”。州委、州政府采纳了这条建议，很快就组织编撰规划和进行申报的一系列工作。在 2015 年 4 月云南省新增 4 个国家公园的评审会上，怒江州申报的“怒江大峡谷国家公园”通过了专家委员会的评审。省委、省政府对怒江的发展前景非常关注，最近作出了停止一切怒江小水电开发，推动怒江大峡谷申报国家公园的决策。根据省委领导的具体指示，在原来的基础上，将原来申报通过的怒江大峡谷国家公园分解为怒江大峡谷国家公园和独龙江国家公园 2 个初步的规划。在 2016 年 4 月 21 日的专家评审会上，通过了评审，正式上报省政府待批准实施。这里，笔者把 2014 年 4 月 17 日研讨会上所提的 5 点建议收入本书中。

笔者先后到怒江州调研过 4 次，2014 年 4 月又到了原来没有去过的贡山县。现根据调研中的一些思考，提供几条建议，供参考。

一、争取建立国家公园以造福怒江

如何让自然环境得到有效保护，又让自然和文化资源造福本地民众，这是 2000 年以来云南省政府与美国大自然保护协会合作，构想中国国家公园的独创式模式，率先引进国家公园理念，并鉴于云南各民族人民世世代代居住在自然保护区的实际情况，提出了原住居民依然生活在国家公园缓冲区地带，争取成为保护国家公园的重要力量，不搬迁出去，让国家公

园造福于民。这与美国国家公园大都把原住居民搬迁出去的做法不同，也引起了美国国家公园专家们的极大兴趣。云南开始了基于国家公园建设的新型保护地模式的探索研究。经过近 10 年的摸索，2006 年，云南省政府作出了建设国家公园的战略部署，并将“探索建立国家公园新型生态保护模式”列为云南生态环境建设的工作重点之一。同年，迪庆藏族自治州着手以碧塔海省级自然保护区为基础，建立普达措国家公园。云南也因此成为我国建设国家公园的试点省，2008 年 7 月国家林业局发文，批准云南省为国家公园建设试点省。

2007 年 6 月，位于迪庆州香格里拉县的普达措国家公园正式挂牌，成为中国政府确立的第一个国家公园。普达措国家公园将在保护、科研、教育、游憩和社区发展等 5 个方面发挥出独特功能，为生态脆弱地区保护和发展良性互动作出有效探索，为国家公园建设提供了良好借鉴。普达措国家公园是中国大陆第一个由林业主管部门审批的国家公园。

云南省连续发布了一系列国家公园建设的规则和标准，对推进国家公园建设，提升云南省国家公园管理水平，规范国家公园建设，加强生物多样性保护和生态文明建设，促进自然资源、人文资源及其景观的有效保护与合理利用，具有十分重要的意义，为我国国家公园建设积累了经验。2014 年 1 月 1 日，《云南省迪庆藏族自治州香格里拉普达措国家公园保护管理条例》实施。随着条例的实施，国家公园体制初步在云南建立。

云南省在全国率先探索建立国家公园新型生态保护模式结出硕果。经过10多年来的探索研究，截至2013年12月，全省已建成普达措、西双版纳、梅里雪山、丽江老君山、高黎贡山、普洱、南滚河、大围山 8 个国家公园，成为全国首家初步建立国家公园体制的省份。经评估，8 个国家公园森林生态服务功能价值为每年 797.30 亿元。其中正式开放的 4 个国家公园，截至 2012 年的数据显示，旅游收入总计达 16.73 亿元。国家公园保护、科研、教育、游憩和社区发展等五大功能正在逐步得到体现。按照规划，2020 年前，云南将建成 12 个国家公园，形成有云南特色、高水平并与国际接轨的云南国家公园体系。

现有的 8 个国家公园坚持以资源保护为前提，以较小面积的开发利用换取较大面积的保护，并实现从消耗利用实体自然资源向利用景观价值的转变，国家公园保护、科研、教育、游憩和社区发展五大功能正在逐步得到体现。据调查，与国家公园建立前相比，国家公园内及周边社区居民的年收入提高了 16.2% 至 157.1%；8 个国家公园共增加保护面积 32.8 万公顷，更多的森林、湿地和野生动植物受到了保护。

怒江州关于生态立州的战略定位之一是成为“中国香格里拉国际生态旅游经济圈”重要环节，要发展旅游，有良好的生态环境是至关重要的。

高黎贡山自然保护区闻名遐迩，但尚未形成让自然资源造福民众的机制。如何让怒江高黎贡山自然资源保护区的生物多样性资源与边缘缓冲区各民族的淳朴民风、文化、信仰等互动和互补，是一个亟待解决的问题。如按照目前高黎贡山自然保护区的国家保护模式和法规而论，很难拓展开发的空间。至 2008 年，怒江全州 41.31% 的区域面积纳入了国家自然生态保护或风景名胜区范围中，贡山县更高达 74.36%，江河面积又占了 10%，民众可生存空间不到 30%。

怒江州属于自然保护区和“三江并流”世界自然遗产的地域较多，项目建设空间小，涉及环境敏感点多，国际上又非常关注，可以考虑利用高黎贡山自然保护区的缓冲地带，有效进行一些生态旅游和文化旅游为核心的旅游产业活动。

建议怒江州能谋划一个整合丙中洛、独龙江等自然和文化资源丰富区域的国家公园，以利于建立能充分利用国家公园品牌，利用自然和文化资源促进生态旅游、文化旅游、科考旅游、探险旅游等造福于民的自然资源和文化资源的平台。

二、突出怒江特色的旅游与文化互动的建议

1. 珍惜自然人文资源，合理布局产业走独特之路。

怒江州无论从自然和人文方面来讲，旅游资源都十分丰富，正如怒江州委书记童志云所说，相比其他已经大规模开发的州市，怒江堪称云南最后的一张旅游王牌，这是符合实情的。特别是目前正在推出的怒江—察瓦龙—察隅—林芝的滇藏旅游线和怒江—迪庆—丽江这两条旅游线，将使怒江处在滇、川、藏三省区合作互动多年的“大香格里拉旅游圈”重要的位

置，彰显出怒江独特的个性魅力，建议着力突出其特色推进旅游的发展。怒江的旅游资源特色很多，比如，具有怒江特色、以傈僳族为主体的多民族的和谐，各民族丰富多彩的文化多样性，多元宗教和睦共存，有“人神共居”美誉的圣境魅力；此外，基督教、天主教文化在怒江大峡谷各民族中的深刻影响，在国内外文化旅游市场上也有很大的吸引力。笔者曾在2012年去调研过泸水市上江乡付坝村百花岭自然村，该村傈僳族村民以傈僳语四声部合唱形成本地突出的文化特色，这些不识谱的傈僳族村民，不仅会用多声部演唱本民族的山歌，还能唱苏格兰民歌《友谊地久天长》、贝多芬的《欢乐颂》等世界名曲，笔者听他们唱了《欢乐颂》《大地之歌》《平安夜》《哈利路亚》等西方歌曲，还唱了《友谊地久天长》，此外还用傈僳语唱了几首经典的中国革命歌曲。他们对四声部歌唱技巧掌握的娴熟程度，令人叹为观止，吸引了很多国内外的游客慕名前来欣赏，名声渐渐传了出去。合唱团曾应邀多次到昆明、北京等地演唱，并参加了两届国际合唱节，受到了广泛的欢迎。

2014 年 4 月 25 日，国家住房和城乡建设部、文化部、国家文物局发布了《关于切实加强中国传统村落保护的指导意见》，加大了我国传统村落保护的力度。怒江有不少地方文化特色突出的传统村落，是云南非常难得的文化资源。笔者 4 次去怒江调研，2014 年 4 月 13 日至 17 日在怒江州贡山县调研，走访了丙中洛几个村子，感到周围生态环境和文化资源都保护得如此好的民族村寨在云南省是不多的，比如秋那桶村和雾里村，被游客誉为世外桃源般的仙境，是茶马古道旅游线上特色突出的美丽乡村，秋那桶村 2013 年在中央人民广播电台等举办的“中国最美村镇评选”中，入选 60 个“中国最美乡村”，旅游潜力很大。笔者采访了在村里办起了客栈的藏族村民阿贝，得悉秋那桶村现在共有 42 户村民，共 171 人。阿贝的父亲最初为来这里的游客领路，2011 年，他家盖了这座客栈，有 27 个床位，淡季一个床位收 27 元，春节前后游客较多，卖 50 元一个床位。游客来自国内外，国内来自广东的游客较多。每年毛收入约 10 万元，村民把蔬菜和肉食等卖给阿坝的客栈，大家都获益。有的客人在这里待一个月，清晨在村里和村子周围溜达，看村里袅袅上升的炊烟，看村子背后雄伟的雪山，看村民劳作，有的去爬山，回来烤太阳，喝茶、咖啡。阿贝告诉我们，很多游客说这宁静的村子充满了日常山村生活的淳朴和诗情画意。村里还有一家人也开了客栈，但盖的是水泥房的结构，很多游客还是喜欢阿贝的木头房客栈。阿贝保留了家里的传统房子，里面有火塘等，客人也很喜欢来里面坐坐。游客从秋那桶村里继续往西藏林芝市的察隅县或云南迪庆州的德钦县去。阿贝常常去当向导，把他们送到特定的地方。

要开发好丙中洛这样人们心目中“人神共居”的美好旅游胜景，让自然和人文美景造福于民，首先需要保护。笔者建议由贡山县人大制定地方性法规，制定具体的保护和开发的措施，比如制定对衣食住行各种民俗特别是村寨民居建筑的相关规定，统一规划，防止破坏性开发造成难以弥补的损失。建议学习西盟新县城突出佤文化特色、香格里拉突出藏文化特色等成功的特色城市建设经验，逐渐改造丙中洛镇中心的整体建筑景观，使丙中洛镇中心建设成为兼有怒族、独龙族、藏族、白族等民族特色的多元文化名镇。

如果今后贡山县城要搬迁到丙中洛附近，应该认真做好规划，突出县城的独龙族和怒族文化特色，为今后怒江成为大香格里拉旅游环线的亮点做好准备。而且要尽量避免新县城的建设有可能对丙中洛镇带来的负面影响，尽量保持丙中洛镇那种独特的文化特色，这方面，可以多学习丽江和腾冲在现代化城市建设中保持了诸如束河古镇、玉湖村、和顺古村落等一批旅游文化名村的经验。

2. 借助“三江并流”世界自然遗产的品牌优势及“大香格里拉旅游圈”的地缘优势，依托丙中洛及独龙江民俗风情的人文优势，走生态旅游的道路。珍惜乡村旅游资源，慎重规划产业发展布局。在这次调研中，丙中洛镇秋那桶的村民向我们反映了一个问题，即最近要在村子附近利用秋那桶河建两个小型电站，全村人都反对，他们担心电站一建，就要影响到对村民来说至关重要的秋那桶河，怒族水磨坊等景观要大受影响。笔者认为在这样已经在国内外形成了一定影响、有了较好的基础的旅游名村，其发展重点应该放在生态文化旅游上，可能会破坏景观价值的水电站尽量不要选址在这样的地方，应全力把秋那桶村与雾里村这样卓有地方特色的村子建成怒江州的旅游金牌。

西藏旅游资源丰富的墨脱县通车后，成为西藏最具挑战性和最具吸引力的旅游地区之一。为保持生态平衡，该县参考不丹模式，将发展高端旅游，每年限定进墨脱的游客数量。怒江州在谋划以丙中洛和独龙江为核心区域的旅游规划时，值得研究上述这些做法，参考符合本地实情的经验。

3. 第二次反法西斯战争中，中美联手抗日，形成了著名的“驼峰航线”，怒江州是“驼峰航线”的一段重要空中走廊，怒江大峡谷和“石月亮”是驼峰飞行员十分熟悉的地面导航标志。据统计，1942 年 5 月至 1945 年 8 月抗战胜利为止，中美空运大队飞越驼峰 8 万架次、空运物资 80 多万吨，保障了缅北战场抗战物资的需要，为抗战胜利作出了卓越的贡献。但是，中美两国也为此付出了惨重的代价，中美共损失飞机 609 架，牺牲飞行员 1500 多名。坠落在高黎贡山区域的飞机 27 架，其中战斗机 7 架，运输机 17 架，3 架机种不详。美国援华飞行员汉克斯从 1944 年开始两度进入怒江大峡谷，寻找坠落的 C-53 号运输机和失踪的飞行员战友福克斯，在我方的大力帮助下，终于在 53 年后的 1997 年，在高黎贡山找到了福克斯驾驶的中国航空公司那架 C-53 飞机残骸，实现了汉克斯的夙愿。怒江州政府组织人力，经过艰苦的努力，将 C-53 飞机残骸运回片马，并重新装配成原状，建了驼峰航线纪念馆，这是国内目前唯一陈列驼峰坠机残骸珍贵文物的纪念馆。馆里还有翔实的图片资料，纪念在驼峰航线上英勇牺牲的中美飞行员，反映中美两国人民共同抗击日本法西斯的这段历史。目前，飞虎队和滇西抗战越来越引起了国内外的重视，以驼峰航线纪念馆为核心的抗击法西斯的故事与列入全国民族团结进步教育基地的云南省怒江州泸水市片马抗英纪念馆相映生辉，应该充分广泛建立与二战反法西斯战争相关的国内外社会团体、博物馆等的联系，通过各种宣传与合作，使它成为其中的亮点，成为怒江独特的旅游资源。据笔者获悉，位于与怒江相邻的丽江市玉龙纳西族自治县白沙镇的老飞机场，是目前国内唯一尚存、没有被开发为他用的一个飞虎队机场，正引起中美两国专家和与飞虎队相关的各界人士的关注，两个州市可以联手推进与此相关的各种旅游和考察活动。

4. 从云南省旅游业成功的经验证明，各州市的旅游要长足发展，需要联手合作，不能局限在自己的行政区划，现在各州市加强了旅游的互惠合作。怒江州可以借鉴最近云南省旅发委正在推进的“昆玉红（昆明—玉溪—红河）旅游经济带”的合作和统一规划，与其他地区形成资源互补。怒江作为滇西北重镇、大香格里拉旅游圈核心区、“三江并流”世界自然遗产核心区，历史上与丽江、迪庆、大理乃至西藏察隅等州市有密切的经济文化贸易关系，应该走资源共享和互补互动的路子，结成旅游的联盟关系，形成大香格里拉旅游圈内的滇西北旅游环线，比如楚雄州恐龙谷的旅游发展，在很大程度上是由该景区一直与丽江和昆明的旅游结成联盟而促成的。

5. 如果能与周边地区联手互动，就可以设想推进“世界著名大峡谷旅游”的行动计划，把虎跳峡、怒江大峡谷、香格里拉巴拉各宗大峡谷乃至雅鲁藏布江大峡谷等形成中国西部旅游的品牌，继而与美国科罗拉多大峡谷（国家公园）等形成姐妹峡谷关系（比如丽江玉龙雪山与瑞士著名的马特宏峰结成姐妹峰的做法，对推动玉龙雪山的国际知名度和形成互动的雪山保护与旅游发挥了重要作用），突出各个大峡谷不同的自然和人文特征，逐渐形成国际性的大峡谷旅游圈，吸引更多的海内外游客。

三、推进怒江已有良好基础的影视文化产品

怒江州的民族文化非常丰富，在影视产品方面，已经创制了《最后的马帮》《德拉姆》等出色的纪录片作品。笔者 2007 年去美国参加“澜沧江—湄公河流域国家民间文化艺术节”的学术筹备会，带去了反映怒江自然和民俗传奇的纪录片《最后的马帮》，各国来参会的官员和学者给予了很高的评价，他们深深地被怒江人感动，被藏族、独龙族、傈僳族马帮在翻越雪山垭口时相帮互扶、共渡难关的行动感动。峡谷各民族的淳朴与和睦共处，也是一种吸引人的重要人文资源和力量，其影响力就如在联合国会员国中普遍受到好评的不丹人独特的“幸福指数”一样，有非常吸引人的潜力。纪录片《云之南》（英国制作）、《茶马古道》（韩国制作）和最近的电视剧《木府风云》等影视片所带来的巨大社会影响和经济效益，值得我们思考如何通过影视作品来反映怒江的神奇和美。

四、先建立一些有特色的社区博物馆

怒江州因为各种原因，暂时没有州或县的博物馆、大剧院等，可以考虑先在特色突出、在民族文化上具有重要的借鉴意义的地方建设有特色的小型博物馆，比如在丙中洛建立丙中洛多元民族文化博物馆（可以借鉴宁蒗泸沽湖边的落水村由几个村民自发建起的博物馆的经验）。另外，可以借鉴云南省很多地方培训社区村民的诸多成功经验，诸如乡村旅游导游、民间手工艺培训，只要有更多培训的机会，各族民众的各种技能都会提高的，文化自觉性也会提高。

五、建议通过各种不同渠道，呼吁国家加大重点生态功能区生态补偿力度

转移支付和生态补偿力度，促进生态建设和环境保护工作能力、工作成效提高，维护滇西北生态安全屏障。在这方面，建议更多地从“三江并流”地区作为我国西南重要生态屏障这一核心点出发来提出要求，而不过分强调民族地区，因为全国的民族地区都会有要求生态补偿的问题，而云南的怒江流域的生态保护除了 20 多个民族聚居这一点外，更重要的是与国家的国土主体功能和生态保护的战略有更为密切的关系。

发挥楚雄特色促进文化与旅游融合发展的五点建议

2018年云南省文史馆组织“中华文化边疆行——走进楚雄”活动，笔者和一些馆员参加了调研，在之后的座谈会上，笔者也做了一个发言，登载在《云南文史》上。

一、楚雄是我国两个彝族自治州之一，楚雄的发展，应该突出与大凉山有别的彝州特色

楚雄州的彝族文化在彝文古籍、民间史诗、歌舞音乐等方面与大凉山有同有异，各有特色，而楚雄州突出的文化特色还有彝族十月太阳历等。此外，彝族文化与其他民族文化的相互影响、互补融合也是突出的文化特色，比如楚雄州有过如李贽、高奣映这样的大学者、大文人。彝文化发达，汉文化也发达，有黑井古镇、白羊古镇、光禄古镇这样融合了本土和汉文化的古镇，此外还有其他民族丰富多彩的文化。在打出“彝族文化大观园”的主题词的同时，也可以突出“滇云彝乡神韵，楚雄生态绿洲”等一些核心主题词。

二、精心打造几个人无我有的文化品牌

楚雄的火把节闻名遐迩，可以多挖掘和突出包括火把节在内的一些不同于大凉山彝州的特色和个性。这次我们领略了楚雄州非常有特色的彝绣，在武定、永仁、大姚等地都看到了丰富多彩的彝绣，具有突出的民俗特点，大姚都已经有了年产值2000多万元的咪依噜民族服饰制品有限公司。此外楚雄州还有十月太阳历、虎崇拜文化等。在演艺方面，曾经产生过有广

泛影响的大型彝族舞剧《咪依噜》等，在这次调研中，觉得武定已经进入“国家级非遗名录”的酒歌，就可以打造成更有吸引力的品牌，可借鉴红河州打造海菜腔、凉山州打造多种“彝人组合”的经验，打造一批富有区域特色的演艺节目。当代楚雄彝族酒歌有“中国最霸气的酒歌”的美誉，值得进一步深入创作，形成知名度更高的文化品牌。

三、跨州市的文旅互动与合作

笔者几年前在禄丰恐龙谷调研，老板介绍经验说，他与主要做昆明和丽江两地旅游的旅行社都有密切的合作，旅行社会把去这两地旅游的客人也带去恐龙谷参观。几年前省旅发委就出台过昆（明）玉（溪）红（河）联合推进旅游的规划。楚雄州也可以考虑与周边地区的合作。

比如明代丽江木氏土司与武定和姚安的高氏土司有非常密切的联姻关系，比如骁勇善战的明代土司木高的母亲就是武定凤氏土司的女儿。木氏土司有 5 个女儿嫁到高氏土司家里，比如著名文人高奣映的祖父娶的是丽江著名的土司木增的女儿，而高奣映父亲娶的是木增儿子木懿的女儿。至今姚安的德丰寺中还收藏着木增送给外孙的两尊石狮子，并在姚安和丽江两地流传着关于这对狮子的传奇故事。这样的联姻是土司间的政治联姻，但也是民族团结的历史篇章。高氏土司的姚安路军民总管府与丽江木府之间在历史上有千丝万缕的关系，今后在文化和旅游方面可以有更多的合作。

四、借鉴云南省一些州市的成功经验，创作几部好的影视剧

如以英国人 20 世纪 90 年代初在丽江所拍摄的《云之南》，影片版权卖到了 90 多个国家，极大地促进了丽江在西方的知名度；电视连续剧《木府风云》，促使木府的年收入从 800 万一下提升到了 3000 万，电视剧版权还销售到了 60 多个国家。高氏土司和木氏土司的传奇故事，是创作影视剧的很好的题材；唐朝在姚安设姚州都督府和吐蕃在丽江设的铁桥节度，唐朝、吐蕃、南诏这段错综复杂的史事，也是很好的历史影视片题材。

五、借助区位优势开展一些专项旅游和主题旅游

充分利用楚雄市和武定邻近昆明，永仁邻近攀枝花的区位优势，推进一些跨区域的旅游和休闲度假项目。并设计一些专项旅游，比如禄丰的恐龙谷、彝人古镇旅游，已经初见成效。还可推出与茶马古道相媲美的盐马古道主题旅游，盐井历史工业旅游等。

对昭通发展的几点建议

这几年来多次到昭通调研，2015 年作为云南省国家公园的评审专家，去考察过大山包等地的环境和景观。2016 年去昭通学院上过课，对昭通有一些肤浅的了解。2019 年参加云南省文史研究馆、中共昭通市委、昭通市人民政府联合主办的“中华文化边疆行 走进昭通”大型系列文化活动，走访了昭通的一些区县。根据多年积累的调研情况和印象，笔者对昭通的发展提出以下几点建议。

一、打好昭通抗战这块牌子

昭通市是滇军在台儿庄战役中殉国将士最多的城市，是滇军抗战的一面旗帜，是云南人的自豪。如今在昭通市昭阳区辕门口广场，建起了一座 6 米高的花岗岩雕塑纪念碑，基座正面刻着“共赴国难”4 个大字，其余三面刻着 11 个县区 3398 名昭通籍阵亡将士姓名。此外，在博物馆和龙家祠堂也有比较丰富的抗战内容展览。对此，笔者有如下几点建议。

第一，在展览中增加抗战老人的口述影像资料。

建议采访昭通当下还健在的抗战老兵和参加过抗战后方援助等工作的老人，制作口述影像资料，在昭通市博物馆和龙云祖祠等地展示，利用数字化技术手段，让观众可以自行选择观看内容。这样可以留下一些弥足珍贵的、由生者讲述抗战的影像口述资料。

第二，拍摄昭通人民抗战题材的高质量影视片。

优秀影视片是重要的文化产品。比如，广西电影制片厂拍摄，1986 年上映的抗战电影《血战台儿庄》在海峡两岸都产生了很大的影响；英国人拍摄的《云之南》（ *South beyond Clouds*）销售到近百个国家；丽江木府博物院和于荣光团队拍摄的《木府风云》销售到 60 多个国家，除了产生文化影响和社会效益外，影视作品也极大促进了旅游的发展，比如木府的门票收入也在《木府风云》放映后有很大的提高。昭通有一批优秀的作家，如获得鲁迅文学奖的夏天敏、雷平阳等，可以下功夫创作几部昭通抗战题材的影视力作。

二、擦亮昭通大山包黑颈鹤的品牌

大山包国家公园位于云南省昭通市昭阳区西部的大山包乡、地处云贵高原凉山山系五莲峰山脉分支的高原面上，地貌类型单元为高山丘陵。该地 2003 年被批准为“黑颈鹤国家级自然保护区”，2004 年被列入“国际重要湿地名录”，2016 年被列入“云南省国家公园名录”。大山包国家公园包括黑颈鹤专业生态科学考察片区、大河边湿地专业生态科普教育片区、燕麦地高原生态农业观光片区、仙人田高原草甸滑草观光区、大羊窝旅游接待服务设施片区、马路村老板厂瀑布景区等，是昭通一个非常有特色、兼具自然保护区和国家公园功能的地方。

建议结合昭通特色编写一本图文书，讲述大山包黑颈鹤与人的故事。例如有声绘本《黑颈鹤的故事》（扎西桑俄图，周维文，新世纪出版社），其故事情节感人至深，产生了很好的社会影响。有读者评论说，这是能让人流下眼泪的一本书，是让孩子和大人都产生共鸣的一本书，是我们这些远离青藏高原的人，了解藏族聚居区人民生活、认识黑颈鹤的一本好书。

昭通大山包的黑颈鹤与人相处的时间也很长，有些故事可以编写成书，或者也可编写多年来黑颈鹤与当地居民文化习俗相互影响的故事，对当地居民的文化习俗加以展示，同时借助现代科技手段增强吸引力，扩大影响。这样一本图文并茂讲述昭通大山包黑颈故事的书籍，是很好的宣传昭通的读物。

三、水电站建设影像实录和展示

昭通市境内建有世界十大水电站中的三个，一个市拥有三大世界级电站，可算是全国之最了。建议建立水电博物馆，以图片为主，以现代数字化表现手法为辅，展示永善县(溪洛渡水电站所在地)和巧家县(白鹤滩电站所在地)及水富市（向家坝水电站所在地）建水电站前后的地形地貌、城镇村落、社会形态、历史遗址等的前后对比和变迁情况。这些老照片、影视片对于人们认识水电站与自然环境变迁、与人类社会生活之间的关系等具有重要意义，将成为珍贵的历史资料。

比如，由丽江玉龙雪山管委会与中国科学院合作修建的玉龙雪山冰川博物馆，位于玉龙雪山景区集散地甘海子，于 2011 年 11 月始建，2014 年 8 月竣工，占地 18.8 亩，建筑面积 3614 平方米，布展面积 1600 平方米，是丽江玉龙雪山冰川国家地质公园等的重要组成部分。2009 年，丽江玉龙雪山馆冰川公园经国土资源部批准获得国家地质公园资格，在国土资源部等部门的支持下，玉龙雪山管委会先后投资 4000 万元用于国家地质公园的建设，其中 3200 万元用于建设玉龙雪山冰川博物馆，现在这个博物馆成为大家了解国内外冰川变迁等知识的科普博物馆。

玉龙雪山冰川博物馆布展内容包括玉龙雪山的儿女——纳西族、玉龙雪山览胜、初识冰川、白水一号冰川、玉龙雪山冰川的崛起、生物多样性等 6 部分。通过大量珍贵的标本、图片、场景复原，借助多媒体等科技手段，全方位、多角度地展示了当地的地质多样性和生物多样性，构成了一个集科学性、观赏性和趣味性于一体的冰川地学知识体系。该博物馆以建设国内一流地学博物馆为目标，面向社会公众普及地球科学知识，兼顾地球科学研究，以期建成融科普、科技、文化于一体的高品质文化、科技场所，促进玉龙雪山冰川地质遗迹的保护、地质旅游业发展和区域社会效益、环境效益的可持续发展。

昭通市是我国唯一一个拥有三大世界级水电站的地级市，完全有条件修建一座水电博物馆，充分展示江河与人、水电工业与社会、水电工业与地理环境的关系等，它将成为昭通市一个独具特色的博物馆。

四、完善鲁甸龙头山镇地震纪念馆建设

2014 年 8 月 3 日 16 时 30 分，云南省昭通市鲁甸县发生地震，共造成 617 人死亡，震中心龙头山镇死伤惨重。我上次来，看到龙头山镇建了很不错的地震纪念馆，还有地震遗址，内容丰富，保留了震后的几处断壁

残垣，这很有意义！不忘灾难，保留遗址，牢记痛史，永世铭记，十分重要。习近平主席2015年首次离京考察，将第一站选在云南鲁甸地震灾区。1月19日下午，他乘车一路颠簸来到峡谷中的震中龙头山镇考察。

我对龙头山地震博物馆有以下几点建议。

1. 增加其他国家领导人考察鲁甸灾区的图文，6个中央常委来过此地，可以多放一些影像片，比如李克强总理是第二天就到鲁甸了，现在只有一张照片，显得薄弱；2. 增加一些地震亲历者的影像或口述资料；3. 多收集一些地震时拍摄的老照片；4. 有条件时可拍一部纪录片或故事片；5. 可以考虑建立“云南灾害博物馆”，把通海、丽江等地的地震和云南其他大的自然灾害以历史图文的方式表现出来。

我曾到日本大阪防灾未来馆考察，该馆主要反映的是日本的神户地震。神户大地震又称阪神大地震，是1995年1月17日上午5时46分52秒（日本标准时间）发生在日本关西地区，震级为里氏7.3级的地震灾害。因受灾范围以兵库县的神户市、淡路岛以及神户至大阪间的都市为主而得名。阪神地区有6437人在地震中遇难，4.4万人受伤，约65万座建筑物受损。阪神大地震在日本地震史上具有重要的意义，它引起了日本对于地震科学、都市建筑、交通防范的重视。

据相关资料介绍，2002年，在地震发生7年以后，日本政府和兵库县耗资60亿元在地震废墟上建成了“人与防灾未来中心”，该中心由两幢建筑物构成分别于2002年和2003年对外开放，是可以抵御10级地震的大型建筑“人与防灾未来中心”和神户港震灾纪念公园。这个馆的设计非常好，说明书上的标题写着“从大震灾中吸取教训，建设生命闪光的未来”。这个馆由“人与防灾未来中心”主办，有很多中小学生前来参观。日本人用摄像头记录了1995年神户地震发生时的一些现场实景，剪接制作成一个片子，效果很震撼。还播放了一个地震亲历者讲述的地震发生时和之后的种种遭遇，其中包括一些影视资料，非常感人。这个展览既提升了日本人的忧患意识，又使青少年一代记住这段惨痛的历史，并从中学习如何应对天灾。给我留下深刻印象的，是神户保留了神户地震时断裂坍塌的一段地面、港口路面坍塌而横七竖八散乱的水泥板，以及一段桥梁，还有地震后倾斜欲倒的路灯灯杆。文字介绍说，这个港口160公里的海岸线被毁，23 公里范围内的 230 个泊位和卸货码头被彻底摧毁。

1976 年 7 月 28 日凌晨，北京时间 3 时 42 分，我国唐山市发生 8 级强烈地震，造成 24 万人死亡。我曾参观过唐山抗震纪念馆，它始建于 1986 年，2006 年为纪念抗震 30 周年，经重新改造后开放。抗震纪念馆展厅由实物展柜和防震减灾常识宣传栏组成。实物展柜展出了被震坏的时钟、当年最早向党中央汇报震情所用的电台、抗震救灾工具以及全国各地寄给灾区人民的慰问信件、衣服等实物。展览运用了场景复原、大型浮雕艺术造型等现代化展览手段，不仅有珍贵的历史图片电脑合成图等，而且大量运用多媒体景观艺术，使观者动容，震撼心灵。此外还有 7 处地震遗址。鲁甸地震纪念馆可以学习阪神大地震纪念馆和唐山地震纪念馆，进一步完善细节，丰富内容。

五、把鲁甸地震纪念馆建成“云南灾害纪念馆”

鲁甸地震纪念馆的占地面积和建设面积较大，可考虑建成“云南灾害博物馆”。云南山高谷深，地形地貌复杂，自然灾害多发，但至今还没有一个灾害博物馆。可以考虑争取把鲁甸地震纪念馆建成“云南灾害博物馆”，一个馆挂两个牌子，争取国家和省里的支持，把云南历史上发生过的诸如通海、丽江、峨山大地震，其他地方发生的泥石流、洪灾等重大自然灾害，以及抢险救灾等历史通过图文并茂的方式展示出来，让子孙后代认识了解自然灾害，铭记历史。

六、打好朱提文化这块牌子

昭通的朱提文化在云南历史上有重要地位，是古滇文化和爨文化的重要组成部分。

从国际上很多历史文化资源与旅游发展相得益彰的例子看，要发挥好丰富的历史文化资源在旅游中的作用，首先必须实现科学的保护。只有保护得好，历史文化资源才能在旅游开发建设中发挥好的作用，否则它就会失去历史文化价值和旅游开发价值，特别是对重要的历史遗址，严格实行修旧如旧的标准非常重要。

朱提是昭通的古称。朱提先为山名，继为县名，再为郡名，后为银名（朱提银）。昭通和鲁甸的历史离不开朱提银。《汉书·地理志》记载“朱提山出银”。《后汉书·郡国志》记载“朱提山出银、铜”。在汉代，朱提就是重要的银、铜产地。王莽发行“银货二品”新货币，其一就是朱提银。《汉书·食货志》记载“朱提银八两为一流，值一千五百八十，它银一流值千”。朱提银质量上乘，即使在唐代也是上等银的象征。“唐宋八大家”之一的韩愈在诗作中自豪地炫耀：“我有双银盏，其银是朱提。”据史料记载，鲁甸西南距县城70里的龙头山乐马厂境内是朱提银的主要产地。据考证，从西汉至清朝嘉庆年间，朱提银有1800多年的历史，而且质量好、产量大，其中大部分产自乐马厂。

《滇系·赋产》记载：“银亦上市，军国之巨政也。中国货币出于滇……皆滇产银盛时，内则昭通乐马……故南中富足，且利天下。”说明白银是关涉国家命脉的重要物资。唐宋以来，主产自鲁甸的朱提银一度成为白银的代称，可见其影响之大，而位于鲁甸西南龙头山的乐马厂就是滇银的主要产地之一。昭通作为“朱提文化之城”，朱提银矿是代表性的历史遗址，应该好好保护。鲁甸县的旅游规划中有几条旅游路线，第五条是历史文化观光旅游，具体为县城朱提古镇——乐马厂古银矿遗址，这条线路可以结合鲁甸其他的旅游资源，打造出一条独特的旅游路线。现在鲁甸县建的朱提文化博物馆，可以充分利用数字化技术手段，通过音频、视频、文字、图片等系统还原银矿在不同历史时期的场景和生产生活场面。

七、五尺道研究和历史影视片创作

五尺道是中国战国时代修筑的一条连接中原、四川与云南的通道。秦国蜀郡太守李冰采用积薪烧岩的原始办法开山凿岩，开通了此条道路。因路宽五尺，故称“五尺道”。现存五尺道主要位于四川宜宾和云南昭通等地，如盐津县豆沙关，唐袁滋摩崖石刻就在五尺道旁的崖壁上，是研究当时云南与唐朝历史关系的重要资料。

唐贞元九年（793年），南诏王异牟寻派使者请求归唐。唐遣巡官崔佐时与异牟寻会盟于大理点苍山，南诏国叛唐42年后又与唐重归于好。

翌年唐朝廷派御史中丞袁滋，持节赴云南册封异牟寻为云南王。持册御史袁滋由戎州（今四川宜宾）入滇，经石门（今豆沙关）时，有感而发，刻石记事。

在唐朝派袁滋来册封南诏国之前，南诏国曾归附于唐朝并派遣大军在丽江和迪庆区域与吐蕃展开“铁桥之战”，击断有“万里长江第一桥”之誉的塔城铁桥于金沙江，将丽江么些人移民1万户到滇中。铁桥之役、袁滋摩崖题字等，都是唐代云南发生的重大历史事件，可以作为影视剧的创作素材。

八、昭通各区县的城市建设应突出特色

我两次在昭通鲁甸县调研，听了县领导的介绍，参观了龙头山镇和朱提文化公园等，了解到昭通历史上曾有“千顷池”的传说，民间相传过去从鲁甸可以坐船到昭通昭阳区。现在鲁甸的地下水源也比较多，因此多水域和多湿地是鲁甸的城市特点。我很赞同昭通市关于突出以自然生态为核心，处理好保护与开发的关系，坚持“共抓大保护、不搞大开发”的理念，将生态效益与经济效益相结合，把昭通苹果等特色产业融入绿化建设中，建立生态隔离带，丰富观光内容，突出景观层次感。还有在鲁甸县着力打造集水体、观光农业、休闲娱乐、旅游度假为一体的城市客厅的理念。个人建议昭通各区县应该突出在自然环境和历史人文方面的不同特点，推进凸显各地特色的城市建设，避免时下多地“千城一面”的弊病。

加强对放生动物行为的管理，消除云南生态环境的隐患①

当下云南不少地方，民众特别是有某种宗教信仰的民众放生动物的行为日益增多，其中一些盲目的放生行为已经给云南的生态环境和生物多样性带来了较大的隐患。据《春城晚报》2018 年 7 月 15 日报道，7 月 12 日，抚仙湖畔的澄江县海口镇热水塘出现 4 辆大客车和一溜小轿车，车上的人拿出 720 只乌龟，准备放进抚仙湖。澄江县抚仙湖管理局执法人员赶到后，阻止了这次放生。经了解，这些乌龟多是巴西龟，属于外来物种，在我国没有天敌，如若放生到抚仙湖，可能会大量繁殖，进而影响到当地的水生生态环境和当地水生物。

据报道，参加放生的 580 人大多来自昆明市宜良县，他们想在抚仙湖举行放生仪式。执法人员向放生者宣讲了抚仙湖保护条例，并明确告知“放生非抚仙湖土著水生生物物种行为，处 1000 元以上 3000 元以下罚款”。在耐心劝解之下，放生者终于放弃了向抚仙湖放生乌龟的打算。能阻止这次贻害无穷的放生，只能算是侥幸，如果偷偷摸摸地放生，就无从得知了。

无独有偶，2016 年在丽江市也发生了在当地著名的水源地和风景名胜区黑龙潭公园出现大量巴西红耳龟的事，大都是市民放生的，游客在当地购买龟或鱼类放生的人也不少。公园管理者开始时不了解这种巴西龟的危害，对这些放生行为也没有加以制止。笔者闻讯到黑龙潭观察，发现潭边的很多树干和石头上栖息着很多这种巴西红耳龟，数量显然很多。丽江黑龙潭出现大批乌龟后，有不少市民还以为是祥瑞之兆，奔走相告，市民普遍不了解这些巴西龟会给当地生态环境带来的危害性。

---

① 原发表于云南省社会科学院官方网站，2018 年 7 月 20 日。除了《春城晚报》等诸多云南媒体转载和评论此文外，中国经济网、首都文明网、北京晨报、中国网、搜狐网等也进行了转发和评论。

据报道，巴西龟在动物界有 “红耳杀手”之称。该物种已在欧洲、非洲、大洋洲、亚洲以及美洲（非原产地）等地成功入侵。2000年，世界自然保护联盟公布了世界最危险的100个入侵物种，巴西红耳龟赫然在列。新西兰在1965年禁止进口巴西龟，韩国在2001年禁止进口巴西龟，日本在2015年禁止进口巴西龟，欧洲在1997年禁止进口巴西龟，美国在1975年禁止进口未成年巴西龟的国内贸易。尽管巴西红耳龟在2014年也被我国环保部列入第三批中国外来入侵物种名单，但目前在我国许多宠物市场上都能见到在出售巴西龟。

据我国物种专家的研究，宠物弃养、宗教放生、养殖逃逸以及执法人员误把巴西红耳龟作为珍稀濒危野生物种放生到保护区等因素是导致该物种在中国野外普遍分布的重要原因。巴西红耳龟的存在可用“无孔不入”来形容，它们已扩散到南北方、东西部的各种水体：在湖南湘江、广东珠江、浙江钱塘江、广西漓江、海南南渡江和长江江苏段、云南怒江等均有生活在野外的种群，甚至已经混淆了国人对龟类的认识。乌龟曾经是中国分布范围最广和种群数量最多的硬壳龟，以至于“乌龟”已成了所有龟类的代名词。可是现今在乌龟原本分布集中的地区已难以发现乌龟，巴西红耳龟却经常出现。

据动物学专家研究，巴西红耳龟的入侵，势必会对中国被入侵地区的生物多样性和生态系统造成伤害。它们的威胁主要来自三个方面：首先，扩散到野外的巴西红耳龟会掠夺其他生物的生存资源，抢夺栖息地和产卵场所，排斥、挤压它们的生存空间。其次，龟类杂交的现象十分普遍，包括亲缘关系较远的龟种间都可以杂交。若巴西红耳龟在一个区域数量过多，本地龟类很可能会找不到同种龟交配而与巴西红耳龟交配，导致本土龟类的遗传结构改变，一旦这种恶性循环开始，那本土龟类也就走向了消亡。此外，巴西红耳龟还是沙门氏杆菌传播的罪魁祸首。养殖龟类中约85%都携带有副伤寒类沙门氏杆菌，尤其是幼龟。该病菌已被证明可自变温动物传播给恒温动物，美国每年约有上百万人感染此病菌，其中14%的病例由龟类传染。

上述在抚仙湖和丽江黑龙潭发现放生为数不少的巴西红耳龟的事例表明，这些危害很大的外来物种已经大量出现在云南各地，主要导因就是现在社会上兴起越来越多的放生行为，而放生者则大多不知道外来物种的危害性，单纯地认为放生一条命就是积德行善，而且现在社会性群体相约放生的行为也在增多，他们对所放生的动物的习性和对环境究竟会有什么影响不了解。比如放生红耳龟，大都按照中国文化的观念来理解，认为乌龟是祥瑞之物，放生乌龟是办善事。这种盲目的动物放生行为给云南的生态环境带来了很大的隐患。特别如抚仙湖、洱海和丽江都是云南旅游的重地，游客众多，仅仅丽江在 2016 年的旅游人次就达到了 3500 多万，游客中有放生动物倾向的人也很多，已经在逐渐形成规模不小的放生动物的行为，甚至形成旅游的一个消费项目。丽江街头巷尾乃至黑龙潭公园都有销售用以放生的鱼类的商业行为，如果没有严格的管理，危害性动物成为商家销售之物的可能性很大，为数不少的巴西红耳龟在丽江黑龙潭出现，就反映了这种管控外来物种方面的缺陷和漏洞。

云南省目前外来物种的潜在隐患不可小视，仅仅丽江市林业部门监测到的外来入侵物种中，植物有 22 种，动物有 7 种。具体而言，在丽江常见的外来物种有大波斯菊（即民间俗称的格桑花）、大万寿菊、小万寿菊、紫茉莉、白车轴草（即三叶草）、曼陀罗、凤眼莲（别名水葫芦）等植物和福寿螺、非洲大蜗牛、牛蛙和巴西红耳龟等 7 种动物，其中，农业部门监测到危害农作物和人体健康的动植物有紫茎泽兰和红火蚁。外来物种进入后造成的危害也常见诸媒体的报道。

“微昆明”网站在 2016 年 4 月 3 日发了一篇《再不阻止这帮人，云南就要被他们毁了》的文章，作者结合一个多年来热衷于放生的市民自己公开的微博图文记录指出，搜索记录显示，至少从 2012 年开始，这位热衷放生的博主就开始在云南当地参与各种放生活动。而从 2014 年开始，这位博主更是开始组织各种大规模的放生活动。而在她放生的物种中，除了有福寿螺、克氏原螯虾、佛罗里达鳖这些从来在云南就没有过的物种之外，还有过 58 公斤的蛇和 2 公斤的臭虫。这里危害性很大的是，将很多根本不属于云南的外来物种，一股脑地都“扔”在了云南本地特有的生态系统中，这会严重破坏云南当地生物多样性，令很多当地独有的珍稀物种被外来物种所灭绝，毁掉云南的生态。有专家也指出，这位博主放生的福寿螺、克氏原螯虾、佛罗里达鳖，以及四大家鱼等物种，都会强势地侵占当地的淡水环境与生态资源，使云南土生土长的一些鱼类灭绝！

生态环境的好坏是决定云南发展前景的关键要素，云南要建设生态文明的排头兵，就必须从一件件防患于未然的事抓起。动物放生不当，植物引进和控制不当，都会对环境造成极大的危害。云南省外来物种紫茎泽兰多年来的蔓延，已经给生态环境和农业带来了很大的危害。大波斯菊等有害的外来植物也在各地蔓延，有些地方还当作观赏性的花卉在大量种植。当下，民众放生，游客放生，甚至一些社会人士大规模地组织人集体放生的行为也日益增多。鉴于此，特提出以下 4 点建议。

1. 对民众特别是经常有放生行为的宗教信众要加强关于放生的科普知识教育，通过各种媒体广泛宣传，要把保护生态环境知识的教育列为“公民教育”的内容。相关生态知识的教育也应进学校课堂，对外来物种危害性的认识要争取做到家喻户晓，从小孩就抓起，形成全社会的共识，让民众知道哪些动物可以放生、哪些动物不能放生的道理和知识。

2. 急需加强对云南省外来物种环境风险评估与控制的研究，制定更为有效地控制外来物种的法规和条例，相关部门和社会联合互动地采取更为有效的行动计划。目前云南省还缺乏有力有效地控制有害外来物种的制度和行动，比如上述在抚仙湖放生巴西红耳龟的行为，如果不是被人偶然及时发现就已经成事，在山林和江河湖泊水潭放生很容易，一不注意就可以倾倒进水里或放进山林里。

3. 要从源头开始来管控外来动物的放生。比如需要堵死进货和销售的渠道，各地林业、农业和水产等相关部门需要加强督查，定期检查销售这些放生动物的市场和渠道，掌握信息，制定对非法销售外来物种的行为的处罚条款并加以执行。

4. 各地旅行社应配合，让游客提前了解当地放生动物的相关法规和具体的规定。鉴于放生已经形成比较普遍的社会性行为，全省各地特别是生态敏感区域和旅游热点地区，要划定安全的放生地点，符合规定的才允许放生。

云南藏族聚居区民族和谐对文化与旅游互动发展的作用分析①

云南的藏族聚居区主要指迪庆藏族自治州，还包括有藏族民众聚居的丽江市，迪庆州是云南唯一的藏族自治州，是中国 10 个藏族自治州之一。2007 年末总人口 37.45 万人，千人以上的有藏族、傈僳族、汉族、纳西族、白族、回族、彝族、苗族、普米族等 9 个民族。藏族占总人数的 33.81%。

云南藏族绝大部分聚居在迪庆州，与全国其他几个藏族自治州相比，迪庆不算大，面积只占第 9 位，人口只占第 6 位，但迪庆州委、州政府多年来一直致力于建设全国最好的藏族聚居区之一，如今，迪庆州正向这一目标迈进。云南藏族聚居区也是近年来团结稳定与民族和谐做得非常好的藏族聚居区。

中央统战部领导在 2010 年昆明召开的中共云南省委藏族聚居区工作会议上，对云南迪庆州等的工作给予了高度的评价。评价指出，一直以来，云南省委、省政府坚决贯彻落实中央的决策部署，立足建设全国藏族聚居区发展稳定示范区的目标，采取特殊政策，加大扶持力度，保持了藏族聚居区经济发展、民生改善、民族团结、社会稳定的良好局面，成效十分显著，提供了许多具有全局意义的宝贵经验，多次受到中央的表扬和肯定。②2009 年 2 月 28 日《光明日报》报道，云南迪庆州的和谐稳定，与迪庆广大各级干部细心工作分不开的。另外，2008 年 6 月 11 日，奥运圣火在香格里拉市实现了顺利、安全地传递。

笔者认为，一个区域安定和谐的重要标志之一，是生活在这个区域的主体民族和其他民族相互之间的和睦相处，相互尊重，不相互排斥。作为

---

① 收录于陈井安主编：《藏羌彝走廊研究》（第1辑），光明日报出版社、四川民族出版社2017年版。

② 《云南全力推进藏区跨越式发展和长治久安》，商务部网，2010 年 6 月 29 日。

该区域人口少的民族，应虚心向主体民族学习，而作为该地区的主体民族，也应虚心向该区域其他民族学习他们的好经验、好民风。有了长期和谐相处这一前提，各民族在物质生活和精神生活领域里会逐渐形成你中有我、我中有你的格局；各民族相互取长补短，相互借鉴，互尊互重。云南藏族聚居区多年来之所以能保持一种稳定繁荣、各民族和睦共处的局面，笔者认为与历史上相沿至今的各民族相互尊重、友好相处、相互学习，在生产生活多领域里亲密合作而形成的云南藏族聚居区和谐安宁的区域之风气有密切关系。因此，在云南迪庆州，即使因各种历史原因而有过一些民族之间的矛盾纷争，也能因为后来相互的尊重、相互的学习和互补而最终互相谅解，“一笑泯恩仇”，最终形成握手言欢、相互友善对待乃至患难与共的局面，而决不因那些特定时期的族际纷争而成为世仇。

云南迪庆州的藏族和各民族之间长期以来在精神生活和文化习俗方面的相互尊重和学习、日常生产生活方面多样化的合作、通婚等，逐渐推动迪庆州形成了长期安定和谐、精神和物质文化方面互融、互动、整合的特点，这种族际之间友好互动互学的风气，形成了一种生机勃勃的活力，促进迪庆州的繁荣和发展，促进了本地民众一种宽容、包容的胸怀和心态，形成了云南迪庆州以藏族为主体的 10 多个民族共同建设自己的家园，共同进步的局面。

在未来的发展中，云南迪庆州要建设中国最好的藏族聚居区之一，还有许多挑战和面临的问题，比如以藏文为重要载体的藏文化的传承和建设，就需要多向我国其他藏族聚居区学习好的经验和做法。笔者认为，我国各个藏族聚居区如果能充分了解各自的优势和劣势，形成互补互学的风气，建设安定和谐、共同繁荣稳定的藏族聚居区，就能够尽快实现。

一、多民族和睦相处、互补共融的历史格局

在云南藏族聚居区 9 个千人以上的民族中，藏族、纳西族、白族、彝族、白族、傈僳族、普米族 7 个民族属于藏缅语族族群，与西北的氐羌族群有历史渊源关系 这种同源共祖的历史奠定了各民族之间唇齿相依、友好相处的客观条件，并在历史发展历程中逐渐形成了同源异流、异源同流，

在分化和融合中你中有我、我中有你的亲缘关系，各民族都有相互认同为同根同源兄弟的神话传说，比如纳西族《创世纪》中说藏族、纳西族和白族是同父同母的三兄弟；彝族古老的故事《居木乌乌》中说汉族、彝族、藏族是居木乌乌和天女所生的同胞；藏族传说《萨当汉·松诺罗丹》的故事中，把明代丽江纳西族木氏土司称为萨当汉，即“丽江王”，他的藏语法名是“松诺罗丹”，意为“福祚永盛”。这些传说都反映了云南藏族聚居区中各民族源远流长的友好关系。

在云南藏族聚居区，各民族之间的通婚很普遍。从古至今，该区域各民族之间相互通婚者很多，不同民族共同构成一个家庭的情况非常普遍，如在云南迪庆州，多民族构成的家庭是比较普遍的，如香格里拉市小中甸镇康斯村的一户藏族人家有 3 个儿子，大儿子娶了一个纳西族媳妇，二儿子娶了一个白族媳妇，三儿子则娶了一个壮族媳妇，一个 8 口之家就有 4 个民族。[①] 从中也可以看出各民族和睦相处的传统。在滇西北既有被称为“么些（纳西）古宗”的藏族，指那些长期以来在生产生活方面受到纳西族重大影响和同化的藏族，被同化，“古宗即吐蕃旧民也，有二种，皆无姓氏，近城及其宗、喇普，明木氏屠未尽者，散处于么些之间，谓之‘么些古宗’，……么些古宗大致同么些”[②]。滇西北也有称为“藏纳西”（或古宗纳西）的纳西人，指那些原来是藏族，后来因为迁徙到纳西族地区，被纳西族逐渐同化的藏族，反映了两族的相互融合和密切的关系。

笔者于 1991 年到德钦县佛山乡纳古村调研，纳古离德钦城有 70 多公里，坐落在澜沧江边。当时的村主任阿鲁是个纳西人，家在离村公所 10 公里之外的巴美村。他会讲藏语和纳西语，其所讲的纳西语与丽江本地的纳西有一些差异，藏语口音较浓，但我们能相互听懂。阿鲁告诉我，巴美村和离村公所约 6 公里的松顶村的纳西人都是在明代随“木天王”打仗而流落到此的，他家祖上到此居住已经有八九代了。现在巴美村是藏族和纳西族杂居，以前还举行祭天仪式，到 1962 年后，就不再举行了。过去村中有东巴，现在已经没有了，17 岁以下的村民已经不会讲纳西语。“木天王”衰落后，戍守的纳西士兵逐渐地同化于藏族中，现在在整个村的 805 名村

① 勒安汪堆主编：《当代云南藏族简史》，云南人民出版社 2009 年版，第 224 页。

② 余庆远：《维西见闻录》，转引自《云南古代游记选》，于希贤、沙露茵选注，云南人民出版社 1988 年版。

民中，仍然自称是纳西人的已只有 132 人。很多人信仰藏传佛教，但村中没有寺庙，村民到江对面西藏芒康县盐津的一个寺庙里去做法事，有的村民还信仰了天主教，主要是受过去在盐井的传教士的影响。

历史上，云南藏族聚居区各民族同区域交错杂居、聚居而相安无事，除了过去因各种历史原因而产生过的一些短期的民族之间的纷争外，总体来看，各民族相互尊重、和睦相处是主流。在漫长的历史发展中，云南藏族聚居区各民族相互间频繁地进行经济和文化交流，形成了多民族互尊互重、藏文化和其他民族文化互补、整合的格局。因此，无论在各民族成分的构成上，还是在生产生活、宗教、民俗、衣食住行、歌舞艺术等诸多方面都形成了既保留各自的特色，又你中有我、我中有你的特点，熔铸出云南藏族聚居区各民族文化特有的宽容开放的精神和互补整合的特点。

二、各民族居住环境的差异性构成了经济生活的互补性

云南迪庆州自古以来就是多民族地区聚居和杂居的地方，其中纳西族、彝族、傈僳族、白族、普米族、回族等自古和藏族交错居住。各民族的居住区也大体呈垂直分布状态。纳西族、汉族、白族等族大体居住在海拔 2000 米以下的河谷区；傈僳族、彝族和一部分藏族居住在海拔 1900—2900 米的温带，藏族主要分布在海拔 3000 米左右的高原。

中甸县（今香格里拉市）的汉族在清朝雍正以前人数不多，多为驻军和逃荒至此者，活动范围较小，多住在城市及江边。清朝雍正二年（1724 年）后，随着封建政府对中甸的经营开发，因驻兵落籍、屯垦、开矿等移入的汉族移民渐渐增多，尤其是乾隆中期后，内地汉族“迁入者越来越多，近者来自滇、川，远者来自陕西、江西等地，以到阿墩子茂顶开矿为多”。来自湘、鄂、粤、桂等省的汉族多聚居于维西等地；部分来自南京、北京的汉人聚居于中甸、维西、阿墩子的市镇及沿江边的塘汛和交通线上，各厂矿也是其主要居住点[①]，他们或务农开荒、开矿、经商贸易，或从事文化教育，对促进云南藏族聚居区的开发和发展作出了积极贡献。移入的汉族民众带来了汉文化和汉学教育，汉文化对云南藏族聚居区各民族的生产生活逐渐产生了重要影响。

---

① 王恒杰：《迪庆藏族社会史》，中国藏学出版社 1995 年版，第 204 页。

居住地理环境的差异等因素促成了迪庆州各民族经济和文化习俗的差异，因此也产生了迪庆州经济上的互补性和文化上的多元性，这种客观条件形成了云南迪庆州各民族之间进行经济和文化交流的必然性，这种互补性和差异性有利于云南藏族聚居区生产生活的可持续发展和自然资源、生产生活资料的各尽其用和可持续利用。藏族用高原的物产换回河谷区的大米、玉米和各种水果，而生活在河谷区的汉族、纳西族、白族等民族，也常常从藏族聚居族民众中换取酥油、牛羊、毛皮、肉、高原药材等。汉族迁到云南藏族聚居区后，传入了很多先进的农业耕作技术和工具，比如，汉族来到中甸县三坝乡后，把月牙锄、铁板锄、鹤嘴锄等农具传入了三坝。移民到云南藏族聚居区的彝族将山地农耕使用的尖嘴锄传到云南纳西族、藏族聚居区，“尖嘴犁锄也是四五十年前由彝族传入”[①]。

纳西族和藏族在长期的经济文化交流中，在衣食住行方面也呈现出两族习俗相互融合的状况，如现在纳西族民居中普遍采用的建筑形式之一——蛮楼，据说就是纳西人在清末至民国时期从藏族商人那里引进的，因此又称为“古宗楼”，其特点是将“四合五天井”或“三坊一照壁”的楼房造成相互通连的建筑格局，民间称这种建筑样式为“走马转角楼”，有些跑茶马古道做生意的纳西商人特别喜欢建这种楼房，因为四通八达的楼房方便于存放和搬运货物，也有利于在家中借宿的客商走动和相互联系。中甸藏族则吸收了纳西族和白族的民居形式。永宁纳西族摩梭人的生活方式在与藏族的交往中起了显著变化，不少人通过赶马经商获得了大量藏式衣物和用具，他们又把这些东西带入永宁，使得绝大多数人（尤其是男子）均以着藏式服装为美，并学会做某些藏族饮食。纳西族人的民居形式也受到了藏族民居形式的影响，有经幡装饰的大门和藏式经堂等便是突出的表现。到 20 世纪 50 年代前 10 多年间，除妇女还保持较多传统服饰外，许多男子已改服藏装。

云南迪庆州与藏族杂居的纳西族，在服饰上受到藏族的影响，而中甸不少乡镇藏族妇女服饰也体现出以藏装为主但又吸收其纳西族、白族服饰习俗的特点，将藏族传统服饰的典雅富丽与其他民族的清丽简约等特色融

① 《中甸三坝地区纳西族社会历史调查报告》，转引自《纳西族社会历史调查》(二)，云南民族出版社 1986 年版，第 23 页。

为一体。

天长日久，各民族之间的这种交流和互补形成了云南迪庆州一种互补性很突出的经济结构，促成了当地各民族之间在生产生活中相互依托、你中有我、我中有你、谁也离不开谁的格局，这也是形成了云南迪庆州各民族宽容和谐、互补共存的和谐民风的重要基础。

我国的很多经验证明，一个国家和一个区域要进步和发展，借鉴和学习其他民族的经济和文化方面的好经验非常重要。历史上，中华大唐盛世经济繁荣和文化的辉煌，也是当时主体民族广泛吸收诸多少数民族文化、广泛开展与各民族的经济文化交流而促成的。

历史上，丽江古城、中甸古城独克宗以及阿墩子是滇藏贸易的重镇和中印贸易的重要枢纽，在这些古镇，各民族商帮进行贸易。比如，藏族马帮是丽江古城的常客，由于茶马古道商贸的繁荣，丽江古城中产生了不少为藏族商人而设的马店，古城中辟出了专门为茶马古道客商服务的卖草场，丽江古城的很多纳西人会讲一口流利的藏语。古城中还产生了不少主要与藏人做生意，走拉萨，跑印度，生意越做越大的商人，他们被称为“藏客”，在藏族聚居区建立了良好的信誉，为丽江古城的繁荣立下了汗马功劳。在丽江古城和束河等一些历史上与藏族有着长期商贸往来的村镇中，有不少纳西人与藏族人通婚，有的纳西人远赴藏族聚居区定居，不少藏族人落籍于丽江乡镇，双方后裔还常走亲认亲，笔者在近年来的调查中了解到这种纳藏两族间的亲戚交往现在比过去更为频繁和密切。

云南藏族聚居区各民族之间的经济贸易有悠久的历史，闻名遐迩的茶马古道即是滇西北各民族长期进行贸易而形成的充满活力的商业通道、历史悠久的大理三月街、洱源鱼潭会鹤庆松桂会、兰坪营盘街、丽江三月龙王庙会、七月骡马会等，都是滇西北藏族与各民族进行贸易的集市和物资交流会。在清代和民国年间，藏族、白族商人纷纷在丽江开商号，纳西族商人也在中甸、德钦等地设立很多商号。纳西族、白族、回族商人深入藏族聚居区经商，藏族商人也来到丽江等地经商，促进了各民族之间的商贸交流。在“茶马古道”上，藏族和纳西族商人还齐心协力修桥筑路，促进了这条滇藏贸易通道的繁荣。比如位于德钦县澜沧江上的云南进西藏重要渡口溜筒江铁索桥是由丽江纳西族商人赖耀彩在 1946 年倡导并出资，得到迪庆藏族商人马铸材等的积极响应而修建成的。这座桥建成后，改变了过去这里只能用溜索渡江，人畜渡江辛苦万分危险异常的原始状况，极大地促进了茶马古道商贸的繁荣。

明代木氏土司在统治迪庆期间，还把核桃、玉米、蚕豆等作物及种植术，以及撮箕等生产用品引进该区，至今香格里拉的藏族对上述物品仍以纳西语来称呼，说明这些物品是传进去的。

明朝嘉靖年间，丽江木氏土司攻取滇西北藏族聚居区以及西藏昌都市芒康县的盐井乡一带后，滇西北地区称为“房东制”的贸易方式得到发展。①

有一份收藏在香格里拉的藏文历史档案（第 10 号）“七世达赖颁给土司松杰的执照”中说：“大皇帝之下、和硕界下、达赖喇嘛谕：阳光普照下之众生：阿里三部、卫藏四如六冈，所辖境内之喇嘛上师，王公贵族、神民户、官民户、各级官员、宗官、汉、蒙、藏三方此公文到此者，头人、办事人员、老民、 百姓知照：建塘（中甸）独肯中心属卡松杰者，自其祖辈松节衮之前，纳西王管理时期，即为藏商之房东，对藏商多有帮助……”②

从这一记载中，可知在明代木氏土司统治迪庆时期，与藏商的贸易交往是频繁的，也可以看出当时就已经有房东制的商业贸易习俗。这一贸易习俗清代以后在丽江纳西族地区蔚为大观。

房东制贸易是滇藏贸易历史上出现的一种特殊的经商形式。来自西藏、康巴的藏族商人运货到丽江、香格里拉等地后，就住在比较固定的房东家里，房东帮助藏商进行贸易。

旅店房东居中介绍、当商务经纪人的这一房东制贸易历史已久，是专门用来与藏族商人进行贸易而产生的一种经纪业务。这种房东与内地的一般客店不一样，还兼起着“牙人”的作用。旅店不收住宿费用，而是根据房东替客商出外交涉买卖，然后根据成交额来收一定的“牙钱”，一般称之为“牙用或牙佣”。房东对远来的藏商尽力协助和保护，使他们免受敲诈勒索。房东们都以照顾好自己客户为荣。藏族商人一旦与某个房东建立了信任感和友谊，就形成了固定的主顾关系，且大多终身不变。这种房东

① 杨嘉铭、琪梅旺姆：《藏族茶文化概论》，《中国藏学》，1995 年第 4 期。

② 《中甸藏文历史档案辑录》（之二），西洛嘉初、松秀清译，《迪庆方志》，1991 年 2—3 月合刊。

贸易制，是经纪人业务的一种衍生形态。[①]

三、环境保护和社区资源管理的互助合作

藏族和纳西族关于人和自然有分界，有各自的领域的观念，反映了在两个民族的宇宙观中，没有把人放在凌驾于大自然之上的地位。两族人民都认为人与自然是有分界和各自的领域的，人不是大自然的主宰。相反，人要小心翼翼地善待自然，这样才能得到大自然的恩惠和福泽。因此，云南藏族聚居区也产生了不少藏族和其他民族都共同敬拜、小心翼翼地呵护的“圣境灵地”，其中有雪山、神泉、神林、神树等。

基于相似的生态文化和生态伦理道德观念，两个民族在对待自然资源和使用自然资源的方式上，也有着旨在保护社区资源和圣境，有利于社区资源可持续利用的共同点。

在云南丽江纳西族，过去还有一种各民族共同齐心协力管理社区山林和水资源的习俗。据笔者调查，20 世纪 50 年代以前，在丽江一些乡村村民采取了一种请异族人来管理山林和水资源的办法，如丽江县白沙乡的東河（今属丽江市古城区）、今龙泉古镇的仁里村、文明村、松云村都曾请藏族人当管山员。这基于以下考虑，一是外来人亲属关系单纯，在管山中不会受到原住居民那样复杂的社区亲属关系的制约；二是纳西人历来认为藏族人性情耿直、豪爽，能忠心耿耿地保护集体利益。其他如拉市乡、黄山乡等地的一些村子也采取过这种请藏族或傈僳族等族人来管山林的方式。

四、藏族和其他各族文化的相互尊重和相互影响

在长期的相互交流过程中，云南藏族居住区各民族的文化在相互影响中发展，比如宗教信仰，在该区域不少民族中都是本土和外来宗教并存，如纳西族，既普遍信仰自己的本土宗教东巴教和民间巫术，同时远至唐时始就将吐蕃的本教文化内容吸纳到自己的本土宗教中来，后又将一些藏传佛教的文化吸收到东巴教中，形成了东巴教这种以纳西本土文化为主，又

① 王恒杰：《迪庆藏族社会史》，中国藏学出版社 1995 年版，第 78 页。

融合了多元文化的独特的民族宗教形态。

明代，纳西族木氏土司在明王朝鼓励和支持下频频用兵于包括今云南、四川甘孜和西藏昌都等地区，但木氏土司在这些区域尊重藏文化，采取各种方式大力扶持藏传佛教。在纳西族木氏土司的积极倡导下，藏传佛教噶玛噶举教派（白教派）在今丽江、维西、香格里拉的纳西族和藏族地区得到蓬勃发展，该教派黑帽系八世活佛和十世活佛先后到丽江，促进了藏传佛教噶玛噶举教派在滇西北的繁荣，产生了著名的噶玛噶举滇西十三大寺，其中有在明代就在西藏、青海四川和云南藏传佛教信徒中有广泛影响的香格里牟波寺（即十世班禅大师为之题写“香格格措里”寺名的丽江文峰寺），统管滇西北13大寺以及四川稻城等两个噶举派寺庙的活佛住锡的指云寺等。明清时期，云南纳西族中还产生了不少著名的藏传佛教活佛和高僧。明代，藏传佛教格鲁派（黄教）在永宁得到发展，于嘉靖三十五年（1556年）正式建立了著名的黄教扎美戈寺。纳人（摩梭人）普遍信仰黄教。

滇西北藏族的宗教信仰有本教、藏传佛教宁玛派（红教）、噶举派（白教）、萨迦派（花教）和格鲁派（黄教），同时 由于在明代长期受丽江纳西木氏土司的管辖也受到了纳西族东巴教的不少影响，如松赞林寺（归化寺）举行一些佛事活动时，首先要请纳西东巴占卜， 在迪庆州，不少村寨的藏族和彝族家庭也请东巴举行一些禳灾镇鬼和祈吉求福的法事，特别以镇鬼驱邪和求子女求福泽的仪式为多。迪庆州的很多藏族、彝族和金沙江边的汉族十分相信纳西东巴和桑尼的占卜术，每遇婚丧嫁娶和不生育、有病灾等，常常请纳西东巴占卜。直到现代，香格里拉东巴教圣地三坝乡白地以及江边纳西村的东巴和桑尼常常都要接待不少来求卜的远近藏族、汉族和彝族的民众。东巴教圣地白地的白水台也成为相邻民族共同朝拜之地，特别在农历二月八祭白水台神灵之日，附近的彝族、藏族和纳西族民众一起向白水台神灵顶礼膜拜。纳西人以烧刺柏枝这种“烧天香”的方式祭祀，而藏族则在白水台的神泉处悬挂经幡来表达自己对白水台神灵的祈敬之情。藏族民众的祭拜之态最诚，即使下着雨，也要向白水台磕五体投地的等身长头。

丽江古城的重要水源地黑龙潭（玉泉公园），是纳西族和藏族民族共同信仰的灵泉，2008年黑龙潭一度干涸，很多纳西族和藏族民众都去祭祀黑龙潭的水神，藏族民众在泉畔挂了不少用于祈神求水的经幡。

据笔者的田野调查，香格里拉市三坝乡的不少东巴过去常常给藏族民众做求生育、求福泽（尼妹哦妹）的仪式。有的东巴也常常被藏族请去做驱鬼镇邪的仪式。藏族人常常请纳西东巴为他们烧天香（“凑巴季”，指烧刺柏枝等物来祭神祈福）。而当地的纳西人也常请藏传佛教僧人举行法事，如得病后请僧人念经。在三坝，纳西人向藏族僧人求名的事相当多。有时，藏传佛教僧人给藏人占卜，会告诉他，他应该取个纳西名字才会顺利，藏人就会来找东巴求名。纳西东巴给纳西人占卜，有时也会发现对方应该取个古宗名字，才会顺利，就告诉他去找古宗的活佛或高明的僧人求取名。因此，在三坝，纳西人和藏人之间相互求取名，相互认干爹干妈的不少。

云南藏族聚居区的其他各民族也普遍受到藏传佛教的影响，每到农历初十、十五或是春节，到香格里拉市独克宗古城的白鸡寺里来祈福烧香的除了藏族之外，还有本地其他各民族的信众；在丽江藏传佛教五大寺中，信众除了本地纳西人之外，还有生活在丽江的藏族、汉族和白族等。

每年的圣诞节，在德钦县燕门乡的茨中天主教堂里，信仰天主教的藏族、纳西族等在里面做弥撒，而在教堂外面，藏传佛教的各族信徒则烧起篝火跳起锅庄舞一起欢庆圣诞节。在 19 世纪末和 20 世纪初，当天主教刚传入云南藏族聚居区不久，曾发生过藏传佛教僧人和信众的对抗和两教之间的冲突，而随着岁月的流逝和天主教在艰难中的逐渐传播，在云南藏族聚居区已经形成了两种宗教和谐共处，各民族两种宗教的信众相互尊重、共度宗教节日的和谐局面。

在云南藏族聚居区，融汇了藏族和各民族歌舞艺术特色的艺术品种也很多，比如流行在丽江市玉龙县塔城乡纳西族和藏族民众中的“勒巴舞”，就是融汇了藏族热巴舞和纳西族东巴舞等的一种舞蹈形式。“勒巴蹉”是将纳西族的古典民间舞蹈和藏族的民间舞蹈“热巴舞”融为一体而形成的一个新的舞蹈品种，因此，就形成了这个兼备纳藏两族歌舞特色的舞蹈。过去，在塔城依陇、陇巴等地，人们跳“勒巴蹉”时歌词全用藏语，藏族味很浓。而其中有的舞蹈种类则有突出的纳西文化特征，如纳西族传统的蛙舞、虎舞等，这些舞蹈的纳西味又浓于藏族。在另一些地区，除了保留有一部分舞蹈的藏语名称外，很多唱词已经逐渐被纳西语取代。

语言方面，纳西族和藏族相互的影响也是突出的，木氏土司统治迪庆约 2 个世纪，中甸受纳西族文化的影响特别深，在当地的藏语方言中，纳西语借词占相当比例。因而当地藏语的特点，既保留了藏族固有的古语，又吸收了纳西等各民族词汇形成了与康方言有一定差异的，属于康方言区的南路土语群中的特殊土语。[①]而纳西族在长期与藏族的经济文化交流中，也吸收了数以百计的藏语借词，东巴教中的藏语借词和借字也很多。

五、云南藏族聚居区的民族融合

云南藏族聚居区各民族在长期的聚居杂居过程中，在经济和文化的互动交流中，也在逐渐产生着民族的融合。在康巴地区和云南迪庆州，有不少逐渐融入藏族的纳西人，在云南藏族聚居区也有不少纳西人已经逐渐融入藏族，也有一些融入纳西族的“伙古宗”“梅古宗”。出生在白地波湾村的纳西青年学者和净全告诉笔者：三坝传说木土司叫一些纳西族去藏地，一些藏族则被迁来纳西地。白地有藏族后裔，送魂时送到归化寺，再送到尼西，从尼西送上去。这些藏族人中现在有姓和、姓墨的。他们现在已经没有东巴达几十年，送魂路亦已失去，因此随了纳西。藏人中有祭天的“比化”，意为“栎树群”；“拖化”，意为“松树化”。

纳藏两族融合呈现出来的情况更为典型的是两种文化的混融并存，一方融合于另一方，但自己的文化传统并没有因此完全消失。因此，就出现了两族语言、宗教、饮食、服饰、居住、婚姻等习俗共存于一体的现象，而这种文化趋同的倾斜度则取决于特定区域的主体民族，在藏族聚居区，融合于藏族的纳西人中的文化就更多一些藏文化的比重，相反，在丽江等地，融合于纳西族的藏民的文化性质就更多地接近纳西族。

在当代民族融合的过程中，也有由于区域主体民族和少数民族基于国家优惠政策待遇而促成融合的因素，有的少数民族为该区域主体民族所受到的优惠待遇所吸引，所以年轻一代就逐渐争取将自己的民族改为当地的主体民族，这样，加剧了融入主体民族的过程。如何解决类似的问题，如何保护和传承藏族聚居区各民族的物质和非物质文化遗产，如何评价多民

① 松秀清：《浅述中甸县解放前的社会经济和政治制度》，《中甸县志通讯》，1992 年第 2 期。

族的多元文化对该区域的和谐安定所产生的利弊得失，如何平衡藏族聚居区各民族共享国家优惠政策，促进各民族的和谐，共同繁荣发展，也是目前该区域需要研究的问题。

第四辑

人物和序跋

别失去了大地和文明的本真

——茶马古道行旅有感①

茫茫大地养育了人类，人类在大地上创造了辉煌的文明。在当代的旅游大潮中，先祖创下的文明正造福于今人。在近年来的行旅中，颇感慨于急于牟利的现代人在操作旅游时，轻率地任意打扮这些文明遗产，或将天设地造的景观改造得面目全非，使其原有的本真魅力蒙尘而暗淡。最近，沿茶马古道北上考察，此种感慨又油然产生。

石鼓是茶马古道上的一个名镇，在著名的长江第一湾畔。青瓦白墙的老屋鳞次栉比，五花石道路上有诸多茶马古道故事的余韵余音。古街尽头，神秘的石鼓如一轮永恒的古月静望人间沧桑。江畔柳林茂密，油菜金黄，古渡的轻舟往返于清波绿浪中，极有边地的个性。如今，金黄的油菜田和如诗般的柳树林已成昨日旧梦。长江第一湾畔，突兀地建起了一个其状如现代渡轮的码头，以及一个江湾公园，里面的建筑物屋顶覆盖着炫目的玻璃瓦。古道上的古镇、古渡与大江相融一体的古朴魅力因此而黯然失色。

泸沽湖畔的“摩梭女儿国”是茶马古道上的重要驿站。如今，田野上的摩梭村寨，被旅游开发者竖立起一道道标新立异的“村标”：为表示某村还有巫师达巴，就将放大的巫师法鼓、法螺等悬挂在村头作为“村标”，按照传统古规，这些神器是不能随便挂在村头的；为表示当地有“阿夏走访婚”习俗，就在某村村头以“阿夏花楼”的窗子作为村标。这些画蛇添足的摆设让人有进入都市中人造民族村的感觉，真实自然的摩梭村寨难道需要加上这样的商标才能吸引游客？

这里除了旅游开发者的素质问题，也有当地人认识和管理资源的能力

① 原载《华夏人文地理》，2002年3期。

问题。茶马古道上，位于西藏芒康县邦达乡的大日如来殿内，有弥足珍贵的唐代石雕佛像，“文化大革命”中被毁，仅剩下基座和头冠。现在该寺正在重塑佛像金身，但法冠却被当地的修缮工匠涂上了鲜艳的色彩。与笔者同行的考古学家霍巍教授提醒道：这样做会严重影响其文物价值。像是嫌文物与古老建筑斑驳陈旧不好看而涂以重彩刻意打扮的“壮举”，在如今的旅游热点已屡见不鲜。

大地景致的美是天设地造的，古文明的魅力与价值来自它的本真。今天，中国各省都提出发展旅游振兴当地经济，但需要提醒一下旅游开发者，不要随意地对一切天然和文明遗址旧器打扮涂抹，要先花一番功夫读懂它的精髓价值之所在。曾几何时，一些著名景区大兴土木风风火火地建盖起开发者认为华丽万般的豪宅大厦，后来发现在大自然的天然之美和古文明的厚重、深沉面前，这些俗物显得丑陋无比，只好忍痛拆除。昔日的巨额投资，皆付诸东流！看来，旅游决策和开发者要在大地上实施宏图大略之前，如果弄不懂旅游赖以存在的大地和文明精髓之所在而独断专行，是会危害当今而贻笑后世的。

茶马古道蕴藏着无限的自然和人文风光，这是旅人的福音，也是中国西部的福音，但在开发旅游的过程中，请留意保护这一条天地之大美和人的壮举相融而成的西部奇观的本真之魅力。

我们需要明白的是：要让大地和古文明造福于人，首先要尊重它，读懂它。

远去的背影留下了永恒记忆——

《远去的背影——云南民族记忆 1949—2009》编撰札记[1]

1985 年，我到云南省社会科学院民族学研究所工作，之后不久，就知道院图书馆收藏有一大批堪称瑰宝的老照片，这批照片与中华人民共和国成立初期开始的一段波澜壮阔、促成当今中国 56 个民族格局形成的壮举密切相关，即 20 世纪五六十年代的“民族大调查”及 70 年代拍摄的民族地区照片。这批照片具有某种“垄断性”的价值，因为在 1949 年之前和 1978 年之后，很多国外人士也在云南拍摄过不少照片。而 1949 至 1978 年这段时期反映云南各民族的照片，尤以中国人所摄为重要，特别是“民族大调查”期间的照片，弥足珍贵。

寒来暑往，我在云南省社会科学院工作 24 年之后，机缘来临，我们和云南出版集团有限责任公司商定，要合力推出“云南民族记忆 1949—2009”著作，以此作为中华人民共和国成立 60 周年的献礼。我作为主要的策划和编撰者之一，开始组织其编撰工作。

云南省社会科学院图书馆收藏的这批“云南民族调查照片资料”共有 12000 余幅，大量照片的拍摄时间集中在 1956 年至 1965 年，亦有少量 1950 年至 1955 年、1970 年至 1984 年的作品。翻检审视这上万张馆内珍藏的黑白老照片，把我带回到了那个难忘的岁月……

从 1950 年到 1952 年，中央人民政府先后派出学者专家参与的民族访问团和视察组，深入西北、西南、中南、东北和内蒙古等地检查民族工作，

① 原载《文艺报》，2011 年 4 月 1 日。《远去的背影——云南民族记忆 1949—2009》(黑白卷)云南人民出版社 2010 年版，《永恒的瞬间——云南民族记忆 1949—2009》(彩色卷)，云南人民出版社 2011 年版。

调查各少数民族的生产生活状况、社会制度和风俗习惯。1956年至1964年，在毛泽东主席的直接提议下，中国历史上第一次有组织有计划地进行了全国少数民族社会历史和语言的调查。1956年春，大规模的全国民族调查开始进行，组织了内蒙古、新疆、西藏、云南、贵州、四川、广东、广西8个调查组，1958年组织了16个调查组，一大批民族学家、社会学家、历史学家和经济学家参加了这次大调查。参与调查的人数、范围、内容和其产生的深远影响，为世界仅有。

这次民族大调查，最后形成了《民族问题五种丛书》，即《中国少数民族》《中国少数民族简史丛书》《中国少数民族语言简志丛书》《中国少数民族自治地方概况丛书》《中国少数民族社会历史调查丛刊》，皇皇巨著，彪炳于世，成为中国民族志的瑰宝。而其中独缺一部系统的影像图集，成为美中不足的憾事。

1980年在原来的云南省历史研究所基础上成立的云南省社会科学院，是建立在这块民族学沃土上的云南最大的社会科学研究中心，民族学、人类学研究历来是该院最优长的研究学科，不仅拥有一批优秀的民族学学者，而且在长期的田野调查中积累了大量珍贵的各民族历史文献资料以及民族志资料。其中，20世纪五六十年代以来所进行的那次大规模的中国民族大调查中所形成的“云南民族调查手稿资料”“云南民族调查照片资料”“云南民族调查电影片资料”“云南民族调查文物古籍资料”等民族志系列资料，成为云南社科院图书馆独具特色和弥足珍贵的重要馆藏品。

该院的一批学者，曾参加了当时的民族大调查，参与了7部反映云南少数民族科学纪录片的拍摄工作，并收集了大量的民间文献资料，还有手稿、调查笔记等，此外，还拍摄了大批反映各民族生产生活、民俗等的黑白照片。收进本书的照片，也有一些是该院学者在20世纪七八十年代的田野调查中所拍摄的，珍藏在该院图书馆。

为了让这本大型学术画册达到“深度读图”的效果，最终定了这样的原则：画册所选的7个民族的文字撰稿，主要由长期以来对这个民族有深入研究的云南社科院学者担任，以保证其客观真实、可信等学术性。如对基诺族有数十年的跟踪调研并促成了基诺族在1976年被认定为第56个民族的杜玉亭研究员，从20世纪50年代就开始参与民族大调查并参与拍摄照片的汪宁生研究员、杨光海研究员、刘达成研究员，对景颇族、德昂族等进行过长期研究的桑耀华研究员，长期研究普米族的杨照辉研究员等。

而每一位撰稿者除了认真撰写概述文章外，对每一张图都有细致和真实客观的文字解说，争取让读者从每张照片上获得尽量多的信息，比如照片中的服饰，其做法、用料、装饰等所体现的文化观念都有言简意赅的介绍，其他诸如反映各种衣食住行、生产生活习俗、宗教礼仪等的图片，也突出了学术性的解说。有的甚至不辞辛苦找到了照片的当事人，所以在不少图说中，可以读到照片中的具体地点、人物的名字等详情。

而各位专家在整理编撰过程中，对这些老照片也是感慨万千。他们回忆起当年干部、民族调查队、医务人员等深入边远村寨，和各民族群众交朋友、和他们同吃同住、参加劳动、为民众看病等感人的情景。比如书中有好几张反映苦聪人（今识别划归到拉祜族）在 20 世纪 50 年代初期生活在深山老林、以狩猎和采集为生、几乎衣不蔽体的情景的老照片，如今苦聪人的生活已经发生了巨变，聚居的村落焕然一新，村里的老人们目睹当年的这些老照片，感慨万千，回忆起当年党和政府帮助他们建立村寨定居，民族调查团的成员们和他们朝夕相处、亲如一家的难忘往事。

比如著名的丽江古乐老艺人、老东巴等活动的旧照，老艺人们当时多是在纳西院落或是山野地头自娱自乐地演奏古乐，有的人已经远去，而他们所传承的文化，在当代则发生了不同的命运变迁。如今，纳西古乐队已经应邀到 20 多个国家演出，每天晚上在丽江古城的演出也是门庭若市，收益颇丰。东巴文化也走出国门，丽江图书馆等收藏的东巴古籍被列入了联合国教科文组织的《世界记忆名录》；“东巴书画雕刻”等工艺品在旅游市场上也十分火爆。当然，如今随着在民间东巴教信仰的衰落，知识渊博的东巴已经越来越少，民间的东巴文化活动也日益减少。书中有纳西族民间著名女歌手和顺良在田间唱民歌的老照片，而如今，她唱得出神入化、脍炙人口的一些民歌，已经濒临危境，后继无人。本书老照片中所见的各民族不少丰富多彩的建筑、手工艺、服饰、歌舞等物质和非物质文化遗产，也面临保护传承的重任。

岁月如风而往事不如烟，如今，云南 25 个世居少数民族的生活都发生了巨大的变化，这本学术画册里的老照片，都是已经“远去的背影”了。

党的十一届三中全会以来，云南的民族关系进入了历史上最好的时期，云南民族文化也促进了云南社会的和谐、经济的发展。本画册的下卷图文，聚焦在这30年的巨大变迁上。把上册与下册记录中国改革开放后各个民族的影像资料相比较，我们对云南各民族社会和文化的巨大变迁，会更有一种历史深度的认知。

老照片是对历史的一种新角度的诠释。2003年在美国某大学讲学期间，我看到了美国学者如何苦心收藏我国20世纪五六十年代民族大调查期间拍摄的各种影像资料并把它们用于教学。而研究云南的著名外国学者如美籍奥地利学者洛克拍摄于1921—1949年间的反映云南自然和人文的老照片，曾在国际上引起了巨大的反响。我曾合作过的国际山地协会主席艾福斯、美国大自然保护协会生态科学家鲍勃·莫斯利（Bob Moseley，中文名为木保山），都先后来云南对洛克这些老照片按图索骥，从完全相同的角度重新拍摄这些老照片的场景，看其数十年的变迁，在国外引起很大的反响。我也看到法国外交官方苏雅拍摄于19世纪末至20世纪初的一批反映云南的老照片，这批照片百年后被公认为是亚洲最早、最完整地记录一个国家、一个地区社会概貌的纪实性图片。这些老照片在我国展览和出版后，引起强烈反响。而《云南民族记忆1949—2009》，则是我国民族工作者们筚路蓝缕地进行云南民族调查时的实录，是我国独有的影像民族志成果，它弥补了我国学者用影像全面反映云南各民族社会和生活方方面面的一项空白。这些从历史深处挖掘出的珍贵影像资料，凝固了一段段民族历史的鲜活记忆，为我们这个多民族国家刻录下一段民族发展变迁的永恒社会记忆。

背影已经远去，而一段珍贵的历史和岁月，已经长存在这本画册中，岁月沧桑，人间巨变，有旧影老照为证，可使后人回眸过去、展望未来，再创历史新篇。

《云南名村名镇的保护和发展研究》导论①

每个国家、民族和地区的文化，都有具体的承载和传承、发展所依托的社区，而乡村和城镇，就是最基本的文化传承和发展的社区。

乡村是指居民以农业为经济活动基本内容的一类聚落的总称，又称农村，在社会学中又称为非城市化地区。乡村社区（即村落）是人类社会中最早出现的社区形式。村落是人类群体生活、居住的一种社会区域单位，是人类由游牧狩猎社会走向原始农耕畜牧业革命所产生的一种定居形式，一般认为，真正形成村落是从中石器时代到新石器时代随着原始农耕出现和畜牧业革命产生的。农耕生活、血缘关系、宗法组织及礼俗文化是原始村落的主要特征。在世界上，差不多每一个种族和民族都经过村落社区的阶段。人类几千年来的文明主要是以“村落”形式延续下来的。即便到了现代，村落也是人类社会群体生活的重要区域形式。只是社会关系和活动形式已经不像过去那样深地基于血缘关系，而更多地依赖农村社区了。但共同的居住、共同的生产和生活活动，仍然有着共同的利害关系，共同的文化以及情感、心理等。②

可以说，村落是指长期生活在一定的农业地域的人群所拥有的生活聚居场所，也是一个由世代生活居住、繁衍在一个边缘清楚的固定地点的农业人群所组成的空间单元。

村是乡村中自然形成的基本单位，在我国传统的社会、经济和政治历史中有其独特的地位。

村落促成了人类文明的集团化，而且推动了文明的互动。人是社会性的人，生存环境影响人的生理和心理，对人的生产活动作用明显。

---

① 杨福泉主编：《云南名村名镇的保护和发展研究》，中国书籍出版社 2010 年版。

② 王康主编：《社会学词典》，山东人民出版社 1988 年版，第 194—195 页。

“镇”按《辞海》的解释，指市镇。基层行政区域，通常为县机关所在地或农村中有较多工商业的居民区。1984 年，国务院决定放宽建镇标准，实行镇管村体制。① 集镇，指与周围农村有着密切联系的、工商业较为发达的人口聚集地。集镇就是逢集和设镇的地方，包括建制镇和设集市的乡政府所在地。②

关于小城镇，我国社会学界对其界定有不同的观点，主要有以下 4 种观点。（1）小城镇＝小城市 + 建制镇 + 集镇。显然，这一小城镇概念分属城与乡两个范畴，从发展的观点看，集镇只宜称为“未建制镇”。（2）小城镇＝小城市 + 建制镇。这一小城镇概念指城镇范畴中规模较小、人口少于 20 万的小城市（县级市）和建制镇。（3）小城镇＝建制镇。这一小城镇概念属于城镇范畴，是建制镇（包括县城镇）在城镇体系中的同义词。（4）小城镇 = 建制镇 + 集镇。这一小城镇的概念属城与乡两个范畴，包括小于城市、从属于县的县城镇和县城以外的建制镇和尚未设镇建制但相对发达的农村集镇。

本文所指的“镇”，与第三种观点同，其基本的含义包括以下内容：中国由县（或区）管辖的基层行政单位。一般为县政府所在地或工商业贸易活动为主的小城镇居民点，相当于乡一级政权。③

村寨文化是民族文化的基本单元和具体表现。村寨文化不仅充当着民族村寨聚落的精神纽带和内聚核心，而且具有鲜明的民族性、差异性、和容性、未分化性等特征，是一个自成体系且不断发展建构的动态范畴。在中国，除了北方的游牧民族之外，其他大部分少数民族都以固定的村寨作为主要生活空间，因此其民族文化也主要通过村寨文化而得以体现。新中国成立以后，民间社会的“小传统”至今依然根深蒂固。改革开放以来，民族村寨文化再次依靠自身的调适与建构机制，以兼具传统性与现代性的外显形式和内在功能，不断满足着少数民族村民的现实生活需求。与此同

① 《辞海》，上海辞书出版社 1990 年版，第 1940 页。

② 同上，第 414 页。

③ 1984 年国务院批转民政部《关于调整建镇标准的报告》中规定：县级地方国家机关所在地应设镇；总人口在 2 万以下的乡、乡政府驻地非农业人口超过 2000 的，可以建镇；总人口在 2 万以上的乡、乡政府驻地非农业人口占全乡人口 10% 以上的，也可以建镇。少数民族地区，人口稀少的边远地区，山区和小型工矿区、小港口、风景旅游、边境口岸等地，非农业人口虽不足 2000，如确有必要，也可设镇。至 1992 年底，中国共有 14539 个镇。

时，国家权力对民族村寨的影响也从政治控制逐渐转向经济导向和文化扶持，通过对民族村寨文化资源的征用、引导和再建构，使之成为服务于国家现代化建设和地方社会经济发展的有效资源，民族村寨文化也因此在国家主流话语格局中重新获得继续生存的合理性依据和合法性空间。①

联合国教科文组织在《文化多样性宣言》里开宗明义地指出："文化在不同的时代和不同的地方具有各种不同的表现形式，对人类来讲就像生物多样性对维持生物平衡那样必不可少。"云南各个民族各具文化特色的村镇，就是这种文化多样性的一个个载体。

文明是一代代的人不断地积累的，后人在继承祖先所创造的文明的基础上不断地进行原创的再创造，以延续自己的文明，但都需要承载和创造文明的平台，也可以说是"文明的家园"，而村落和镇，是我国最基本的一个社区承载体，一个平台。很多古村镇都是人类文明的载体，一座有历史文化价值的古村镇，往往就是一个社会和历史发展的缩影。它既作为一个人类文明的展示平台，有历史见证、历史记录的价值，有文化价值、审美欣赏价值，同时又是一个文化再创造的平台和民众身体、精神的栖身之地。而且正是这些多样的价值，使它们也具有了吸引游客、发展旅游的价值。如果伤害了其他的那些文化价值，那发展旅游的价值也就不复存在，因此，要发展村镇旅游和文化产业，首先就需要保护好它。

在村镇文化中，特别是历史文化名镇名村文化的保护和传承，对弘扬传统文化、提高地方竞争实力，促进当地经济和社会发展具有不可替代的积极作用。迄今为止，我国各级政府在这方面的认识不断在提高，也推出了一些举措。

国务院总理温家宝签署了第 524 号国务院令，公布《历史文化名城名镇名村保护条例》，该条例已经于国务院 2008 年 4 月 2 日第 3 次常务会议通过，自 2008 年 7 月 1 日起施行。

中华人民共和国建设部、国家文物局在 2003 年 10 月 8 日正式发布了《关于公布中国历史文化名镇（村）（第一批）的通知》，决定从 2003 年起，在全国选择一些保存文物特别丰富并且具有重大历史价值或革命纪念意义，能较完整地反映一些历史时期的传统风貌和地方民族特色的镇（村），

---

① 参看肖青、李宇峰：《云南师范大学学报》（哲学社会科学版），2008 年第 1 期。

分期分批公布为中国历史文化名镇和中国历史文化名村，并制定了《中国历史文化名镇（村）评选办法》，共12个村；第二批2005年9月16日公布，共24个村；第三批2007年6月9日公布，共36个村。

《历史文化名城名镇名村保护条例》对历史文化名城名镇名村的内容有这样的说明："具备下列条件的城市、镇、村庄，可以申报历史文化名城、名镇、名村：（一）保存文物特别丰富；（二）历史建筑集中成片；（三）保留着传统格局和历史风貌；（四）历史上曾经作为政治、经济、文化、交通中心或者军事要地，或者发生过重要历史事件，或者其传统产业、历史上建设的重大工程对本地区的发展产生过重要影响，或者能够集中反映本地区建筑的文化特色、民族特色。"

截至2007年底，云南省共有16个历史文化名城（其中5个被国务院批准公布为国家历史文化名城）、32个历史文化名镇、名村（其中5个被国家建设部、国家文物局公布为国家历史文化名镇、名村）和一个历史文化街区。

关于历史文化名镇（村）的确认和命名，建设部和国家文物局的有关规定主要着眼于两个方面，其一，是"在一定历史时期内对推动全国或某一地区的社会经济发展起过重要作用，具有全国或地区范围的影响；或系当地水陆交通中心，成为闻名遐迩的客流、货流、物流集散地；在一定历史时期内建设过重大工程，并对保障当地人民生命财产安全、保护和改善生态环境有过显著效益且延续至今；在革命历史上发生过重大事件，或曾为革命政权机关驻地而闻名于世；历史上发生过抗击外来侵略或经历过改变战局的重大战役，以及曾为著名战役军事指挥机关驻地；能体现我国传统的选址和规划布局经典理论，或反映经典营造法式和精湛的建造技艺；或能集中反映某一地区特色和风情，民族特色传统建造技术"；其二，是该镇（村）所拥有的"建筑遗产、文物古迹和传统文化比较集中，能较完整地反映某一历史时期的传统风貌、地方特色和民族风情，具有较高的历史、文化、艺术和科学价值，现存有清代以前建造或在中国革命历史中有重大影响的成片历史传统建筑群、纪念物、遗址等，基本风貌保持完好"。

显然，国家有关部委对"历史文化名镇（村）"的确认，主要视其建筑遗产等物质文化遗留的价值来定，基本不涉及古村镇所蕴藏的丰富而独特的非物质文化遗产。民间文化学者刘锡诚教授就这一点曾指出："我们不禁要问：建筑之外，古村落还有什么遗产？"在笔者看来，"历史文化名镇（村）'作为传统文化的重要载体，既负载着丰厚的物质文化遗产，又负载着丰厚的非物质文化遗产，这两种形态的传统文化遗产构成了'历史文化名镇（村）'独特的历史文化价值。这些属于具有独特价值的物质文化遗产的村落布局、民居建筑、戏楼、庙宇等古遗存，一般说来是直观的、具形的，它们是看得见、摸得着的，而属于非物质文化遗产范围的文化遗存，如民众传承的口头文学、表演艺术（这里的'表演艺术'指民间戏剧、曲艺、音乐及舞蹈）、民间美术和造型艺术、民俗和仪式（包括节日）、传统体育和竞技、民间知识等，则是看不见、摸不着的。相对于普通的村落群体而言，举凡历史文化名镇（村），往往由于历史的原因，如血缘和姓氏群体的繁衍、战争和灾害、政治和经济移民、商业或运输等，在其历史发展的长河中形成了特殊的传统文化，保留下来更多更有价值的文化信息。所以我们说，一座有历史文化价值的古村镇，往往就是一个社会和一段历史的缩影。这两种不同形态的文化遗产，在历史风云的销蚀中，都在经历着被损毁和逐渐式微的过程，有些甚至面临着中断或消亡的命运。可以说，'历史文化名镇（村）'具有物质文化遗产和非物质文化遗产的双重文化价值，因而也面临着双重的保护任务。任何只重视物质文化遗产保护而轻视或忽视非物质文化遗产保护的观念，都将因保护不善而导致文化遗产的流失甚至断流的严重后果"①。

尽管建设部和国家文物局已分别于2003年和2005年命名了两批"历史文化名镇（村）"，确认了44个历史文化名镇和36个历史文化名村，这些被确认的村镇，其建筑等物质文化遗产在一定程度上得到了有效的保护，但更多的还未被确认为"历史文化名镇（村）"的古村镇，特别是它们所蕴藏的丰厚的非物质文化遗产，尚未得到相应有效的保护，从而使其在历史前进的脚步中自生自灭，逐渐变为远去的记忆。一方面，历史文化名镇（村）或古村镇抢救和保护中出现的这种认识的错位和工作的缺失，反映了有关

① 刘锡诚：《论古村镇的非物质遗产保护》，《浙江师范大学学报》（社会科学版），2007年第3期。

部门认识上的偏差和工作上的分割；而另一方面，随着近年来公众文化自觉意识的不断提高，他们对文化遗产的保护却有了空前的关注。

2006年2月8日国务院下发的《关于加强文化遗产保护工作的通知》（以下称《通知》），对“历史文化名镇（村）”的保护范围做了新的阐明。《通知》说：“在城镇化过程中，要切实保护好历史文化环境，把保护优秀的乡土建筑等文化遗产作为城镇发展战略的重要内容。”这里涉及两个重要的概念：一是要保护好“历史文化环境”，二是要保护好“优秀的乡土建筑等文化遗产”。刘锡诚认为，《通知》所指的“历史文化环境”与联合国教科文组织《保护非物质文化遗产公约》第二条第一款所规定的“文化空间”（又译为“文化场所”）是大体同义或大体相当的词语，前者所涵盖的内容，甚至要比后者更为宽泛。“文化空间”已被纳入我国政府的文件，被承认属于非物质文化遗产。《公约》写道：“‘非物质文化遗产’指被各社区群体，有时为个人视为其文化遗产组成部分的各种社会实践、观念表述、表现形式、知识、技能及相关的工具、实物、手工艺品和文化空间。”① 这就是说，作为文化遗产的“历史文化名镇（村）”所要保护的，既包括优秀的、有地域文化特色的古代民居建筑群，也包括在这些聚落里蕴藏着的传承既久的乡土建筑之外种种其他形态的非物质文化遗产。非物质文化遗产对于古村镇的历史文化内涵，在某种程度上也许并不比物质文化遗产逊色。②

我们论述云南名村名镇的保护和发展，是指包括了物质文化和非物质文化两方面的保护和发展。由于年深日久遭受自然的损坏和人为的破坏，以及传承人的自然衰亡规律和现代文化变迁中人们观念的变化，使物质和非物质文化遗产都处于濒危和无人传承的状态，因此首先要进行大力的保护，使我们的优秀文化传统传承和延续下去，这样也才能有在继承基础上的当代发展。名村名镇所具有的物质和非物质的文化遗产比一般村镇更集中、更典型，因此，更应把对它的保护置于重要地位。名村名镇的保护任务是物质文化和非物质文化的双重保护，在云南的村镇里，比较文化变迁

① 中国民族民间文化保护工程国家中心编：《联合国教科文组织·保护非物质文化遗产公约》，转引自《中国民族民间文化保护工程普查手册》，文化艺术出版社2005年版，第199页。

② 刘锡诚：《论古村镇的非物质遗产保护》，《浙江师范大学学报》（社会科学版），2007年第3期。

剧烈的我国内地村镇而言，非物质文化遗产更为丰富多彩。

云南70%以上的人口在农村。云南的几大支柱产业都和“农”字有关。云南经济和文化的发展，都与乡村有密切的关系。保护好乡村文化，是云南省建设“民族文化大省”并向“民族文化强省”迈进的根基和各民族文化赖以可持续发展的平台。

村落和小镇历史文化遗产和民俗文化等的保护，应首先在一些具体的、有突出特色的点上做起，这就是我们把本项目定位在一些“名村名镇”上的原因。名村名镇，是一个地方最具有代表性的村落和古镇文化的缩影，经过长期的历史积淀和积累，各地各民族的名村名镇有非常浓郁的文化特色，集中了一个区域和一个民族（或一个族群）最具个性化、特色的历史文化和民俗，如我们在这个项目中所选的丽江市的束河、大理州云龙县的诺邓、保山市腾冲县的和顺、鹤庆县的新华村等，或各具特色，或在某一方面独领风骚，总之都是各地各民族本土文化的集大成者。保护和发展好各民族和各地的名村名镇，就可以引领其他大量的村落和小镇的文化保护和在保护基础上的创新和发展。所以，名村名镇文化的保护和当代发展的研究，对云南这样致力于建设民族文化强省的民族文化大省来讲，是至关重要的。

省委、省政府也意识到，云南作为中国著名的民族文化大省，随着经济和社会的发展，城镇化进程的不断推进，云南省的历史文化名城、名镇、名村和历史文化街区的保护工作出现了一些突出问题，主要体现在以下几个方面。第一，保护与开发建设的矛盾突出，保护意识不强。特别是当经济建设、城镇建设与历史文化资源保护产生矛盾时，一些地方建设性破坏的现象时有发生。第二，保护和整治资金的投入严重不足。历史文化名城、名镇、名村和名街的保护是一项投入大而不一定处处都能有明显的直接经济效益的工作，保护、整治资金需求量很大，但目前尚未建立合理的保护资金投入保障机制，影响了保护工作的开展。第三，保护工作的法治建设严重滞后。将保护工作纳入法治化轨道已十分迫切。因此，云南省十届人大常委会第三十二次会议审议通过了《云南省历史文化名城名镇名村名街保护条例》，并规定从2008年1月1日起施行。

该条例主要内容包括规定历史文化名城的保护工作各主体的职责和义务；建立长效稳定的资金投入机制；明确规范历史文化名城的申报条件、

要求及程序；制定了相关严格的管理措施，将历史文化名村保护范围内建设专案的管理纳入了法治轨道。

《云南省历史文化名城名镇名村名街保护条例》共七章四十四条，内容涵盖了保护管理的各个环节，具有较强的针对性、可操作性和前瞻性，将于2008年1月1日实施。条例规定，保护工作是县级以上人民政府的职责，历史文化名城、名镇、名村、名街所在地应当设立保护专项资金，用于普查、规划、保护等工作。

条例中对“名街”的强调是云南的一个特色和创新。如今，云南省的历史文化名城已经很少了，但还有大量的历史街区散布在各个城镇中，迫切需要保护这一大批现存的历史街区，使之成为历史文化名街。[①]

云南的地方历史文化积淀是非常深厚的，与全国相比，25个少数民族丰富多彩的文化使云南的村镇文化具有了一种全国其他省区很难相比的文化多样性和村镇文化的独特性。很多民族的村落从它的社会结构、亲属制、村民的来历等，都可以看出该地的民族迁徙、民族融合等历史轨迹。

《云南省历史文化名城名镇名村名街保护条例》第一章第二条对“历史文化名城、名镇、名街”这样定义：“本条例所称历史文化名城、名镇、名村、名街，是指经国务院或者省人民政府批准公布的具有重大历史、科学、文化价值或者纪念意义的城市、镇、村、街区。”

2003年至2005年云南省经过普查以及申报审核，有27个少数民族以聚居村寨列入省级保护名录。

尽管云南省推出了这些名村名镇文化保护的条例，对以后村镇文化保护有了法律和制度的保障，但因这些条例，关注的仅仅是有特定规定内涵和门槛的“名村名镇”，而且尚无更为具体的实施细则，因此对云南的村落文化、小镇文化的保护和传承起到作用还会有一个比较长的过程。

目前不能不引起我们警觉和正视的一点是，云南的很多乡村在急剧的社会变迁以及主流文化、外来文化的冲击下发生着变迁，村寨民俗、歌舞艺术、节庆、传统民宅等有形和无形文化、风采卓然的村寨个性特点在逐渐悄悄地衰落、消失。云南作为一个广为人知的民族文化大省，旅游经济等支柱产业的发展又在很大程度上依靠文化资源。因此，云南村落文化的

---

① 张雁群：《解读云南四大新法规》，云南日报网，2008年1月3日。

保护就显得更迫切和更重要。重视保护和发展云南的“特色乡村文化”，是促成云南民族文化强省建设的重要条件和关键的基础工作。

最近，云南省委提出了推进云南民族文化大省向民族文化强省迈进的新目标。自从 1996 年云南省委、省政府提出建设民族文化大省的战略以来，云南省充分利用丰富而异彩纷呈的多民族文化资源优势，以一种“敢为天下先”的精神、眼光和魄力，制定了各种有效的政策和措施，把云南的文化事业和文化产业工作做得红红火火，推出了一个个精彩纷呈的文化创意，创造了众多个性卓然的文化精品，云南文化热在国内外不断地高潮迭起，好戏连台。这些文化精品不仅为云南争了光，在以云南民族文化唱主角的很多国际性文化活动中也为国争了光。可以说，云南省委、省政府在此时提出推进云南民族文化大省向民族文化强省迈进的新目标，正是充分利用天时地利人和的有利条件，充分发挥云南独一无二的文化优势，以实际行动贯彻落实党的十七大精神的具体举措。

而云南民族文化强省的建设，其根基和主要的平台是云南承载着各民族多元文化的众多村镇。我们只有首先把民族文化保护和传承的工作，植根于这广袤的乡村社区，云南建成民族文化强省的建设才能落到实处。

本项目所指的“名村名镇”，包括两方面的含义，一是国家或省已经正式授予“历史文化名镇名村”等称号的村镇，如在 2005 年获得了国家第二批历史文化名镇荣誉的禄丰县黑井镇；获得了第三批中国历史文化名镇荣誉的剑川县沙溪镇；有的甚至已经获得了世界级的荣誉，比如获得了“世界文化遗产”称号的束河古村落、2001 年获得了第 101 个“世界性濒危建筑保护名录”的剑川沙溪镇寺登街；在 2006 年入选“世界纪念性建筑遗产”的红河州建水县的团山村。另一方面，也包括那些虽然还没有获得这些官方授予的荣誉，但在本地已经很有知名度，在历史文化遗产和民俗文化的某些方面或某个方面已经形成突出特色和优势的村镇，如本项目第二编里所选的维西县的塔城村、丽江市玉龙纳西族自治县以传承东巴文化见长的塔城乡署明村，以及宁蒗县永宁以摩梭母系文化为突出特点的八珠村等。

目前建筑学界与物质和非物质文化遗产研究、调查中，涉及村镇时，常常用到“古村落”这个词，国内建筑学界对“古村落”这个词的定义主要有以下内容。

所谓古村落是指民国以前建村，保留了较多的历史沿革，即建筑环境、建筑风貌、村落选址未有大的变动，具有独特民俗民风，虽经历久远年代，但至今仍为人们服务的村落。作为完整的生活单元，它们由于历史发展中偶然兴衰因素的影响，至今空间结构保持完整，留有众多传统建筑遗迹，且包含了丰富的传统生活方式，成为新型的活文物。1997 年我国建设部将一些文物古迹比较集中，或能较完整地体现出某一历史时期的传统风貌和民族特色的街区、建筑群、小镇、村寨等，根据他们的历史、科学、艺术价值核定为历史文化保护区。因此我们目前所见到的古村落是可以亲历的生命史中的一个阶段，与遗址不同，是农村乡土环境的重要活见证，对历史文化区的保护工作具有典型的指导意义。我们在此所做的评价目的不是分清他们在生活方式、文化传统方面的优劣，而是能正确地、以可度量的标准为基础，判定古村落的当前状况，为保护发展做准备。经过几百年的演变，传统的乡土建筑满目疮痍，基础设施陈旧，改造势在必行。但改造应小心谨慎，以免不可再生的历史文化遗产遭受损失。评估的目的在于尽量避免决策的随意性，为科学决策提供基础，我们现在的主要工作不是在古籍中寻章摘句，而是要正确处理保护和发展的关键矛盾，并逐步引导乡土建筑和环境的保护进入正轨。①

我们在这里所论述的名村名镇，都属于古村落的范畴，只不过相对来讲，在本地和外界有很高的或比较高的知名度，有的则列入了国际和国家或省授予的“名村名镇”称号。

从云南村镇的情况看，有这么几种情况。

一种是周围的环境大多是本民族的社区聚落，受外来文化的影响不大，因此，这样的村落往往保留本民族的“原生文化形态”② 比较多。

还有一种情况是，有的村落在逐渐形成的过程中，有不同的民族逐渐迁徙居住一起，因此形成一个村落有多种民族成分，反映在文化上，也就形成了文化的多元状态。

---

① 朱晓明：《试论古村落的评价标准》，《古建园林技术》，2001 年第 4 期 。

② “原生文化形态”（即原生态）的说法，学术界有争论。这里指的“原生文化形态”，指基本上还被本地人认可和认同的、保留了文化遗产“原真性”“本真性”（authentic,authenticity）特质的文化，即没有为迎合商业运作等原因而刻意变化了的因素。

另一种情况是，由于云南各民族的不少村落还与其他民族毗邻，因此，在文化习俗上也相互借鉴和相互影响，形成一种“你中有我，我中有你”的多元文化格局，但主导的文化还是本民族的文化为主体。

说到小镇，由于各地小镇的形成总是与商贸经济的交流密不可分，因此，小镇的文化和社会的多形态、多样化往往就比较突出，文化的融合、整合现象也比村落要突出得多。典型的如丽江古城（大研镇），就是纳西族、汉族、白族、藏族等多民族融合和多元文化融合的突出例子。

云南的历史文化名镇名村的物质和非物质文化遗产资源非常丰富多彩，既有浓郁的本土“土著文化”的特点，又有浓郁的多民族多元文化历史积淀，外来文化与本土文化的交融和整合。比如丽江古城和丽江束河古村落的文化，就是典型地融汇了纳西族和明清传入的汉文化以及在各个历史时期进入的藏文化、白族文化等。

它们一方面传承着历史文化信息，另一方面与当地的文物古迹、区域环境风貌相辅相成，构建出城市、村镇文化的深厚底蕴，体现一个历史文化名城、名镇、名村的“韵味”所在。因此，历史文化名城、名镇、名村保护的不仅仅是文物古迹、传统建筑，还包括蕴含其中的非物质文化遗产。

云南村寨和小镇的地方历史文化积淀是非常深厚的，与全国相比，云南丰富多彩的民族文化使村镇文化具有了一种独特的文化多样性。乡村的物质和非物质文化遗产资源非常丰富多彩，既有浓郁的本土文化特点，又有浓郁的多民族多元文化历史积淀，以及外来文化与本土文化的交融和整合。它们一方面传承着历史文化信息，另一方面与当地的文物古迹、区域环境风貌相辅相成，构建出乡村文化的深厚底蕴。因此，乡村文化保护的不仅仅是文物古迹、传统建筑，还包括蕴含其中的丰富多彩的非物质文化遗产。

村落和小镇，是传承民族文化的基础平台，培养本土文化人才、精英乃至大师的摇篮，不仅本土文化传承的根基在村落和小镇里，很多本土的文化精英，也都是从村落里成长和培养出来的，如各种民间宗教专家、工艺师、歌手、民间草医等。从目前的情况看，云南很多国内外驰名的文化品牌都要依托农村。

以我国著名舞蹈家杨丽萍领衔主演、在云南少数民族传统艺术根基上创新的《云南映象》为例，它现在已经成为当代云南文化的一张名片，也成为我国一个极具民族特色个性、雅俗共赏的艺术杰作，而它所依托的恰恰是云南各民族的乡村文化，假如没有云南迄今仍然还鲜活存在的农村民间艺术，没有那些来自各民族村寨的土生土长的乡土艺人，就不可能形成《云南映象》这种浓郁的云南本土民族特色和独特风格。没有无数各民族村落这样的平台，就不可能培养出自然天成、带着“泥土气息”的各族乡土艺术家，也就无从谈起创造出这样一块亮丽隽永的文化品牌，没有鲜活的乡土艺术，即便如杨丽萍这样的杰出艺术家，也会回天乏术。

笔者参加了2006年我国文化部在美国举行的中国文化艺术节活动之前云南乡土艺术家和节目选择的整个策划活动，也参加了2007年在美国首都华盛顿国家广场举行的“澜沧江—湄公河流域国家民间文化艺术节”的策划和各种学术讨论的活动。根据我国政府的安排，云南省代表中国参加了这个民间艺术的盛会。笔者在这两次活动中，对来自乡村的民间艺术人才的重要性有更为深切的体会：乡村文化是一个国家的民间艺术的活水源头，绝不能让它枯竭。而据笔者对参加这两个国际盛会的我省杰出彝族民歌手李怀秀、纳西族歌手和金花等人的了解，在她们的村子及附近村落里，当今能把“海菜腔”“嫁女调”等极有本地本民族突出特色的民歌唱得很地道的青年人，为数很少，民间艺术的薪火相传已经有了中断和正在濒临中断的现象。乡村文化能否得到保护与传承，关系到类似的云南各民族文化能否可持续发展，也关系到各种云南的文化品牌能否长久保持其魅力。

又如列入《世界记忆名录》、作为丽江重要文化产业和旅游依托的纳西族东巴文化，其根基和土壤是在乡村，只有土壤和根基保护得好，不断产生优秀的乡土文化传人，东巴文化这张在全世界独树一帜的文化品牌才能长久地打下去，否则，在丽江古城范围内的东巴文化产业就不可能持久发展，会日益成为一种仅仅是表演性的、商品化的民间艺术展示。国内外的很多经验表明，这种仅仅是展演性和商品化的民俗文化，是不会有强大持续的生命力的。

作为各民族文化的载体，村落对各民族传统文化的保护、养育和传承至关重要，没有这些文化的载体，就谈不上文化的保护和传承，也谈不上各民族传统文化在当代于原有基础上的再创新和发展。如无村寨文化载体，也不可能形成具有鲜明的地方民族特色与活生生的民众日常生活场景融为一体的文化产业基地。假如没有云南大理白族自治州鹤庆县新华村这样的白族银器、铜器手工业文化名村，只有村子旁边那个貌似热闹的销售银器、铜器的超市，那是不可能形成一种吸引人的白族手工业文化氛围和土壤的，新华村这样的村落是维系白族银器、铜器手工艺文化灵魂和生命的土壤。

可以断言，如果大力推动村落的民族文化保护传承工作，将会对云南以文化为灵魂的旅游和文化产业的持续发展起到一种“活水长流”的功能作用。据笔者所知，无论在学术文化界，还是在高端旅游、大众旅游的市场上，想到云南的乡村领略一下活着的民族乡土文化的人是很多的，我们应该致力于营造更多的文化名村名镇，保持云南乡土文化土壤的持续丰饶。

因此，保护好村落的文化土壤，才有可能不断地产生民间文化精英，民族文化才会后继有人。只有保护好村落的民族文化，并将其传承好，我们的文化创新才能有取之不竭的素材、资源和养料。

云南要保护好名村名镇，也要多借鉴国际国内的各种保护方式，如冯骥才先生曾说，在国际上，古村落的保护有三种模式，一是像乌镇那样，不进行变动，老百姓照样在里面生活，游客买门票进去；二是民居博物馆形式，如山西的大院，把相关的摆设平移、集中起来进行展示；三是新区与老区分开，居民可以搬到新区去住，也可以留在古村区。开发的时候，一定要请专家论证，一个古村落原本的文化内涵是哪些内容，应该如何进行展示，都要有科学的论证。要把开发的过程，视为整理、保护古村落的过程，可以进行修缮，但不能破坏或粉饰，改变它旧有的形制和体量。①

本项目分为两个部分，第一部分“总论”从各个方面阐述云南名村名镇保护的重要性以及从哪些方面进行保护的一些观点。该部分包括对云南名村名镇文化调研和保护实践的回顾；还从以下几个方面论述了保护名村名镇的途径和方式等，如民众的文化自觉是保护好云南名村名镇的首要前提；民俗的保护是名村名镇保护的根基；名村名镇文化的保护和发展要走多元化的道路；文化传人的培养是名村名镇文化保护的关键；在乡镇小学进行本土文化教育对文化保护和传承的重要性；借鉴他山之石的内容，如

① 陈瑾：《旅游经济中，我们如何对待古村落》，《旅游时代》，2005年11期。

意大利乡村生态博物馆对云南省名村名镇文化保护和发展的启示。

本项目的第二部分是对一些有代表性的名村名镇的个案调查，如上所说，我们选了全省有较为典型的区域和民族特点的一些名村名镇作为个案，有的不一定是已经入选国际、国家或省的名村名镇，但在各民族和各个地区确实又闻名遐迩，是民众认同的名村名镇。这些名村名镇分别属于汉族、傣族、藏族、纳西族、白族等，是该地和这些民族中历史悠久、特点突出的一些村镇。有的村镇在目前旅游发展的过程中，其文化资源开始造福本地民众；有的村镇则没有受惠于旅游等，但保持着比较本真的乡土文化面貌和日常化的村落生活。挖掘和充分利用其文化资源，使之裨益于村落的社会和谐、人地关系和民众生活质量的提高，则是这些所调研的村镇民众的共同愿望。

项目组成员根据自己的调研，结合各地的情况，分别对这些村镇进行了文化、民俗、宗教、经济和社会诸多方面的介绍、描述和分析，有的还提出了该村镇如何保护和发展的一些思路。从这几个个案中，我们能进一步深入认识到云南名村名镇的多样性及其重要意义，它们在云南整体文化中举足轻重的重要意义。

我们所选的一个调研点位于西双版纳州府景洪市南 65 公里处，行政上隶属勐龙镇曼龙扣村的曼飞龙村。曼飞龙村是个著名的傣族村寨，村里有著名的白笋塔，也称曼飞龙塔，建于 1204 年，因此推论，该村建寨应不晚于 1204 年。1988 年，白笋塔被国务院公布为“第三批全国重点文物保护单位”。

傣族村落又有自己突出的民族特点，这个个案通过对曼飞龙村详细分析，提出了该村的一些突出特点，比如调研者指出村寨不仅是人们集中居住在一起的住房群落，人们对村寨的依靠更重要的是反映人们在村寨中相互关系的制度，即村社制度，村社制度是傣族传统社会中最重要及最基本的社会制度。傣族的村寨文化的特征与其传统的村社制度有直接关系，即村社制度决定了村寨文化在傣族社会中的地位。在傣族社会中，村社是一个社会构成的基层实体，村社制度是傣族社会中的核心制度。村社作为一个集社会生活、政治、经济、文化、宗教为一体的社会基层单位，成为傣族社会的构成细胞。

传统的傣族村社不仅仅是一个人们集中居住的村落，而且还是一个集自主管理权力、经济、宗教（在民主改革以前还有军事职能）与相对封闭的社会网络为一体的社会实体。因此，村寨对于村民来说具有强烈的吸引力，他必须依赖村社，才能够获得生存资源，才能够具有安全感，才能够在遇到困难的时候获得帮助。

这个个案深入地分析了曼飞龙村非常多样化的社会文化，如亲戚网络，它由每一个村民的亲戚朋友所构成。互助关系网络是西双版纳傣族村社中最重要的社会资本。傣族社会网络中又一个重要因子是村社中的小群体组织。在曼飞龙村，与傣族的其他村社一样，存在着很多村民中的小群体。

我们要保护和发展好村落文化，首先就要了解和研究村落的社会文化构成以及传统，这篇调研报告，在深度解读村落文化方面做了努力。

普洱市孟连县娜允古镇的报告则是由长期生活和工作在孟连县，从事傣族文物、文化的保护和研究的傣族学者张海珍（召罕嫩）完成的。地处孟连傣族拉祜族佤族自治县城的西边，娜允古镇从元代起就是孟连傣族土司的王城，有着 700 多年的文化积淀。娜允古镇被称为全国唯一的傣族古镇，2001 年娜允古镇被云南省政府批准公布为“历史文化名城”；2005 年被列为“云南省首批著名旅游小镇”；2006 年被评为“云南十大名镇”之一。

这座云南 18 土司建筑中保存最完好的古建筑，是中国仅存的傣族古典礼制建筑。从与土司建筑并存的，还有古镇里的佛寺、官道、官宅、民居、神树、寨心、墓地、风景林、萨拉亭、古树、古井、河流、集市等有形文化，是土司统治时代的文化积淀，反映了那个时代的政治、经济、宗教、历史、民俗等诸多文化，使古镇风貌保持了它独有的完整性。

从文化资源特点上看，娜允古镇有它的唯一性和排他性，是全国唯一的傣族古镇，是傣族土司文化的重要载体，是研究傣族土司文化不可或缺的实例，具有历史、艺术和科研的价值。调研报告也指出了娜允古镇目前存在的一些问题，比如人口密度较大，文物保护设施不全，上城佛寺和中城佛寺等古建筑亟待修复等问题。作者对如何保护娜允古镇，提出了自己的一些看法和建议。

另一个个案是白族的诺邓村，位于大理州云龙县果郎乡的诺邓村，是形成于南诏国时期的以盐业为主的一个白族村落，这个古村有非常突出的文化特点，根据唐人樊绰《蛮书》的记载，已有1000多年的历史，是云南省罕见的千年古村之一。诺邓最迟在唐代就已开井制盐，是以盐井为生的村落。

由于诺邓历史上兴盛的制盐业，作为南方丝绸之路古道的要冲，旧时诺邓是个商贸重镇，往来客商多如行云。至今尚保留着元代建筑万寿宫以及明、清两朝的建筑90处左右；民国以后的建筑有五六处。另有寺庙、祠堂、牌坊等公共建筑20处，基本上都是明清时期的。此外，还有村民精心保护下来的古盐井以及手工制盐作坊。这个发展和变迁都与其盐业的盛衰有密切关系的古村落，在云南名镇名村中形成自己的突出特色。调研者不仅非常认真地盘点了诺邓村丰富的文化资源，而且也提出了一系列与文化产业和旅游活动相结合进行保护和传承的设想。

《云南鹤庆新华村民族手工艺传承发展研究》这个个案调研报告，从民族传统手工艺的角度总结和分析了一个白族村落的经验和做法。云南鹤庆新华村已经被云南省政府列为“云南省首批著名旅游小镇”。

这个白族古村落的民族手工业，则是当代中国西部民族手工业传承发展的一个典型，这个个案调研对于云南乃至中国少数民族传统手工艺的传承和发展有突出的借鉴意义。

大理州鹤庆县新华村的民族工艺技术在新华村民及其周围村寨的手工艺者的长期传承和创新中不断延续下来。作为一个贫困县的民族村寨，新华手工艺者在本身的优秀民族文化的传承中积极发展和开拓，为新华本村带来了极大的经济和社会效益。这个个案调研分析了民族手工艺发展对新华村经济的影响；新华村民族手工艺发展对相邻村寨的作用及影响；新华民族手工艺对藏族聚居区发展的影响等。调研报告还细致地分析了新华村民族手工艺技术的发展传承机制，比如该村家族成员之间相互传授，开放式的学徒招收，在民族文化交流中不断吸收养分的创新性传承方式等，也剖析了新华村手工艺传承存在的一些问题。

目前，云南名镇名村的旅游开发，以丽江束河和腾冲的和顺最为知名也最有效益，因此，我们在这个项目中也把这两个村镇作为个案，通过长期的调研获得的第一手资料，详细介绍了这两个古村落的村情和文化。

丽江的束河村（又名龙泉，原属丽江县白沙乡，丽江设市后改隶古城区，现正式名称是“古城区束河办事处”，媒体等多称之为“束河古镇”）是个纳西文化名村，有非常丰富的多元文化资源，东巴教、藏传佛教、汉传佛教、道教皆有，村里出过闻名遐迩的大东巴、活佛以及将军、教授等杰出人才，明代丽江壁画的一部分“大觉宫壁画”也在村内；此外，束河也是著名的“茶马古道”重镇，出过不少与藏族聚居区做贸易的著名“藏客”；它也是滇川藏著名的皮革之乡。束河古镇也被列入“世界文化遗产”丽江古城的组成部分，被云南省政府列为“云南省首批著名旅游小镇”之一。

2003 年 5 月，丽江市政府本着“既有实力，又有文化层次，并愿意在丽江作中长期投资发展”的条件，选择了昆明鼎业集团为合作伙伴。鼎业集团在开发中本着这样的宗旨，即“保护它原有的四大文化：茶马文化、农耕文化、纳西文化和生态文化，这是束河古镇的灵魂所在”。由于该公司采取了古村落（即老区）和按照传统建筑风格和村落风格开辟新区的方式，因此，古村落的田园风光等得到了有效保护，被国内专家赞誉为“分区制”的模式。走出了一条既将传统文化资源造福于民，又有效地保护历史文化遗产和民俗文化的路子。

我们所选的另外一个个案是和顺乡，和顺乡是云南省著名的侨乡，几乎家家户户都是侨眷、侨属。这个 6000 人的村落中，有 1 万多名华侨亲眷旅居海外。由于与众多华侨的天然联系，和顺形成了一个“外向型”社会，莘莘游子带回了四海风物文化，使和顺随处流露出中西合璧的痕迹，展现了侨乡文化的特殊意蕴。

2006 年 8 月，和顺经百余媒体评选，公众投票认可，成为云南唯一入选的“中国十大最美丽村镇”。它也被云南省政府列为“云南省首批著名旅游小镇”之一。

和顺乡历史悠久，境内名胜古迹众多，有不少诸如中天寺、魁阁的明代建筑和建于清代的元龙阁、三元宫、文昌宫、财神殿等建筑。此外，宗祠文化也是和顺乡又一道独特亮丽的人文景观。在这样一个方圆仅有 16.8 平方公里的小小乡间里，竟建有 8 个宗祠，这在国内外的乡村中都是罕见的。

和顺是著名的侨乡，所以它的边贸历史文化也是一大特色。侨居海外的和顺人，到过海外很多地方，因而在家乡建造的住宅具有中西合璧的建筑风格，有三方一照、四合五天井、四合院、一院多进等。

和顺的发展得益于外来企业的进入和参与开发。2003 年 10 月，云南柏联集团与腾冲县政府签订了投资开发、经营管理和顺景区 40 年的协议，云南柏联和顺旅游发展有限公司正式成立。从此，社会力量介入了和顺的文化保护与开发。和顺的发展进入了一个新的阶段。

云南的束河与和顺这两个古村落目前的发展模式反映了目前云南引进企业推动本地文化的保护和开发，促进旅游发展，通过旅游发展又反哺文化保护和改善本地民众生活的做法，力图实现在保护中开发，通过开发促进保护。在保护工作主要依靠自我促进经济发展作为途径的现实情况下，这是一种比较有成效的方式。我们从本书这两个个案的调研资料中，不仅可以了解到这两个名村名镇的基本情况，可以对这两个地方政府、社区民众最终与民间企业联手共建著名旅游地的做法和经验也有所了解，供以后的跟踪调研和观察分析其得失。进一步探讨文化名村如何走一条既保护了自己的文化，又使文化造福于民，使本地居民得到实惠的道路。

本项目另一个案，即迪庆州维西县塔城乡塔城村的例子，则是通过该村别具民族和地方特色的藏族男子箭友会及其活动、组织形式等，反映了这种传统的娱乐作用，反映了本地公众性和为个人提供展示能力的平台，以及这种活动的公平性与制度化；这种活动的宗教功能；它对于传承本地文化的重要作用；它对于联络村民间情感的功能，从这种村民的民俗社团活动中反映出来的社会阶层、社会性别等方面的习俗观念等。这种从民俗角度切入看一个村子文化特点的方式，也是从事村落人类学、社会学田野调查的一种独特方式，而且，我们从这样独特的民俗中，可以看到村落社会和文化的丰富内容。

本项目还收进了对丽江市玉龙县文化旅游名村——玉湖村从 1993 年直至 2008 年的跟踪调研报告，从这份报告中，我们可以了解到这个名村如何依托丽江的旅游市场，充分利用自己的自然和人文资源，逐渐摆脱了本地贫困村的帽子和在 20 世纪八九十年代乱砍滥伐的恶名，看到文化促进旅游，旅游反哺民众生活和生态环境保护的典型个案。

从本项目所实施的这些村镇个案调研中，已经可以看到云南众多民族名村名镇的多元文化特色和魅力，看到云南与很多省不一样的七彩纷呈的众多民族文化特点，每个民族在历史过程中所创造的村镇文明，都与该民族生存的自然环境、该民族的文化、社会、宗教、经济之间有密切的关系，与各个村落在历史上的文化交流、文化融合和变迁密切相关。今天的村落文化变迁，也与当代的社会经济发展状态和全球的经济、社会、文化的影响密切相关。比如当代的旅游大潮对丽江束河、腾冲和顺、鹤庆的新华村等的各种影响，带来了当地的生活、经济发展等方面的巨大变化。而我们在该项目中所提到的娜允古镇、维西的塔城村、云龙的诺邓村等，所反映出来的村落现状则又与束河、和顺等的社会文化变迁截然不同。如果我们做更多更细致的云南村落的调研，我们对云南今后村镇文化发展的态势以及应该注意的问题等，会有更为中肯和切合实际的看法和观点，为促进云南的村镇文化保护和发展献计献策，这个项目也是向着这样的目标做了一些努力。

宁蒗彝族自治县永宁乡的扎实村，是摩梭人（纳人）聚居的一个母系制社会结构的山村，它除了在母系制文化方面有突出的特色外，在村落的人居环境保护方面也饶有特色，有非常丰富的保护村落生态环境的地方性知识。是否有良好的生态环境，是关系到一个村落能否有一个好的人居环境，能否可持续发展的关键因素，而且，保护村落的生态环境，除了国家的各种环保法规条例的制约之外，非常关键的一点是民众的自我管理机制和代代传承的生态环境保护的地方性知识。因此，我们选了扎实村来作为一个个案。当然，在本项目所选的丽江束河等调查点中，也可以看到传统生态环境保护的社区机制和地方性知识的重要意义。

《宁蒗县永宁乡八珠村摩梭母系文化保护村调研》则集中反映了独特的摩梭人母系制村落的母系文化的现状以及变迁。摩梭人的母系制文化历来是国内外学术界关注的焦点，也日益成为一个文化旅游的名牌产品，因此，有必要对这个独特的人文资源和文化品牌进行深入的审视和分析，以利于对它的有效保护和发展。该报告在基于认真调研的基础上，还提出了一些对村里的摩梭文化和生态环境进行保护的措施建议。

《宁蒗县跑马坪乡沙里坪彝族文化保护村调研》则突出了小凉山彝族村落的社会和文化特色，与这个县的摩梭母系制文化形成截然不同的另外一种人文景观。就全国贫困县宁蒗县而言，如果能有类似保护较好的几个村落，在已经形成一定规模的“摩梭母系文化旅游”品牌的前提下，进一步扩大该地村落旅游的范围有重要的意义。

《挖掘传统文化资源，以旅游业促进黑井的当代发展》则聚焦于历史上在云南有举足轻重的地位、闻名遐迩的“盐都”黑井古镇，在梳理该村各种人文资源的前提下，探讨了像这样历史上闻名而盐业又已经衰落了的名村，以后如何走出一条与少数民族地区的传统工业遗产旅游相结合的发展道路。

玉龙纳西族自治县的宝石石头城，无论从历史文化遗产还是从村落的地理位置和村寨的民居建筑特色上来讲，都是个性特点非常突出的一个“石头城”村落。1253 年忽必烈南征大理国经过这个石头城，留下了很多民间传说；在古代的丽江，宝山石头城也是个历史重镇和要塞，这个村落在东巴文化方面也声名卓著，自成一派。在语言、民俗、宗教信仰等方面也有不同于丽江其他纳西族地区的特点。现在，它又成为一个从丽江中心区大研镇等去永宁泸沽湖地区的一个要塞和重要文化景区，也是很多国外旅人喜欢从丽江徒步跋涉到宁蒗永宁的一个旅游名胜地。

红河州建水县的团山村是个汉族、彝族杂居的村落，自清代以来，村里先后建有大小不等的数十幢具有大量文化积淀的传统民宅，村中至今保存完好的组合式青砖多院落有 15 座，寨门 4 座，寺庙 3 座，宗祠 1 座，占地面积近 2 万平方米。2006 年，建水团山村入选“世界纪念性建筑遗产保护名录”。团山古村是云南省继大理州剑川县沙溪寺登街之后入选保护名录的又一个世界纪念性建筑遗产。它的申报成功表明团山古村的历史文化价值得到了世界的认可和关注，这将对云南省的文化遗产保护和文化产业发展起到积极的推动作用。在当今云南各民族村落的民居建筑缺乏有效保护而不断变异之时，团山村给云南的古民居保护提供了很好的参考案例。

《丽江三个民间手工艺名村调研》则将重点放在村落民间手工艺上，通过对丽江以木雕、皮革制作、铜器而著名的手工艺名村的详细调研，提出了一些保护和发展的思路。云南村落古镇的民间手工艺，是一种重要的文化资源和民间的文化产业，对云南特色经济的发展和文化遗产的保护都具有重要的意义。这篇报告与鹤庆县新华村银器和铜器制作调研报告从侧面反映了在云南保护和发展民间手工艺、最终为民造福的重要性，提出了发展思路。

《三访“茶马古道”名镇沙溪》一文则记述了作者 3 次访问这个名镇的见闻和思考，沙溪的沙溪寺登街区域在 2004 年 5 月 20 日被联合国教科文组织指定为“世界遗产遗址脱贫的可持续实践”项目框架内的示范案例研究。2004 年 11 月 28 日，中国剑川沙溪复兴工程庆典在寺登街古集市隆重举行。2005 年 10 月，沙溪在与全世界 11 个国家的 34 个项目的竞争中脱颖而出，获得“2005 年联合国文化遗产保护杰出贡献奖”，沙溪的复兴工程的原则做到了最少的人为干预、最大限度地保留原貌和历史信息，哪怕对年代并不久远，也并不是重要历史文物的一个马店，也要用修复文物的方法来做，尽量做到修旧如旧，原汁原味。这已经是沙溪保护和修复的一种独特模式。本文的作者认为，在目前茶马古道上，沙溪古镇对古建筑的保护和修复，修旧如旧，保存历史信息方面是做得最好的，值得作为一个范例来学习和推广。这个案例提供了今后云南如何在古镇和古村落保护方面与国外相关机构合作、与国际接轨的思路和做法。

“阿诗玛”不仅是遗产

——《石林阿诗玛文化发展史》序言[①]

我年轻时看《阿诗玛》和《五朵金花》，是印象最深的深切地感受到云南天地山川和人物之美的两部电影，有一种心驰神往的感觉。后来读书写书，对民族文化涉猎渐多，对彝族撒尼人所创造的“阿诗玛”史诗和阿诗玛这个人物有了更多的了解，知道了它的分量及其在中华民族文化宝库中所占有的举足轻重的地位。

如今，《石林阿诗玛文化发展史》一书即将问世，在这本凝聚着云南省社会科学院民族文学所和石林县本地学者心血和才思的著作即将问世之际，我有机会先睹为快，在这里写下如下一些感言。

阿诗玛的美丽传说可以称之为彝族撒尼人的心灵之音，文化之精粹。这部广泛流传于石林县彝族撒尼人中的民间叙事长诗，是撒尼人代代相传的民间创作，瑰丽非凡，美不胜收。它从各个方面反映了撒尼人的生产生活方式、丰富多彩的民间信仰和撒尼人的道德伦理追求。阿诗玛的传说对撒尼人的物质和精神世界都有重大的影响，是撒尼人最具代表性的文化遗产和精神瑰宝。

回顾从收集整理阿诗玛的传说到形成蔚为大观的“阿诗玛文化”的整个历程，可以明显地看出一点，即国家和主流文化对少数民族民间文化的态度和立场对后者文化的兴衰具有至关重要的作用。在中国历代封建王朝时期，由于“夏尊夷卑”的意识形态观念一直占据主导地位，精英阶层普遍推崇主体民族的庙堂文化而鄙视民间文化特别是少数民族的文化，更说不上对它的收集整理和发掘。五四以来新文化运动蓬勃兴起，民国年间开始有中国的民族学和民俗学者对少数民族文化进行调查研究，但由于种种

① 此文删节版以《“阿诗玛”不仅是遗产》为题刊载于《中国文化报》2011年3月1日。《石林阿诗玛文化发展史》，云南民族出版社2010年版。

原因，没能对各民族丰富多彩的民间文学作品进行广泛而全面的收集整理。对中国各民族民间文学艺术进行大规模的收集整理，主要还是发生在中华人民共和国成立以后。

因此，《阿诗玛》产生广泛的社会影响主要是在新中国成立以后，这是新中国人民政府高度重视少数民族民间文学的挖掘整理和研究而取得的代表性硕果之一。而在新中国成立之前，尽管阿诗玛的故事在撒尼人中已经代代流传，但其影响主要还是局限在撒尼人中。新中国成立后，在各级政府的大力推动下，民间文学工作者深入乡村，对阿诗玛的各种口头传说文本进行了认真的收集整理，并在各种媒体和出版机构的大力扶持下，将《阿诗玛》史诗整理翻译本推向国内外，除了汉文译本，还先后翻译成英、法、日、俄、德、罗马尼亚、捷克、泰等国文字介绍到世界许多国家，产生了巨大的影响，逐渐奠定了《阿诗玛》在世界文学宝库中的重要地位。

如今，阿诗玛的故事在云南之外的地区广为传播，几乎已经成为美丽清纯的云南姑娘的代名词，可见其影响之大。而且，随着阿诗玛故事和各种相关文学艺术作品如歌舞剧、电影等的广泛传播，阿诗玛由原来比较单纯的民间叙事长诗逐渐发展为一种含义更为丰富和宽泛的广义文化。《阿诗玛》叙事长诗在创作、润饰、发展和日益完善的过程中，融入了大量撒尼民间文化的精粹，融入了优美动人的歌舞音乐、石林奇观、长湖之美，人与自然的和谐、热情好客的民风、助人为乐的精神……在传承与流变中与撒尼民间音乐文化、舞蹈文化、饮食文化、体育文化、服饰文化、民俗文化、民间绘画文化等互动共生，成为独具特色的“阿诗玛文化”。在长期的社会发展进程中，撒尼人民的生产生活和精神世界都深深地浸透着一种“阿诗玛文化”的气息，正如日本学者樱井龙彦所说：“在今天，《阿诗玛》已跨越了民间叙事诗这样的文艺体裁的局限，在歌舞剧、电影等的文化资源，石林、长湖这样的观光地，以及香烟品牌之类的经济资源中得到了广泛的活用。像这样原本作为口承文学的《阿诗玛》，超越了文学作品的空间，成为一种资源，在社会、政治、经济的各方面得到了再生产和商品化。可以说阿诗玛不单单只是过去的遗产，更被当代的人们有效地活用着。”他因此把“这样的实践性的文化现象的总体”，称作“阿诗玛文化”。[①]

① ［日本］樱井龙彦：《“阿诗玛文化”的意义和活用》，赵德光主编：《阿诗玛国际学术研讨会论文集》，云南民族出版社 2006 年 7 月版，第 424 页。

《石林阿诗玛文化发展史》可以说是一部关于《阿诗玛》收集整理、研究的学术史，也是《阿诗玛》从民间史诗向更广的文化发展历程的全景记录，全书清晰而流畅地理出了的这一发展历程。该书对《阿诗玛》这一叙事长诗收集整理和研究的历史脉络进行了认真的钩沉梳理，从对20世纪80年代以来阿诗玛研究的理论拓展和深入的评介中，可以看出具有历史意识形态对民间文学整理者和研究者的深刻影响。这也深刻反映了《石林阿诗玛文化发展史》一书的学术价值。比如书中客观真实地论述了新中国在1978年改革开放前比较突出的“以阶级斗争为纲”的观念影响下的《阿诗玛》的整理和研究工作，当时收集者难免把具有时代政治特征的各种意识观念渗透进长诗的定稿当中，以阶级斗争作为意识基础来设计这部长诗的情节，然后塑造出相应的阿诗玛、阿黑等人物，并以此来设计特定的戏剧性冲突，结果在很大的程度上掩盖了《阿诗玛》这部口头流传下来的民间叙事诗反映古代撒尼人生活的各种真实场景和它的丰富性。

显然，学术界对《阿诗玛》的深度研究，在20世纪80年代以后随着意识形态领域的思想开放和学术的活跃而日益有了深度广度的拓展和探研，如有些学者对阿诗玛文本所反映出的“部落特征”和“英雄史诗”性质的探讨，还有对阿诗玛史诗的主题多样化的挖掘等，该书都做了系统详细的评介，如20世纪50—70年代时，普遍认为阿诗玛的主题是“剥削阶级与劳动人民之间的斗争”之说，在20世纪80年代后深入到“神对兄妹二人的乱伦欲望的暴露和惩罚”之说，“神对于阿诗玛出嫁后反悔的惩罚而最后嫁给岩石”之说，都打破了早期以“阶级斗争”说为主调的格局，开阔了《阿诗玛》研究的视界和领域，多了各种观点的碰撞。

《石林阿诗玛文化发展史》的学术梳理和总结，也体现在对早期研究者以受古典进化论影响的“五个社会发展阶段”理论来机械地研究阿诗玛史诗是产生在原始社会还是奴隶社会抑或封建社会，以及20世纪80年代以来一些学者又想将这部史诗的产生年代具体定格在某朝某代或某个具体历史时间段的诸多观点，进行了详细的评述，这些学术史的梳理都有利于今后拓展对《阿诗玛》这个作品所产生的年代的研究。依我之见，一部民间文学作品，其产生和发展必然会有随社会历史变迁的变异，比如在当代翻译整理的作品中会看到不同历史时期及其社会文化的融合之状，所以我们应打破根据一些缺乏相互联系的孤证而轻易地将作品的产生固定在一个特定时期或年代的局限，而应根据对不同文本的认真比较，来关注和探究其历史变异和整合的特点。

从这本书中，我们可以明晰地看到，随着对《阿诗玛》研究的深入，其视野不断扩大，内容涉及阿诗玛史诗中的撒尼人的婚姻习俗，诸如舅权、抢婚习俗、撒尼人的择偶标准，父母、兄妹、哥嫂、公婆、丈夫等的为人之道和社会伦理，《阿诗玛》对撒尼人婚恋习俗的重要意义，《阿诗玛》中所反映的撒尼人的宗教信仰等。该书也客观地对国内外学者关于《阿诗玛》中阿诗玛与阿黑之间关系的多种说法（即兄妹关系，或是情人关系，或是义兄妹关系，或是既是兄妹又是情侣）进行了比较详细的介绍。

本书也荟萃了《阿诗玛》研究数十年来学术界很多新颖独到的见解和一些力图对“阿诗玛文化”作出高度概括的学术探索，多有新见，比如石林彝族学者刘世生在研究中提出了阿诗玛文化的主要特征是表现为一种“欢乐文化”，他说：“在石林彝族叙事长诗《阿诗玛》中，阿诗玛是一个‘只知道高兴不知道悲伤’的撒尼姑娘。撒尼人更被社会各界誉为‘欢乐撒尼’。”这种概括涉及一个族群的民族性和民族心理等深层的问题，使我们禁不住想推究，如果撒尼人有着明显的乐观向上的人生观，这种人生观与他们的社会文化和信仰之间有着什么样的关系。这也使我想起曾深入研究纳西族摩梭人文化的周华山博士也曾根据摩梭人的民俗和摩梭语“苏夺”（害羞）的含义而以“害羞文化”这个词语来概括摩梭人日常生活中与性相关的禁忌特征和社会制约。① 尽管这些概括语并不能代表这个族群文化的全部，但都可以看到作者力图抓住族群文化中一些有特色和本质特征的核心要素而对民族性格特征进行深度挖掘的努力。

本书也对阿诗玛从原来一部广泛流传于民间的叙事长诗，通过翻译整理和再创造，逐渐向更为广义的“阿诗玛文化”拓广和发展的历程和路径进行了梳理。比如，在1953年初，就已出现了根据流传于撒尼人的民间故事《阿诗玛》而改编的京剧《阿黑和阿诗玛》；1958年，根据阿诗玛题材创作出的用撒尼语编写和演出的舞台剧《阿诗玛》；1991年5月，云南省歌舞团以《阿诗玛》的传说故事和叙事诗为题材创作的同名大型舞剧；

① 周华山：《无父无夫的国度？》，香港同志研究社2001年版，162—167页。

1961年在日本产生了根据阿诗玛原型故事“回声姑娘”改编的广播剧《阿诗玛》。而其中影响最大的是电影《阿诗玛》的放映发行，影片中非常成功的演员形象和演技、歌舞音乐等，都极大地扩大了阿诗玛在国内外的影响。阿诗玛成为云南少数民族美丽女性的象征，阿诗玛成为青年男女追求爱情和幸福生活的代名词。20世纪90年代以来，以阿诗玛为主题的工艺品、旅游广告、民族服饰乃至“阿诗玛”品牌香烟的应运而生，更使阿诗玛在中国广为人知。阿诗玛已经渗透到撒尼人及其社会生活中的很多方面，形成了一种影响广泛的“阿诗玛文化”。

《阿诗玛》出版后先后被翻译成英、法、日、俄、德、捷克、罗马尼亚等国文字出版，介绍到世界许多国家，赢得了广泛的国际声誉，成为世界文学名著而享誉文坛。电影《阿诗玛》于1982年获得西班牙桑坦德第三届国际音乐舞蹈电影节最佳舞蹈片奖。2004年8月，阿诗玛国际学术研讨会在阿诗玛的故乡石林举行，来自中国、美国、韩国、日本、德国、澳大利亚等国家的80余位专家学者参加了研讨会，交流《阿诗玛》学术研究的最新成果，这标志着阿诗玛正在产生较大的国际影响。

阿诗玛的研究还有比较宽阔的领域有待学者们去深入探索，比如和其他民族或族群同源异流民间故事的比较研究。这里举一例，与彝族撒尼人同属一个汉藏语系藏缅语族彝语支的纳西人中广泛流传着一个阿莎咪的故事，民间有很多她的故事的文本，相传阿莎咪是个美丽的纳西女子，有的说她是丽江金沙江边达勒地方的一个美女，有的故事中则说她是纳西土司“木天王”的三女儿，而这个痴情女的最后结局是为了爱情而死，“阿莎咪”的多种文本都说她是在出嫁途中被狂风刮到岩上，变成了岩石上的女人或崖神；有的文本中说她被卷贴到悬崖上后，还会给人带来灾难。我注意到阿诗玛的一些传说文本中也有说阿诗玛化身崖神后，她也会给人带来麻烦，比如叫喊的回声会使人耳聋、耳鸣等。[①] 纳西人阿莎咪的故事中的情节与撒尼人的阿诗玛故事的情节惊人的相同。[②] 这也为今后进一步探究同一语支的同类型故事进行比较研究提供了有意义的线索。

本书的第七章讨论了“阿诗玛文化的理论意义与石林文化产业”。无疑，《阿诗玛》在当下的经济发展中也为人们提供了很多借助阿诗玛的品牌推动

① 李缵绪编：《阿诗玛原始资料集》，中国民间文艺出版社1986年版，第117页。

② 杨福泉：《玉龙情殇：纳西族的殉情研究》，云南人民出版社2009年版，134—144页。

旅游经济和文化产业的契机，《阿诗玛》与旅游经济和文化产业的结合，自然也成为"阿诗玛文化"的当代构成部分，特别是作为民间叙事的文化文本《阿诗玛》发展至今所发挥的促进经济发展的作用，成为"石林阿诗玛文化发展史"一个独特的组成部分。而在未来的文化产业和旅游发展中，如何保持阿诗玛这个民间形象的魅力，促进以阿诗玛为灵魂、石林奇观为身形的石林市旅游的发展，我觉得这既面临很多的机遇，也面临挑战。一个成功的民间文化形象，要长久保持她的魅力和引人入胜的品牌效益，避免因不恰当的过度开发而流于平庸和庸俗化，我想，这将是阿诗玛这山野绝世女子及其呵护者、开发者和研究者在新世纪所面临的挑战和考验。《石林阿诗玛文化发展史》一书论证和揭示了阿诗玛在未来经济和社会发展中的前景，但其能否按预设方案获得成功，将取决于我们在实际操作中的悟性、理性和具体的运作行为。

上述这些，都会与阿诗玛艺术在民间的薪火相传、《阿诗玛》所反映的撒尼人的物质和非物质文化的生态状况以及信仰等密切相关。去年我曾在西藏听了来自不同雪域牧区的格萨尔艺人演唱著名的《格萨尔》史诗，艺人中老幼妇孺皆有，我听到了种种他们"神授"而成为杰出艺人的传说。他们那种对《格萨尔》虔诚而真挚的信仰和热爱，使我受到强烈的感染，使我领悟到为什么这部史诗的生命力会如此强大，能在物质生活贫困艰苦的藏地高原如此长盛不衰、深入人心。《阿诗玛》的内容和形式虽然与《格萨尔》史诗有较大差异，但我想有一点是共同的，其根基与核心是那种本真的乡野艺术的天籁和魅力，以及人们对她的呵护与热爱之情。如果一种民间艺术最终剥离了与人们的生命和心灵生死相依的联系纽带，而在商品大潮的冲击下日益沉沦为纯粹的舞台表演化的"旅游艺术"和市场的装饰品、商品，那它的命运和生命力也将会遭到困境。阿诗玛在撒尼人民和无数学者、艺术家的呵护和饱蘸心血、激情的努力下，已经取得了一个又一个的辉煌成果，这本《石林阿诗玛文化发展史》对这些前人和今人的种种努力和足印做了全面的总结和梳理，我们期待着后来者能创造出更为辉煌的续篇，弘扬阿诗玛文化，而这无疑将取决于我们对阿诗玛文化理解的深度、对阿诗玛这一撒尼文化遗产的爱心和真情，以及我们让阿诗玛这艺术形象在当代造福民众的开发尺度上的准确把握。

谨此为序，为阿诗玛祝福！为石林和撒尼人民祝福！

纪录片《乐土古乐》观感[①]

在丽江大研古城进入《世界遗产名录》而成为中国第一个获此殊荣的古城之际，昆明有线电视台拍摄的4集电视片《乐土古乐》也同时问世，它以其独特的内容和风格给中国的这一文化盛事增添了华彩。

过去不少影视片都力图反映纳西人的音乐生活，特别是当代以洞经音乐为主体的丽江古乐，但大都热衷于拍摄如今已名噪海内外的大研古乐队演奏的场面，配以一些文辞华美的解说。这固然从一个方面反映了丽江古乐的辉煌，但无从使人们领略丽江古乐与无数普普通通的纳西人之间究竟有什么内在的联系，古乐在纳西人的生命和精神世界中究竟占有一种什么样的位置。《乐土古乐》在这一点上有不同凡响的突破。

该片一反过去反映纳西的古乐影视片的陈套，除了表现如日中天的大研古乐队和宣科、和毅庵、周善甫等丽江古乐名人之外，还将视角转向平平常常的乡村和普普通通的民众，通过平实自然的写真手法，从多层面生动地向人们展示了纳西人日常生活与古乐之间那种相依共存、水乳交融的关系。

影片的开头就颇具匠心，以地震劫难后丽江房倒屋塌、满目萧瑟的景象开头，在使人们心灵悸动的静默中推出悬念：浩劫之后的丽江和丽江人，还能传承那一脉文化名邦、音乐乐土的精魂吗？

在一首悠远而意味深长、颇能概括纳西人广采博纳众家之长的开放精神的民歌之后，一系列平常而生动的画面吸引着人们：那个震后惊惶未定、却忙于向孙子索取幸存的笛子吹一曲《到春来》的老人；那个在弥留之际还艰难地以手势表达着对古乐的难舍难分之情的老人的故事；那些自带米面、从远近村镇中走来聚在一起演奏古乐、自得其乐的白华村古乐队的乐友们；那个痴迷于听古乐而多年如一日乐此不疲地为乐队做饭的老人；那

① 原载《云南日报》，1998年1月3日。

个患了严重的心脑血管疾病但一弹奏古乐就神志清爽的乐队老队长；那些在庭院中边奏古乐、唱古歌，边打场、编斗笠、“日作而歌”的农人；那个为定做一把“苏古笃”乐器而软磨硬缠造琴师的“阿六哥”；那些皓首银须、鹤发童颜、现身说法讲古乐神秘功效的老者；那些在闲暇时光一起放鹰打猎，野餐歌吟的乐友们；那乐于独立承担家务，支持丈夫“玩古乐”的农妇；那些在晚上聚精会神地学习乐谱的乡村百姓；那为“白沙细乐”的衰落而忧心忡忡但决心要将它传承下去的山村教师；那个初学吹笛，横吹竖吹吹不成调，急得哭鼻子的“小老外”……

影片通过不同阶层的种种人和事，向人们真实地表述了“乐土·古乐”这一主题，纳西人心中不筑“围墙”的民族传统和胸怀以及爱音乐的天性使失之中原的中华雅乐、唐宋遗音在云水苍茫，与中原远隔万重关山的玉龙雪城获得安身立命之所，并得以弘扬光大，而且使原本为上流士绅阶层所垄断的洞经音乐这一“阳春白雪”走进民间，融入大众。古乐滋养了纳西人的心性气质和与自然融为一体的人生态度，古乐使丽江这块乐土有了空灵而平和安详的气韵，成为当今无数在滚滚红尘中、碌碌人世中身心疲惫的人们所向往的心灵栖息休憩之所。

影片还有十分可贵的一点，它没有肤浅地停留在表现纳西古乐这旷世元音在当今旅游大潮中为万人景仰，受众多国内外人士推崇的盛况，它在表现中原洞经音乐在丽江发扬光大、声誉日隆、学徒如云的同时，也揭示了文化变迁中民族音乐的命运问题。如构成“纳西古乐”半壁江山，被音乐界赞誉为“民族交响音诗绝响”的“白沙细乐”组曲在当今的冷清寂寥，只有极少数人仍在坚持，难以为继，与洞经音乐的显达形成鲜明对比的困境，提醒世人要避免“中原所失之礼得于野，而‘野’之礼乐却丧于野”的文化悲剧在丽江这一文明古邦上演，点明了只有本土与外来文化的共同繁荣才能长葆丽江这一乐土的活力和魅力这一寓有警示之音的道理。

关于少数民族服饰的几点想法

——《花腰傣服饰艺术与非物质文化遗产保护》序言①

在中秋月圆、举国同庆中华人民共和国诞生58周年的美好时节，中国新平花腰傣文化（服饰）艺术节暨花腰傣服饰文化学术讨论会，在花腰傣的故乡——新平县磨沙镇隆重举行。这次学术讨论会最终形成了《花腰傣服饰艺术与非物质文化遗产保护——中国花腰傣服饰文化学术研讨会论文集》这本著作，给这个喜庆洋洋五彩斑斓的服饰文化艺术节增添了厚重的学术文化内涵。

说到服饰，民间有不少与之相关的俗语，比如“人靠衣裳马靠鞍”，“三分人才，七分打扮”等，这些民间俗语道出了服饰在人们的生活中的重要意义，从中可以看出服饰从最初那种御寒护体的功能，逐渐发展为人类重要的审美对象和个体生命重要象征的文化升华。

每一个民族的服饰，是该民族历史文化乃至信仰、美学观等的重要组成部分，是一个民族个性特征的重要象征，是人的文化创造的一种历史标记，也是人的历史的文化象征。服饰也是一个民族物质和非物质文化融汇而成的重要文化遗产。中国56个民族绚丽多彩的服饰，凝聚着各个民族丰富深厚的创造力和多姿多彩的审美观，反映了各个民族追求美好与和谐的人生理想，它形成了洋洋大观的中华民族服饰文化习俗。

云南新平花腰傣文化以其独特的无形和有形文化的个性特点，越来越引起国内外的广泛关注，而花腰傣民众美不胜收的服饰文化习俗，是其中最为瞩目的一道绚丽的人间彩霞，它日益显示出持久的魅力和民俗的隽永价值。

① 此文为李永祥主编《花腰傣服饰艺术与非物质文化遗产保护——中国花腰傣服饰文化学术研讨会论文集》（云南民族出版社2008年）一书的序言。

服饰既与特定民族和人群生活的自然环境息息相关，也与一个民族的历史发展、社会制度、民间习俗等有非常密切的关系，与人的社会性别、身份、社会阶层、人生关口等有密切关系，在收进这本论文集的论文中，有的详细论述了花腰傣服饰文化的历史渊源和文化内涵特征，有的探讨了花腰傣的族群认同与服饰之间的关系，有的探讨了花腰傣服饰的宗教意蕴，有的则探讨了花腰傣服饰的图案、造型等艺术内涵。可以说全书内容是十分丰富的。

每个民族的服饰习俗都会随着历史的发展、族群之间的文化交流，以及生活环境和物质文化的变迁而发生变迁，本书有的论文论述了花腰傣服饰文化的变迁发展；有的文章还对花腰傣服饰的气候适应性作了初步的探讨，这些不同的视角，都使人有别开生面的感觉。

任何一个民族的服饰，都会面临当代创新与改良的问题。如何将保持传统风格与创新有机地结合；如何让本民族的服饰既有丰厚的历史文化内涵，又具有鲜明的时代特点，能受到年轻一代的普遍欢迎和由衷喜爱，促成服饰文化的代代传承，都是需要认真研究的问题。我们不能随意地、没有历史感地改变一个民族的服饰，但也不能一成不变墨守成规，不敢越雷池一步。我多年在滇西北从事民族学、民俗学调研，多次参与过纳西族等民族的服饰文化的传承问题讨论，其中就碰到过一些这样的问题，比如很多纳西族年轻人不喜欢过分厚重的本民族传统服饰样式。要让年轻人喜爱穿，一定的改造和加工是需要的，历史上，不少民族的服饰就有过改良和变迁，并非一成不变。这次看到花腰傣的年轻女性就喜欢穿露出肚脐的服饰样式，而传统的花腰傣服饰则是不露肚脐的。这种服饰样式的改变反映了传统与时尚的某种结合，与年轻人的时代审美情趣的某种碰撞和结合。这样的变迁，我觉得就应该宽容地看待，既要在保持传统的基础上有创新和改造，又要避免民族服饰向过分“舞台化”“表演化”的趋势发展，这就需要从事各民族服饰研究和实践的学者和设计师们认真研究和思考，进行在传统基础上的传承和创新，对本民族年轻人的服饰时尚加以正确的引导。

此外我还想到另一个问题，即除了各民族的服饰习俗尽量不趋同于有些千篇一律的主流服饰文化，以保持中华民族服饰文化的民族性、个性和瑰丽多彩，还应该思考如何保持一个民族服饰习俗在不同区域的特色，同样一个民族而分布区域不同的各个支系的服饰都有自己的特点，不应逐渐消失在本族的主流群体之中。我在大理和丽江这些民族服饰文化非常丰富多彩的地方调研，看到目前有一种各地的服饰趋同于本民族的核心区服饰样式的现象，我觉得这种趋同不利于保持本民族内部服饰文化的多样性和丰富多彩性，有的可能也与具体族群生活的环境和气候等不相适应。我在这次花腰傣服饰艺术节上，看到了花腰傣不同支系各具特色各有千秋的服饰，我觉得这种差异，更增添了花腰傣服饰之美的多样性魅力。

毋庸讳言，在全球一体化和当代主流文化的冲击下，我国的少数民族服饰也面临着逐渐衰落、不断趋同于“主流消费市场”的服饰的问题。在这个问题上，我们需要呼唤一种弘扬各民族自己丰富多彩的服饰文化的文化自觉意识，让本民族更多的人特别是年轻人意识到本族的服饰文化，是民族认同感、民族凝聚力和本族文化魅力的重要组成部分。

在这本论文集中，有的学者探讨了花腰傣服饰的保护与发展、花腰傣服饰与旅游发展之间的关系；有的学者还专题探讨了花腰傣服饰的法律保护。这种多视角的研究，对深入探讨花腰傣和其他民族的服饰保护传承，有着重要的启示意义。

我还想到，我们非常有必要建立和保持制作、传承各民族传统服饰包括缀饰等材料、技艺等的民间作坊或博物馆运作的作坊等场所，这些工作必须趁早做，否则随着民间懂这些服饰文化习俗和技艺的传人的不断减少，今后这些工作的实施将越来越难。各民族的服饰习俗是中华民族重要的物质和非物质文化遗产，应该把它提高到保护和传承我国历史文化遗产的高度来认识。

而上面说到的这些服饰文化的传承与保护，都无疑要从一个个具体的民族或族群来研究和实践，仅仅作一些“宏观叙事式”的呼吁是不行的，我觉得，这几年来，经过学术文化界很多有识之士的不断呼吁，我国政府和民众的保护意识是有较大幅度提高的，但现在关键的问题还是缺少更为实证微观的研究和基于具体民族具体地点的个案保护传承实践。我觉得这次学术会议的一大特点，就是立足聚焦于一个族群服饰文化的研究，可以想见，如果我们能做更多类似的研究，那保护和传承民族民间文化的工作，将会更为扎实地落到实处，结出更多看得见、摸得着的成果。

云南省社会科学院的学者们近年来做了不少扎扎实实的民族民间文化研究和保护传承的实践，最近这几年在玉溪市新平县地方政府所做的两个项目也是其中的好例子，一个是2005年春结合当地的烟盒舞艺术节举办的“首届新平彝族烟盒舞”文化学术讨论会，最后出版了《首届新平扬武彝族烟盒舞文化学术讨论会论文集》，进一步促进了民间烟盒舞的繁荣发展。而2007年则结合“首届中国花腰傣服饰（文化）艺术节”，举办了“中国花腰傣服饰文化学术研讨会”，形成了这本《花腰傣服饰艺术与非物质文化遗产保护——中国花腰傣服饰文化学术研讨会论文集》，两次研讨会都是立足于一个族群，重在进行发微阐幽的实证研究，我觉得这是很好的一种做法。

中国要建设成多民族多元文化共存的和谐社会，需要我们作出不断的努力，弘扬我们优秀的传统文化，充分展示每一个民族最人性化、最美丽多彩的文化习俗。在全球一体化潮流不可逆转的今天，不可否认，我们很多少数民族优秀的传统文化也受到了冲击，面临种种危机，我们需要不断努力，保持我们每个民族文化独具个性的美，我们举办中国花腰傣服饰文化研讨会，出版这本论文集，可以说是弘扬民族优秀传统文化的具体行动之一。

学术会议之余，我也参加了这次服饰文化艺术节的精彩活动，这里，以当时有感而发写的一首古风体诗歌，结束这篇序言：

彩霞为衣霓为裳，花腰傣女美如仙。
斜戴斗笠显风情，淡妆蛾眉俏红颜。
巧笑倩兮舞翩翩，美目盼兮醉人眼。
环佩叮当发佳音，山情水韵顾盼间。
千般风致雾遮岭，万种婀娜云缠山。
自然灵动妙天成，磨沙情韵美山川。

2008年1月1日于昆明

《首届新平扬武彝族烟盒舞文化学术讨论会论文集》序言①

中国55个少数民族有非常丰富多彩的民间艺术，但随着历史社会文化的变迁，有不少民间艺术已经湮灭于历史的风尘中。而云南，则是迄今中国少数民族民间艺术存活最多的一个省份，在彝族聚居地区流传甚广的烟盒舞，就是一个鲜活地留存且还在彝族民众生活中不断发扬光大的舞种。

2005年初春，当从美国华盛顿州立大学获得文化人类学博士归国不久的彝族青年学者李永祥向我谈到举办这个学术会议的构想时，我一下感觉到了这个受过严格的人类学训练的青年学者对中国少数民族民间艺术所具有的一种非常敏锐独到的眼光，因为我在长期的民族学研究生涯中深切感到，中国西部有那么多的民间艺术形式，但对各民族具体的一个个舞种、民歌的源流演变进行发微阐幽、穷究底蕴的实证研究还非常少，学术界对很多少数民族民间歌舞的探讨常常有大而化之、泛泛而谈的弊病。深钻进去对其起源、变迁、融合、发展等轨迹以及同一种民间舞蹈的地区性、族群性差异，它与社会生活、民俗、宗教信仰之间的密切关系的深入研究，还显得十分薄弱。

我感到，举办这个学术讨论会，无论是对中国的民族艺术研究领域还是对享有盛誉的云南民族学研究来说，都具有一种特别的意义和价值。

2005年11月26日至27日，由云南省社会科学院主办、新平彝族傣族自治县扬武镇人民政府承办的首届中国彝族民间烟盒舞文化学术讨论会，与烟盒舞艺术节同时在扬武镇举行。与会者在观看彝族烟盒舞的同时，也在学术讨论会上发表了一批很有意义的学术论文，比较全面地探讨了烟

① 此文为李永祥主编《首届新平扬武彝族烟盒舞文化学术讨论会论文集》（云南民族出版社2006年版）一书的序言。

盒舞的起源、名称的变迁、烟盒舞的内部结构、艺术特点以及在当代的发展变化等；有的学者还详细探讨了烟盒舞的曲调、所用的乐器、舞蹈内容的发展变化；有的学者将烟盒舞与其他民间舞蹈进行了初步的比较研究；有的学者探讨了扬武彝族烟盒舞与族群认同的关系；有的探讨了烟盒舞的传承问题和与文化旅游之间的关系……从学科的视角到研究方法，都显得非常多样化。

烟盒舞在历史的进程中不断丰富和发展，同时也发生了比较大的变迁。而相当有意思的是，这种节奏欢快鲜明的民间舞蹈，现在越来越多地受到民众的欢迎，走出乡野，走向城市，成为与城乡民众的健身娱乐和生活休闲相结合的一种舞蹈形式。在这次扬武镇举办的烟盒舞艺术节上，我看到有那么多来自四方八面的民众喜气洋洋地来参加，扬武镇街上到处都是身着绚丽多彩的民族服装的男女老少，有很多妇女在街上临时穿衣打扮，相互帮忙披挂，一派非常自然、动人的民俗歌舞集会景象，有浓郁的民间节日气氛。它充分展示了一个深入人心的乡间舞蹈与人们的生活那种异常密切的关系，反映了民间艺术那种浓郁的生活气息与乡土活力。在这么一个充满民俗气息、乡土艺术气息的热烈氛围和特殊的时刻，举办这个严谨地探讨烟盒舞的学术讨论会，我感到其中有一种深刻的含义，即学者的研究，与民间艺术的保护与繁荣是有着一种非常重要的内在联系的，踏踏实实地深究细研每一种乡野的艺术以及它和民众社会生活之间的关系，有助于对它的保护和弘扬，并引导人们在欣赏它的同时，也准确地认识它的丰富内涵。

我相信，这部探讨彝族烟盒舞的论文集，对中国少数民族民间艺术的保护、传承、弘扬和研究，对云南的民族文化大省建设和文化旅游的发展等，都将会有一种独到的启示意义。

一部科学人类学的拓新之作

——《神灵世界的余韵——纳西族传统宇宙观、自然观、传统技术及生存方式之变迁》①

田松先生获得过科学哲学和科学史两个博士学位，他在当代人与自然关系和如何看待当今人类发展的问题上，有很深刻的见解。在田松的理论阐述中，既可以看到条分缕析的缜密思考，又能感受到一种炽热的激情与强烈的忧患意识。田松行文颇富文采，兼有自然科学学者的严谨和诗人的浪漫。对一般人来说，将以理服人、以情感人这两种为文者追求的境界展现在论述文中，并非易事，而田松在这部专著《神灵世界的余韵——纳西族传统宇宙观、自然观、传统技术及生存方式之变迁》中做到了。

这本书选取一个民族作为个案，以大量的文献资料和田野调查资料为立论的依据，深入阐述著者关于自然和人的关系以及人类的长久发展等问题，具有一种人类学所倡导的基于田野的实证精神。

在这部著作中，田松博士鲜明地提出了“两种文明两个体系”的观点，并且根据纳西族的个案做了深刻的阐述。我觉得，他提出的“不应用西方科学的‘冥尺’来衡量中国传统文明”这个观点，对于理解我国众多民族千百年来传承的生存智慧，特别是如何对待人类赖以安身立命的大自然的理性和智慧，具有非常重要的意义。这个问题涉及各民族的地方性知识和精神信仰领域，如何看待这种地方性知识和不同的文明体系中的科学与智慧问题，是一个关系到人类今后以一种什么样的观念和理性来引导自己的发展之路的根本性问题。田松提到，“不能失去文化的自信”，“要有用

① 原载《博览群书》，2008年1期。田松所著《神灵世界的余韵——纳西族传统宇宙观、自然观、传统技术及生存方式之变迁》（上海交通大学出版社2008年版）一书的序言之一。

自己的方式来判断自己文明的能力”。

我觉得，这不仅涉及如何认识自己的文明体系和他者的文明价值，还将关系到各民族传统文化在当下和未来的命运，关系到中国能否利用多民族的文化多样性，走出一条具有自己特点的未来之路。

田松书中的很多观点是值得学术界深入思考的。比如他指出，现代科学和技术是超越性的，超越民族、超越地域、超越文化、超越国家……科学对世界的解释不会因民族和地域的不同而有所变更，机械化、标准化的技术也常常是全球一统的。但是传统知识体系则具有丰富的民族性和地域性，不同的民族具有不同的宇宙观和自然观，也有不同的与自然打交道的方式。田松还以纳西族为例，讨论了传统文明融入现代社会的可能性，探讨了传统文明对当今现代社会可能起到的积极作用。

我以为，正是因为这些多样化的古老的生存智慧，在历史上常常使一个民族防止或消弭了很多人为的灾难，一个民族能够持续发展千百年，而且营造出非常和谐的人地关系和人际关系，说明这个民族赖以立身的传统文化，有其合理的机制和慧根。比如，纳西族、藏族等依赖他们具有浓郁民族特色的“圣境”（sacred land scape）信仰，以及在这样的信仰基础上形成的一整套社区环境、资源管理机制，保住了家园的青山绿水；千百年来在这一信仰的约束下，保证了他们的社会和谐地发展。如果我们执迷于那种全球一体化的当代科学知识体系的理念和常识，可以居高临下地告诉他们，他们的信仰和传统知识是一种“不科学”的东西，是“迷信”，但恰恰正是这些各民族传承千百年的多样化文明体系，保证了他们的人地和谐与家庭社会的和谐。这不能不促使我们思考，当今人类的和谐发展是否需要汲取不同文明机制中的智慧，不同的文明是否需要相互汲取别人的合理因素，才能促成人类更和谐地走向未来。

我在 2004 年到埃及参加了一个国际大会，大会的主题是“衡量的标准与认识论：在多元的生态系统评估中搭建本土知识与科学知识之间的桥梁”。这个会议讨论的正是田松博士所探讨的如何建立“科学”精神与各民族本土知识之间对话与合作的桥梁。来自各个国家和民族的科学家、本土知识专家对过去的“科学主义”做了深刻的反思。世界上越来越多的事例都已经证明了，如果把科学作为宗教崇拜，作为能解决当今人类社会的一切难题、一切困惑的万能钥匙，而轻视各个民族的传统文化和地方性知识，这对于追求人类和大自然的和谐，追求各民族之间的和谐，追求不同文明之间的和谐互补都不会有什么好处，同时，也是违背科学精神的。

在这本书中，田松博士还讨论了现代文明中传统的价值问题，阐释了现代文明产生的问题是导致其文明不可持续的根本原因，并提出了保存传统的三种模式。1. 阿米什模式：完全拒绝现代化。2. 保护区模式：将传统作为保护传统的资源。3. 平行模式：将传统文化作为地域文化，包含在制度化学校教育中。

我觉得，完全拒绝现代化的“阿米什模式”是不现实的；而“保护区模式”和“平行模式”，则可以探索和逐步实现。我近年来也通过一些研究项目，在丽江的乡村完小开展了一项老师、学生和研究人员相结合的参与式的本土知识教育项目，同时在乡村里采取传统的“师徒相承”方式开展了一个培养民间文化精英东巴祭司和“白沙细乐”乐手的项目，都取得了较好的效果。我和云南的一些同事还进行了在乡村里建立“生态文化保护村”（或称为“区”）的实践。这些可以归类到田松博士所说的“保护区模式”中。

田松指出：“如果我们不能成功地从工业文明转向一种新的能够与自然和谐相处的新文明，人类文明将面临毁灭。新文明不是凭空产生的。新文明必须从传统中借鉴古老的生存智慧。所谓传统，就是流传下来的某种生存方式。一种传统能够流传，流传百年千年，就意味着这种生存方式是能够在其存在的区域之内延续的。”

我以为田松这个观点与人类学家费孝通先生倡导的“各美其美，美人之美，美美与共，天下大同”的思想是吻合的。我们需要在多样化的文明中寻找有利于人类社会持续发展的智慧和理性精神，寻找因不同区域和民族特点而异的多样化发展之路。现在我国的教育体制也证明了，在同一个知识模式中教育培养出来的学生，当他们回到各自的故土工作时，其知识结构面对具有不同的自然环境和人文环境的社会，存在着明显的不适应。这表明，人类社会的发展，不能仅仅有一种现代化的模式，需要考虑特定区域形成的自然和人文环境。我相信，如果我们的教育体制能够吸纳各种文明的智慧结晶，将极大地有助于培养能够适应不同自然、社会人文环境的多样化人才，促成具有中国特色的现代化多元社会的实现。

田松自称原来是学物理出身的“强科学主义者”，但其思维方式和立足点在后来思考研究问题的实践中发生了重大的变化，开始对过去常被某些“科学家”斥之为“愚昧落后”的多民族传统文明进行冷静客观的审视，看到了各种传统文明在促成人类社会和谐方面的作用；逐渐开始主张文明的多样性和文明的互补。这对当今时代的学者如何看待科学与传统文明应该有所启示。

田松研究问题的另一个特点是常常从人们所忽略的细小问题入手，深入挖掘，得出不同凡响的结论。比如他在对社区垃圾处理方式做了大量调查之后提出了这样发人深省的问题：地球有限，不仅资源有限，容纳垃圾的能力也是有限的。因此，我们在考虑人类的发展，努力尝试建构一种新的文明时，如何面对我们赖以生存的地球的承载能力，这又是一个新的问题。纳西学以其突出的文化学术的个性特点，已经成为当今国内外人类学中的一门显学。田松以纳西族为个案，利用文献和田野调查资料，分析了纳西人的宇宙论和自然观，并以此为出发点，对人类生存的终极问题做了深刻的思考和分析，这也从一个更为广阔的视角拓展了纳西学的研究领域，丰富了纳西学的内容。这是这本书的另一价值之所在。

田松把他的研究阐释为科学人类学，并且也进行了人类学田野工作的尝试，当然，就如他本人所说，与真正的人类学田野工作相比，是远远不够的。如果田松能够在纳西族村寨进行更长时间、更严谨的人类学调研，收集更多的人类学第一手田野资料，我相信他会有更多的领悟、发现和创见，对纳西族文化的个性和特质，能作出更具其个人独特见解的洞察和解读。或许，这是他这部专著的一些不足。

当前，人类社会、文化在发生着巨大的变迁，仅仅靠单一学科视野来分析当今的人类社会问题，已经不能够得出科学、全面的结论，我们常常看到，由于学科背景的囿限，不同学科专家在分析研究某一个社会和民族文化问题时，存在着观点片面的弊病。田松的这部专著，使我们看到了自然科学史的研究与人类学研究相结合所显示出的一种新的学术视野和特点，对于人类学来讲，有像田松这样长期从事自然科学史研究的专家的加盟，对开拓学科的学术视野、加强理论分析的力度都是大有裨益的。作为一个长期从事纳西学研究的学者，我也真诚地希望有更多来自其他领域的学者加入纳西学的研究中来。

《社会主义新农村的环境建设》序言①

中国是个农业大国，广袤的乡村能否和谐地发展，是关系到我国建设小康社会、构建和谐社会、实现社会主义现代化最为关键的问题。随着党中央提出建设社会主义新农村的国策之后，现在全国各地都在大力推动新农村建设，取得了很大的成绩。但在我国农村，随着人口的增长、城乡工业的发展而加剧的一系列生态环境问题，影响乃至决定着未来社会主义新农村发展的命运，关系着众多农民的生活和幸福的质量。

生态环境是人类赖以生存的重要依托和赖以发展的平台，没有良好的生态环境，人类就不可能有完善的发展。现代文明和现代国家一个新的重要标准，就是看生态环境保护和保育的程度，看人与自然和谐的程度。过去，我们一度单纯地以 GDP（国内生产总值）增长论英雄论政绩，而不去认真思考和计算这种 GDP 增长之下的生态成本。而如今，导致生态环境恶化的单纯的 GDP 的增长和人均收入的增长，已经不是现代文明国家所要追求的目标，越来越多的国家和民族，痛定思痛，正在重新寻求人与自然环境和谐相处的智慧和路径，走科学发展、可持续发展的道路。

这次由中共丽江市委、丽江市人民政府和云南省社会科学院主办，云南省社会科学院经济研究所、云南三农研究中心、丽江市玉龙纳西族自治县、华坪县等承办的“建设社会主义新农村环境问题研讨会”，就是以新农村建设与环境问题为聚焦，结合农村特别是云南农村的实际，展开深入的研究，我参加了这个会，感受很深，觉得这是一个很有现实意义和前瞻性的学术讨论会。

首先，我觉得这个讨论会论题集中，聚焦社会主义新农村与环境问题。

① 此文为康云海、宣宜主编的《社会主义新农村的环境建设》（中国书籍出版社 2009 年版）一书的序言。

论文都有翔实的资料支撑，基于实地调查的缜密思考和精彩观点时时可见。特别是会议东道主丽江市的玉龙县和华坪县结合本地做法所总结的一些经验，加上与会代表的实地考察，使大家对会议论题有了更深切的感受。

此外，从与会代表所提交的论文看，这次研讨会汇集了不少各个地方在社会主义新农村建设方面的做法、经验和面临的问题，除了云南之外，还有来自新疆、贵州、台湾的乡村建设和发展的经验，所交流的经验、所分析的问题等，都带有区域性的优势、特点和难点等，这对于各地的学者和地方政府以及各地农村建设的实践者拓宽视野、开阔眼界、借鉴经验等都大有裨益。

另外，论文所涉及的内容也非常丰富，多角度多视角，既有分析研究政府在社会主义新农村建设中所起的作用和角色定位，又有分析农村的循环经济、退耕还林、可持续生计、农村的沼气发展、移风易俗与新农村建设、订单农业生产方式与生态环境、水利移民与社会主义新农村建设、利益相关者视角下的新农村建设。

生态环境决定着人类未来的发展，可以说也决定着人类的命运，地球的命运。而生态环境能否改善和好转，在很大程度上取决于人类行为。对于作为农业大国的中国来讲，农村的发展、农业的未来命运、农民生活的质量和幸福指数、社会主义新农村的建构、和谐社会的建设，都取决于是否有良好的生态环境，而良好的生态环境和人地关系，也是科学发展观的重要内涵。我觉得这次会议讨论的主题和最终汇集而成的这本论文集，是我们向着这个目标所做的扎扎实实的一个工作，任何一个高远目标的实现，都离不开一步一个脚印的努力，我们需要更多这样的实证研究。

在此，我与学界同仁和长期生活工作在中国乡村和农业建设第一线的朋友们共勉：为建设我国具有良好的生态环境和人地关系的社会主义新农村，让我们一起不懈地努力。

共同的记忆

——《生命在于折腾》序言[①]

很有些怪才的大学同窗张宇丹写了这本《生命在于折腾》，于是我得以有机会先看到初稿。这本书是张宇丹迄今回首他个人生命足印和业务经历之作，文字颇为好看。张宇丹在书中也记录了大学时以及走向社会后的一些轶事，我也是个中人，因此读来也更是别有兴致在心头。

这是一本通过个人自述而指向时代记忆的书，笔触俏皮幽默。读此书，我产生一个感觉，这样记录个体生命历程的书，其实是国家和社会历史的一部分，过去，我们的传统是重视官修历史，中国修编地方志有悠久的传统，而我在读州县志乃至洋洋洒洒的二十四史时，都看得出其中缺乏充满个体生命喜怒哀乐、爱恨情仇的篇章，充斥着宏大叙事的风格，看不到悲欢离合的人生故事。其实一个国家和地区的历史，是由无数个活生生的个体生命构成的，是充满无数个性魅力生动画面的画卷。可惜我们的官修志书传统仅仅热衷于记录王朝继替、达官贵人等"主角"的事情，这不能不说是一种历史记录的巨大缺陷。所以在当代，学术界逐渐重视各阶层人士的口述史，我也曾记录过很多乡野凡人包括我的家庭的故事。我觉得，当代重视个人生命史，正体现了人们想通过各个阶层的个体生命的历程来了解活生生的而不是干巴巴的大历史。张宇丹的这本书，我觉得是一本用生动真实的笔触记录个人生命历程和心路的笔录，它可比喻为大海里的一朵浪花，森林里的一棵树，但透过这充满个性的个人历程，可以看出茫茫森林和大海的浩瀚与丰富多彩。

如书名那样，张宇丹确是个能折腾的有才气的人，幽默，善舞蹈，易

① 此文是张宇丹《生命在于折腾》（云南大学出版社2012年版）一书的序言。

激动，有激情，属于性情中人。而一搞起他痴迷的电视又是个工作狂。我也算和他有缘，读大学时我们都属于来自专州县的云南土著，周末无家可归，又还没有女朋友，于是就约了逛昆明的街巷。多少年后这些老街已经蜕变成了毫无个性、毫无美感、千篇一律的大马路，我们回忆起当时在昆明逛武成路、春城路等老街时的感受，不免唏嘘，庆幸自己也算是体验过昆明老街小巷生活的旧人了。

张宇丹的这本书也是个人专业实务经历的记录之作，通过对从业于电视以及自己拍摄若干电视作品的回忆，在一定程度上呈现出电视业界的某些思想观念、专业理念演化的历史印迹，诸如有关纪实的理念，有关专题片、政论片以及纪录片的问题，有关民族文化资源的电视传播等。书中那一个个鲜活的拍片案例，似乎可看作是认识和研究相应电视业务运作的生动样本。也就是说，这不仅是对个人电视实务历程的一种记录，而且还具有相应专业实证的应用研究价值。对于过来人，那是一种对电视实践曾经的专业体验和感悟，其中除了热爱、执着和孜孜以求，还不乏一种专业精神和思想。这些对于后来者，可能就是一种有价值的前车之鉴，具有铺路石的意义。而这对于电视实作、教学和研究或许会大有裨益。

张宇丹后来从热热闹闹的云南省电视台返回大学讲台，从事教学之余，依旧有浓郁的电视情结，于是我也应邀参与了他编导的《乐土古乐》和《虎跳峡人家》等纪录片的拍摄，在里面充当民俗顾问和人类学家角色。见证了丽江木府修建和东方大峡谷虎跳峡天堑修路的过程，在丽江城乡和大峡谷里每天瞎转悠，和峡谷人家厮混，春节也在峡谷中过，这样的“深入生活”使很多峡谷山民忘记了这些家伙是在拍电视，忘记了旁边那个虎视眈眈的丑陋摄像机，非常轻松地和我们谈笑，给我们讲很多的故事。从《虎跳峡人家》和《乐土古乐》等片子中可看得出这种自然天成的韵味。那时我就感觉张宇丹是非常爱动脑筋的一个人，已经深得如《云之南》那样的优秀纪录片的精髓而又不乏创新。我后来根据多次的虎跳峡之行写了一本《神奇的东方大峡谷——虎跳峡》，一直翘首以待纪录片《虎跳峡人家》的问世，可惜因为一些原因至今没能看到全本。我见到张宇丹就常常发牢骚和扼腕叹息，因为我觉得这部片子是唯一一个真实记录了虎跳峡修公路的过程、虎跳峡奇人夏山泉、玛佳跨国之恋传奇、村民对首漂虎跳峡的壮士的传奇讲述；村民的来历、村民的信仰和春节各种民俗等丰富多彩的峡谷民众生活情景的纪录片，这些都是后来者难以拍摄到的。我常参加互联网论坛关于丽江话题等的讨论，看到不少年轻网友都认为在林林总总拍摄“纳西古乐”的片子中，《乐土古乐》是有故事、最好看的一部，于是对和张宇丹一起拍片的那段经历也感到欣慰。

张宇丹也是很经得起老的一个老顽童，我在博客和新浪微博上贴出过一张读大学时我们班一些同学在云南大学门口拍摄的合影，没料到有不少他的学生就纷纷留言惊呼张老师没有多少变化呀，还是那么酷和霸气，有的还说他的毛胡子到哪里去了，这使从没有见过这个同窗的毛胡子的我也瞎想这家伙留着一溜连鬓胡子究竟是什么个酷样。

《生命在于折腾》即将问世，我感到高兴。没有读到此书前，虽然是同窗和朋友，但对张宇丹的了解也仅局限于大学同窗后的交往，对他很多精彩的生活和专业经历无从得知。读此书，一下就了解了他的个人及其从业历史。作为同龄人，也引起对自己人生历程的回忆，引起对特定时代、社会中个体生命与国家和时代风云之关系的思考，也引发了上述对国家宏大历史叙事与微观个体历史关系的一些思考。

读此书，会想起芸芸众生在大千世界不断折腾的经历，也许，一个人、一个民族乃至一个国家，都是在这样身不由己的折腾中反复磨炼，练就了个性和坚韧，练出了才干和眼光，终于达到了不再折腾、安详明净地回首往事的境界。

可以说，这是一种共同的记忆。

《中国西南文化研究》序言

由云南省社会科学院历史文献所具体编辑、由西南数省历史文化学界同人加盟和支持的《中国西南文化研究》创刊以来，迄今已经出版了18期。正可谓涓涓细流，汇聚成河，小树生长，日久成林，这本论集，如今已经汇集了一批研究西南历史和文化的研究成果。这本论集最初聚焦西南历史文化，发表了很多有分量的基础研究之作；后来，论集也注重西南历史文化变迁的研究，从历史学、文献学、人类学、社会学等多学科的角度来凝视西南、研究西南，在原来的基础上拓宽了研究领域和视野。

一个区域学术的发展和形成自己的优势和特色，要有长年累月的积累。对中国西南历史文化的研究，从方国瑜、江应樑等前辈学人，到童恩正、李绍明①等当代学界才俊，筚路蓝缕，辛勤耕耘，作出了卓尔不凡的成就，献出了他们毕生的心力，他们的学术生命，如蜡炬之光，照亮了后学者之路。一代代学人的努力，使西南历史文化研究之路群贤毕至，他们淡泊明志，甘于寂寞，互相切磋砥砺，收获春华秋实。当代中青年学人弘扬前辈学人的治学精神，借鉴他们的研究方法，但又不忘独辟蹊径，拾遗补阙，已出版的这些论集中，不乏珠玑之见，创新之论。

我一直认为，中国文化浩博宏富，洋洋大观，要建构中华之学的宏伟大厦，必须从一砖一瓦开始，所以，各个区域之学，单一民族之学，是中华之学不可或缺的构成部分。治学自然要有高屋建瓴的宏观鸟瞰和研究，但宏观研究要建立在诸多深钻细研、发微阐幽的微观研究之上，只有把区域之学、微观之学做好了，才能有扎实牢固的基础来构建宏观之学，就如盖房子一样，基础要打好打牢，否则将会有空疏浮泛和头重脚轻根底浅之弊。我们这本论集，立足西南边疆，聚焦西南文化，就是以这样的学术理

① 这里仅仅列举几位已经过世的中国西南研究名家。

念来治西南之学，为中国的学术大厦添砖加瓦，为中华民族的文化园林培植花草。我相信，如此坚持不懈地努力下去，天长日久，必见正果。如果将中华文化的研究也比喻为一条大江，那这本论集能成为汇聚涓涓细流的一条小河，流入这条大江，那也就非常有意义了。

当今中国，正在发生社会文化的重大变迁，西南边疆，概莫能外。我们既要沉潜学海，钩沉考证，梳理国故，又应直面现实，深入草根，关注民生，有所心得，发而为文。为中华文化的繁荣发展，以学子拳拳之心，尽书生绵薄之力。这也是《中国西南文化研究》的主旨。

是为序，与同仁共勉。

2011 年 10 月 28 日

《中国民族地区经济社会调查报告·武定彝族聚居区卷》绪论①

楚雄是彝族自治州，武定县是楚雄彝族的主要聚居地之一。彝族先民罗婺部落在南诏后期逐渐强盛，成为“三十七蛮部之首”，势力范围扩大到今天的武定、禄劝和元谋等地的大部分地区。南宋孝宗淳熙年间（1174—1189年），其先贤阿而能服其众，被大理段氏举为罗婺部长，武定周围大片彝土一直为罗婺部管辖；元朝时，罗婺部酋长矣格被封为罗婺万户侯，实行酋长统治。明朝弘治三年（1490年），世袭土知州阿英被皇帝赐姓凤，凤氏土司势力强大，武定进入土司统治，直到新中国成立。

彝族在清代的云南称为乌蛮，主要分布在云南府、武定直隶州、大理府、楚雄府、元江直隶州、临安府等地。武定彝族，民国以后，武定县境内有纳苏、纳罗、乃苏、撒尼、密岔、罗罗等支系，主要分布在九厂、近城、已衣、东坡、田心、猫街、插甸、环州等地。新中国成立后，武定彝族人口不断增长，2018年末全县总人口28.07万人。总人口中，少数民族人口15.8万人，占总人口的56.37%；其中彝族人口89571人、占总人口的31.91%，占少数民族人口的56.61%。千人以上的少数民族还有傈僳族（32549人）、苗族（25169人）、傣族（7991人）、回族（1114人）。②可见，彝族是全县少数民族人口最多的民族。

武定县彝族与傈僳族、苗族、傣族、回族等少数民族交错杂居，有150个少数民族聚（散）居自然村，民族风情浓郁，文化底蕴深厚，彝文典籍如毕摩经和傈僳族典籍（阿考诗经、祭祀经）等文化典籍众多，孕育了集“帝王文化、佛教文化、牡丹文化、罗婺文化”为一体的丰富鲜明的

① 此文为杨福泉主编：《中国民族地区经济社会调查报告·武定彝族聚居区卷》[（国家社会科学基金重大委托项目，中国社会科学院创新工程学术出版资助项目）。中国社会科学出版社2018年版]绪论。

② 《2018年武定县国民经济和社会发展统计公报》，武定县政府网，2019年9月24日。

文化特色。近年来，随着西部大开发和面向南亚东南亚辐射中心以及滇中经济圈步伐的加快，武定的优势地位不断凸显：武定是国家南北交通干线京昆高速公路和规划内环滇中城际高速铁路圈和高速公路圈经济轴线的交会点之一，是云南入川至中原的重要通道和攀西、川渝经济区走向南亚、东南亚的重要门户，具有建成昆攀经济带、滇中—成渝区域交通综合枢纽和物流中心的基础和条件；同时，武定资源丰富，金沙金流经境内4乡北缘，水能理论藏量9万千瓦，有钛、铁、铜、铅锌、木纹石等10多种矿产资源，野生植物种类繁多，素有“云南白药之乡”的美誉，因佛教而有“西南第一山”之誉的狮子山与水城河、新村湖、香水箐和己衣大裂谷等，旅游开发资源丰富，森林覆盖率达55.3%，是金沙江流域重要的水源涵养区和生态屏障。

新中国成立初期已开始有关彝族的研究，内容涉及彝族的自然环境、社会制度、经济生活、风俗习惯以及历史族源等方面，有影响的学者有徐益棠、张云波、曾昭抡、任映苍、岭光电、杨成志、林耀华等人。1956年进行的彝族社会历史调查，抢救了大量有价值的材料，成就了方国瑜、马长寿、江应樑、马学良、林耀华等老一辈著名学者以及稍后的刘尧汉、何耀华等对彝学有深入研究的名家。改革开放以来，彝族研究突飞猛进，成立了云南楚雄彝族自治州彝族文化研究室，后升格为研究所，中国社会科学院民族研究所的彝族学者刘尧汉担任所长。该所对楚雄彝族自治州的彝族研究取得了丰硕成果：一是彝族史学研究，包括彝族族源、南诏史、彝族通史、凉山彝族奴隶制、彝族天文史、文学史等专题史以及历史人物传记等；二是彝族哲学宗教研究，主要是对彝族原始宗教、宗教仪式、毕摩、民间巫术，彝族宗教与文学、艺术、旅游的关系，宗教与基层社会发展的研究等；三是彝族文化研究，包括服饰、诗学、舞蹈等；四是彝族伦理、习惯法研究，彝族传统社会习惯法在民族地区社会关系中的作用研究等；五是彝族经济社会研究，集中对彝族经济社会发展不平衡、经济社会落后的现状、原因、启示等进行了研究；六是彝族地区的生态研究。总之，彝族研究的学术地位已经确立，但近年来彝族研究有些重理论轻应用，系列研究和深入调查研究比较缺乏，本次综合调查正是弥补这一缺陷。

有关武定的研究：国内学者对武定的研究成果较少，主要有《武定凤氏本末笺证》[①]，这是研究武定彝族社会历史的一本重要著作。此书的价值不仅在于它详细记载了武定彝族凤氏家族数百年的兴衰史，更重要的是，为研究武定地区彝族封建领主制社会提供了难得的材料。并为研究中央王朝与云南地方，彝族与汉族、白族的相互关系，提供了珍贵的资料。作者广征博引，古今印证，提供了武定地区彝族社会历史的比较完备的资料。还有《清代武定彝族那氏土司档案史料校编》[②]以及武定史料考证研究，如清代武定彝族那氏土司概述、武定元年王仁兴“心造记”铭考、武定彝族《指路经》、彝族碑记、雕刻和祖简等一些研究论著。20世纪90年代之后，有一些研究武定文化，包括武定彝族和傣族文化、彝族的刺绣、礼仪、武定狮子山旅游的研究等论文问世；还有关于武定的宗教和习惯法研究，如基督教对民族基础教育的影响。近年研究较多的是武定经济，包括经济结构调整、林农矿产旅游业的发展培育。此外，云南省社会科学院1997年还在武定狮山召开了“中韩指空研究学术研讨会”，推出了一批重要的学术论文。

与本项目最接近的是对武定县域经济实现跨越式发展的一些调查，但相关研究多为个案考察，没有系统性，尤其缺乏对武定彝族经济社会发展的综合调查和完整的透视。1949年中华人民共和国成立后特别是党的十一届三中全会之后，武定彝族在政治、经济、文化、社会、生态等各方面取得了较大发展成就，60多年来彝族人民生活发生了深刻变化。武定的经济、文化等快速增长。2018年，全县实现生产总值78.6亿元，同比增长11.9%；完成规模以上社会固定资产投资增长20%；招商引资完成协议总投资214亿元，增长31.1%；实现社会消费品零售总额25.4亿元，增长12.2%；完成地方公共财政预算收入6.3亿元，增长7.6%；城镇和农村常住居民人均可支配收入分别为34626元、10041元，分别增长8.4%、9.4%。同时，社会事业发展良好，基本公共服务水平有新提升，2016年，武定全县城镇新增就业4377人，失业人员再就业2077人，组织农业富余劳动力转移就业3.8万人。加快推进教育卫生事业，全面实现“普九”，武定一中、民族中学、香水中学、职业中学教学条件更趋完善。2016年，武定义务教

① 何耀华：《武定凤氏本末笺证》，云南民族出版社1986年版。

② 楚雄彝族文化研究所编，王梅堂、黄建明、陆裕民校注：《清代武定彝族那氏土司档案史料校编》，中央民族学院出版社1993年版。

育阶段小学初中共有28553人，其中少数民族学生18771人，占学生总人数的65.74%，呈现出民族教育快速发展趋势，2016年小学适龄儿童入学率达99.94%、巩固率达99.97%，少数民族儿童入学率达到99.96%；初中阶段学龄人口入学率达99.96%，巩固率达97.48%；高中教育阶段质量不断提升，教学质量保持楚雄州同类学校中上水平，高考总上线率保持在98%左右，本科上线率在70%以上。科技攻关、科技成果转化率不断提高，全年上报省州级以上科技计划项目18项，批准立项9项，受理专利申请42件，批准专利28件。卫生医疗条件逐步改善，全面实施基本药物制度，基层医疗卫生机构运行机制进一步完善。2016年，武定全县共有各级各类医疗卫生机构173个，全县有50万元以上设备28台，100万元以上设备15台。每千人有医护人员4.4人，拥有病床4.27张，所有乡镇都设立了卫生院，有115所村卫生室，100%的村建立了村级卫生室；全县有228572人参加新型农村合作医疗，参合率达99.14%，全面实施“两孩”政策，人口自然出生率为4.1‰；全面实施基层中（彝）医药服务能力提升工程，争创全国基层中医药先进示范县，目前，100%的社区服务站和83.9%的村卫生室能够为农民提供“简、便、验、廉”的中彝医药服务。公共文化服务体系进一步完善，广播电视村村通、直播卫星户户通工程全面推进，广播“村村响”“两馆一厅”免费开放，城乡群众性文化体育活动蓬勃开展，公共文化服务体系示范区通过国家验收。民族团结进步事业全面加强，创建和提升州级民族团结示范乡（镇）1个，县级民族团结示范乡（镇）7个、示范村22个、示范社区7个、示范自然村156个、企业3个、学校24所、和谐寺观教堂48个；创建民族团结示范户250户；创建民族特色产业示范基地5个、产业协会1个；成立民族文化研究学会4个。宗教工作全面加强，“民族团结、宗教和顺、社会和谐”的良好局面进一步巩固。但是，在发展的同时，武定县经济社会矛盾突出，表现为：经济落后，贫困问题突出，是集“民族、宗教、贫困、山区”为一体的国家级重点扶持贫困县之一，贫困面广、贫困人口多、贫困程度深，贫困乡镇、贫困行政村、建档立卡贫困人口分别占全州的28%、26.8%、30.8%，贫困发生率为32.64%，贫困人口和贫困发生率均排在楚雄州第一位，是全州脱贫攻坚的主战场，脱贫攻坚任务十分艰巨。[①]

从宗教信仰而论，武定也是多元宗教信仰并存的一个县，信教群众占总人口的8.8%。除了彝族本民族的原始宗教比摩教，还有汉传佛教，比如武定狮子山正续寺迄今已有700余年的历史，寺院的扩建者指空禅师一僧跨三国传播佛教，狮子山成为中、印、韩佛教交流的重要纽带。基督教也较早进入武定，清末有基督教会在武定洒普山、涛谷、插甸等苗族、傈僳族聚居地分别创办过教会小学。

关于武定的经济、社会和生态问题等，专家学者需要通过开展深度的学术研究，对武定经济社会发展进行深入的调查，为武定的进一步发展提供可以借鉴的研究成果。

武定县因其历史、民族、文化等方面的多元性在云南有其突出的特点，在彝族聚居区也有独具一格的特点，选择武定县作为调研点是很有意义的，可以通过透视武定以彝族为主体的多民族格局和多元文化格局，看其文化和谐并存和发展的道路，同时也可以通过武定来分析在云南县域经济和社会发展中，历史、民族、宗教以及吸收现代化科学技术等诸多因素在现实发展中的互动和互补的作用。

2014年6月至7月和2017年3月，本项目课题组深入武定彝族聚居区开展了深入调研，依据调研资料，以21世纪以来武定彝族聚居区的发展状况为主线，全面分析了民族区域自治制度为重要内容的社会主义政治文明在彝族地区的实践，总结彝族社会主义民族关系和谐、共同繁荣的实践经验，准确把握彝族经济社会发展中的问题和面临的困境，透析彝族社会发展中特殊问题和社会冲突事件背后的深层原因，探讨彝族经济社会跨越发展的对策与前景，为创新边疆民族团结发展繁荣稳定理论作出有益探索。具体内容包括如下几点。

1. 武定县彝族经济发展的基本状况、存在问题及发展思路。武定县域经济包括经济增长、产业结构调整、产业经济发展（如生态农业、林业、矿产业、旅游业、文化产业等），调研武定产业结构状况、产业经济状况、市场发展状况、劳动力资源状况、滇中经济圈对武定经济发展的作用、西

① 本文中所涉及数据来源于2017年3月调研组在武定调研时，相关部门提供的文本资料。2018年数据源于2019年武定县政府工作报告。

部大开发和桥头堡建设对武定经济发展的影响及其自身的适应等，分析武定经济发展滞后的深层次问题与矛盾，结合武定实际，探讨武定经济发展的战略方案。

2．武定彝族社会转型、进步与发展状况调查。彝族社会的转型与进步涉及本民族教育、彝族传统文化的保护传承与发展、彝族人口素质的提高、彝族医疗卫生的进步、彝族精神文化建设等多方面的内容。着重调研分析了武定彝族社会的稳定状况及其影响因素，中央对武定社会发展的政策支持及其效用，武定彝族与各民族关系状况与评价，武定基础设施、教育、科技、医疗、卫生、社会保障以及民生改善等社会建设问题，分析其存在的主要问题，提出了武定彝族社会进步与发展建议。

3．武定彝族地区政治结构与政治发展调查。调查了楚雄彝族自治州自治权执行情况、民族自治机关建设情况、坚持和完善民族区域自治制度的机制、彝族社区基层政权建设情况、彝族干部的培养状况、实行自治权对彝族政治发展的影响以及中央与彝族自治政府之间的关系状况等方面，就武定彝族聚居区在民主政治建设、党组织建设以及行政管理体制改革方面的情况进行了详细研究。

4．武定彝族传统文化传承与发展调查研究。详细调查武定彝族传统文化实态，彝族传统文化整理、保存、传承与发展以及非物质文化遗产保护的情况，传统文化对彝族生产生活的影响以及对现代化的适应性，探讨彝族文化保持与可持续发展的现实路径。

5．武定彝族民族教育和医疗卫生建设事业的发展。对新中国成立前、20世纪下半叶教育事业的重整与发展、21世纪以来教育事业三个阶段的教育进行了调查分析，深刻剖析了民族教育发展存在的深层次问题，提出了相应的对策。调查了武定彝族聚居区历史上和当前的医疗卫生状况，分析目前医疗卫生事业发展需要解决的难题，探索出可行的措施。

6. 武定县建设民族团结进步示范县取得突出成绩。2015年1月，习近平总书记在云南考察工作结束时的讲话中要求云南“主动服务和融入国家发展战略，闯出一条跨越式发展的路子，努力成为我国民族团结进步示范区、生态文明建设排头兵、面向南亚东南亚辐射中心，谱写好中国梦的云南篇章”。这是以习近平同志为核心的党中央着眼新的时代背景和全国的发展大局，为云南发展确立的新坐标、明确的新定位、赋予的新使命。可以说云南省在民族团结进步边疆繁荣稳定示范区建设中走在了全国的前列。2013 年，武定被云南省民族事务委员会列入云南省民族团结进步示范区建设“十县百乡千村万户工程”的 10 个示范县名单，武定启动了民族团结进步示范县建设三年行动计划。县委、县政府紧紧围绕省委、省政府提出的十大示范创建目标，坚持“全面统筹，重点突破”的创建工作原则，结合武定实际，实施以突出“县域民族经济跨越发展、民族文化繁荣发展和民族团结宗教和顺”为主要目标的民族团结进步示范工程。经过三年努力，民族团结进步示范取得了“三跨越”“三提升”的明显成效。第一个是实现了县域经济的跨越式发展。二是实现了基础设施建设的跨越发展。三是实现了民族团结进步事业的跨越发展。武定多年来没有发生因涉及民族宗教问题引发的群体性事件和越级上访事件。2014 年武定被国务院表彰为“全国民族团结进步模范集体”。“三提升”的具体内容为：一是县域经济综合实力提升。由 2011 年的第 50 位上升到 2014 年的第 23 位。二是少数民族群众生活水平提升。2014 年农村常住居民人均可支配收入达到了 7660 元。少数民族群众生活条件明显改善，生活水平得到了提升。三是示范县建设的条件和环境得到提升。通过三年的示范县创建工作，武定呈现出经济持续发展、社会和谐稳定、文化繁荣发展、民族团结进步的良好局面。经济总量的增加、产业结构的优化、质量效益的提高、财力保障的增强，使推进民族团结示范县创建的条件和环境得到了有力提升。

调研组深入武定相关部门和彝族聚居区所在的乡镇、村民小组开展实地调研，通过查询史料、座谈、入户访谈、观摩、问卷等方式收集掌握了第一手资料，后通过课题组成员的整理、分析和写作，形成这本研究报告，全书 6 个部分分别对彝族聚居区经济、政治、社会、文化、教育、医疗卫生等六大内容做了比较全面的展示，深刻地反映了云南彝族聚居区的经济社会发展面貌。

武定彝族接受汉文化的时间比较早，根据史书记载，楚雄彝族正式接受汉文化教育大致始于元、明时期。元延祐七年（1320 年）已设定“武定路儒学”。武定县自明朝隆庆三年（1569 年）正式创办儒学到清朝末年先后设置过书院、义学、私塾等教学机构，促进了历史较久的彝汉文化的交流。在调研报告中，对当代教育的变迁和发展增加了一些典型个案来加重叙述的主题。

关于学校教育和彝族的本土文化教育，本调研报告中也指出，社会快速的发展与变迁，使得武定彝族以及其他少数民族地区的本民族语言文化面临传承的危机，适龄儿童在寄宿/半寄宿的现代乡村教学模式之下，不但失去了很多在父母身边接受本民族传统文化的家庭教育的机会，更重要的是他们失去了本民族语言的习得环境。这样的问题，不仅仅存在于武定彝族地区，在云南各地都是普遍现象，本报告通过武定的情况，揭示了这个事关民族文化传承发展的“民汉”双语教学所存在的问题。

20 世纪 90 年代后，武定县各民族的社会生活也发生了重大的变迁，这个调研报告也提到了变迁中的一些问题，比如因为各乡镇的彝族年轻人大量外出务工，尤其是年轻女孩子的外出，颠覆和打破了彝族原有的通婚圈，使得传统的缔结婚姻的方式难以为继，一方面导致了婚姻圈的变迁，也导致了村子里光棍增多。本报告根据实地调查，披露了这些方面的问题。也分析了导致这些问题的多方面的原因，比如计划生育导致村子独儿子家庭多，他们多数只能留守家中照顾父母，即使有条件出去打工，出于赡养父母、为父母养老送终考虑，也不敢娶回外地女，怕待不长。

作为 21 世纪初中国少数民族地区经济社会发展综合调查报告之一，这份调查报告，仅仅是提供了一份武定彝族聚居区跨越式发展的初步调查，提出一些不太成熟的看法和建议，还有待于以后做更进一步的深入调研。

《散居民族认同的艺术表述——昆明西郊白族霸王鞭舞的个案研究》序言①

云南作为一个典型的多民族省份，民族学研究在全国具有重要的地位。但在“大杂居、小聚居”的民族地域分布格局中，基于民族区域自治的制度背景，散居民族问题的研究显得相对薄弱。我国有关散居民族的研究中，大多集中在散居民族的基本理论、政策法规、权益保障及民族乡、城市民族工作等方面，针对散居民族文化艺术的深入研究并不多见。

王俊博士在散居民族研究领域进行了多年坚持不懈的努力探索，在考入云南大学攻读博士学位后，曾就博士论文选题和我进行过多次讨论。基于过去对昆明周边民族乡调研的经历和观察，她提出想以昆明的白族霸王鞭舞为研究对象，进行散居民族认同与文化艺术互动的个案研究。昆明虽然是白族的重要分布地区之一，但在白族研究的视野中，鲜有对昆明白族及其文化艺术进行深入、系统的研究。通过史志资料和口述访谈相印证，昆明白族地区曾以花灯、滇戏等为主要艺术形式。随着城市化进程的推进，乡镇一级建制从乡逐步转为镇及街道办事处，村级建制逐步转为城市社区。在这一背景下，族际交往变得更为频繁，白族文化变迁更加多元，于此过程中，霸王鞭舞的表演规模、范围和影响也在逐步扩大。我认为，是什么条件和因素促成了这样的变化，以及这样的变化与昆明白族认同有什么关系值得进一步探索。

王俊博士所选研究点的白族，是远离白族聚居中心大理白族自治州、相对集中分布在昆明的西郊一带的散居民族，由于与其他民族交错杂居，其在文化艺术的生产和再生产过程中，表现出“你中有我、我中有你”的水乳交融状态，在传统民族艺术的保存方面带有很大的难度。根据她攻读

① 此文为王俊所著《散居民族认同的艺术表述——昆明西郊白族霸王鞭舞的个案研究》（中国社会科学出版社 2021 年版）一书的序言。该书入选“中国社会科学博士论文文库”丛书。

的民族学艺术人类学专业的学科特点，需要从艺术的角度切入研究，研究选题和收集资料的难度确实较大。但我也再三思考过，觉得当下居住在远离本族群主体边缘区域的少数民族，在以往的研究中常常被忽略，他们的文化与民族聚居区域的同族人有哪些相同和不同？他们的文化习俗发生了哪些变迁？他们在远离本民族聚居中心的地方又以哪些方式保持了民族的认同和文化的传承？这都是民族学、人类学应该多研究的。这个选题也与王俊博士多年来进行的城市散居民族的研究相联系，因而我支持她所做的选择，最后确定了博士论文的选题。

王俊博士的这本专著以聚居在昆明西郊团结、沙朗和太平三地散居白族的典型艺术形式——霸王鞭舞为主要研究对象，对昆明西郊白族现实生活中的民族认同与历史进程、资源博弈、文化实践、经济发展、审美变迁、时代话语的紧密联系和互动关系进行了深入研究。在扎实的田野调查基础上，通过案例、图片、图表等多样化的形式，多维呈现了这一研究所关注的几个主要问题，即昆明西郊白族“为何认同白族”“如何认同白族”“为什么选择霸王鞭舞作为强化白族认同的艺术形式”，并以此阐释民族艺术在多元发展和现代建构的过程中，如何作为民族认同的有效资源，与民族认同相互影响并进行塑造的问题。

本书研究表明，作为相对于大理白族自治州白族的“边缘”群体和散居民族，昆明西郊白族在多元文化背景下，出于对历史记忆的追溯和对现实发展的考量，在白族认同的方式上，通过不断地进行文化的自觉生产实践而达成，并以过往历史上鲜见的白族典型舞蹈艺术形式——霸王鞭舞作为凸显特征和凝聚认同的载体。这一个案的呈现，将有助于推动学界对昆明西郊白族文化艺术及霸王鞭舞更深入的研究，也可对散居民族认同与文化、艺术行为的互动提供理论意义的思考。

我觉得这本专著有如下几个显著的特点。

一是研究选题和切入角度新颖。随着社会政治、经济、文化格局的变化和人口流动的加快，民族间的互动更为频繁，民族分布散居化的趋势日渐凸显，散居民族认同研究的学界关注度与日俱增，在整个民族研究工作中也更加重要。王俊博士有扎实的理论基础，在做这个研究的过程中做了深入的田野调查，以较少为人关注的散居民族艺术和民族认同为研究内容，以个案为突破点，从理论上深入分析了昆明散居白族的艺术与其民族认同之间的关系。王俊博士因为长期做散居民族研究，在研究选题和切入角度方面都很新颖，田野调研点也选得好，视野开阔，分析细致。本书的出版，对白族研究以往在区域上和问题意识上的不足是一个有益的补充，也丰富了散居民族认同与艺术表述的互动机制、形式及变迁等理论问题的研究。

二是本体研究和意义深描结合得很好。王俊博士在调研中通过对当地相关的文化工作部门、民间团体和普通民族群众进行了深入访谈、问卷调查等多种形式，因此获得了较为丰富翔实的第一手资料，在论述中多维支撑，提供了很多数据、图片、图表等。本书不仅关注与昆明西郊白族霸王鞭舞相联系的音乐、动作、队形、服饰和道具等本体内容，分析霸王鞭舞的表演场合与主体，与大理地区霸王鞭舞有一定的对比研究，对昆明西郊白族霸王鞭舞的重要文化意义和符号功能等也进行了深度的探讨。

三是在理论和现实的结合方面下了较大功夫。族群理论众说纷纭，大致可分为“原生论”与“建构论”两种。从本书的研究中可以看出，昆明西郊白族认同的维持及创新，是持续与周边民族互动的结果，不仅体现出民族认同与地域认同共存，原生性、建构性、工具性和符号性多重叠合和互动可变的特点，也呈现文化上兼容并蓄、博采众长的特点，在与周边民族交往交流交融的过程中，各民族紧密团结、共生互补，“像石榴籽那样紧紧抱在一起”，自觉维护着民族团结的和谐局面。昆明西郊白族认同的实践，对提升民族凝聚力和民族自信心，促进民族团结与社区和谐，实现与民族文化传承的良性互动都具有积极的现实意义。

作为散居民族认同与艺术表述互动的个案之一，王俊博士这本著作关注的研究对象是在不同的历史时期定居在昆明的世居少数民族，由此可以启发我们关注类似的典型案例，进一步思考在社会生活、时代话语变迁的背景下，散居民族认同与艺术表述互动的理论问题。随着城市化进程和人口流动的加快，到昆明学习、工作的少数民族还在不断增多，有的属于流动少数民族，他们的民族认同又呈现出怎样新的形式？艺术与民族认同的关系会发生怎样的变化？比如，在不同时期来到昆明工作和生活的纳西族有1万多人，其大多是通过每年的民族节日“三多节”（又名“三朵节”）的歌舞娱乐节目表演，以及有较长历史的丽江旅昆乡友合唱团（也称为昆明纳西人合唱团）表现民族认同感，体现民族凝聚力。这几年，每到周末，我常常看到有身着漂亮彝族服装的群众携带着月琴等彝族乐器，从四面八方来到昆明的翠湖公园歌舞弹唱，尽兴而欢。我问过他们，都是从楚雄彝族自治州到昆明来打工的彝族同胞，很多相互都不认识。他们这种周末的歌舞娱乐，也是通过民间艺术表现民族认同感和民族凝聚力的方式。王俊博士的研究视角，我觉得给学者们一种启示，对各个城市散居民族的文化艺术与民族认同的关系，都可以细致入微地来做研究，结果一定会是丰富多彩和富于启迪的。因而，这一典型样本的研究，能提供多维观察和阐释案例的空间，具有重要的学术价值和理论意义。

经过在读期间严格的理论学习和深入的田野实践，在完成答辩、获得学位之后，王俊博士对论文又进行了多次修改，现在即将在中国社会科学出版社以专著的形式出版。书稿提交出版社后，参加了2020年《中国社会科学博士论文文库》评选，最终在众多参选博士论文中脱颖而出得以入选。《中国社会科学博士论文文库》设立于1988年，是在全国政协原副主席、中国社会科学院原院长、著名历史学家胡绳的倡导和主持下，由中国社会科学院组成编委会，从全国每年毕业并通过答辩的社会科学博士论文中遴选优秀者收入，并由中国社会科学出版社按照统一标识正式出版发行，目前已经出版入库论文近300种。收入《中国社会科学博士论文文库》的著作，代表了中国社会科学各学科博士学位论文水平，是中国社会科学青年学者代表性研究成果的展示和体现。作为导师，我甚感欣慰！同时，我也勉励王俊博士，在云南民族学研究领域，在长期耕耘的散居民族研究方向，继续深入田野调查，以优良的学术作风，严谨的治学态度，不断推出好的研究成果，为云南的民族学、人类学研究添砖加瓦。

2020年8月5日于丽江

《匠心·云之南》序言①

有感于我国各民族正在逐渐衰落和消失的手工技艺，我多年前曾在中国科学院的《人与生物圈》发表过一篇《正在消失的手上的文化》，对我国各民族的手工文化的命运表达过深切的忧思。后来我看到了冯晓华和她的团队拍摄的《手工云南》（第一季）这部纪录片，非常高兴，冯晓华选取“云南手工”这个题材，花费了很多心血和精力去拍了一系列精彩纷呈的云南手工技艺和这些技艺的传承人。这个系列纪录片对云南现存的或已经濒危的各民族传统手工文化进行了实录。我从这部纪录片中看到了当下还活跃在云南城镇或乡村的各种手工绝技绝活，以及敬业而钟爱手工文化的艺人的故事、他们的个性、他们的人生态度等。这部纪录片加上各种引人入胜的传奇故事和人物访谈，使我们看到了云南一个精彩绝伦的手工活的世界。它洋溢着云南特有的浓郁的乡土气息和民族特色，又焕发出光彩夺目的乡土艺术魅力。

冯晓华是个出色的纪录片编导和拍摄者，爱岗敬业、吃苦耐劳，思维敏捷。多年来拍摄了不少优秀的纪录片，作品多次获得国际国内纪录片大奖，并多次在加拿大金枫叶电影节、葡萄牙国际电影节、上海国际电影节、四川金熊猫国际电影节、深圳青年电影节上展映，是云南本土纪录片导演中获奖较多、影响力较大的职业纪录片人。她有四部作品入选《云南大百科全书》。她拍摄的纪录片中，我印象深的除了上述《手工云南》之外，还有入选国家外宣片的《水之战》、获 2007 年第九届四川国际电视节“金熊猫”纪录片提名的《百年寸轨》等。

她现在写出来的这本书《匠心·云之南》正是缘起于她主持拍摄的系

① 此文为冯晓华、艾然、孙云燕所著《匠心·云之南》（社会科学文献出版社 2021 年版）一书的序言。

列纪录片《手工云南》，这部系列纪录片拍摄了散落在彩云之南民间的珍贵传统手艺，其中很多内容是对非遗传承人的手艺所做的一次抢救性的挖掘和记录。《手工云南》是中国首部记录民族民间手工艺的系列纪录片，2015年，创造了云南本土纪录片网上点击量之最，首月网上的点击量近500万。

在拍摄的过程中，冯晓华及其团队走遍了云南的很多地方，拍摄调研涉及云南50多个市县，在艰苦的拍摄过程中积累了大量的影像资料，所以，这本《匠心·云之南》也堪称一本首次对云南民族民间手工艺做全面梳理的书籍，书中涉及大量非物质文化遗产的手工艺，其中还有一些手艺是首次发现和记录的，比如文山的传统乐器虫壳巴乌。

《匠心·云之南》中的内容都源自作者的现场记录、感悟和思考，不仅是对云南民间手工艺所做的一次较为深入的文字记录，而且由200多张现场图片与文字融合，图文结合，相得益彰。由于作者本身是一个影视工作者，文字表达也有通俗易懂和具有画面感的个人特点。

《匠心·云之南》还对纪录片《手工云南》的创作进行了影视创作方面的一些学术思考，对纪录片的拍摄理念进行了有学理性的探索。

我在长期从事田野调查研究的过程中深切体会到，用影像记录民间的各种文化，特别是非物质文化遗产，是一种非常重要的记录性的抢救工作，它能更为直观、动态地记录人物和过程。过去我们在文字记录方面做得比较多，积累了大量的文字资料，而影像记录则做得远远不够，所以不少珍贵的民间手艺和手艺人就没能用影像记录留存下来。冯晓华拍摄的《手工云南》（第一季），也是对民间非物质文化遗产的一次细致认真的抢救整理。从这个意义上讲，这本书和纪录片《手工云南》是相得益彰的一项成果，为云南民间手艺的保护传承和宣传做了一件大好事。把她的纪录片和这本《匠心·云之南》结合起来，我想，我们得到的关于云南民间手工技艺的印象会更深刻。

冯晓华写这本书也可算是她个人的一个新开头，作为一个成就突出的纪录片拍摄者和编导，用文字把自己的拍摄过程、感悟和感想都写下来，这是很有价值的，我有时看到一些影视编导和拍摄者谈自己在拍摄过程中的一些感悟和创意，觉得很有意义，对我们欣赏影视也很有帮助。这本《匠心·云之南》，对她自己以后的拍摄和编导会大有裨益，也会给影视界留下一份值得借鉴、欣赏和探讨的珍贵资料。

姜定中《云南雕塑与民族文化》序言[①]

我在 1994 年的一次云南思茅（今普洱市）之行中，就认识了在当时的思茅县地方志办公室工作的姜定忠，那时就知道这位直率坦诚的哈尼学者酷爱摄影，在从事地方志工作之余，常常翻山越岭，用镜头捕捉自然人文的真和美。

他调到云南省志办公室之后，仍然一直痴迷于摄影，除了利用公务出差的机会，更多的是自费进行田野考察，背着沉重的摄影器材跋山涉水，用照相机记录了历史和现实的一个个场景、人物等，天地山川社会人文的一个个精彩瞬间，就这样永恒地留在了他的镜头里。我觉得，定忠这种用照相机实录的手法，可以说是地方志书工作非常重要的方式方法之一。照片，既是生动真实的自然人文世象记录，也是最有说服力、直观可信的重要史料，愈经岁月流逝，愈显其珍贵。

这本图文并茂的著作《云南雕塑与民族文化》，就是定忠多年行走云南拍摄云南的成果之一，此书别开生面，聚焦在云南古往今来特别是当代的各地雕塑作品上，作者跋涉上万里，耕耘 10 余年，所花力气之巨，所下苦功之深，使我深受感动。

云南的雕塑，是云南历史文化的一个重要组成部分，也是折射当代云南社会发展和地方文化特征、审美情趣的重要象征物。过去，云南留下了为数众多与当地的宗教信仰、神话传说、历史风烟、风云人物等密切相关的各种雕塑作品。新中国成立特别是 20 世纪 70 年代末的改革开放以来，云南各地又涌现了大量的雕塑作品，这些雕塑作品，都与当地的著名神话、故事、传说、历史事件、人物、宗教信仰乃至地方生产生活方式等息息相关，可以说，这些雕塑作品，集中体现了云南各地最能代表地方特点的一种人

① 此文为姜定忠所著《云南雕塑与民族文化》（云南民族出版社 2007 年版）一书的序言。

文精神。

迄今为止，还没有人就这个专题做过系统全面的资料汇集和分析评介，定忠的这本专著，是首部图文并茂介绍云南雕塑的专著，而更难得的是，书中展现的这些洋洋大观的雕塑作品，是作者不辞辛劳亲自到现场拍摄来的。我认为，它既是一部非常有特点的摄影专集，也是一部用照片方式记录云南地方人文资料的图文专著。从这本集云南雕塑大成的著作中，我们不仅看到了琳琅满目的云南雕塑作品，还从中感受到“七彩云南”的地方文化多样性，同时也看到当今云南地方雕塑作品风格异彩纷呈的多样性。我觉得，定忠的这本书，为云南的地方文化建设做了一个独特的贡献，同时，也为云南省地方志事业做了一个卓有特点的“以图纪史”的努力。

说到这本书的不足，我觉得除了定忠在后记里所说到的资料不全等因素，有一点在这里提出来与定忠共勉，云南的地方民族文化非常丰富，因此，地方雕塑艺术，一定要和云南这些异彩纷呈的文化的特点相呼应。目前，云南各地的雕塑作品有良莠并存的现象，有的雕塑无论从题材到造型等方面，非常准确精彩地反映了地方历史文化和艺术特色，而有些作品，可能在取材乃至艺术造型方面，存在与本土文化特点和审美情趣不是特别相吻合的现象，定忠在这方面的客观评析特别是批评，显得不足，可以在今后做进一步深入的分析评价，以利于云南地方雕塑作品渐臻完美。

是为序。

回忆方国瑜教授

“文化大革命”结束后，大学的门对学子打开了，我在1977年考进了云南大学。在大学的茫茫书海中，惊奇地接触到了不少中外学者在过去写的种种民族田野调查资料，其中有不少是关于纳西族的。虽然描述一般都比较粗糙，但已使我领略到故乡有趣而神秘的风情民俗，而我对其中的很多内容原来竟是茫然无知。我在选修民族民间文学课时读到了著名历史学家方国瑜先生的《麽些民族考》等文章以及西方学者洛克著的《中国西南古纳西王国》油印译本等，一次次惊讶于自己民族丰富博大的文化和历史，也为自己身为纳西人，但对本民族历史、宗教、社会、文字、民俗等所知甚少而感到汗颜。

我虽然在中文系读书，但对民族学的兴趣与日俱增，于是就在学好本科课程的同时，选修语言文字学、宗教学、民间文学等课程，埋首于过去很多未曾涉猎的民族学书籍中，为解读云南少数民族文化打基础。这样，我走出了最初单纯的文学青年之梦，步入探研历史学、民族学、宗教学、语言文字学之迷宫。

最早见到方国瑜教授，是由和方国瑜教授在一起研究纳西东巴象形文、参编《纳西象形文字谱》的和志武老师领我去的，当时我开始跟和志武老师学习一些东巴象形文和纳西语法、国际音标等方面的入门知识。方老知道我开始对纳西族文化感兴趣，很高兴，问了我不少问题，其中问到我的家世，我一一告诉他。当他听说我曾祖父叫杨绳武时，高兴地说，他在丽江读小学时，杨绳武曾经当过他的校长呢，是个相当不错的老师。

后来我从丽江著名的教育家和志坚（1893—1951）于1932年编撰的《丽江县教育小史资料》中读到这样一段记载：“民国二年，以杨绳武为县高小校长。扩充两班，共合六班。计二百五十名。”[①] 方老所指当是这个阶段他和我曾祖父的师生之谊。

方老多次跟我谈到他对纳西象形文字的收集整理经过。后来他为鼓励我研究纳西东巴文化，特地赠送我一本他珍藏了数十年的李霖灿先生编撰的《麽些象形文字字典》，这本书是 20 世纪 40 年代抗战时由转移到四川李庄的中央博物院用绵纸石印的，如今海内外所存无多，这本珍贵的书与方国瑜教授的《麽些民族考》、洛克的《中国西南古纳西王国》等成为我从事纳西学研究的入门书籍。

方老给我留下了非常深刻的印象，他当时的视力已经很弱，但戴着安上高倍放大镜的眼镜，浏览各种历史文献。常常与他的助手傅于尧老师一起在书房兼会客室的二楼那间小屋子里潜心治学。我记得每当话题涉及云南某个地名某个事件，方先生便会信手拈来地旁征博引各种史料，说出这个地方的很多史事，他对地方史料之烂熟于心和那极强的记忆力，使我甚为叹服。

方先生治学专心致志，博大精深，而生活则很简朴，听他说平时喜食米线。当时在中文系任教的杨世强老师（纳西族）曾对我说过，方先生像一头牛那样的能吃苦，旁人很难得有他那种一天十几个小时埋首书斋的毅力。

1980 年，西德学术代表团来云南大学访问。其中有曾作为洛克博士的助手，致力于西德国立图书馆收藏的纳西东巴经典编目工作 10 多年的著名学者雅纳特教授，他此行是为推动西德与中国学术界之间的纳西学合作研究而来。经方国瑜与和志武先生提名，我作为他们的助手参加了一段时间的学术交流活动。当时我还不会讲英语，学校派历史系英语口语相当娴熟的陈同学帮助我翻译，和雅纳特教授一起工作了 10 多天。

从此之后，我更努力地学习英语，雅纳特教授给方国瑜与和志武先生的很多英文书信，都由我来翻译给先生，雅纳特也常常写信给我，讲他研究纳西语言文献的一些打算，我也常常把他的一些想法和观点翻译给先生听。

雅纳特教授是语言文献学家，他认为洛克博士在纳西学研究上做了非常伟大的工作，但忽略了很重要的一点，即从语言入手研究纳西文化。他想弥补这一不足，用德国语言描述分析学的方法，从现代纳西语入手另辟研究纳西学研究的新路。他仔细地听我讲述了我利用假期回家收集的几个

---

① 丽江纳西族自治县县志编纂委员会办公室编：《丽江志苑》第三期，1988 年 12 月。

民间故事，让我用国际音标将它记录下来。我当时开始写研究纳西族民间殉情长诗《游悲》的论文以及研究纳西东巴神话的论文，雅纳特对我喜欢学术探索的习惯比较欣赏，便动了和我一起从现代语言文献入手研究纳西族文化的念头，向方国瑜先生正式提出想邀请我到西德去从事合作研究的想法。方国瑜先生非常支持这一想法，建议雅纳特教授尽快形成研究计划，正式发邀请给我。

一年过后，雅纳特教授就给我发了邀请我到西德科隆大学进行学术研究的正式邀请函。那是 1981 年下半年。当时，一个尚未毕业的大学生要出国还是非常艰难的事情，还没有一个单位作为栖身之处，没有身份，几乎不可能去做访问学者，我永远不会忘记方国瑜教授为我出国的事多方奔走，他找到当时的云大校长赵季先生，乃至曾经当过云大校长、后来当了省委副书记的高治国先生。但由于当时办理出国手续比较复杂，一直就拖到了我在 1982 年终于分配到云南省人大常委会办公厅以后，最后几经周折，终于在 1983 年 1 月 22 日成行，从此我就注定走上了这条学者的路，而且 20 多年来的精力主要花在研究纳西学上。我的成长，与方先生的教诲是分不开的，尽管我没有成为方先生的嫡传弟子，能够在他身边接受耳提面命的指导，但方先生的皇皇大作，那些深钻细研、博大精深的历史地理学考据论著，是时时警策我严谨治学的灯塔和楷模。

我在这里还想补上一笔，方国瑜先生除了是个大学者，还是个很有人情味的人。我很难忘记他晚年为他的外孙阿自立所操的心。阿自立当时在昆明的一个工厂里工作，常常来看望方先生。1980年前后，他那年老体弱、生活在丽江的母亲得了急病，急需儿子回来照顾。方老托和我多次一起来看望他的我父亲帮帮忙，将阿自立从昆明的工厂调到丽江去工作。方国瑜先生多次和我父亲谈起他这个外孙的事，我父亲看到这样一个蜚声海内外的学者，为自己外孙调回丽江的事情如此焦虑，心里非常感动，在丽江多方奔走，终于帮忙将阿自立调回到丽江，和他的母亲相聚生活在一起，方国瑜先生为此非常高兴，我至今很难忘他获悉外孙已经调回丽江工作的消息时，脸上露出的那种开心慈祥的笑。

往事已矣，先生离开我们已经 22 年。此时此刻，夜静风轻，明月临窗，几句不成章法的诗句，涌上我的心头，寂寂中以此缅怀远逝的先生：

潜沉史海五十载，“南中泰斗”不虚传。
滇云有幸生国瑜，“南蛮”[1]青史动山川。
高山质朴劲内敛，大海无言蕴真元。
浮世熙攘闹纷纷，静夜怀师见南山。

写于2005年6月

① 在“华夏中心”观的影响下，云南曾长期被历代封建王朝视为落后莽荒的“南蛮”之地。

历史民族学家何耀华的治学之路 ①

1985 年 7 月，我进入云南省社会科学院工作，多年在何耀华老师的指导下从事学术研究和科研管理工作。1997 年 9 月到 2001 年 11 月，师从何耀华老师攻读民族史的博士学位，在何师的悉心指导下，取得了博士学位。多年来，我在何师的指导下从事学术研究，对何师的治学之路多有了解。

潜心彝学关注藏学

何耀华老师在 1962 年 9 月考上著名历史学家方国瑜先生的研究生，攻中国民族史，在读期间学习李埏教授授课的唐宋经济史、民族学家杨堃教授主讲的民族学、江应樑教授主讲的傣族史等。他刻苦学习钻研，积累了深厚的民族史学功底。从 1957 年读历史专业本科算起，何师从事中国西南民族历史研究已有 60 个春秋。

何师对彝学研究倾注了不少心血，我早年读过他写的《武定凤氏本末笺证》，这是何师研究武定彝族社会历史的一本具有广泛影响的著作，曾 4 次重印。此书的价值不仅在于详细记述了武定彝族凤氏家族数百年的兴衰史，更重要的是，为研究武定地区彝族封建领主制社会提供了难得的材料，也为研究当时的中央王朝与云南地方，彝族与汉族、白族的相互关系，提供了珍贵的资料。何师广征博引，古今印证，提供了武定地区彝族社会历史的完备资料。这本书也是反映他彝学研究中对文献的考释辨析和比勘学术功力的著作。

何师 20 世纪 60 年代就在四川大凉山昭觉、美姑、布拖等县做了 6 个多月的田野调查，又在雅砻江下游的藏族地区做过 2 个多月的调查，积累

① 原载《中国社会科学报》，2017 年 8 月 21 日。

了大量的第一手关于彝族、藏族社会和地方档案文献的田野调查资料。1980 年，何师在中国民族学会成立大会上宣读了他对凉山彝族的家支进行探讨的力作《论凉山彝族的家支制度》，该文对凉山彝族家支的构成、特点，家支的变迁等进行了深入的论析，受到与会专家学者的关注。此文在《中国社会科学》1981 年第 2 期发表，又在《中国社会科学》英文版当年的第 4 期全文发表，《新华文摘》转载了全文。此文在国内外学术界产生了很大的影响。之后，他又撰写了《论凉山彝族与汉族的历史关系》《彝族的历史与文化》等力作，还主编了《中国彝族大百科全书》。

何师对藏学特别是藏汉关系史、对川西南藏族也有比较深入的研究，撰写了一批资料翔实和有独到见解的论文，比如《从远古文化遗存看吐蕃先民与祖国内地居民的关系》《古代羌人与青藏和川西土著居民的融合》《早期吐蕃史事考》《西北吐蕃诸部与五代、宋朝的历史关系》《康巴、“东蛮”与宋朝的历史关系》《川西南藏族史初探》《四川冕宁县藏族社会历史调查报告》等，他关于藏学的研究成果在 2014 年由生活·读书·新知三联书店汇集成《吐蕃史论丛》一书出版。他还促成了云南省社会科学院迪庆藏学研究所的成立，为推进云南藏族的研究付出了很多努力。

何师还与吕大吉先生一起，自 1989 年开始担任总主编，主持了《中国各民族原始宗教资料集成》，这部数十卷的皇皇巨著汇聚了我国 56 个民族大量珍贵的原始宗教资料，我也参加了这项卷帙浩繁的学术工程，和很多学界前辈一起进行田野调查、认真研讨的情景至今难忘。

立足田野细研史料

何师治学的一个突出特点是将各种史料和田野调查密切结合，用历史民族学的理念研究中国西南少数民族的历史和现实问题。他在民族学界很有影响力，是积累了丰富民族志资料的“六江流域”田野调查的发起人和参与者之一。他深钻细研史料，又立足田野调查获取第一手资料，形成了他治学两翼并能将其融会贯通的特点。1995 年，日本学者末成道男在其专著《中国文化人类学文献解题》中，对何师的《中国西南历史民族学论集》有一段评论：这本著作从作者长达 20 多年的历史民族学研究中收集了近

10年发表的8篇论文，这是一部中国民族学复兴之后，实地调查又成为可能而积累起来的研究成果，它充分反映出作者的研究特点，论文中既有作者作为历史学家深厚功底的文献研究，又有作者为寻求新的资料和解释线索而到实地进行的考察。

何耀华老师这种既注重史料又注重田野实证的治学方式对我影响很深。我本科是中文系的学生，考入何师门下研习民族史后，他一直督促我努力补习历史学的知识，把民族学的田野调查和各种民族志资料、中文史料和外文资料融会贯通，进行深入的研究，并带领我们多次深入乡村进行田野调查。我们曾一起徒步穿越险峻危险的虎跳峡，住在虎跳峡的村子里进行田野调查；1992年，何师牵头进行中加合作国际项目，和我们一起到不通公路的丽江县宝山乡石头城进行调查。我们从乡政府到调查点要走5个多小时，何师和我们一起长途跋涉，摸黑走到金沙江边的村里，和我们在农民家里打地铺睡。他还带我们去丽江县，迪庆州的中甸县（今香格里拉市）、德钦县等地山村里做田野调查。他这种身体力行深入进行田野调查的学者精神，对我们这些中青年学者影响很深，促成了云南省社会科学院中青年民族学学者一种浓郁的深入田野调查研究的学风。

民族史学界有一些重要的少数民族与汉族的历史关系研究的成果，但研究少数民族与少数民族关系的成果很少，何师因此建议我的博士论文聚焦在纳西族与藏族的历史关系研究上，并从史学、民族学理论的高度鼓励我以纳藏关系为个案，探讨汉族离不开少数民族，少数民族离不开汉族，少数民族也离不开少数民族这个历史事实。我在何师的指导下写出了《纳西族与藏族的历史关系研究》，首次对纳西族与藏族历史关系进行了比较认真的梳理，并严格地遵循何老师“历史民族学”的理论和方法论，认真梳理参考了国内外的相关资料，在滇川藏地区进行了大量的田野调查。何师的“历史民族学”研究理念和方法论一直对我的研究有深刻的影响，无论自己的研究主题是什么，都坚持认真查找引证史料和进行田野调查相互结合。

何师注重田野调查和文献史料结合的历史民族学研究，为推进云南民族学成为云南省和云南省社会科学院的优长学科，推进彝学、藏学的深度研究作出了实实在在的贡献。

加强合作促进交流

在何耀华老师担任云南省社会科学院副院长和院长期间，他非常重视云南省社会科学院国际合作交流工作，我个人参与过的由他牵头的项目有中美合作“丽江玉龙雪山区域农村发展和生态问题研究”，中加合作“中国云南丽江‘工合’的历史演变和发展前景”、中美合作“滇西北保护与发展行动计划（含大河流域国家公园）”等。其中规模最大的是云南省政府与美国大自然保护协会合作的“滇西北保护与发展行动计划（含大河流域国家公园）”，何师负责社会文化旅游等方面的总调研，带领云南省社会科学院和各个高校的学者组成了总课题组和丽江、怒江、迪庆、大理课题组，认真调研了近百个各民族村寨的生态和文化，撰写了翔实的调查报告和具体的行动计划建议，这些村落调研报告迄今广泛地为云南省委、省政府提供参考，并成为云南省民族文化生态村建设的参考资料。何师牵头所做的滇西北保护与发展行动计划的社会经济文化部分的调研，也促使云南成为国家公园建设的试点省，迄今云南已经建立了12个国家公园，为我国国家公园的建设作出了可贵的探索与实践。何耀华老师还通过中加合作国际项目，促成了加拿大印第安人与云南丽江纳西族、傈僳族的经济文化等方面的合作交流。

在何耀华老师主持云南省社会科学院工作期间，推进了很多国际合作项目，也有很多来自欧美、日本和东南亚国家的访问学者，其中有好多位云南省社会科学院的外国访问学者后来成为本国民族学、人类学研究的骨干和知名学者，扩大了云南省社会科学界在国外的影响。

咨政建言培养后学

何耀华老师一方面注重基础理论和继续学科的研究，主持了《中国各民族原始宗教资料集成》《云南通史》《中国云南大百科全书·历史卷》《中国彝族大百科全书》等卷帙浩繁的学术工程，任《宗教大辞典》副主编之一，主编主撰了“民族宗教”这个门类的词条。另一方面，他一直都关注云南的当代发展，对云南的经济社会发展、民族文化强省建设、民族文化生态村的建设和保护、云南与东南亚、南亚的合作等诸多方面都做了很多应用性研究，他的很多观点和建议被地方政府采纳。我个人参与过的何师主持的研究就有当代基于社区的民间合作化的研究、生态保护和农村发展的研究，还有国家公园建设、旅游发展以及文化遗产保护等方面的应用研究。

何师重视人才的培养，积极推进人才的成长和使用。20 世纪 90 年代何老师任云南省社会科学院院长期间，一批在省内国内崭露头角的中青年学者迅速成长起来，有 10 多位中年学者被破格晋升为正高职，并入选为国家级和省级的学术带头人后备人才，成为云南省社会科学院管理和研究的中坚力量。

何耀华老师从事历史学和民族学研究将近 60 年间，走出了自己广博厚重和发微阐幽相得益彰的治学之路，他的研究方法给我们这些学生和后辈很多启迪，使我们受益匪浅。

怀念原生态艺术传承保护的先驱田丰先生

——在“思·念田丰先生逝世十周年纪念会暨首届源生民族音乐论坛”上的发言

来到源生坊，看到挂在墙上的田丰先生的一些旧日照片，睹照思人，感慨良多。我回忆起20世纪90年代，当源生坊的创建者刘晓津在跟踪拍摄田丰先生的云南民族艺术传习馆的活动时，我和同事郭净等人多次到位于云南安宁山中的云南民族艺术传习馆，观看传习馆里被田丰先生苦心寻找而来的各民族民间艺人们的活动，并与田丰先生交流，田丰给我的印象是个很淳厚的人，有艺术家的真诚，言谈中强烈地表现出对云南民族乡土艺术的痴迷，使我这个云南土著也深受感染和感动。

那时，关注云南民族乡土艺术的人还不多，身体力行地从事少数民族乡土艺术传承的人更少。田丰是中国中央交响乐团国家一级作曲家，他自1985年第一次来到云南采风后，就与云南民族音乐结下不解之缘。1993年11月，田丰通过在北京艰难的四处游说，在西藏某水利兵工程部队提供的10万元赞助款支持下，在云南安宁县（今安宁市）西南林学院旧址创办了云南民族文化传习馆。这是一所非常独特的音乐舞蹈学校，教师和学生都来自云南大山深处的各个少数民族，其间有来自彝族、哈尼族、纳西族、佤族、傈僳族、独龙族、藏族等民族的民间艺人。这个传习馆以“求真禁变”为宗旨，抢救保存云南少数民族的传统音乐舞蹈文化。

田丰是在他的作曲事业如日中天之时只身来到云南，筚路蓝缕，克服了很多难以想象的困难，创建了这个云南民族文化传习馆。该馆后来对云南原生态民间艺术产生了重要的推动作用和历史影响，培养了一批云南各民族优秀的乡土艺术传人，唤起了人们对这些后来被称为原生态的各民族艺术的兴趣和关注。推动了它们的发展繁荣。如今的《云南映象》等在国内外深受欢迎的云南原生态民间艺术作品以及如李怀秀、李怀福等一批如今蜚声海内外的云南民族民间艺人的成长，皆得益于田丰先生的这个传习馆和他关于保护与传承民族乡土艺术的理念。可以说，就是因为田丰这样独具慧眼的艺术家的奔走呼号和身体力行的实践，我国少数民族地区乡土艺术的衰落、保护和传承的问题才逐渐引起了文化界和社会的关注，才产生了如《云南映象》这样以乡土艺术个性和风格为突出特点的当代杰出的民族歌舞作品。现在学术界对“原生态”这个词有不同的观点，术语是否准确自可讨论，但有一点是很明确，原生态歌舞其实指的就是那种比较少受到外来文化的影响，比较本真地保持了一个地区和一个民族突出的艺术个性的歌舞。

在这里，我想就长期以来对田丰批评最多的一种说法谈谈我的观点。不少学者批评他，说他的传习馆的做法是把鱼儿从海里或湖里捞出来异地培养，是条死路。这话乍听起来有些道理，其实经不起仔细推敲。我做民族学研究，从 20 世纪 80 年代以来就在云南的乡村里奔波，我知道那时云南乡村这潭水，已经不是可以使鱼儿悠游自在地自然成长为民间艺术传人的生境，社会和观念的急剧变迁以及时尚的流行音乐等已经深刻地影响到民间艺人和乡村年轻人的生活方式，影响到乡土艺术的传承和学习，乡村的民间艺术已经在衰落之中，自觉地在传习本民族音乐舞蹈文化的年轻人已经日益寥落稀少。如果没有一个平台，有良师益友循循善诱地指导和引导这些有歌舞天赋的年轻人传承自己的乡土艺术，珍惜自己母亲文化的个性特点等，他（她）们可能会去打工，凭着自己的一副好嗓子和好舞姿去酒吧或公司献艺；他们也许会过早走向市场，以出售尚且在自己身上稚嫩地发育和生长的乡土艺术而谋生，这样，他们那还有待于不断精益求精的乡土艺术遗传因子和元素，会逐渐湮没在市场所热衷的时尚文化的潮流中。所以，有明确理念和方法的集中培训与乡村里的实践相结合，是培养民间文化传人的一条好路子。田丰先生创办的云南民族艺术传习馆的传习方式和理念，与时下名目繁多的艺术培训班截然不同，前者是培养传承母亲艺术才艺和精神的乡土艺术传人，后者则是培养人们学习一些才艺后尽快进入市场。有些以主流文化艺术为模式的培训方式，其实是将少数民族艺人独特的乡土气息逐渐淡化同化于这种模式中。

我认为田丰先生创办的云南民族文化传习馆的传承方式是非常必要和重要的，我在几年前也在丽江实践过培养民间文化传人的项目，所使用的方式是集中传习和乡村实践相结合的方法。比如东巴的培养，是要求小东巴和老东巴朝夕相处，按照东巴传统的传习方式来学习；到一定时间，就回到村子里去实践和继续学习，将老东巴所传授的知识运用到乡村社会生活与文化实践中去。“白沙细乐”乐手的培养，也是由传人来每天耳提面命地进行传授。我认为，田丰先生的这种传习馆的教学培养方式，其实是一种有利于鱼儿存活和使其生命力更为强大和持久的方式。传习馆中走出来的这些优秀的民间艺人后来的影响和所成就的辉煌，也有力地证明了这一点：乡土艺术的传承和保护要走集中培养和乡村实践二者相结合的道路。

田丰是个悲情音乐家，是个悲剧的文化英雄，在办云南民族文化传习馆的历程中因为经费拮据等原因历尽坎坷，最后心力交瘁而过早辞世。他没有看到云南民族民间艺术走向辉煌的今天，没有看到他教出来的学生走向世界，没有看到传习馆的民间艺人成了云南民族乡土艺术的中坚力量，没有看到以他关于云南民族乡土艺术的理念贯穿始终的《云南映象》今天所取得的华彩和辉煌。他最后因为办传习馆的经费问题等种种的窘态困境而心力交瘁，孤独而寂寞地过早离开了人世。他肯定留下了很多的惆怅和悲伤，留下了事业未竟的英雄泪。但愿如今他的传习馆学生们的成就、云南原生态乡土艺术的深入人心，能告慰他的灵魂。

我敬重为云南的少数民族乡土艺术的传承和保护作出了杰出贡献的田丰，永远缅怀这位在保护和传承我国少数民族乡土艺术的道路上历尽坎坷且不幸过早离世的艺术家。

后 记

这本集子里收录的文章主要是我在最近10多年来写的时评和杂文等，文章写得都比较短，另外也收录有几篇较长的论文。其中以结合国家在10多年来实施的大政方针以及现实问题写的文章居多，全书的主题主要围绕着少数民族文化的保护、传承和发展，文化保护、生态保护和旅游发展的互动、当下的社会变迁和发展、铸牢中华民族共同体意识等问题发表的一些观点和看法，有的是对某些工作的献计建言。还收录了几篇为学友写的书评或序言，以及写自己的师长的文章，以聚焦云南的文章居多。

收入本书的文章大都在各种报刊上发表过，不少文章发表后产生了较大的反响，有的入选为中学语文课的教辅读物，有的被政府网站、学界和媒体广泛转载和转发。比如对"国学"的不同看法，对正在消失的"手上的文化"，对当下一些世风和民俗、生态问题等的个人的一些观点和建议。

我作为一个从事民族学和人类学研究的学者，平时写得比较多的是专题的学术研究，但我对社会现实也很关注，接受媒体采访谈时政的时候也比较多，常常有感而发，发表自己的看法和建议。也牵头做过不少文化和旅游等方面应用性的研究项目。从这本由诸多文章汇集而成的书里，可以看到我关注社会和研究现实问题的一个侧面。

这些文章是聚焦这10多年来的社会发展和现实问题而写的，读者从文章中也可以读到一些具体时段的烙印，我们的社会是在这样的接力和调节中不断趋向更成熟的发展范式。所以，我把自己作为一个学人在不同时期所思考的一些结果汇集成书，也是审视自己在这些具体时段中的所思所想，也许有些看法和观点还可以加以参考，裨益社会。于我而言，也是把自己多年来结合现实进行思考的一些印迹集中一下，勉励自己继续关注现实，勤于思考，为自己的国家的发展贡献哪怕是一点点微薄的力量。

杨福泉

2021年7月13日